narr studienbücher

Claudia Keller

Monika Sokol

Französische Sprachwissenschaft

Eine Einführung mit thematischem Reader

gnv Gunter Narr Verlag Tübingen

Die Deutsche Bibliothek - CIP-Einheitsaufnahme

Sokol, Monika:
Französische Sprachwissenschaft : eine Einführung mit thematischem Reader / Monika Sokol.
– Tübingen : Narr, 2001
  (Narr Studienbücher)
  ISBN 3-8233-4980-5

© 2001 · Gunter Narr Verlag Tübingen
Dischingerweg 5 · D-72070 Tübingen

Das Werk einschließlich aller seiner Teile ist urheberrechtlich geschützt. Jede Verwertung außerhalb der engen Grenzen des Urheberrechtsgesetzes ist ohne Zustimmung des Verlages unzulässig und strafbar. Das gilt insbesondere für Vervielfältigungen, Übersetzungen, Mikroverfilmungen und die Einspeicherung und Verarbeitung in elektronischen Systemen.
Gedruckt auf chlorfrei gebleichtem und säurefreiem Werkdruckpapier.

Satz: Informationsdesign D. Fratzke, Pfullingen
Druck: Gulde, Tübingen
Verarbeitung: Nädele, Nehren
Printed in Germany

ISSN 0941-8105
ISBN 3-8233-4980-5

Inhalt

Alphabetisches Verzeichnis der Reader-Texte XIII

1. Einleitender Überblick 1

   1.1. Die Wissenschaft von der Sprache und ihre Nachbardisziplinen 1
   1.2. Perspektiven und Fragestellungen zum Untersuchungsgegenstand
       ‚Sprache' 3
   1.3. Leitfaden zur Benutzung dieses Buches 5
   1.4. Grundlegende Literaturangaben: Einführungen und Nachschlagewerke . 7

2. Ein Ausflug in die Wissenschaftsgeschichte 9

   2.1. Von der Sprachphilosophie und der Grammatik zur Sprachwissenschaft . 9
       2.1.1. Vorwissenschaftsgeschichte und frühe Sprachwissenschaft 9
       2.1.2. Reader zur Vorwissenschaftsgeschichte und
             frühen Sprachwissenschaft 10
            Text A: Abendländische Sprachreflexion von der Antike bis ins
                 19. Jahrhundert (HARRIS /TAYLOR) 10
            Text B: Entstehung der vergleichenden Sprachwissenschaft im
                 19. Jahrhundert (WARTBURG) 15
            Text C: Entstehung der Wissenschaft von den romanischen
                 Sprachen (LAUSBERG) 16
   2.2. Der Beginn der modernen Sprachwissenschaft 17
       2.2.1. Technischer und wissenschaftlicher Umbruch um 1900 17
       2.2.2. Die Entstehung der strukturalistischen Theorie und Methode 18
   2.3. Europäische Sprachwissenschaft im 20. Jahrhundert 19
       2.3.1. Schulen des europäischen Strukturalismus nach DE SAUSSURE 19
       2.3.2. Andere Forschungsansätze 20
   2.4. Nordamerikanische Sprachwissenschaft im 20. Jahrhundert 21
       2.4.1. Amerikanischer Strukturalismus (Distributionalismus und
             Sapir-Whorf-Hypothese) 21
       2.4.2. Generativismus/Generative Grammatik 23
       2.4.3. Universalienforschung 24
       2.4.4. Kognitive Linguistik, Psycho- und Patholinguistik 25
   2.5. Literaturangaben 25

3. Modellvorstellungen und Grundbegriffe der allgemeinen Sprachwissenschaft ... 27

3.1. Das sprachliche Einzelzeichen und seine Bedeutung ... 27
3.1.1. Was macht ein Phänomen zum Zeichen? ... 27
3.1.2. Modelle des sprachlichen Zeichens ... 28
3.1.3. Reader zu den Zeichenmodellen ... 30
Text A: Zweigliedriges (dyadisches) Modell (DE SAUSSURE) ... 30
Text B: Dreigliedriges (triadisches) Modell (OGDEN/RICHARDS) ... 32
Text C: Vier- und fünfgliedrige Modelle (RAIBLE) ... 34

3.2. Die kommunikativen Funktionen sprachlicher Äußerungen ... 36
3.2.1. Vom Einzelzeichen zur Äußerung ... 36
3.2.2. Modelle der sprachlichen Kommunikation ... 37
3.2.3. Reader zu den Kommunikationsmodellen ... 39
Text A: Das dreistrahlige Organonmodell (BÜHLER) ... 39
Text B: Sechs kommunikative Grundfunktionen (JAKOBSON) ... 41
Text C: Sprachliche Äußerungen als Sprechaktbündel (SEARLE) ... 44
Text D: Kommunikationionsprinzipien und Implikaturen (GRICE) ... 46

3.3. Terminologie und Grundunterscheidungen des Strukturalismus ... 48
3.3.1. Synchronie – Diachronie ... 48
Text A: Funktionale vs. entwicklungsgeschichtliche Perspektive (DE SAUSSURE) ... 49
Text B: Kritik am Konzept eines strikten Gegensatzes Synchronie – Diachronie (COSERIU) ... 50
3.3.2. System (*langue*) – Rede (*parole*) ... 51
Text A: Funktionales, abstraktes System vs. konkrete Äußerung (DE SAUSSURE) ... 52
Text B: Zwischen *langue* und *parole* – Die Ebene der Norm (COSERIU) ... 53
3.3.3. Paradigma – Syntagma ... 54
Text A: Syntagmatische und assoziative Beziehungen (DE SAUSSURE) ... 55
Text B: Syntagma (kontrastive Beziehung) – Paradigma (oppositive Beziehung) (MARTINET) ... 57
3.3.4. Die Begriffe der Opposition und des sprachlichen Merkmals ... 58
Text A: Typen sprachlicher Oppositionen (TRUBETZKOY) ... 59
Text B: Plus-Markiertheit, Minus-Markiertheit, Unmarkiertheit (LYONS) ... 59
3.3.5. Isolierte Bedeutung (*signification*) – Systemstellenwert (*valeur*) ... 60
Text: Die Einführung der Begriffe *signification* und *valeur* (DE SAUSSURE) ... 61

3.4. Die Makrostruktur des sprachlichen Systems: *la double articulation du langage* ... 62
Text: Die *double articulation* und die Ökonomie sprachlicher Systeme (MARTINET) ... 63

3.5. Literaturangaben ... 65

4. Phonologie ... 66

4.1. Zum Unterschied ‚Lautung' – ‚Schreibung' ... 66
4.2. Grundbegriffe der phonologischen Analyse ... 68
    4.2.1. Phonetik vs. Phonologie ... 68
    4.2.2. Die einzelsprachliche Unterscheidung von Phonemen und Allophonen ... 69
    4.2.3. Lautliche Einheiten als Merkmalbündel ... 70
    4.2.4. Neutralisation eines distinktiven Merkmals: Archiphonem ... 70
4.3. Das Phoneminventar des Französischen ... 71
    4.3.1. Vokale ... 71
    4.3.2. Approximanten (auch: Halbvokale oder Halbkonsonanten) ... 72
    4.3.3. Konsonanten ... 72
    4.3.4. Übersicht zu den Approximanten und Konsonanten ... 73
4.4. Prosodie und Suprasegmentalia des Französischen ... 73
4.5. Reader zur Phonologie ... 74
    Text A: Zum historischen Verhältnis von Phonie und Graphie im Französischen (WALTER) ... 74
    Text B: Zum Unterschied Phonetik – Phonologie (TRUBETZKOY) ... 75
    Text C: Zur Relativierung des Unterschieds Phonetik – Phonologie (MEISENBURG/SELIG) ... 76
    Text D: Zur phonologisch distinktiven Opposition (TRUBETZKOY) ... 78
    Text E: Zu neueren Entwicklungen im französischen Phoneminventar (MÜLLER) ... 78
4.6. Literaturangaben ... 79

5. Morphologie ... 80

5.1. Die Morphologie als Untersuchungsebene zwischen Phonologie und Syntax ... 80
5.2. Die Untersuchungseinheiten der Morphologie ... 81
    5.2.1. Kleinste bedeutungstragende Einheiten: lexikalische und grammatische Morpheme ... 81
    5.2.2. Die Problematik einer wissenschaftlichen Definition der Einheit ‚Wort' ... 82
    5.2.3. Lexikalisch-grammatische Übergangszonen und Randbereiche ... 83
        5.2.3.1. Grammatikalisierung: vom Lexem zum Grammem ... 83
        5.2.3.2. Lexikalisierung: von der grammatisch markierten Form zum Lexem ... 84
        5.2.3.3. Pragmatisierung: jenseits der Lexem-Grammem-Funktion ... 86
5.3. Grundbegriffe der morphologischen Analyse ... 87
    5.3.1. Homonymie: verschiedene *signifiés* – formidentische *signifiants* ... 87
    5.3.2. Allomorphie: ein Inhalt – umgebungsabhängige Formvarianten ... 88

5.3.3. Nullallomorph, Nullmorphem: ein virtueller Inhalt – keine formale Entsprechung 89
5.3.4. Amalgam oder *Portemanteau*-Morphem: mehrere Inhalte – ein Formkonzentrat 90
5.3.5. Diskontinuierliches Morphem: ein Inhalt – mehrere, auseinanderliegende Formen 91

5.4. Grundfunktionen der Morphemverbindung 91
    5.4.1. Wortbildung 91
        5.4.1.1. Komposition: lexikalisches Morphem + lexikalisches Morphem 93
        5.4.1.2. Derivation: grammatisches Wortbildungsmorphem + lexikalisches Morphem 94
        5.4.1.3. Konversion, Null-Ableitung: Wortartwechsel ohne morphologische Mittel 95
        5.4.1.4. Motion oder Movierung 96
        5.4.1.5. Rückbildung und Kürzung 96
        5.4.1.6. Lexikalisierung von Siglen und Akronymen 97
        5.4.1.7. Übersicht zur Wortbildungsmorphologie des Französischen . 97
    5.4.2. Flexion 97
        5.4.2.1. Flexionsmorphologie als Ausdruck sekundärer syntaktischer Kategorien 97
        5.4.2.2. Spezifische Ausdrucksverfahren des Französischen und die *orthographe grammaticale* 99
    5.4.3. Übergeordnete morphologische ‚Bauprinzipien' des Französischen . 100

5.5. Reader zur Morphologie 102
    Text A: Zu den morphologischen Grundbauweisen in der Sprachtypologie (INEICHEN) 102
    Text B: Zur Problematik der Wort-Definition (LYONS) 104
    Text C: Zum Abgrenzungsproblem Komposition – Derivation (SCHPAK-DOLT) . . . 104
    Text D: Morphologie und Morphemabfolge – nicht-arbiträr gesehen (BYBEE) . . 106

5.6. Literaturangaben 107

6. Syntax 109

6.1. Abgrenzung der Untersuchungsebene 109
    6.1.1. Syntax zwischen Morphologie und Textlinguistik 109
    6.1.2. Der Unterschied zwischen Satz und Äußerung 109

6.2. Modelle vom Satz und seinen Gliedern 110
    6.2.1. Das Modell der traditionellen Grammatik 111
    6.2.2. Valenz- oder Dependenzgrammatik: das finite Verb als Steuereinheit 112
    6.2.3. Generative Grammatik: die Satzstruktur als Abbild der Sprachkompetenz 116

      6.2.3.1. Konstituentenstrukturgrammatik als Vorläufer 116
      6.2.3.2. Stationen der generativen Grammatiktheorie 117
      6.2.3.3. Kasusgrammatik: syntaktische und semantische Rollen ... 112
  6.2.4. Schematischer Überblick 122

6.3. Der Satz als Informationskette: Thema-Rhema-Gliederung 122
  6.3.1. Syntaktische Abfolge und Informationsgefälle 122
  6.3.2. Verfahren der Relief-Gebung: Spaltsatz, Sperrsatz, Segmentierung . 123

6.4. Grundfuktionen syntaktisch-grammatischer Kategorien 125
  6.4.1. Aktualisierung 125
  6.4.2. Deixis 125
      6.4.2.1. Außen- und Innendeixis 125
      6.4.2.2. Zum deiktischen Spektrum der verbalen Kategorien
           Tempus, Aspekt, Modus 127
  6.4.3. Funktionen der syntaktischen Kategorien Satzart und Satzform ... 128
      6.4.3.1. Fragesätze 128
      6.4.3.2. Passiv und passiv-äquivalente Verfahren 130

6.5. Reader zur Syntax 132
  Text A: Zur Syntax des attributiven Adjektivs (WEINRICH) 132
  Text B: Zur *mise en relief* (KRASSIN) 134
  Text C: Zur modalen Abtönung im Französischen und im Deutschen (WEYDT) .. 137
  Text D: Grundbegriffe der Textlinguistik (BLUMENTHAL) 140

6.6. Literaturangaben 143

7. Semantik 146

7.1. Semantik als Wissenschaft von den Sprachinhalten 146
  7.1.1. Traditionelle und neuere Auffassungen von Semantik 146
  7.1.2. Modelle der Zeichenbedeutung: Ein Rückblick 147

7.2. Grundbegriffe der semantischen Analyse 148
  7.2.1. Semasiologie – Onomasiologie: Die Betrachtrichtung der Analyse . 148
  7.2.2. Motiviertheit – Arbitrarität: Die Lesbarkeit der
      Form-Inhalt-Beziehung 148
  7.2.3. Denotat – Konnotat: Zwischen Inhalt und Beigeschmack 150
  7.2.4. Polysemie: Eine Form – verschiedene Bedeutungen 151
  7.2.5. Synonymie: Zwei Formen – gleicher Inhalt 153
  7.2.6. Hyperonymie – Hyponymie: Die Beziehung Oberbegriff –
      Unterbegriff 155

7.3. Wortfeldtheorie und Anwendungsbereiche der strukturellen
Merkmalsemantik 156
  7.3.1. Semantische Merkmale im Wortfeld und im Wortschatz 156
      7.3.1.1. Die Entwicklung der Wortfeld-Methode 156
      7.3.1.2. Begrifflichkeit und Anwendung der Wortfeldanalyse 156

7.3.2. Semantische Merkmale in der Syntax 159
7.4. Theorien der kognitiven Semantik 160
    7.4.1. Prototypensemantik 160
        7.4.1.1. Die psychologischen Anfänge 160
        7.4.1.2. Übertragung des Modells in den sprachlichen Bereich 161
    7.4.2. Die Verbindung zwischen außersprachlichem und sprachlichem Wissen 163
        7.4.2.1. Semantische Netze: *Frames*, Skripte und Co. 163
        7.4.2.2. Beziehungstypen im semantischen Netz: Metonymie und Metapher 163
7.5. Reader zur Semantik 166
    Text A: Aufgabenfelder der Lexikologie (SCHWARZE / WUNDERLICH) 166
    Text B: Eine strukturelle Analyse der französischen Dimensionsadjektive (GECKELER) 167
    Text C: Kategorienhierarchie und Arbitrarität in der Protoypensemantik (KLEIBER) 169
    Text D: Kognitive Bereiche und Metaphern (BLANK) 173
7.6. Literaturangaben 176

8. Varietätenlinguistik 178

8.1. Untersuchungsgegenstand und Zielsetzung der Varietätenlinguistik 178
    8.1.1. Von der konkreten Vielgestaltigkeit der Sprache: Heterogenität vs. Homogenität 178
    8.1.2. Definitionskriterien für den Begriff ‚Sprache' 179
8.2. Einzelsprachen, architektonisch betrachtet: Das Modell des Diasystems .. 180
    8.2.1. Charakterisierung der Ebenen des Diasystems 180
    8.2.2. Die einseitig gerichtete Durchlässigkeit der Ebenen: die sog. ‚Varietätenkette' 185
8.3. Die Entstehung der romanischen Sprachen und die Herausbildung des Französischen 185
    8.3.1. Die Vielfalt der romanischen Sprachen heute 185
    8.3.2. Die Wiege der romanischen Sprachen: Das Varietätengefüge des Lateins 188
    8.3.3. Gründe für das Auseinanderbrechen der sprachlichen Einheit im Nähebereich 191
    8.3.4. Von den protoromanischen Näheidiomen zum Beginn der romanischen Sprachen 195
    8.3.5. Abriß der externen französischen Sprachgeschichte 197
        8.3.5.1. Mittelalter (Altfranzösisch: 850 – ca. 1250/1300) 197
        8.3.5.2. Spätmittelalter und Wende zur Neuzeit (Mittelfranzösisch: ca. 1250/1300–1500) 199

    8.3.5.3. Neuzeit und Moderne (Neufranzösisch: ca. 1500 – heute) . 200

8.4. Die Situation des Französischen heute 207
  8.4.1. Geographische Verbreitung 207
  8.4.2. Varietäten des Französischen in Frankreich 208
    8.4.2.1. Diatopischer Bereich 208
    8.4.2.2. Diastratischer Bereich 210
    8.4.2.3. Diaphasischer Bereich 211
    8.4.2.4. Kontinuum Distanzsprache – Nähesprache 211
  8.4.3. Varietäten und funktionaler Status des Französischen
      außerhalb Frankreichs 212
  8.4.4. Neue Sprachen auf französischer Basis: die Frankokreolsprachen . . 215

8.5. Reader zur Varietätenlinguistik 217
  Text A: Schulen der Soziolinguistik (Schlieben-Lange) 217
  Text B: Die sprachliche Gliederung der Romania (Renzi) 221
  Text C: Regionalsprachen in Frankreich (Müller) 222
  Text D: Diatopische Varietäten des Französischen in Europa (Belgien, Schweiz)
      (Walter) 225
  Text E: Diatopische Varietäten des Französischen außerhalb Europas (Kanada)
      (Walter) 227
  Text F: Zur Abgrenzung der Begriffe Kreolisch / Pidgin / Lingua franca (Stein) . . 228

8.6. Literaturangaben 230

9. Bibliographie 233

10. Register 244

Alphabetisches Verzeichnis der Reader-Texte

BLANK, A.: *Prinzipien des lexikalischen Bedeutungswandels am Beispiel der romanischen Sprachen.* Tübingen: Niemeyer 1997. Aus S. 174 ff.
= 7.5. Reader zur Semantik, Text D: Kognitive Bereiche und Metaphern

BLUMENTHAL, P.: *Sprachvergleich Deutsch-Französisch.* Tübingen: Niemeyer [2]1997. Aus S. 114 ff.
= 6.5. Reader zur Syntax, Text D: Grundbegriffe der Textlinguistik

BÜHLER, K.: *Sprachtheorie. Die Darstellungsfunktion der Sprache.* Stuttgart: Lucius & Lucius [2]1965. Aus S. 28 ff.
= 3.2.3. Reader zu den Kommunikationsmodellen, Text A: Das dreistrahlige Organonmodell

BYBEE, J.: *Morphology. A Study of the Relation between Meaning and Form.* Amsterdam (Phil.): John Benjamins Publishing Co. 1985. Aus S. 3 ff. (Übertragung aus dem Englischen)
= 5.5. Reader zur Morphologie, Text D: Morphologie und Morphemabfolge – nicht-arbiträr gesehen

COSERIU, E.: *System, Norm und ‚Rede'.* In: Ders.: *Sprache – Strukturen und Funktionen.* Tübingen: Narr [3]1979. Aus S. 45–60.
= 3.3.2. System (*langue*) – Rede (*parole*), Text B: Zwischen *langue* und *parole*: Die Ebene der Norm

COSERIU, E.: *Synchronie, Diachronie und Typologie.* In: *Sprache – Strukturen und Funktionen.* Tübingen: Narr [3]1979. Aus S. 77–90.
= 3.3.1. Synchronie – Diachronie, Text B : Kritik am Konzept eines strikten Gegensatzes Synchronie – Diachronie

DE SAUSSURE, F.: *Cours de linguistique générale.* (Hg. de Mauro, T.) Paris 1995. © 1995 pour la dernière édition, Editions Payot. Aus S. 30 ff.
= 3.3.2. System (*langue*) – Rede (*parole*), Text A: Funktionales, abstraktes System vs. konkrete Äußerung

DE SAUSSURE, F.: *Cours de linguistique générale.* (Hg. von de Mauro, T.). Paris 1995. © 1995 pour la dernière édition, Editions Payot. Aus S. 97 ff.
= 3.1.3. Reader zu den Zeichenmodellen, Text A: Zweigliedriges (dyadisches) Modell

DE SAUSSURE, F.: *Cours de linguistique générale.* (Hg. de Mauro, T.) Paris 1995. © 1995 pour la dernière édition, Editions Payot. Aus S. 114 ff.
= 3.3.1. Synchronie – Diachronie, Text A: Funktionale vs. entwicklungsgeschichtliche Perspektive

DE SAUSSURE, F.: *Cours de linguistique générale.* (Hg. de Mauro, T.) Paris 1995. © 1995 pour la dernière édition, Editions Payot. Aus S. 158 ff.
= 3.3.5. Isolierte Bedeutung (*signification*) – Systemstellenwert (*valeur*), Text: Die Einführung der Begriffe *signification* und *valeur*

DE SAUSSURE, F.: *Cours de linguistique générale.* (Hg. de Mauro, T.) Paris 1995. © 1995 pour la dernière édition, Editions Payot. Aus S. 170 ff.
= 3.3.3. Paradigma – Syntagma, Text A: Syntagmatische und assoziative Beziehungen

GECKELER, H.: *Strukturelle Semantik des Französischen.* Tübingen: Niemeyer 1973. Aus S. 27 ff.
= 7.5. Reader zur Semantik, Text B: Eine strukturelle Analyse der französischen Dimensionsadjektive

GRICE, H. P.: *Logik und Konversation.* In: Meggle, G. (Hg.): *Handlung, Kommunikation, Bedeutung,* stw 1083. Frankfurt/Main 1993. © Suhrkamp Verlag Frankfurt am Main 1993. Aus S. 243–265.

= 3.2.3. Reader zu den Kommunikationsmodellen, Text D: Kommunikationsprinzipien und Implikaturen

HARRIS, R./TAYLOR, T. J.: *Landmarks in Linguistic Thought*. London/New York: Routledge 1989. S. xi ff. (Übertragung aus dem Englischen)

= 2.1.2. Reader zur Vorwissenschaftsgeschichte und frühen Sprachwissenschaft, Text A: Abendländische Sprachreflexion von der Antike bis ins 19. Jahrhundert

INEICHEN, G.: *Allgemeine Sprachtypologie. Ansätze und Methoden*. Darmstadt: Wissenschaftliche Buchgesellschaft ²1991. Aus S. 55 ff.

= 5.5. Reader zur Morphologie, Text A: Zu den morphologischen Grundbausweisen in der Sprachtypologie

JAKOBSON, R.: *Linguistics and Poetics*. In: Sebeok, T. A. (Hg.): *Style in Language*. New York u.a.: Wiley 1960. Aus S. 350–377.

= 3.2.3. Reader zu den Kommunikationsmodellen, Text B: Sechs kommunikative Grundfunktionen

KLEIBER, G.: *Prototypensemantik. Eine Einführung*. Tübingen: Narr ²1998. Aus S. 58 ff.

= 7.5. Reader zur Semantik, Text C: Kategorienhierarchie und Arbitarität in der Prototypensemantik

KRASSIN, G.: *Neuere Entwicklungen in der französischen Grammatik und Grammatikforschung*. Tübingen: Niemeyer 1994. Aus S. 31 ff.

= 6.5. Reader zur Syntax, Text B: Zur *mise en relief*

LAUSBERG, H.: *Romanische Sprachwissenschaft*. Bd. I. Berlin: de Gruyter 1956. Aus S. 13 ff.

= 2.1.2. Reader zur Vorwissenschaftsgeschichte und frühen Sprachwissenschaft, Text C: Entstehung der Wissenschaft von den romanischen Sprachen

LYONS, J.; *Einführung in die moderne Linguistik*. München: C. H. Beck ²1972. Aus S. 81 f.

= 3.3.4. Die Begriffe der Opposition und des sprachlichen Merkmals, Text B: Plus-Markiertheit, Minus-Markiertheit, Unmarkiertheit

LYONS, J.: *Einführung in die moderne Linguistik*. München: C. H. Beck ²1972. Aus S. 197 f. und 204 f.

= 5.5. Reader zur Morphologie, Text B: Zur Problematik der Wort-Definition

MARTINET, A.: *Eléments de linguistique générale*. Paris: Armand Colin ²1980. © Editions Nathan. Aus S. 13 ff.

= 3.4. Die Makrostruktur des sprachlichen Systems: *la double articulation du langage*, Text: Die *double articulation* und die Ökonomie sprachlicher Systeme

MARTINET, A.: *Eléments de linguistique générale*. Paris: Armand Colin ²1980. © Editions Nathan. Aus S. 26 f.

= 3.3.3. Paradigma – Syntagma, Text B: Syntagma (kontrastive Beziehung) – Paradigma (oppositive Beziehung)

MEISENBURG, T./SELIG, M.: *Phonetik und Phonologie des Französischen*, Reihe Uni Wissen. Stuttgart 1998. © Ernst Klett Verlag GmbH, Stuttgart. Aus S. 46 ff.

= 4.5. Reader zur Phonologie, Text C: Zur Relativierung des Unterschieds Phonetik – Phonologie

MÜLLER, B.: *Das Französische der Gegenwart. Varietäten – Strukturen – Tendenzen*. Heidelberg: Winter 1975. Aus S. 9 ff.

= 8.5. Reader zur Varietätenlinguistik, Text C: Regionalsprachen in Frankreich

MÜLLER, B.: *Das Französische der Gegenwart. Varietäten – Strukturen – Tendenzen*. Heidelberg: Winter 1975. Aus S. 46 ff.

= 4.5. Reader zur Phonologie, Text E: Zu neueren Entwicklungen im französischen Phoneminventar

OGDEN, C. K./RICHARDS, I. A.: *The meaning of meaning*. New York: Harcourt Brace and World ⁸1972. Aus S. 6 ff.

= 3.1.3. Reader zu den Zeichenmodellen, Text B: Dreigliedriges (triadisches) Modell

RAIBLE, W.: *Zur Einleitung*. In: STIMM, H./RAIBLE W.: *Zur Semantik des Französischen*. Stuttgart (vormals Wiesbaden): Franz Steiner Verlag 1983. Aus S. 1–24.
= 3.1.3. Reader zu den Zeichenmodellen, Text C: Vier- und fünfgliedrige Modelle

RENZI, L.: *Einführung in die romanische Sprachwissenschaft*. Tübingen: Niemeyer 1980. Aus S. 88 ff.
= 8.5. Reader zur Varietätenlinguistik, Text B: Die sprachliche Gliederung der Romania

SCHLIEBEN-LANGE, B.: *Soziolinguistik. Eine Einführung*. Stuttgart: Kohlhammer ³1991. Aus S. 38 ff.
= 8.5. Reader zur Varietätenlinguistik, Text A: Schulen der Soziolinguistik

SCHPAK-DOLT, N.: *Einführung in die französische Morphologie*. Tübingen: Niemeyer 1992. Aus S. 76 ff.
= 5.5. Reader zur Morphologie, Text C: Zum Abgrenzungsproblem Komposition – Derivation

SCHWARZE, C./WUNDERLICH, D.: *Einleitung*. In: Diess. (Hgg.): *Handbuch der Lexikologie*. Königstein/Taunus, 1985. Aus S. 7–23.
= 7.5. Reader zur Semantik, Text A: Aufgabenfelder der Lexikologie

SEARLE, J. R.: *Sprechakte: ein sprachphilosophischer Essay*, stw 458. Frankfurt/Main ⁶1994. © Suhrkamp Verlag Frankurt am Main 1994. Aus S. 30 f., 38 ff.
= 3.2.3. Reader zu den Kommunikationsmodellen, Text C: Sprachliche Äußerungen als Sprechaktbündel

STEIN, P.: *Kreolisch und Französisch*. Tübingen: Niemeyer 1984. Aus S. 5ff.
= 8.5. Reader zur Varietätenlinguistik, Text F: Zur Abgrenzung der Begriffe Kreolisch/Pidgin/Lingua Franca

TRUBETZKOY, N. S.: *Grundzüge der Phonologie*. Göttingen: Vandenhoeck & Ruprecht ⁶1977. S. Aus 7 ff.
= 4.5. Reader zur Phonologie, Text B: Zum Unterschied Phonetik – Phonologie

TRUBETZKOY, N. S.: *Grundzüge der Phonologie*. Göttingen: Vandenhoeck & Ruprecht ⁶1977. Aus S. 30 f.
= 4.5. Reader zur Phonologie, Text D: Zur phonologisch distinktiven Opposition

TRUBETZKOY, N. S.: *Grundzüge der Phonologie*. Göttingen: Vandenhoeck & Ruprecht ⁶1977. Aus S. 67
= 3.3.4. Die Begriffe der Opposition und des sprachlichen Merkmals, Text A: Typen sprachlicher Oppositionen

WALTER, H.: *L'aventure des langues en occident*. Paris: Robert Laffont 1994. Aus S. 252 ff.
= 8.5. Reader zur Varietätenlinguistik, Text E: Diatopische Varietäten des Französischen außerhalb Europas (Kanada)

WALTER, H.: *L'aventure des langues en occident*. Paris: Robert Laffont 1994. Aus S. 272 ff.
= 8.5. Reader zur Varietätenlinguistik, Text D: Diatopische Varietäten des Französischen in Europa (Belgien, Schweiz)

WALTER, H.: *Le français dans tous les sens*. Paris: Robert Laffont 1988. Aus S. 252 ff.
= 4.5. Reader zur Phonologie, Text A: Zum historischen Verhältnis von Phonie und Graphie im Französischen

WARTBURG, W. v.: *Einführung in die Problematik und Methodik der Sprachwissenschaft*. Tübingen: Niemeyer ³1970. Aus S. 2 ff.
= 2.1.2. Reader zur Vorwissenschaftsgeschichte und frühen Sprachwissenschaft, Text B: Entstehung der vergleichende Sprachwissenschaft im 19. Jahrhundert

WEINRICH, H.: *Textgrammatik der französischen Sprache*. Stuttgart: Klett Nachdruck 1997. © Ernst Klett Verlag GmbH, Stuttgart. Aus S. 352 ff.
= 6.5. Reader zur Syntax, Text A: Zur Syntax des attributiven Adjektivs

WEYDT, H.: *Abtönungspartikel. Die deutschen Modalwörter und ihre französischen Entsprechungen*. Bad Homburg u.a.: Gehlen 1969. Aus S. 68 ff.
= 6.5. Reader zur Syntax, Text C: Zur modalen Abtönung im Französischen und im Deutschen

Nicht in allen Fällen konnten die Rechteinhaber ermittelt werden. Rechtmäßige Ansprüche können beim Verlag geltend gemacht werden.

1. Einleitender Überblick

> *Je n'ai pas l'ambition de couvrir tout le domaine de la linguistique, ni même d'en évoquer toutes les théories, les méthodes et les objectifs. In n'existe pas, de toute façon, de théorie ou de description qui rende compte de l'ensemble du phénomène langage, ni même d'une langue particulière, ni même d'une partie d'une langue. ... Par ailleurs, la nature de l'activité de langage nous est encore mal connue.*
>
> M. YAGUELLO

1.1. Die Wissenschaft von der Sprache und ihre Nachbardisziplinen

Sprachwissenschaft (frz. *sciences du langage*) und Linguistik (frz. *linguistique*)

Das einleitende Zitat macht deutlich, daß es ‚die Sprachwissenschaft' oder ‚*la linguistique*' im Sinne einer klar umrissenen Wissenschaft mit einheitlicher Terminologie und Methodik nicht gibt. Beide Begriffe wurden im 19. Jahrhundert geprägt und stehen heute für viele unterschiedliche Formen der wissenschaftlichen Beschäftigung mit Sprache bzw. Sprachen. Im deutschsprachigen Raum bedeuten sie meist dasselbe; seltener wird ‚Sprachwissenschaft' auch als Oberbegriff und ‚Linguistik' als Unterbegriff nur für den Bereich der Strukturuntersuchung (z.B. der grammatischen Muster einer Sprache) verwendet. Im Französischen hat (*la*) *linguistique* nur diese zuletzt genannte Bedeutung; der französische Oberbegriff für Methoden, die auch außersprachliche Faktoren mit einbeziehen, ist (*les*) *sciences du langage*. Das französische Adjektiv *linguistique* hat (wie engl. *linguistic*) noch die nicht-wissenschaftliche, allgemeinere Bedeutung ‚sprachlich': Eine *communauté linguistique* ist also keine ‚Linguisten-Vereinigung', (Gruppe von Menschen, die sprachwissenschaftliche Studien betreiben), sondern eine ‚Sprachgemeinschaft' (Gruppe von Menschen, die dieselbe Sprache sprechen).

Sprachwissenschaft und Sprachphilosophie

Die Verbindung von Sprachphilosophie und Sprachwissenschaft reicht weit in die Geschichte zurück. Bevor sich im 19. Jahrhundert eine Wissenschaft von der Sprache etablierte, war vieles, was man heute darunter verstehen würde, in den Rahmen philosophischer Reflexion eingebunden. Zu Beginn des 20. Jahrhunderts kam es noch einmal zu Wechselwirkungen (sog. *linguistic turn* in der Philosophie); insgesamt kennzeichnet die beiden Geisteswissenschaften jedoch eine jeweils eigenständige Perspektive. Die Sprachphilosophie fragt eher danach, was Sprache ist, worin deren Wesen besteht; die Sprachwissenschaft hingegen untersucht und beschreibt, wie Sprache ist bzw. funktioniert.

Philologie: Sprachwissenschaft und Literaturwissenschaft

Philologie ist der Oberbegriff für Sprachwissenschaft und Literaturwissenschaft, die heute weitgehend autonome wissenschaftliche Bereiche darstellen. Dies war nicht immer so: im 19. Jahrhundert versuchte man die Eigenschaften sprachlicher Systeme vornehmlich literarischen (meist älteren) Texten zu entnehmen. Erst mit der Hinwendung zur gesprochenen Sprache in der zweiten Jahrhunderthälfte entfernten sich die beiden Untersuchungsbereiche voneinander. Dennoch haben sie auch heute noch Berührungspunkte, so z.B. im Bereich der Textlinguistik (→ 6., 6.5. Text E).

Sprachwissenschaft und Gesellschafts- bzw. Naturwissenschaften

Vor Entstehen der Sprachwissenschaft und bis weit ins 19. Jahrhundert hinein hatte man Sprache vor allem im Zusammenhang mit der menschlichen Fähigkeit der Welterfassung und des Denkens gesehen; zudem stand die Reflexion und Theoriebildung immer im Zusammenhang mit kulturellen, politischen und sonstigen weltanschaulichen Überlegungen. Das änderte sich um 1900. Vertreter der jungen Wissenschaft von der Sprache wollten ihren Untersuchungsgegenstand abgegrenzt sehen von allen Faktoren, die nicht direkt sprachlich waren. So kam es dazu, daß man Sprache als autonomes, eigenen Gesetzen gehorchendes System betrachtete (→ Strukturalismus, 2. und 3.).

Nach einer Phase der Etablierung dieser Sicht kam es in der zweiten Hälfte unseres Jahrhunderts wieder zu einer Öffnung. Man begann das Phänomen Sprache zunehmend wieder im Zusammenhang z.B. mit geschichtlichen, kulturellen und gesellschaftlichen Faktoren zu betrachten. Die jüngere Sprachwissenschaft seit den 60er Jahren ist deshalb gekennzeichnet durch die Zusammenarbeit mit benachbarten gesellschafts- und naturwissenschaftlichen Forschungszweigen: soziologische oder kognitionswissenschaftliche[1] (psychologische, neurophysiologische) Elemente flossen in Modelle und Methodik ein, und das im Medienzeitalter wachsende Interesse an menschlicher und künstlicher Informationsverarbeitung eröffnete ebenfalls neue Aufgabenfelder. Die dabei entstandenen sog. ‚Bindestrich-Linguistiken' wie z.B. die Soziolinguistik, die Patholinguistik, die Psycholinguistik oder die Computerlinguistik

---

[1] Unter dem Sammelbegriff ‚Kognition' faßt man die Fähigkeit der physischen Wahrnehmung (Perzeption) und die neurophysiologische Weiterverarbeitung sowie Speicherung (Erinnerung) des Wahrgenommenen zusammen. Die Kognitionsforschung untersucht also, wie Menschen (z.T. auch Tiere) Informationen aus der Umwelt aufnehmen, diese verarbeiten, speichern und abrufen.

sind deutlich anwendungsorientiert. Die strukturalistischen Grundannahmen der ersten Jahrhunderthälfte wurden im Rahmen der neueren Ausrichtung zunehmend in Frage gestellt (poststrukturalistische Perspektive).

Die generelle Neuorientierung hin zu angrenzenden Wissenschaftsbereichen lief parallel zu einer immer weiter fortschreitenden Aufsplitterung in Schulen und Unterdisziplinen innerhalb der Sprachwissenschaft; die neuen Schnittstellen führten zur Erstellung neuer Modelle von Sprache und zur Festlegung neuer Terminologien. Heute kann man oft schon an den Fachbegriffen, die in einem linguistischen Text verwendet werden, erkennen, von welchen Forschungspositionen der Autor ausgeht, welche Grundauffassung zu Sprache und Sprechen er vertritt, mit welchen Fragen er an den Untersuchungsgegenstand herangeht und welche Ergebnisse er erzielen möchte.

Wie alle Geisteswissenschaften ist die Sprachwissenschaft aufgrund der gegenwärtigen Dominanz der Naturwissenschaften, vor allem der sog. *life sciences* (z.B. der Gentechnologie, Neurobiologie, auch der Informatik und Informationstechnologie), unter Rechtfertigungsdruck geraten. Die in jüngster Zeit spürbare Ausrichtung auf naturwissenschaftliche Fragestellungen und Anwendungsorientierung muß man sicher auch als Reaktion auf diesen Druck verstehen.

1.2. Perspektiven und Fragestellungen zum Untersuchungsgegenstand ‚Sprache'

Allgemeine, übereinzelsprachliche oder einzelsprachliche Perspektive

Wer universelle Eigenschaften der Sprache und sprachlicher Systeme im Blick hat und Theorien zu ihrer Beschreibung entwickelt, betreibt allgemeine Sprachwissenschaft (frz.: *linguistique générale*) (→ 3.). Einzelsprachliche Untersuchungen befassen sich hingegen mit dem System einer besonderen Sprache (z.B. des Französischen oder des Deutschen). Eine übereinzelsprachliche Perspektive nehmen Forscher immer dann ein, wenn sie entweder zwei oder mehr Sprachen miteinander vergleichen (kontrastive Linguistik) oder nach verbindenden Zügen mehrerer Sprachen suchen. Hierzu gehört auch die Beschäftigung mit Sprachgruppen (strukturell verwandten Sprachbünden oder genetisch verwandten Sprachfamilien):

> Allgemeine Sprachwissenschaft: Grundeigenschaften von Sprache/Sprachen
> ↑↓
> Übereinzelsprachliche Perspektive: vergleichbare Eigenschaften mehrerer Sprachen
> ↑↓
> Einzelsprachliche Perspektive: Eigenschaften und Charakteristika einer Sprache

Die französische Sprachwissenschaft (einzelsprachliche Perspektive) ist Teilgebiet der romanischen Sprachwissenschaft, die als Beispiel für einen übereinzelsprachlichen

Forschungszweig angeführt werden kann. Sie beschäftigt sich mit verschiedenen Sprachen, die genetisch und teilweise strukturell verwandt sind, da sie historisch auf eine Ausgangssprache, das gesprochene Latein des Römischen Reiches, zurückgehen.

Eine zu ausgeprägt einzelsprachliche Perspektive kann zu unangemessenen Verallgemeinerungen über die Eigenschaften von Sprache an sich verleiten. Das typisch abendländische Sprachverständnis und die Entwicklung der noch heute gebräuchlichen grammatischen Begriffe gehen teilweise auf eine solche Verallgemeinerung zurück: Über Jahrhunderte beschränkte sich die Analyse im Abendland auf das Griechische und das Lateinische; deren einzelsprachliche Strukturen wurden als Modell für die Grundeigenschaften von Sprache überhaupt betrachtet. Als ab dem 14. Jahrhundert andere Sprachen ins Blickfeld der Grammatiker und Sprachphilosophen gerieten, gab es zwei Strategien, mit ihnen umzugehen. In Sprachen, die man ideologisch aufzuwerten wünschte (in der Regel die eigenen Muttersprachen), interpretierte man z.T. griechische und lateinische Grammatik hinein oder versuchte gar, sie ihnen sekundär einzupflanzen. Wenn es sich hingegen um Sprachen handelte, die allenfalls von exotischem Interesse waren (z.B. solche, die in kolonialisierten Gebieten gesprochen wurden), machte man sich diese Mühe kaum. Waren die abendländischen Kategorien nicht erkennbar, wertete man sie entweder als defizitär und ‚primitiv' ab (bis zum 18. Jahrhundert), später auch als faszinierend anders bzw. erfrischend ‚ursprünglich' auf (ab dem 18. Jahrhundert). Beide Interpretationen wurzeln in der fragwürdigen Vorstellung, daß diese Sprachen und ihre Sprecher nicht einfach anders, sondern vor allem anders zu bewerten seien als die eigene bzw. man selbst. Vergleichbare weltanschauliche Raster diktierten die Untersuchung außereuropäischer oder anderweitig exotisch anmutender Sprachen bis ins 20. Jahrhundert.

Das sprachliche System und seine Ebenen

Wenn man Sprache an sich oder eine jeweils zu untersuchende Einzelsprache als strukturiertes System betrachtet, kann man annehmen, es setze sich aus verschiedenen Systemebenen zusammen; und man kann dann diese Ebenen zum Gegenstand linguistischer Untersuchung machen.

Den Wissenschaftszweig, der sich mit der lautlichen Ebene der Sprache und ihren Funktionen beschäftigt, bezeichnet man als Phonologie (→ 4.). Die Morphologie betrifft die Ebene der ‚Wörter' und bedeutungstragender Elemente unterhalb der Wortgrenze (z.B. Flexionsendungen) (→ 5.). Als Syntax bezeichnet man die wissenschaftliche Beschäftigung mit der Kombination von 'Wörtern' bzw. funktionalen Gruppen zu Sätzen und satzübergreifenden Einheiten (Textlinguistik, Makrosyntax) (→ 6.). Die Semantik ist die Wissenschaft von der sprachlichen Bedeutung im allgemeinen bzw. der Wortbedeutung im besonderen (→ 7.).

Außersprachliche Faktoren, die Sprache bedingen oder beeinflussen

Neue Richtungen der Sprachwissenschaft befassen sich, wie bereits angesprochen, mit der Rückbindung des Sprachlichen an außersprachliche Gegebenheiten: Im Rahmen der Pragmalinguistik (→ 2.3.2., 3.2.) gelten sprachliche Äußerungen als Ausdruck spezifischer Spielarten menschlichen Handelns (sog. Sprechakte).

Die Varietätenlinguistik (→ 8.) beleuchtet den Zusammenhang zwischen gesellschaftlichen, geographischen und situativen Gegebenheiten und deren Niederschlag im sprachlichen Bereich (in Form von dialektalen Besonderheiten, Gruppensprachen usw.). Die sog. Soziolinguistik ist im weitesten Sinne der Varietätenlinguistik zuzuordnen, da sie die Bedingtheit sprachlicher Äußerungen durch die Zugehörigkeit zu gesellschaftlichen Gruppen und Schichten untersucht.

Wieviel Geltung die strukturalistische Auffassung von der grundsätzlichen Eigenwertigkeit der Sprache immer noch hat, zeigt sich darin, daß Forschungszweige, die sich aus dem Bereich des ‚nur' Sprachlichen zu weit hinausbewegen, gerne kritisch hinterfragt werden. Es wird der Vorwurf erhoben, sie vermischten sprachliche und außersprachliche Faktoren in unzulässiger Weise. Für die kognitive Linguistik z.B. hängt Sprache direkt mit der menschlichen Fähigkeit zusammen, mit der Wirklichkeit perzeptuell, kognitiv und motorisch zu interagieren (→ 2.4.4., 7.4., 7.5. Texte C und D), was dazu führt, daß eine deutliche Grenze zwischen der Sprachkompetenz und anderen biologisch-mentalen Fähigkeiten nicht gezogen wird. Kritiker qualifizieren vor diesem Hintergrund den gesamten Zweig als linguistisch ‚unsauber', da der Bereich des Sprachlichen nicht klar genug definiert sei. Für die Soziolinguistik wurde aus vergleichbaren Gründen schon vorgeschlagen, sie gar nicht als Linguistik, sondern als linguistische Soziologie zu kategorisieren.

1.3. Leitfaden zur Benutzung dieses Buches

Zur Gliederung und zum Anhang

Kapitel 2. zur Wissenschaftsgeschichte bietet als Einstieg (Abschnitt 2.1.) Grundwissen zur abendländischen Sprachbetrachtung seit der Antike (Vorwissenschaftsgeschichte) sowie zur Entstehung und Entwicklung der allgemeinen und der romanischen Sprachwissenschaft im 19. Jahrhundert. Abschnitt 2.2. hat die Entwicklungslinien und Schulen der allgemeinen Sprachwissenschaft im 20. Jahrhundert zum Inhalt, skizziert also die Entstehung des sprachwissenschaftlichen Strukturalismus im zeit- und wissenschaftsgeschichtlichen Kontext, die einzelnen sprachwissenschaftlichen Schulen, die aus dem Strukturalismus hervorgegangen sind, und die neueren Forschungszweige, die sich als Überwindung des Strukturalismus verstehen. Die europäische und die nordamerikanische Entwicklung werden dabei getrennt dargestellt.

Kapitel 3. bietet die Möglichkeit, sich in diejenigen übergeordneten Modellvorstellungen und Grundbegriffe der allgemeinen Sprachwissenschaft themenzentriert einzuarbeiten, die man als Handwerkszeug für das Verständnis der folgenden Kapitel und für ein selbständiges Umgehen mit den Ergebnissen romanistischer Forschung benötigt. Es besteht, im Gegensatz zu den folgenden Kapiteln, im wesentlichen aus thematisch geordneten sprachwissenschaftlichen Grundlagentexten. Den Texten ist jeweils eine Zusammenfassung vorangestellt, die als Verständnishilfe für die Readertexte zu sehen ist und die aktive Erarbeitung der Begrifflichkeit auf der Basis der Texte nicht ersetzen kann und soll. Dieser Teil ist also so konzipiert, daß er u.a. die Fähigkeit des Umgangs mit fachsprachlichen Texten schult.

Kapitel 4. bis 8. führen in die linguistischen Teilgebiete Phonologie, Morphologie, Syntax, Semantik und Varietätenlinguistik im Hinblick auf das Französische ein. Jedes Kapitel setzt sich aus einem umfangreichen wissensvermittelnden Teil (jeweils bis Abschnitt 4) und einem Abschnitt mit wissenschaftlichen Texten (Reader, jeweils Abschnitt 5) zusammen. Der Reader erfüllt in diesem einzelsprachlichen Teil eine andere Funktion als in Kapitel 3. Die Texte setzen in diesem Fall das Wissen aus den vorangehenden Abschnitten voraus, und führen darauf aufbauend einzelne Aspekte näher aus bzw. öffnen den Blick für die gegenwärtige Forschungsdiskussion. In den primär einzelsprachlich französisch ausgerichteten Kapiteln finden sich hin und wieder Theorieelemente und Texte aus dem Umfeld der gegenwärtig anglo-amerikanisch dominierten allgemeinen Sprachwissenschaft, da die neuere deutsche Romanistik diese aufgegriffen, kritisch gesichtet und in die eigene Forschungstradition integriert hat. Die Inhalte der Kapitel 4.–8. können grundsätzlich unabhängig voneinander erarbeitet werden, mit Ausnahme der Kapitel 5. und 6. (Morphologie und Syntax), mit denen man sich möglichst zusammenhängend beschäftigen sollte.

Ein alphabetisches Verzeichnis der Readertexte ist direkt hinter dem Inhaltsverzeichnis zu finden. Der Band schließt mit einem Literaturverzeichnis und einem Register. Auf ein deutsch-französisches Register wurde verzichtet, hierzu sei auf den Anhang in H.-W. KLEIN/H. KLEINEIDAM: *Grammatik des heutigen Französisch* (Stuttgart u.a., Neubearbeitung 1994 und folgende Auflagen) und vor allem auf das sehr aktuelle und vollständige Register in A. STEIN: *Einführung in die französische Sprachwissenschaft* (Stuttgart/Weimar, 1998) verwiesen.

Zu den Literaturangaben

Jedes Kapitel schließt mit einem Abschnitt, der Literaturhinweise zur jeweiligen Thematik unter Nennung der Autoren/Herausgeber und des Erscheinungsjahres liefert. Die ausführliche bibliographische Angabe ist dem alphabetischen Verzeichnis am Ende des Buches zu entnehmen.

Außer diversen Nachschlagewerken und Einführungen in die allgemeine, in die romanistische und in die französische Sprachwissenschaft (→ 1.4.) sei einleitend auch auf das *Lexikon der Romanistischen Linguistik* (abgekürzt LRL) hingewiesen. Jeder Band dieses mehrbändigen Werkes deckt über informationsreiche Artikel, die von Spezialisten geschrieben sind, jeweils ein Themenfeld ab. Für Französisch-Studierende primär interessant ist Band V,1 (*Französisch*), weiterhin hingewiesen sei auf die Bände II,1 (*La-*

tein und Romanisch: Historisch-vergleichende Grammatik der romanischen Sprachen.), II,2 (*Die einzelnen romanischen Sprachen und Sprachgebiete vom Mittelalter bis zur Renaissance*) und Band VII (*Kontakt, Migration und Kunstsprachen: Kontrastivität, Klassifikation und Typologie*). Einzelne LRL-Artikel sind in den Kapiteln 4.–8. mit Autor, Band und Seitenzahl angegeben, im Literaturverzeichnis am Ende jedoch nicht mehr einzeln ausgewiesen. Ein speziell für Anfänger geeignetes Hilfsmittel ist die französische Reihe *Que sais-je?*, da jedes Bändchen Grundwissen zu einem Thema in knapper Form vermittelt. *Que sais-je?*-Bändchen mit sprachwissenschaftlicher Thematik sind im Anhang nicht in die Gesamtbibliographie eingegliedert, sondern stehen als Extra-Block in alphabetischer Reihenfolge am Anfang.

1.4. Grundlegende Literaturangaben: Einführungen und Nachschlagewerke

Bibliographien (zur Literaturrecherche)

- Einführung   HILLEN/RHEINBACH (1995)
- Allgemein fortlaufend   CIPL (Hg.) (1949 ff.; 1978 ff.)
- Romanistisch fortlaufend
    INEICHEN u.a. (Hgg.) (1965 ff.) [Vorgänger: *Zeitschrift für Romanische Philologie. Bibliographie*. 1878–1964]

Einführungen

- Allgemeine/übereinzelsprachliche Sprachwissenschaft
    Überblickswissen   GEIER (1998), HAGÈGE (*Que sais-je?* 2006, ^{5}1999), PERROT (*Que sais-je?* 570, ^{16}1998), STERMANN/GLÄSER (1995)
    Allgemein   COSERIU (^{2}1992), LINKE/NUSSBAUMER/PORTMANN (^{3}1996), LYONS (^{2}1972 und spätere Auflagen), MOESCHLER/AUCHLIN (1997), PELZ (^{2}1998), SOUTET (1995), VATER (^{2}1994)
    Unterhaltsam   SCHNEIDER (^{8}1999), WALTER (1994), YAGUELLO (1981)
- Romanische Sprachwissenschaft
    BLASCO FERRER (1996), FELIXBERGER/BERSCHIN (1974), GAUGER/OESTERREICHER/WINDISCH (1981), PÖCKL/RAINER (^{2}1994), RENZI (1980), TAGLIAVINI (^{2}1998)
- Französische Sprachwissenschaft
    Klassisch   GECKELER/DIETRICH (^{2}1997), PELZ (1996), PÖTTERS/ALSDORF-BOLLÉE (^{7}1995), ROHR (1980), SCHWARZE (1975)
    Aktuell   GAUDINO FALLEGGER (1998), STEIN (1998)
    Umfassend   CHISS (2 Bände; 1992/1993)
    Unterhaltsam   WALTER (1988)

Nachschlagewerke

- Lexika   BUßMANN (^{2}1990), DUBOIS u.a. (1973), DUCROT/SCHAEFFER (1995), GLÜCK (Hg.) (1993), KÜRSCHNER (^{2}1993), LEWANDOWSKI (^{5}1990)
- Handbücher   CRYSTAL (dt.: 1993), HOLTUS/METZELIN/SCHMITT (Hgg.) (= LRL: Bd. II,1/1996; II,2/1995; Bd. V,1/1990; Bd. VII/1998), STAMMERJOHANN (Hg.) (1975)

Grammatiken

- Überblickswissen   FLAUX (*Que sais-je?* 788, ^{2}1997)
- Lernergrammatiken   CONFAIS (^{2}1997), KLEIN/KLEINEIDAM (1994)
- Normativ [Grevisse] GOOSE (^{13}1993)
- Linguistisch   RIEGEL/PELLAT/RIOUL (^{3}1997)

2. Ein Ausflug in die Wissenschaftsgeschichte

O bouches, l'homme est à la recherche d'un nouveau langage
Auquel le grammairien d'aucune langue n'aura rien à dire.

G. APPOLINAIRE

2.1. Von der Sprachphilosophie und der Grammatik zur Sprachwissenschaft

2.1.1. Vorwissenschaftsgeschichte und frühe Sprachwissenschaft

Die Frage nach dem ‚Warum' und ‚Wie' des menschlichen Sprachvermögens und des Phänomens Sprache ist vermutlich so alt wie dieses selbst. Die Weichen für das spezifisch abendländische Beantworten dieser Frage wurden in der griechischen Antike gestellt; außerhalb Europas kursierten parallel andere, sehr komplexe Auffassungen (so etwa in Indien: PANINI, um 400 v. Chr.), die im Abendland jedoch kaum rezipiert wurden. In den folgenden Jahrhunderten beschäftigten sich vor allem Philosophen und Grammatik- bzw. Rhetoriklehrer mit dem Wesen und den Formen des Sprachlichen; zur Neuzeit hin wurde Sprache mehr und mehr auch Gegenstand politischer und gesellschaftlicher Auseinandersetzung (→ 2.1.2. Text A).

Die Entdeckung und Erforschung des Sanskrit um 1800 kann man als Initialzündung der wissenschaftlichen Beschäftigung mit Sprache und Sprachen betrachten. Die romanische Sprachwissenschaft, die ebenfalls in der ersten Hälfte des 19. Jahrhunderts entstand, hatte entscheidenden Einfluß auf die Entwicklung dieses jungen Wissenschaftszweiges. Die Entstehung der romanischen Sprachen aus dem Latein war, was die Datenlage betraf, besser dokumentiert als die Entwicklung anderer Sprachen. Die vornehmlich sprachvergleichend und entwicklungshistorisch orientierte Linguistik des 19. Jahrhunderts wurde um die Wende zum 20. Jahrhundert abgelöst von anderen Theorien und Methoden, die nicht mehr das ‚Werden' sprachlicher Strukturen, sondern deren Funktionieren zu einem gegebenen Zeitpunkt in den Mittelpunkt stellten. Die Auswirkungen dieser Neuorientierung blieben bis in die 70er Jahre unseres Jahrhunderts hinein prägend.

Verfolgt man die abendländische Reflexion über Sprache und Sprachen von ihren dokumentierbaren Anfängen bis in die Moderne, so kann als größte und durchgängige Verschiebung wohl der Übergang vom normativen ‚Vorschreiben' (Frage: Was ist richtig, was ist falsch? ⇒ präskriptiv) zum ‚Beschreiben' (Frage: Was gibt es zu beobachten, welche Muster kann man aus vorfindbarem sprachlichen Material ableiten? ⇒ deskriptiv) gelten.

Die folgenden Texte haben, jeder auf seine Art, einleitenden Charakter. Text A ist ein ins Deutsche übertragener Auszug aus einer Einleitung zu einer Sammlung ausgewählter philosophischer Texte aus drei Jahrtausenden Sprachreflexion. Er bietet vor allem eine Chronologie der vorwissenschaftlichen Periode der Sprachbetrachtung und zeigt, in welchem geschichtlichen und kulturellen Zusammenhang sie jeweils stattfand; das Ende des Textes thematisiert die Entstehung und die erste Ausprägung der jungen Sprachwissenschaft des 19. Jahrhunderts. Text B und Text C behandeln ebenfalls den Beginn der allgemeinen, vor allem aber auch der romanischen Sprachwissenschaft in der ersten Hälfte des 19. Jahrhunderts.

2.1.2. Reader zur Vorwissenschaftsgeschichte und frühen Sprachwissenschaft

Text A: Abendländische Sprachreflexion von der Antike bis ins 19. Jahrhundert

übertragen aus: HARRIS, R./TAYLOR, T. J.: *Landmarks in Linguistic Thought*. London/New York, 1989. S. xi ff.

1. Antike

Die klassisch griechische Auffassung, daß die Sprache den Menschen vor allen lebenden Arten auszeichnet, ist besonders prägnant formuliert im folgenden Zitat des Athener Rhetorikers ISOKRATES (436–338 v. Chr.):

> Was die meisten unserer Fähigkeiten betrifft, unterscheiden wir uns in keiner Weise von den Tieren; genaugenommen sind wir vielen von ihnen an Geschmeidigkeit, Kraft und anderen Anlagen unterlegen. Nun ist aber in uns die Fähigkeit angelegt, uns gegenseitig zu überzeugen und uns mitzuteilen, was immer wir möchten. Das hat uns nicht nur dem Zustand des wilden Tieres enthoben, sondern auch in die Lage versetzt, Städte zu gründen, Gesetze zu erlassen und künstlerische Tätigkeiten auszuführen. Denn die Sprachfähigkeit ermöglicht uns, alles Denkbare Wirklichkeit werden zu lassen. Sie ist der Ursprung der Scheidung von Recht und Unrecht, Ehre und Unehre; ohne die Festlegung dieser Grenze wäre es uns nicht möglich zusammenzuleben. Mit Hilfe der Sprache weisen wir das Böse zurück und preisen das Gute. Die Fähigkeit zu sprechen ist das erkennbare Zeichen dafür, daß wir mit einem einsichtigen Verstand begabt sind. Der Wahrheit verpflichtetes, rechtes und angemessenes Sprechen ist das Spiegelbild einer guten und vertrauenswürdigen Seele.

Was in der Übersetzung mit ‚Sprachfähigkeit/Sprache/Sprechen' wiedergegeben wurde, ist das griechische *logos*. Dies meint nicht nur die Fähigkeit zu artikuliertem Sprechen, sondern auch die Verstandesgabe, die hinter dem gesprochenen Wort in all seinen Erscheinungsformen steht. Der *logos* insgesamt ist es, der den Menschen von allen anderen lebenden Arten unterscheidet. [...]

Die Hochachtung vor der Macht des *logos* manifestierte sich auch in dem hohen Rang, der der Dichtkunst in der griechisch-antiken Kultur zukam. Die Epen HOMERS wurden über Jahrhunderte als Quelle moralischer und historischer Wahrheit betrachtet und genutzt. Die ersten griechischen Denker, die ihr gesamtes Programm auf der Basis des Sprachvermögens entwickelten, waren die sog. Sophisten (dt.: ‚weise Männer'), die im 4. und 5. vorchristlichen Jahrhundert die Kunst der Rhetorik und des Disputs lehrten. Ihnen sagte man nach, sie nutzten geschickt und kühl kalkulierend ihr Wissen um die Macht der Rede. Diese Sicht hat sich als pejorative Grundbedeutung in unserem Wortschatz erhalten (*Sophismus, Sophisterei*). [...] Aus den durch PLATO überlieferten Disputen des SOKRATES mit den Sophisten läßt sich z.B. ein zusammenhängendes Bild der griechisch-antiken Auffassung über die Vernetzung von Sprache und Denken gewinnen.

Die griechische Kultur war im Bezug auf Sprachreflexion egozentrisch insofern, als andere Sprachen keine Rolle spielten. [...] Die verschiedenen Dialekte des Griechischen fanden zwar Beachtung, der Schwerpunkt des Interesses lag jedoch auf der Frage nach dem Ursprung der Worte und der Sprache an sich. HERODOT berichtet die Legende vom Experiment des Pharao PSAMMETICH: Er wollte herausfinden, welche Sprache die Ursprache der Menschheit gewesen sei, und isolierte zu diesem Zweck zwei Neugeborene. Die ersten Worte, die diese vollkommen sich selbst überlassenen Kinder stammeln würden, sollten Aufschluß über diese Sprache geben. [...] Daß Sprache im Lauf der Zeit Veränderungen unterworfen ist, wurde erkannt. Wortgeschichten wurden allerdings nicht um ihrer selbst willen nachgezeichnet, sondern man betrieb Etymologie, um an die ‚wahre', eigentliche Bedeutung eines Wortes zu kommen, die sich im Lauf der Zeit abgeschwächt oder ganz verloren hatte.

Die Eroberungen ALEXANDERS des Großen (356–323 v. Chr.) führten nicht nur zu territorialer Ausdehnung der griechischen Domäne, sondern auch zu engerem Kontakt mit anderen Kulturen. Alexandria in Nordafrika wurde zur Hochburg griechischer Schriftkultur, man übersetzte das alte Testament aus dem Hebräischen ins Griechische (sog. Septuaginta), wodurch ein neues Element in die abendländische Sprachreflexion gelangte: eine spezielle Theorie[1] über den Ursprung der Sprache und die Existenz der sprachlichen Vielfalt. Als sie sich durchsetzte, war freilich Griechenland als militärische und administrative Zentralmacht bereits von Rom abgelöst worden.

Die Römer, die sich als Erben und Sachwalter der griechischen Kultur verstanden, übernahmen deren sprachphilosophische Perspektive. [...] Öffentliche Debatten in den Parlamenten und Auseinandersetzungen vor Gericht spielten weiterhin eine wesentliche Rolle, somit stand [...] die Redekunst weiterhin in hohem Ansehen. [...] In den Schulen wurde der *logos* in drei Grunddisziplinen aufgeteilt gelehrt: Rhetorik, Logik und Grammatik.

Dieses sog. Trivium verstand man als hierarchisch geordnet. Die Rhetorik stand an oberster Stelle, das eingeübte schlußfolgernde Denken (Logik) und die normgerecht korrekte Ausdrucksweise (Grammatik) waren die Voraussetzung dafür. Die Dichtkunst spielte zwar eine Rolle [...], aber die Einübung literarischer Techniken und Kompositionsverfahren bestand nun nur noch als Teil des Studiums der Grammatik weiter fort.

Mit der Expansion des römischen Reiches kam die lateinische Sprache in die eroberten Gebiete und wurde in ihrer gesprochenen Variante übernommen. [...] Eine Sprachverbreitung solchen Ausmaßes hatte es in der europäischen Geschichte noch nicht gegeben, und sie sollte das Sprachbewußtsein in Europa dauerhaft prägen. Bis zur Renaissance (und darüber hinaus) war alle Reflexion über Sprache beherrscht vom einzigartigen Status, den diese allgegenwärtige, flexible Allzwecksprache hatte. [...] Das Lateinische drang in die verschieden-

---

1   Ursprung der Sprache, Genesis II 19–20: Gott läßt die erschaffenen Kreaturen aufmarschieren, damit der gerade ins Leben gerufene Mensch sie mit Namen belegt.
    Erklärung für die Varianz, Genesis XI 1–9: Babylonische Sprachverwirrung (hebr. *balal* = dt. ‚verwirren') nach mißglücktem Turmbauversuch.

sten Bereiche des gesellschaftlichen Lebens vor und brachte die größte sprachliche Einheitskultur hervor, die das Abendland in seinen 3000 Jahren Geschichte erleben sollte.

Die drei am häufigsten diskutierten Fragen bezüglich der Sprache waren:

a.) Leitet sich sprachliche Bedeutung von den ‚Dingen' ab oder besteht sie kraft Konvention?
b.) Gehorcht Sprache einem Ordnungsprinzip oder nicht?
c.) Aus welchen und wie vielen funktionalen Elementen (Konstituenten) besteht sie? [...]

Frage c.) brachten die antiken Grammatiker auf. Zu dem Zeitpunkt, als PRISCIAN seine definitive lateinische Grammatik schrieb (ca. 500 n. Chr.), galt sie, zumindest nach Auffassung der Grammatiker selbst, als beantwortet. [...] Frage b.) spaltete die linguistischen Vordenker in zwei Lager: Die sog. Analogisten gingen von der grundsätzlichen Regelhaftigkeit der Sprache aus, die sog. Anominalisten bestritten sie. Die Debatte war zur Zeit PRISCIANS zum Erliegen gekommen, geriet jedoch unter gänzlich veränderten Vorzeichen erneut in Gang: einmal gegen Ende des Mittelalters und nochmals im 17. Jhd., als man Versuche unternahm, eine universelle Systemhaftigkeit von Sprache nachzuweisen. Frage a.) erwies sich in vielerlei Hinsicht als die zählebigste, was nicht verwundert, da sie in engem Zusammenhang mit der Frage steht, inwieweit der Mensch selbst Herr über sein Sprachvermögen und seine Vernunft ist. [...]

2. Mittelalter

Das sog. Mittelalter beginnt nach gängiger Klassifizierung [...] im 5. Jhd. n. Chr. mit dem Fall Roms und endet 1492 mit der Entdeckung Amerikas. Insoweit begann und endete dieser Epochenabschnitt mit Ereignissen, die von größter Bedeutung für die theoretische Beschäftigung mit Sprache waren. Das erste Ereignis markiert eine entscheidende Veränderung der sprachlichen Landkarte Europas, das zweite eine, die die der gesamten Welt neu ordnete.

Die Invasionen des 5. nachchristlichen Jahrhunderts gingen immer damit einher, daß in den großen Städten des ehemaligen römischen Reiches andere Sprachen vorherrschend wurden. Der unmittelbare Effekt war ein sich lang hinziehender vorläufiger Niedergang der Reflexion über Sprache. Europa stand am Beginn eines Jahrtausends, in dem das Latein sich aufspalten sollte in eine zu erlernende (schriftsprachlich orientierte) Ausprägung und in viele, zunehmend verschiedene, und auf der Basis der gesprochenen Sprache entstehende Varietäten. Einige wurden zu eigenen und unabhängigen Sprachen, den sog. romanischen Sprachen (Französisch, Provenzalisch, Spanisch, Rumänisch usw.). Europa bildete dennoch weiterhin eine kulturelle Einheit. Man übernahm allerorts den christlichen Glauben und machte gemeinsam Front gegen die islamischen Heere während der Kreuzzüge. Das Lateinische blieb in der Periode der lateinisch-romanischen Zweisprachigkeit Verwaltungs- und Bildungssprache und dominierte im kirchlichen Bereich. Latein, das bedeutete auch im Mittelalter das ‚korrekte' Latein, wie es in den Werken der klassisch-antiken Autoren (CICERO, 106–43 v. Chr.; VERGIL, 70–19 v. Chr.) dokumentiert und von den großen Grammatikern der Spätantike (DONATUS, um 350 n. Chr.; PRISCIAN, ca. 500 n. Chr.) festgeschrieben worden war. In der Praxis allerdings wich es erheblich von diesem Ideal ab. Und so oblag es einigen mittelalterlichen Gelehrten immer auch, irgendwelchen von dieser Norm abweichenden, gleichwohl gelehrten ‚Barbaren' das normgerechte Latein wieder beizubringen. [...]

Die scholastische Philosophie des Hochmittelalters lieferte den Hintergrund für die Dispute zwischen den sog. Realisten und den sog. Nominalisten. Zur Debatte stand der Status der

Wortbedeutung. Die Nominalisten vertraten die Auffassung, daß sich die Wirklichkeit aus physischen Einzelelementen (sog. Partikularien) zusammensetze, von denen der menschliche Geist über den Weg der Abstraktion Allgemeinbegriffe oder ‚Inbegriffe' (wie *Mensch*, *Tier* usw.) ableitet. Die Realisten gingen demgegenüber davon aus, daß gerade diesen Inbegriffen direkt eine Realität (Wirklichkeit) entspräche. Die physischen Partikularien hingegen seien nur Variationen, Einzelausprägungen dieser natur- bzw. gottgegebenen Grundmuster. [...]

Das Trivium (lateinische Grammatik, Rhetorik, Logik) stellte auch im Mittelalter den Lehrplan an den Schulen und Universitäten dar. Das Lehrangebot richtete sich in erster Linie an diejenigen, die eine kirchliche und administrative Tätigkeit anstrebten (was normalerweise Hand in Hand ging). 1000 Jahre lang blieb die überkommene Analyse des Lateins durch DONATUS und PRISCIAN nahezu unangefochten. Die einzige Neuerung auf dem Gebiet der Sprachtheorie, die eine gewisse Eigenständigkeit und Originalität aufwies, war der Versuch der sog. spekulativen Grammatiker im 14. Jahrhundert, über die Erkenntnisse der Spätantike hinauszugelangen. Sie waren bestrebt zu erklären, warum die Grammatik des Lateins eben die Form angenommen hatte, die es aufwies. Was diesen interessanten Ansatz für spätere Jahrhunderte unattraktiv machte, war die Annahme, es handle sich bei der lateinischen um die perfekte Sprachstruktur, an der man universelle sprachliche Teilsysteme und Kategorien exemplarisch erkennen könne. [...] Mit Beginn der Renaissance nämlich begannen sich europäische Gelehrte der Tatsache zu stellen, daß es eine viel größere sprachliche Variation in der Welt gab, als es sich die antiken Gelehrten je hatten träumen lassen.

3. Renaissance

Die Renaissance kennzeichnet ein Doppelparadoxon [...]. Einerseits erwachte ein neues Interesse an den klassischen Sprachen der Antike. Als Auslöser kann man die Einnahme Konstantinopels durch die Türken 1453 betrachten, die eine Emigration griechischer Gelehrter nach Italien zur Folge hatte. Andererseits geriet im Zuge des einsetzenden Sprachnationalismus das Latein als Verkehrssprache Europas ins Hintertreffen. Die Expansion der europäischen Territorialmächte in Übersee eröffnete zudem neue sprachliche Horizonte. Das Vordringen in die Neue Welt führte im Laufe des 16. Jhd. zu ersten Veröffentlichungen von Grammatiken der sog. Indianersprachen; die Missionstätigkeit im Fernen Osten ebnete Studien des Chinesischen den Weg. Um 1600 wäre es bereits möglich gewesen, sprachliche Materialsammlungen einzusehen, die geeignet waren, den gesamten theoretischen Rahmen sprachlicher Untersuchung zu sprengen, den die spätantiken Grammatiker gesetzt hatten. Führende Renaissance-Gelehrte wie ERASMUS (1466–1536), SCALIGER (1484–1588), RAMUS (1515–1572) und SANCTIUS (1523–1601) konzentrierten sich auf eine bloße Reinterpretation der klassischen Doktrin. Noch verfügten die toten Sprachen über ein höheres Prestige als die lebenden.

Das überkommene geistesgeschichtliche Muster wurde vornehmlich unter dem Druck politischer, wirtschaftlicher und technologischer Faktoren durchbrochen. Europa war zum Schachbrett für politische Hegemonialbestrebungen geworden. Die rivalisierenden Monarchen konnten ihre Herrschaftsansprüche zunehmend nur noch durchsetzen, wenn sie sich als Repräsentanten von Nationen deklarierten. Denn in den Jahrhunderten davor war der maßgebliche Güterbesitz nach und nach von den feudalen Grundherren auf die Kaufleute übergegangen. Kriege waren kostspielige Unternehmungen, die die finanziellen Ressourcen eines einzelnen Adelshauses überstiegen. Eine machtbestrebte Dynastie sah sich gezwungen, größere und vor allem ökonomisch interessante gesellschaftliche Gruppen für ihre Zwecke zu mobilisieren, d.h. eben auch: in deren Sprache anzusprechen. Die Erfindung und Verbreitung des Buchdrucks brachte ebenfalls ökonomische Belange ins Spiel. Damit der Aufwand einer Vervielfältigung dieser Art sich lohnte, mußte eine bestimmte Anzahl gedruckter Exemplare auch absetzbar sein. Damit stellte sich automatisch die Frage, wieviele potentielle Käufer die Sprache, in der das jeweilige Buch erscheinen sollte, überhaupt lesen konnten. JOHANN GUTENBERG (ca. 1398–1460) dürfte also größeren Einfluß auf das Sprachbewußtsein seiner Zeit gehabt haben als ERASMUS, SCALIGER, RAMUS oder SANCTIUS.

4. 17. und 18. Jahrhundert (Zeitalter der Aufklärung)

Zwischen 1600 und 1800 etablierten sich starke, zentralistische Monarchien in England, Frankreich und Spanien, die mit Hilfe ihrer Verwaltungsapparate in immer größerem Umfang auch sprachliche Vereinheitlichungspolitik betrieben. Im 17. Jahrhundert kam die Idee wieder auf, daß allen Sprachen eine Basisstruktur zugrunde liegen müsse, trotz der Unterschiede in Vokabular, Aussprache und Idiomatik. Man verstand sie als Reflex der Universalcharakteristika des menschlichen Denkens. Von diesem Gedanken ist z.B. die einflußreiche französische Grammatik aus der Schule von Port Royal geprägt, und er blieb auch für andere Universalgrammatiken des 17. Jhd. [...] maßgeblich. Unausgesprochen findet er sich auch in DESCARTES' Wiederaufnahme der griechischen Maxime, daß der *logos* den Menschen erst zum Menschen mache. LEIBNIZ (1646–1716) spekulierte darüber, ein mathematisch-logisches System auszuarbeiten, das sowohl alles vernunftgeleitete Denken adäquat abbilden könne, als auch eine allgemeine Sprachrepräsentation ermögliche. [...] Mit den wichtigsten Beitrag zum sprachtheoretischen Diskurs der Zeit lieferte LOCKE. Seine Perspektive auf Sprache (Essay *On human understanding*) [...] blieb das ganze 18. Jhd. [...] hindurch maßgeblich. Die Auseinandersetzung zwischen den Gelehrten in der Nachfolge LOCKES (z.B. CONDILLAC, 1715–1780) und denen, die versuchten, die neuen Theorien zur Sprachentstehung mit den biblischen Gegebenheiten in Einklang zu bringen, setzte sich fort. Das Problem des Ursprungs der Sprache wurde wieder einmal zum Angelpunkt der geistigen Auseinandersetzung. 1769 lobte die Preußische Akademie der Wissenschaften einen Preis für den besten Traktat zu diesem Thema aus. HERDER (1744–1803) gewann ihn, und man sagt seiner 1772 veröffentlichten Schrift entscheidenden Einfluß auf HUMBOLDTS (1767–1835) Denken nach. HUMBOLDT war der erste Sprachphilosoph, der von einem durchgängig dynamischen Charakter der verschiedenen Sprachen ausging [...], deren Vielfalt er auch vor dem Hintergrund eines möglichen Zusammenhangs mit verschiedenen sog. Volksmentalitäten untersuchte.

5. 19. Jahrhundert

Das Bildungsniveau stieg, zum ersten Mal bekamen große, bisher analphabetische Bevölkerungsschichten Zugang zum schriftlichen Medium; dies lief parallel mit einem verstärkten Interesse bestimmter politischer Interessengruppen an der Standardisierung nationaler Einzelsprachen. Neue Wörterbücher und Grammatiken wurden erstellt und fanden Verbreitung in bisher nicht gekanntem Ausmaß. [...]

Zu Beginn des 19. Jhd. entfachte die romantische Bewegung das Interesse an exotischen und archaischen Sprachen. Die Grundlage für die Etablierung sprachwissenschaftlicher Studien im akademischen Bereich jedoch bildete die Entdeckung des Sanskrit. 1786 hatte WILLIAM JONES in einem später vielzitierten Plädoyer versucht, die Aufmerksamkeit auf die zentrale Bedeutung dieser Sprache zu lenken:

Die Sanskrit-Sprache, so alt sie ist, ist von wunderbarer Regelhaftigkeit: vollkommener als die griechische, reicher als die lateinische und in herausragender Weise kultivierter als beide zusammen. Nun weist sie zudem mit beiden, sowohl in den Verbstämmen als auch in den grammatischen Formen, so starke Ähnlichkeiten auf, daß man dies kaum einem Zufall zuschreiben kann. Sie sind derart ausgeprägt, daß kein Philologe die drei untersuchen kann, ohne zu der Überzeugung zu gelangen, sie müssen einer gemeinsamen Quelle entsprungen sein, die wahrscheinlich nicht mehr existiert.

Das erste Aufblühen der vergleichenden Sprachwissenschaft im 19. Jhd. erscheint wie ein langer, gelehrter Kommentar zu dieser prophetischen Beobachtung JONES'. Zuerst ging man daran, die von ihm angenommene ‚gemeinsame Quelle' (eine Ursprache, das sog. Indoeuropäische) zu rekonstruieren. Zentrale Rollen bei diesen philologischen Bestrebungen spielten RASMUS RASK (1787–1832), JAKOB GRIMM (1785–1863) und FRANZ BOPP (1791–1867). Um 1850 hatte sich über die Beschäftigung mit der aus dem Indoeuropäischen hervorgegangenen Sprachfamilie die Methode des Sprachvergleichs auf einer faktisch gut unterlegten Grundlage etabliert. Und so konnte MAX MÜLLER (1834–1898) verkünden, das Studium der Sprache(n) sei nunmehr zur Wissenschaft geworden. Dies nahm in der zweiten Jahrhunderthälfte eine Gruppe deutscher Gelehrter, die der sog. ‚Junggrammatiker', besonders ernst. Sie erstellten ein Inventar von Lautgesetzen, die die Evolution der indoeuropäischen Sprachen bewirkt haben sollten. Die Durchsetzung der DARWINschen Doktrin im Bereich der Biologie förderte die Akzeptanz derartig deterministisch evolutionärer Auffassungen.

Gegen Ende des 19. Jhd. wurde die theoretische Basis der evolutionären Sprachwissenschaft in Frage gestellt. DE SAUSSURE (1857–1913), dessen posthum veröffentlichter *Cours de linguistique générale* (1916) den Strukturalismus begründete, [...] vertrat die Auffassung, die Untersuchung evolutionärer Gegebenheiten liefere lediglich historisches Hintergrundwissen. Eine Sprache sei für die Sprecher schließlich nicht als ein kontinuierlicher Prozeß des Werdens wichtig, sondern als stabiles System, dessen sie sich bedienen. [...]

Text B: Entstehung der vergleichenden Sprachwissenschaft im 19. Jahrhundert

aus: WARTBURG, W. VON: *Einführung in die Problematik und Methodik der Sprachwissenschaft.* Tübingen, ³1970. S. 2 ff.

Die Schöpfer der Grammatik, wenn man von den abseits stehenden Indern absieht, sind die Griechen gewesen. Bei ihnen herrschte das Bemühen vor, Regeln zu finden und zu geben, kraft derer man Korrektes und Unkorrektes in der Sprache unterscheiden konnte. [...]

Erst gegen Ende des 18. Jahrh. trat neben diese Form [...] die Philologie. FRIEDRICH AUGUST WOLFF schuf von 1777 an die kritisch-vergleichende Beschäftigung mit den alten Texten. Die Rekonstruktion der Originaltexte und ihre Interpretation waren von Anfang an das Hauptziel der Bewegung. Damit ist schon gesagt, daß sie Sprachstudien nicht um der Sprache willen trieb, sondern um der Texte willen. Selbstverständlich hielt sich auch diese Wissenschaft an die geschriebene Sprache; die gesprochene Sprache beachtete sie kaum. Von der vorangehenden Stufe unterschied sie sich dadurch, daß sie nicht, wie jene, korrekte Ausdrucksweise zu lehren sich bemühte, sondern den wirklichen Zustand der Sprache, so wie sie zur Zeit des untersuchten Autoren gewesen war, zu erfassen suchte. Ihre Fragestellung war nicht mehr: *was ist richtig?*, sondern *was ist?*

Aus der kritischen Textvergleichung erwuchs schließlich die Sprachvergleichung. Gegen Ende des 18. Jahrhunderts wurde das Sanskrit bekannt. Hatte man bisher in der Hauptsache die beiden klassischen Sprachen als zusammengehörig erkannt, ohne allerdings im einzelnen die Beziehung zu verstehen, so wurde nun manches auf einmal klar. Das Verhältnis zwischen Griechisch und Latein wurde erhellt durch die neu in den Gesichtskreis tretende Sprache. Z.B. das Nebeneinander der Formen

lt.	*genus*	gr.	*génos*
	generis		*géneos*
	genera usw.		*génea*

hatte bisher keine weiteren Schlüsse erlaubt. Die entsprechende Liste des Sanskrit aber zeigte mit einem Schlag die Beziehungen der drei Sprachen: skr. *janas, janasas, janassu*. Es zeigte sich, daß das urspr. *s* im Sanskrit weiterlebt, im Lateinischen und Griechischen aber nur im Auslaut erhalten ist: zwischen Vokalen wird es im Lt. zu *r*, im Gr. fällt es aus. So erweisen sich die drei Sprachen als zu einer Familie gehörig; sie beruhen auf einem gemeinsamen Urzustand, der von der einen treuer, von der anderen nur mit starken Modifikationen festgehalten wird. So ist die Idee aufgetaucht, diese verschiedenen Sprachen um ihrer selbst willen miteinander zu vergleichen und aus den Beziehungen zwischen verwandten Sprachen den Gegenstand einer besonderen Wissenschaft zu machen. [...] Der Schöpfer dieser vergleichenden Sprachwissenschaft ist bekanntlich FRANZ BOPP, der 1816 sein Buch ‚Über das Conjugationssystem der Sanskritsprache' erscheinen ließ. Ihre Vollendung fand diese Betrachtungsweise in Schleichers ‚Compendium der vergleichenden Grammatik der indogermanischen Sprachen' (1861) [...].

Der nächste Schritt führte sodann von der Sprachvergleichung zur Sprachgeschichte. [...] Dieser Schritt von der Vergleichung zur Historie wurde in zwei Gebieten gemacht, die eben über eine lange schriftliche Tradition verfügen und daher zur Darstellung der geschichtlichen Beziehungen direkt herausforderten: die germanischen und die romanischen Sprachen. Ganz besonders die ‚Grammatik der romanischen Sprachen' von FRIEDRICH DIEZ (1836) hat mächtig dazu beigetragen, den Begriff der Entwicklungsgeschichte der Sprachen zu schaffen. [...] Diese Anregungen wurden besonders seit etwa 1870 durch die Schule der Junggrammatiker auf die gesamten Ergebnisse der Sprachvergleichung ausgedehnt. Die Junggrammatiker waren es, welche die Tatsachen in ihre natürliche Aufeinanderfolge stellten (BRUGMANN, OSTHOFF, BRAUNE, SIEVERS, PAUL).

Text C: Entstehung der Wissenschaft von den romanischen Sprachen

aus: LAUSBERG, H.: *Romanische Sprachwissenschaft*, Bd. 1. Berlin, 1956. S. 13 ff.

Die romanische Sprachwissenschaft ist ein Teil der romanischen Philologie. Diese ist ihrerseits ein Teil der Geschichtswissenschaft und hat zum Gegenstand die Geschichte der Sprachen und Literaturen der Romanen. [...]

Sieht man in der europäischen Gesamtkultur die eigentümliche Fortsetzung und Umformung der durch das römische Imperium vermittelten antiken Kultur, so ist die romanische Philologie in der glücklichen Lage, diese geistige Tradition im materiellen Fortbestand der in fächerartiger Mannigfaltigkeit weiterentwickelten lateinischen Sprache auf dem Boden des ehemaligen Imperium Romanum handgreiflich dokumentiert zu sehen.

Das Ausgangsproblem der romanischen Sprachwissenschaft ist das der Entstehung der romanischen Sprachen als eines Phänomens des in seinen äußeren Banden sich auflösenden und in seiner kulturellen Vitalität erschlaffenden Imperium Romanum einerseits und der sich in der Folgezeit unter selbständiger Wiederaufnahme und Belebung antiker Kulturtradition neubildenden „nationalen" Sprachgemeinschaften andererseits. Entstehung wie Geschichte der romanischen Sprachen bis in die Neuzeit stellen historische Prozesse dar [...].

Das Studium der romanischen Philologie – Sprachwissenschaft wie Literaturwissenschaft – führt zu einem tieferen Verständnis des antiken Erbes und seiner gesamteuropäischen Tradition und damit zur Weckung oder Belebung eines eigenen europäischen Kulturbewußtseins: eine erzieherische und [...] kulturpolitische Frucht der Wissenschaft, die ihre Entstehung dem gemeinsamen Tasten und Finden französischer und deutscher Romantik verdankt (FRANÇOIS RAYNOUARD 1761–1836, FRIEDRICH DIEZ 1794–1876). [...]

Die romanische Sprachwissenschaft ist andererseits auch hingeordnet auf die allgemeine Sprachwissenschaft, die ihrerseits in die Sprachphilosophie und damit in die Anthropologie und Philosophie mündet. [...]

Da die romanische Sprachwissenschaft einerseits geographisch eine Fülle lebendiger Einzelsprachen und Mundarten, andererseits historisch zwei Jahrtausende der Sprachentwicklung mit Ausgangspunkt und Endpunkt überblickt, ist sie ein für die Entwicklung und Erprobung linguistischer Forschungsmethoden wie zur Gewinnung allgemeinsprachwissenschaftlicher Erkenntnisse besonders geeignetes Beobachtungsfeld.

2.2. Der Beginn der modernen Sprachwissenschaft

> *À travers les différences d'école [...] les mêmes préoccupations apparaissent qui peuvent se formuler en trois questions fondamentales: 1⁰ Quelle est la tâche du linguiste, à quoi accède-t-il et que décrira-t-il sous le nom de langue? 2⁰ Comment décrira-t-on cet objet? Il faut forger des instruments [...]. Quel sera alors le principe de ces procédés et de ces définitions? Cela montre l'importance que prend la technique linguistique; 3⁰ Au sentiment naïf du parlant comme pour le linguiste, le langage a pour fonction de « dire quelque chose ». Qu'est exactement ce « quelque chose » [...] et comment le délimiter par rapport au langage lui-même? Le problème de la signification est posé.*
> E. BENVENISTE

2.2.1. Technischer und wissenschaftlicher Umbruch um 1900

Die Erfindungen BELLS und SWEETS im 19. Jahrhundert ermöglichten erstmals Erhebungen und detailliertes Vermessen sprachlicher Äußerungen. Man konnte nun auch größere Datenmengen dauerhaft konservieren und auswerten. Eine der bahnbrechenden Arbeiten, die nach der Jahrhundertwende entstanden, unternahmen J. GILLIÉRON und sein Assistent E. EDMONT mit der Erstellung des *Atlas linguistique de la France* (*ALF*, 1902–1910), in dem sich dialektale Unterschiede detailliert kartographiert finden. Die vielen Erhebungen und die Abgleichung großer Datenmengen ließen z.B. erkennen, daß es mit den ehernen Lautgesetzen der Junggrammatiker nicht so weit her war, wie man bis dahin angenommen hatte.

F. BOAS, ein deutscher Anthropologe und Sprachforscher, emigrierte zu Beginn des 20. Jahrhunderts in die USA. Er war der Auffassung, sprachliche Systematik (z.B. Grammatik) stehe in direktem Zusammenhang mit der Kultur und Zivilisation einer Sprachgemeinschaft. Aufgrund dieser Interessenlage initiierte er umfangreiche Feldstudien zu den amerindischen Sprachen (sog. Indianersprachen), lieferte jedoch auch Beiträge zur theoretischen Linguistik. Als Lehrer des amerikanischen Linguisten E. SAPIR hatte er Einfluß auf den entstehenden amerikanischen Strukturalismus.

Die Psychologie, ursprünglich als metaphysische Grenzwissenschaft angesehen, wurde durch die Entwicklung empirischer Untersuchungsmethoden und die bahnbrechenden Werke S. FREUDS aufgewertet. Vor allem der Psychologe W. WUNDT (1832–1920) beeinflußte die Sprachwissenschaft mit seiner Theorie einer kulturabhängigen *Völkerpsychologie*. So war etwa L. BLOOMFIELD, der bekannteste amerikanische Strukturalist der ersten Jahrhunderthälfte, zu Beginn seiner Tätigkeit von den Ideen WUNDTS beeinflußt, und der französische Soziologe E. DURKHEIM, der ab 1902 eine Professur in Paris innehatte, hatte vorher bei WUNDT in Deutschland studiert. Seit 1896 gab er das Periodikum *L'Année sociologique* heraus, in dem auch DE SAUSSURES Assistent und Schüler A. MEILLET veröffentlichte.

2.2.2. Die Entstehung der strukturalistischen Theorie und Methode

Wissenschaftliche Werke des 19. Jahrhunderts sind häufig geprägt von einer biologischen Bildersprache, die um 1900 von funktionalen, eher am Bild der Maschine orientierten Terminologien abgelöst wurde. In den Naturwissenschaften hatte man begonnen, die belebte Natur in immer kleinere untersuchbare Einheiten zu zerlegen, die man wie mechanisch bewegte Kleinstgegenstände beschrieb (Zellen, Atome, subatomare Teilchen); dies führte zu einem eher mechanischen Verständnis ihrer Funktionen. An diesen Trend schlossen sich die Geisteswissenschaften an.

Der sog. Strukturalismus dominierte in der ersten Hälfte des 20. Jahrhunderts in verschiedenen geistes- und kulturwissenschaftlichen Disziplinen (Anthropologie, Ethnologie, Psychologie, Literaturtheorie); er wurde ursprünglich jedoch speziell für die Sprachwissenschaft entwickelt und blieb dort auch in besonderer Weise prägend. Um die Jahrhundertwende verschob sich das Interesse von der Untersuchung der historischen Enwicklung auf die vermutete Systemhaftigkeit (Struktur) sprachlicher Phänomene. Als Vorläufer, in deren Schriften sich Ende des 19. Jahrhunderts ein wissenschaftlicher Umbruch bereits abzeichnete, wären G. VON DER GABELENTZ und H. PAUL in Deutschland oder M. BRÉAL in Frankreich zu nennen.

Als eigentlicher Begründer der allgemeinen strukturalistischen Sprachwissenschaft ist F. DE SAUSSURE zu betrachten, der um 1900 in Genf lehrte. 1916 veröffentlichten Schüler postum Mitschriften seiner Vorlesungen unter dem Titel *Cours de linguistique générale*, aus denen strukturalistische Grundauffassungen entnehmbar sind. SAUSSURE spricht zwar selbst noch nicht von Struktur, bezeichnet Sprache jedoch als *système*, dessen Funktionieren man als *mécanisme* begreifen sollte. Besonders grundlegend für die europäische Sprachwissenschaft nach SAUSSURE wurde dessen Unterscheidung zwischen entwicklungsgeschichtlicher (diachroner) und systemorientierter (synchroner) Sprachuntersuchung. Bis zur Mitte des 20. Jahrhunderts entstanden in Europa verschiedene Schulen, die SAUSSUREsches Gedankengut aufnahmen, weiterführten bzw. modifizierten. Wie S. FREUD um 1900 ein abstraktes Modell des Funktionierens des sog. Unbewußten erstellt hatte, entwickelte die strukturale Sprachwissenschaft Modelle vom Bau des autonomen sprachlichen Systems, das man in Teile zerlegen und im Funktionieren studieren konnte.

2.3. Europäische Sprachwissenschaft im 20. Jahrhundert

2.3.1. Schulen des europäischen Strukturalismus nach DE SAUSSURE

Genfer Schule

Hierbei handelt es sich vor allem um die Inhaber des Genfer Lehrstuhls nach SAUSSURE (z.B. C. BALLY). Ihr vornehmliches Interesse bestand in der Publikation und Verbreitung der auf DE SAUSSURE zurückgehenden Theorie, die allerdings präzisiert und weiterentwickelt wurde. Dazu diente das Publikationsorgan *Cahiers Ferdinand de Saussure*.

Kopenhagener Schule (*Cercle linguistique de Copenhague*, gegr. 1934; sog. Glossematik)

Die Vertreter dieser Richtung (z.B. L. HJELMSLEV, H. J. ULDALL, V. BRØNDAL) entwickelten ihre Theorien und Modelle unter dem Einfluß der Philosophie des sog. logischen Empirismus (Vertreter: WHITEHEAD, RUSSEL, CARNAP). Arbeitsziel war die Erstellung einer Sprachtheorie, die in ein mathematisches Modell überführt werden konnte. Die Ebene der sprachlichen Bedeutung sah man als abgegrenzten Bereich, der mit logiksprachlichen Formeln gefaßt wurde. Die Untersuchung konkreter sprachlicher Daten war methodisch ausgeschlossen.

Prager Schule (*Cercle linguistique de Prague*, gegr. 1926; sog. Funktionalismus)

Der russische Sprachwissenschaftler KARCEVSKIJ lebte von 1906–1917 in Genf und brachte bei seiner Rückkehr nach Moskau SAUSSUREsches Ideengut in die dort bereits kursierenden strukturalistischen Ansätze ein. Unter dem Einfluß russischer Emigranten formierte sich in Prag auf Initiative von V. MATHESIUS, B. TRNKA und J. VACHEK der sog. Prager Kreis. Die Gruppe (bekannteste Vertreter: N. TRUBETZKOY, R. JAKOBSON) verstand sich vor allem als Gegenpol zur Kopenhagener Schule, d.h. zu deren mathematischem Formalismus und deren abstraktem Verständnis von Sprache. Folgerichtig galt die besondere Aufmerksamkeit der konkreten Verwendung und der Funktion sprachlicher Einheiten als Mittel der menschlichen Kommunikation.

Aus dem Prager Kreis stammen auch die ersten Kritiker der streng gegeneinander abgegrenzten Untersuchungsbereiche, wie sie seit SAUSSURE etabliert worden waren (→ 3.2.3.). Von der Gruppe und ihren Mitgliedern gingen entscheidende Impulse in nahezu alle Strömungen der Sprachwissenschaft aus; ihre Terminologie setzte sich vielerorts durch (→ 3.2., 4.–8.: Phonemdefinition; Begriff und Definition der Opposition und der distinktiven Merkmale; sog. funktionale Satzperspektive, d.h. Thema-Rhema-Gliederung von Sätzen bzw. Texten). R. JAKOBSON emigrierte 1942 in die USA und hatte auch dort entscheidenden Einfluß auf die Theoriebildung: Spuren seiner Auffassungen finden sich bis heute auch in Veröffentlichungen, die ihn nicht namentlich erwähnen.

Französischer Strukturalismus

Der französische Strukturalismus entwickelte sich vornehmlich auf der Basis der Erkenntnisse aus bereits genannten Schulen. So standen etwa A. MARTINET und E. BENVENISTE dem Prager Funktionalismus nahe. Auch der ‚Erfinder' der sog. Valenz- oder Dependenzgrammatik (→ 6.2.2.), L. TESNIÈRE, hatte seine Wurzeln dort.

In Frankreich fand die in den USA entwickelte generative Grammatik (→ 2.5.2., 6.2.3.) vor allem in den 70er Jahren viele Anhänger. Als prominenter Vertreter im Bereich der Syntax seien J. DUBOIS und F. DUBOIS-CHARLIER genannt.

G. GUILLAUME (ab 1929; Schüler A. MEILLETS) entwickelte ein hochgradig eigenständiges Modell, das zudem bestimmte Züge aufweist, die erst in jüngster Zeit wieder als wesentlich erachtet werden. Er ging davon aus, daß eine im Menschen angelegte psychische Hierarchie den Aufbau sprachlicher Inhalte und Formen bestimmt (Theorie vom *psychomécanique du langage*). Seine Theorie stieß in Frankreich entweder auf Zustimmung und wurde ganz oder teilweise übernommen, oder aber auf vehemente Ablehnung. Als maßgebliche Linguisten, die sich davon anregen ließen, aber nicht als reine Vertreter der GUILLAUME-Schule gelten können, sind M. LEJEUNE, P. IMBS, J. STÉFANINI und der deutschsprachige Romanist P. WUNDERLI zu nennen. Außerhalb der Romanistik wurde diese Richtung kaum aufgegriffen.

2.3.2. Andere Forschungsansätze

Neolinguistische Schule in Italien

In Auseinandersetzung mit den Schriften B. CROCES formierte sich in den 30er Jahren eine Gruppe, die eine idealistische Auffassung der Sprache favorisierte: Sie sei als primär kultureller Faktor unter ästhetischer Perspektive zu untersuchen. In diesem ideologischen Umfeld entstanden die Veröffentlichungen des deutschen Romanisten K. VOSSLER.

Londoner Schule (sog. *tagmemics*) und Sprechakttheorie

Der ‚Gründervater' der Londoner Schule war R. FIRTH, dessen Ansätze später von M. A. K. HALLIDAY und K. L. PIKE ausgebaut und modifiziert wurden. Sprache wurde auf der Basis der sog. Systemtheorie als Polysystem betrachtet, das in Wechselbeziehung vor allem mit sozialen Gegebenheiten steht.

In den späten 60er und den 70er Jahren entstanden in diesem Umfeld die Grundzüge der Pragmalinguistik (Sprechakttheorie von J. L. AUSTIN und J. R. SEARLE, sog. kommunikativ-pragmatische Wende → 3.2.2.) und der Soziolinguistik (→ 8.), die allerdings parallel auch eine erste Blüte in den USA hatte. Beide Disziplinen gehen über die strukturalistisch geprägte Systemlinguistik hinaus. Die romanistische Soziolinguistik ist heute in Frankreich ausgesprochen eigenständig und nicht im eigentlichen Sinne linguistisch, sondern gesellschaftspolitisch grundiert; in der deutschen Romanistik ist sie hingegen in den übergeordneten Rahmen der sog. Varietätenlinguistik (→ 8.) eingebunden.

Die Pragmalinguistik wird gegenwärtig in der deutschen Romanistik stark rezipiert bzw. als Theorierahmen genutzt. Die vorgegebene Perspektive unterscheidet sich radikal von der traditionellen abendländischen Vorstellung, daß sich die Sprecher mittels Sprache über ihre jeweilige Erkenntnis der Welt austauschen. Die Sprecher verfolgen mit ihren Äußerungen vielmehr pragmatische Zwecke, ringen z.B. um sozialen Erfolg, möchten sich und ihre Redebeiträge als wichtig kennzeichnen, andere zu etwas bringen, ohne ihnen zu nahe zu treten, und sich bei alledem so wenig wie möglich anstrengen. Vor allem die Gesetze des zwischenmenschlichen Marktes bedingen nach diesem Verständnis die Form sprachlicher Äußerungen und den Sprachwandel. In Frankreich gibt es Zweige der Pragmalinguistik, die nicht direkt an die englischen Strömungen anknüpfen. Eine wichtige Schule ist in den 80er Jahren um O. DUCROT entstanden, eine zweite gegen Ende der 80er Jahre um den Genfer Linguisten J. MOESCHLER.

2.4. Nordamerikanische Sprachwissenschaft im 20. Jahrhundert

2.4.1. Amerikanischer Strukturalismus (Distributionalismus und SAPIR-WHORF-Hypothese)

Der amerikanische Zweig des Strukturalismus (→ 6.3.2.) ging aus der Feldforschung mit den bis dahin kaum erforschten amerindischen Sprachen (Indianersprachen) hervor. Aus der Tatsache, daß man es mit unbekannten Sprachen zu tun hatte, läßt sich die besondere Untersuchungsmethode und die Art der Theoriebildung erklären: Die grammatischen Einheiten und die Wörter dieser Sprachen ermittelte man, indem man das gesammelte Datenmaterial einer Entdeckungsprozedur unterzog (Austausch- und Umstellproben der Segmente). Eine erste systematische Darstellung findet sich in L. BLOOMFIELDS 1933 erschienenem Werk *Language*, einen Ausbau stellt Z. S. HARRIS' *Methods of Structural Linguistics* von 1951 dar.

Der frühe amerikanische Strukturalismus unterschied sich in einem entscheidenden Punkt vom europäischen. Er übernahm aus den Naturwissenschaften das Modell und die Methodik des sog. Behaviourismus: Nur beobachtbare Fakten (z.B. gesammeltes Sprachmaterial) durften Gegenstand wissenschaftlicher Untersuchung sein. Nicht sinnlich wahrnehmbare Bereiche, wie z.B. die Bedeutung sprachlicher Einheiten, wurden als *black box* verstanden, deren Inneres für Wissenschaftler tabu sei. Sprachinhalte waren damit von der wissenschaftlichen Untersuchung ausgeschlossen (sog.

meaning-Feindlichkeit des amerikanischen Strukturalismus). Hinter der Fixierung auf die formale Seite der Sprache stand also keine Theorie von der Eigenwertigkeit alles Sprachlichen, wie dies in Europa der Fall war, sondern von der Unhintergehbarkeit des Materiellen. Damit war vorprogrammiert, daß vor allem im Untersuchungsfeld der sprachlichen Bedeutung (Semantik) die Sprachwissenschaft in Europa und in den USA getrennte Wege gehen würden.

Als prominente Vertreter einer frühen, ganz anderen Ausrichtung des amerikanischen Strukturalismus wären E. SAPIR und B. L. WHORF zu nennen. In ihren Werken finden sich vielfältige Aussagen zum Verhältnis zwischen Sprachstrukturen (z.B. Grammatik), menschlichem Denken und der Wahrnehmung der Wirklichkeit. Verkürzt und teilweise mißverstanden sind sie als sog. SAPIR-WHORF-Hypothese in die Wissenschaftsgeschichte eingegangen, die sich in einer Kernaussage zusammenfassen läßt: Sprachliche Strukturen stehen in direkter, vielleicht sogar ursächlicher Beziehung zum Weltbild der Sprecher. Aus diesem Kerngedanken glaubte man auch den Umkehrschluß ableiten zu können, daß der Zugang zur Wirklichkeit über einzelsprachliche Sprachraster gesteuert werde und deshalb von Sprachgemeinschaft zu Sprachgemeinschaft notwendigerweise ein jeweils anderer sei (sog. sprachliches Relativitätsprinzip). Das Fehlen verbaler Tempusmarkierungen in der Indianersprache der Hopi müsse nach dieser Hypothese so gedeutet werden, daß die Hopi einen anderen Zeitbegriff hätten als die Sprecher europäischer Sprachen (sog. SEL = *Standard European Languages*) – oder gar keinen. Die These von der sprachlichen Relativität hat nach 1950 viel Polemik und Energie freigesetzt. Sie stand im Verdacht, rassistischen und deterministischen Ideologien das Wort zu reden, und es wurden großangelegte sprachvergleichende Studien durchgeführt, um sie zu widerlegen. Besonders häufig konzentrierte man sich dabei auf den unterschiedlichen Farbwortschatz (→ 7.4.) in den Sprachen der Welt.

> Im Kymrischen (keltische Sprache) gibt es z.B. keine Farbwörter, die inhaltlich frz. *bleu* und *vert* (oder dt. *blau* und *grün*) entsprechen. Eine näherungsweise Entsprechung ist *glas*, mit dem kymrische Sprecher alles das bezeichnen, was man französisch mit *bleu* oder *vert* (und z.T. *gris*) bezeichnen würde. Darüberhinaus vermittelt *glas* noch den Inhalt ‚Qualität der kühlen Frische'.
>
> Ein prototypischer Relativist müßte daraus folgern, daß die Sprecher des Kymrischen keinen Farbunterschied ‚sehen', wo Sprecher des Französischen oder Deutschen einen solchen wahrnehmen. Umgekehrt bleibt Sprechern der Sprachen, die nur abstrakte Farbwörter kennen, der Frische-Hauch, den ein Farbwort wie *glas* herüberweht, verborgen. Durch die Inhalte, die in den kymrischen Adjektiven verschmolzen sind, werde ein anderes ‚Weltbild' (frz. *vision du monde*, engl. *world view*) suggeriert. Sprecher lernen nach dieser Vorstellung im Spracherwerb über die Strukturen der Muttersprache das ungeordnete Chaos der Wahrnehmung (*flux of impressions*) auf eine bestimmte Art zu erfassen, d.h. mit Hilfe der sprachlichen Raster einzuteilen.
>
> Ein protoypischer Gegner der Hypothese geht davon aus, daß die Wahrnehmung der Welt über den kognitiven Apparat läuft, der bei allen Menschen in etwa gleich ist (wenn er nicht ‚geschädigt' ist oder wurde) – unabhängig davon, wie die jeweilige Muttersprache Inhalte in Wörtern zusammenbündelt. Er könnte also entweder versuchen, die Unabhängigkeit der Farbwahrnehmung von sprachlicher Rasterung zu beweisen

oder aufzuzeigen versuchen, daß sich hinter der oberflächlichen Unterschiedlichkeit im Bereich des Farbwortschatzes unvierselle Gesetze verbergen, die man über den Vergleich sehr vieler Sprachen erkennen kann.

2.4.2. Generativismus/Generative Grammatik

S. HARRIS' Schüler N. CHOMSKY ging ab 1957 zu den Vorgaben des Distributionalismus auf Distanz. Er entwickelte ein eigenes, bis heute von ihm selbst und seinen Adepten immer wieder verändertes Modell (→ 6.3.2.2.). Es soll die grundsätzliche menschliche Sprachkompetenz nachbilden, und klären helfen, aus welchen Komponenten sie sich zusammensetzt. In einer Gegenbewegung zum auf Datensammlungen fixierten (induktiven) Behaviourismus versuchte man also nun gerade die *black box* zu knacken und zu durchleuchten. Was Sprecher tagtäglich produzieren (der materielle Output), zeige nur, wozu sie in Abhängigkeit von der Tagesform in der Lage seien (sog. Performanz). Man müsse jedoch der Kompetenz auf die Spur kommen, die Sprecher prinzipiell befähigt, vollkommene (wohlgeformte, kohärente, ‚richtige') Sätze zu erzeugen.

Kernbereich der Untersuchung ist die Syntax (Stellung der Elemente im Satz). Am Beginn der Theorie stand die Auffassung, daß Sprecher aus angeborenen syntaktischen Tiefenstrukturen über die Anwendung erlernter Transformationsregeln die Oberflächenstrukturen von Sätzen erzeugen (generieren). In den 60er und 70er Jahre firmierte man deshalb unter generative Transformationsgrammatik (GTG). Die im Behaviourismus ausgeschlossene Komponente der Sprachinhalte wurde in ihrem Verhältnis zur Syntax berücksichtigt und dieses Verhältnis ständig neu definiert. Von der Vorstellung der Transformationen ist man inzwischen abgekommen, heute heißt die Theorie generative Grammatik (GG). Das Modell wird alle paar Jahre einer gründlichen Revision unterzogen und sieht dann anders aus. Die neueste Version heißt *minimalist program*, was keineswegs bedeutet, daß der ausufernde, mathematisch grundierte und auf den ersten Blick sehr abweisende Darstellungsmodus abgeschafft wäre.

Eine durchgängige Affinität hat die GG zur allgemeinen und vergleichenden Sprachwissenschaft, da diese sich ja ebenfalls mit den grundlegenden, universellen Charakteristika sprachlicher Systeme befaßt. Sie dominierte auch die entstehende Computerlinguistik, da dort Sprachproduktionsprozesse in der Weise modelliert werden müssen, daß sie in Arbeitsanweisungen (Generierungsregeln) für Rechnereinheiten überführbar sind.

Die GG verfügte (und verfügt) in den USA über enormes Prestige. Sie galt als revolutionär gegenüber vorhergehenden Strömungen, die in einer Sackgasse zu stecken schienen, wurde durch Förderprogramme gestützt und setzte sich als *mainstream* durch. Bis Mitte der 80er Jahre sah es so aus, als sei ihr in Europa ein ähnlicher Erfolg bestimmt. Zwischenzeitlich war jedoch das naturwissenschaftlich grundierte und immer wieder modifizierte Modell für Nichteingeweihte relativ unzugänglich geworden. Auch die anfangs stark, mittlerweile etwas weniger stark ausgeprägte Undurchlässigkeit für Erkenntnisse aus anderen linguistischen Forschungsrichtungen war dem Ruf abträglich. Besonders fragwürdig schien vielen Kritikern das Absehen von konkreten Sprachdaten.

Außerhalb der Kreise, die primär generativistisch ausgerichtet sind, leben Grundannahmen der GG in den neuesten, nachstrukturalistischen Richtungen der Sprachwissenschaft in umgedeuteter Form weiter. Sowohl die kognitive Wende als auch die Suche nach Universalien (→ 2.4.3., 2.4.4.) gehen zumindest teilweise darauf zurück, daß die GG seit den 60er Jahren nach einer hinter allen Unterschieden vermuteten universellen Komponente fahndete. Die Frage nach dem ‚Angeboren-Sein' wird in den neueren Theorien allerdings entweder nicht gestellt oder anders beantwortet: Muster, auf die man in den Sprachen der Welt häufig stößt, kann man auch damit begründen, daß menschliche Wesen jenseits der kulturellen Unterschiede die gleiche physiologische Grundausstattung mitbringen. Sie bedingt einen ähnlichen Umgang mit der Welt, ähnliche kognitive Schubladen und sekundär dann auch universelle sprachliche Grundmuster.

Auf den Generativisten C. FILLMORE geht eine Theorie zurück, die in ihrer heutigen Form als Brückenkopf zwischen klassischem Strukturalismus, Generativismus und kognitiver Linguistik betrachtet werden kann (→ 6.2.3.3.). Hinter den unterschiedlichen syntaktischen Oberflächen verbergen sich vom Verb abhängige virtuelle Rollen, die die Sprecher mitdenken (sog. Tiefenkasus). So eröffnet z.B. *kaufen* (ein Verb des Verfügungswechsels) einen mentalen Bilderrahmen, zu dem typischerweise eine Ware, ein Kaufender, ein Verkaufender und ein Zahlungsmittel gehören. Die Vorstellung, daß alle sprachlichen Begriffe (nicht nur Verben) im menschlichen Bewußtsein in assoziierbare, nicht-sprachliche Bild-Szenerien eingebaut sind, findet sich in kognitiven Bedeutungsmodellen als systematisch ausgebautes Beschreibungsinstrument.

2.4.3. Universalienforschung

Mit der Klassifizierung vieler unterschiedlicher Einzelsprachen zu Sprachgruppen, die genetisch bedingte oder systematische Ähnlichkeiten aufweisen, befaßt sich die Sprachtypologie (→ 5.5. Text A), die es in Europa bereits seit dem 18. Jahrhundert gibt.

Vor allem seit den 70er Jahren des 20. Jahrhunderts konnte man sich aufgrund einer zunehmend flächendeckenden Datenlage (Dokumentation z.B. afrikanischer, asiatischer oder australischer, d.h. nicht-indoeuropäischer Sprachen) auf die Suche nach übereinzelsprachlichen Gesetzmäßigkeiten, nach sog. sprachlichen Universalien machen (Forschungszweig, der auf J. GREENBERG zurückgeht). Im Rahmen dieses Ansatzes bewegt sich auch die gegenwärtige Suche nach sog. *semantic primitives*, d.h. nach einem harten Kern inhaltlicher Basiskomponenten, der in allen Sprachen zu finden sein müßte (prominente Vertreterin dieses Ansatzes: A. WIERZBIECKA). Ein entwicklungsgeschichtlich orientierter Zweig, der im weitesten Sinne zu dieser Richtung gehört, erkundet universelle ‚Pfade', die sich bei der Entstehung grammatischer Markierungen feststellen lassen (sog. Grammatikalisierungsforschung, → 5.2.3.).

2.4.4. Kognitive Linguistik, Psycho- und Patholinguistik

Über die Rezeption der übereinzelsprachlichen Farbwortuntersuchungen von B. BERLIN und P. KAY und der Arbeiten der Psychologin E. ROSCH erhielt die Semantik (Sprachinhaltsforschung) seit den 60er Jahren neue Impulse. Es entstanden neue Theorien zu der Frage, nach welchen Kriterien Menschen die wahrgenommene Wirklichkeit zu Klassen ordnen (Mechanismus der Kategorisierung), und darauf aufbauend zum Mechanismus des sprachlichen Kategorisierens (→ 7.4.).

Auch Untersuchungen zu Sprachschädigungen und Sprachverlust durch Unfall oder Krankheit sowie zu Unterschieden und Gesetzmäßigkeiten in Sprachwahrnehmung, Spracherwerb und Sprachproduktion führten zu neuen Einsichten über den Zusammenhang von Wahrnehmung, Denken und Sprache. Die Neuausrichtung bzw. Rückbesinnung auf die alte ‚Welt und Sprache'-Frage unter neuer Perspektive wird als kognitive Wende in der Sprachwissenschaft bezeichnet.

2.5. Literaturangaben

Sprachphilosophie

- Handbuch DASCAL u.a. (Hgg.) (2 Bände; 1992/1996)
- Anthologien BORSCHE (Hg.) (1996), HARRIS/TAYLOR (Hgg.) (1989), SCHULTE (Hg.) (1994)
- Allgemein AUROUX (1996), MOUNIN (1975)
- Romanistisch BOSSONG (1990)

Wissenschaftsgeschichte insgesamt

ARENS ([2]1969, mit Texten), HELBIG (1990, 19. Jahrhundert), HOCK/JOSEPH (1996, 19. Jahrhundert), JACOB/CAUSSAT (1973), KOERNER (Hg.) (1995), MOUNIN (1996), VILHELM (1979), WARTBURG ([3]1970)

Wissenschaftsgeschichte des 20. Jahrhunderts

- Anthologien HOFFMANN (Hg.) ([2]2000), SCHOBER (HG.) (1995)
- Allgemein ARENS ([2]1969), HELBIG (1990), O'GRADY/DOBROVSKY/ARONOFF (1989), SZEMERÉNY (1971; umfaßt 1916 bis 1950)
- SAPIR-WHORF-Hypothese LEHMANN, B. (1996; mit Textbelegen)
- Neuere Enwicklungen FUCHS/LE GOFFIC (1992), GREWENDORF/HAMM/STERNEFELD ([6]1993), HELBIG ([2]1988)
- Romanistisch GAUGER/OESTERREICHER/WINDISCH (1981)
- Französisch POTTIER (Hg.) ([2]1992), SHYLDKROT/KUPFERMANN (Hgg.) (1995)

Struktualismus → auch 3.5.

- Überblickswissen ALBRECHT ([2]1999), BIERWISCH (1970), PIAGET (*Que sais-je?* 1311, [7]1979), SCHIWY (1969), WAHL (1973)
- Umfassend DOSSE (Bd. 1/1996 ; Bd. 2/1997), MALMBERG (1983)

- Einige Standardwerke   BALLY (^{4}1965; Genfer Schule), BENVENISTE (1974), DUBOIS (1971; französischer Generativismus), JAKOBSON (1960, 1969; Prager Schule), MARTINET (1960), WILMET (^{2}1978; Einführung in die Guillaume-Schule)

Linguistische Pragmatik → 3.5.

Distributionalismus/Generative Grammatik → 6.6.

Angewandte Linguistik

- Überblickswissen   BOUTON (*Que sais-je?* 1755, ^{3}1993)
- Linguistik für Französisch-Lehrer
  STAMMERJOHANN (1983)

Kognitive Linguistik → auch 7.6.

- Allgemein   KELLER/LEUNINGER (1993), PÖRINGS/SCHMITZ (1999), SCHWARZ (^{2}1996), SUCHAROWSKI (1996)
- Psycho- und Patholinguistik
  Überblickswissen   CARON (^{4}1997), HÖRMANN (^{3}1991)
  Handbuch   BLANKEN u.a. (Hgg.) (1993)
  Sprachstörungen   HIELSCHER/RICKHEIT/SCHADE (1998), KELLER, E. (1985), LEISCHNER (^{2}1987)
- Neurolinguistik
  Überblickswissen   BOUTON (*Que sais-je?* 153, ^{2}1999)
  Allgemein   LENNINGER (1989)

Computerlinguistik

Allgemein   SCHMITZ (1992)
Romanistisch   ROLSHOVEN/SEELBACH (Hg.) (1991)

Typologie und Universalien → auch 5.6.

Handbuch   HASPELMATH u.a. (Hgg.) (2 Bände; 2000)
Allgemein   COMRIE (^{2}1989), CROFT (1993), GREENBERG (1974, ^{3}1980)

3. Modellvorstellungen und Grundbegriffe der allgemeinen Sprachwissenschaft

3.1. Das sprachliche Einzelzeichen und seine Bedeutung

Pour avoir découvert le monde à travers le langage,
je pris longtemps le langage pour le monde.

J.-P. SARTRE

3.1.1. Was macht ein Phänomen zum Zeichen?

Mit Zeichen im allgemeinen, auch nicht-sprachlichen, beschäftigt sich die sog. Semiotik. Zeichencharakter hat für das menschliche Bewußtsein jedes Phänomen, das nach Deutung verlangt, weil es auf etwas anderes als sich selbst verweist. Wahrgenommenes als Zeichen zu deuten scheint eine tief verwurzelte menschliche Fähigkeit zu sein, die wir z.T. mit den Tieren teilen: sie lesen bestimmte Gerüche als Zeichen für Lebensgefahr, sobald sie von Lebewesen ausgehen, die für ihre Art eine Gefahr darstellen. Bestimmte Wolkenkonstellationen werden in vergleichbarer Weise von menschlichen Wesen als Zeichen für ein verheerendes Gewitter genommen. In dieser Weise lesen Menschen permanent die Erscheinungen ihrer Umgebung, deuten sie also als Zeichen, ohne sich dessen immer bewußt zu sein.

Zeichen des Typs ‚Wolkenballung' für ‚gleich kracht es' bezeichnet die Semiotik als nicht intentional (nicht willentlich produziert). Bei Mitteleuropäern des 20. Jahrhunderts kann man davon ausgehen, daß sie eine auf Gewitter hindeutende Wolkenkonstellation nicht als absichtlich zusammengebaut betrachten. Sie ist kein intendiertes Zeichen.[1] Als intentional bezeichnet man diejenigen Zeichen, die willentlich so angelegt wurden, daß sie als Zeichen interpretiert werden können.

Wer möchte, daß seine Zeichen ohne Zusatzerklärung oder Lernaufwand verstanden werden, muß sie so anlegen, daß sie eine Ähnlichkeit zu dem Phänomen aufweisen, für das sie stehen. Zeichen, die diese Qualität haben, nennt man ikonisch. Iko-

---

1 Daß es nicht intendierte Zeichen gibt, ist eine relativ junge und kulturell sehr begrenzt verbreitete Auffassung. Naturerscheinungen wurden und werden in vielen Kulturen als von nicht sichtbaren Mächten intendierte, also willentlich herbeigeführte Zeichen gedeutet. Und auch dort, wo eine solche Sicht nicht gesellschaftlicher Konsens ist, neigen Menschen dazu, alles mögliche als intendiertes Zeichen zu deuten: in Krankheitssymptomen manifestieren sich Hilfeschreie der Psyche, ein kurzer Rock wird als vermeintliches ‚Nimm-mich' der Trägerin mißverstanden; vor allem Nachbarn stehen häufig unter dem Verdacht, intendierte Zeichen zu produzieren.

nisch sind z.B. die folgenden Schilder, die in touristischen Zentren auf bestimmte Sportarten und andere Vergnügungen verweisen, denen man dort nachgehen kann:

Es gibt demgegenüber jedoch auch Zeichen oder Zeichensysteme, die erklärungsbedürftig sind bzw. erlernt werden müssen, weil sie kein oder zumindest kein unmittelbar nachvollziehbares Ähnlichkeitsverhältnis zu dem aufweisen, wofür sie stehen. Diese Zeichen nennt man Symbole. Beispiele für symbolische Zeichensysteme wären die Fahnensignale der Linienrichter bei Fußballspielen, das System der Verkehrszeichen oder das Morsealphabet.

3.1.2. Modelle des sprachlichen Zeichens

Sprachliche Einheiten (z.B. Wörter) stellen eine besondere Untergruppe von Zeichen dar. In Abschnitt 2.2. (Text A) war davon die Rede, daß vornehmlich Philosophen die Frage umtrieb, in welchem Verhältnis die uns umgebende Wirklichkeit zu unserer Fähigkeit steht, sprachlich auf sie Bezug zu nehmen. Man war sich bewußt, daß sprachliche Einheiten Zeichencharakter haben, daß z.B. Wörter stellvertretend für etwas anderes standen. Die Frage war nur, für was.

Wofür Wörter wie *chaise*, *arbre* oder *Napoléon* stehen, scheint auf den ersten Blick eindeutig; wir verbinden sie mit ‚Dingen' bzw. ‚Personen', die es in der Wirklichkeit gibt bzw. gab. Wer freilich annimmt, daß sprachliche Zeichen einfach ‚Namen' für ‚Dinge' sind, sitzt nach modernem Verständnis einem Trugschluß auf (dem des sog. naiven Realismus), von dem man sich als Studierender der Sprachwissenschaft frühestmöglich verabschieden sollte. Auch ein naiver Realist kommt nämlich bereits ins Straucheln, wenn er plausibel machen soll, wofür z.B. Wörter wie *charme*, *vérité*, *avoir* oder *imbécile* stehen. Kompliziert ist die Klärung des sprachlichen Zeichencharakters weiterhin deshalb, weil man auf ein und dasselbe ‚Ding' der Wirklichkeit mit unterschiedlichen sprachlichen Ausdrücken Bezug nehmen kann (auf ein und dieselbe außersprachliche Person mit *ma mère*, *la femme qui m'a mis/e au monde*, *ta tante*, *ma putain d'reum*). Eine 1-zu-1-Entsprechung zwischen sprachlichen Formen und dem, was wir mit ihnen bezeichnen, scheint es also nicht zu geben.

Die strukturalistische Sprachwissenschaft ging davon aus, daß jeder sprachliche Ausdruck einen festen sprachlichen Inhalt habe, den man im Spracherwerb erlerne. Zuerst einmal gelte es festzustellen, welche sprachlichen Formeinheiten (z.B. Wörter) den Sprechern als wohlgeordnetes Arsenal von konventionellen Bedeutungsträgern zur Verfügung stehen. Der Bezug zu den außersprachlichen ‚Dingen' stehe auf einem anderen Blatt, das für den Sprachwissenschaftler erst in zweiter Linie interessant sei. DE SAUSSURE (→ 3.1.3. Text A) hatte, wenn man den Mitschriften seiner Schüler glauben darf, die Vorstellung, daß sprachliche Zeichen (z.B. Wörter) in unseren Köpfen abgespeichert sind als Verbindung aus einem einerseits äußerbaren, andererseits auch nur vorstellbaren Lautbild (*signifiant*) und einem wohlportionierten sprachlichen Bedeutungsumfang/Inhalt (*signifié*). Die Inhalte der einzelnen Zeichen haben dort ihre Grenze, wo es in derselben Sprache ein Zeichen mit einem benachbarten Inhalt gibt (→ 3.3.5. zur *valeur*).

> Die Bedeutung von frz. *bras* ist nach diesem Verständnis dadurch festgelegt, daß es im Französischen Körperteilbezeichnungen des Typs *épaule, cou* oder *jambe* gibt, die mit ihrem Inhalt den Bedeutungsumfang von *bras* determinieren. Spekulationen darüber, ob es in der außersprachlichen Wirklichkeit Grenzen zwischen dem gibt, was man mit *bras, épaule* und *cou* bezeichnen kann, haben den Linguisten nicht zu interessieren.

Mitte der 30er Jahre ergänzten OGDEN und RICHARDS (→ 3.1.3. Text B) dieses Modell um ein drittes Element, weil sie der Auffassung waren, daß auch die moderne Sprachwissenschaft beschreiben können sollte, in welchem Verhältnis die sprachlichen Inhalte zur außersprachlichen Wirklichkeit stehen. Das sprachliche Zeichen erscheint nach ihrem Modell als eine Form (*symbol*: Lautkörper), mit der man aufgrund eines erlernten sprachlichen Inhalts (*thought*: Konzept / Bedeutung) auf einen Ausschnitt der außersprachlichen Wirklichkeit (*referent*: Gegenstand / Bezeichnetes) Bezug nehmen kann. Mit dem Unterschied zwischen rein sprachlichem Inhalt und dem Bezug zur außersprachlichen Wirklichkeit hatte sich um die Jahrhundertwende bereits der Sprachphilosoph G. FREGE (1848–1925) beschäftigt. Er nannte den rein sprachlichen Inhaltsumfang eines Zeichens Intension und unterschied ihn von dessen Fähigkeit, sich auf Ausschnitte der außersprachliche Wirklichkeit zu beziehen, die er als Extension bezeichnete.

> Von ihrem sprachlichen Bedeutungsumfang (ihrer Intension) her unterscheiden sich die frz. Wörter *enfant* und *garçon*: *Enfant* hat einen weniger spezifischen Inhalt, seine Intension ist geringer. Geringere Intension (wenig sprachlicher Inhalt) führt zu einer größeren Extension; die Klasse der Lebewesen, die man potentiell als *enfant* bezeichnen kann, ist größer als die, für die man die Bezeichnung *garçon* heranziehen kann. Der Begriff hat eine größere Extension als *garçon*. Beide Zeichen können jedoch durchaus in einer gegebenen Situation zur Bezeichnung derselben außersprachlichen Bezugsgröße herangezogen werden (*Ma sœur vient d'avoir un enfant/un garçon*): das Verhältnis zwischen einer Formeinheit und ihrem sprachlichem Inhalt ist relativ fix, zwischen dem Sprachinhalt und der außersprachlichen Wirklichkeit kann der Sprecher jedoch Beziehungen immer wieder anders herstellen.

Den strukturalen Zeichenmodellen liegt an sich das Bild zugrunde, daß die Bedeutung sprachlicher Zeichen als feste, erlernte Größe in unseren Köpfen installiert ist. Bei OGDEN und RICHARDS kommt jedoch eine dynamische Komponente hinzu. Wenn Sprecher Sprachinhalte wie eine Art Kameraobjektiv einsetzen, mit dem sie die außersprachliche Wirklichkeit immer wieder anders belichten, dann ist dieser Fokus unterschiedlich einstellbar – und mit der Zeit auch veränderlich.

In den letzten 20 Jahren hat über die Hinwendung zur Wahrnehmungsforschung eine Umorientierung eingesetzt, die dazu führte, daß man sprachliches Wissen zunehmend nicht mehr isoliert von außersprachlichem Wissen betrachtet. Enzyklopädisches Weltwissen, das die Sprecher über ihren Umgang mit der Wirklichkeit erwerben, gilt seither wieder als relevant für die Bedeutung sprachlicher Zeichen. Dem Unterschied zwischen sprachlichem und nicht-sprachlichem Wissen kommt man am ehesten auf die Spur, wenn man sprachliche Zeichen in typischen Verwendungskontexten untersucht:

> Eine Äußerung wie *Bekommst Du schon wieder das Fenster nicht auf? Benutz doch 'mal Deinen Kopf!* kann nur richtig verstanden werden, wenn der Empfänger der Äußerung das kulturell verankerte Weltwissen des Sprechers teilt: Er betrachtet, wie dieser, den Kopf als Sitz der Intelligenz, des Verstandes. Ein Außerirdischer, der die sprachliche Bedeutung von ‚Kopf' durchaus kennt, aber nicht über diese Zusatzvorstellung unterrichtet ist, könnte darunter verstehen, daß er das angesprochene Fenster möglicherweise mit seinem Kopf (so er denn einen hat) einrammen soll.

Um zu einem Zeichenmodell zu kommen, das diesen Aspekt berücksichtigt, muß man nicht nur DE SAUSSURE rein sprachliches *signifié* ergänzen, sondern auch das, was bei OGDEN und RICHARDS zwar *thought* heißt, aber ebenfalls eher als sprachlicher Inhalt definiert ist. Im Wissen um die Doppelgesichtigkeit der Bedeutung ist der Bereich der Bedeutung in zwei Komponenten aufzuspalten. In Erweiterung des semiotischen Dreiecks von OGDEN und RICHARDS gelangt man damit zuerst zu einem Trapez: Die Spitze des Dreiecks wird aufgeklappt in eine außersprachlich-konzeptuelle und eine innersprachliche Bedeutungskomponente (*designatum* / Designat vs. *signatum* / *signifié* / Signifikat). Wenn man zudem betonen möchte, daß das SAUSSUREsche Lautbild (*signans* / *signifiant* / Signifikant) eine psychische Größe, die eigentliche Ausdrucksseite (*nomen* / *symbol*) jedoch eine materielle Einheit ist, dann gelangt man zum Bild eines Fünfecks. Ein solches Modell entstand in den 80er Jahren in der Romanistik; es integriert viergliedrige Zwischenstufen, die G. HILTY und K. HEGER in den 70er Jahren entwickelten (→ 3.1.3. Text C). Im Rahmen der generativen Grammatik erstellten M. BIERWISCH und E. LANG Mitte der 80er Jahre ein Sprachmodell, bei dem auf der Ebene der Bedeutung ebenfalls außersprachliches von sprachlichem Wissen unterschieden wird (sog. Zwei-Ebenen-Semantik). Es wurde außer zur Beschreibung von sprachlicher Bedeutung auch zur Optimierung von Programmiersprachen eingesetzt.

3.1.3. Reader zu den Zeichenmodellen

Text A: Zweigliedriges (dyadisches) Modell

aus: DE SAUSSURE, F.: *Cours de linguistique générale*. (Hg. von DE MAURO, T.). Paris, 1976. S. 97 ff.

Nature du signe linguistique
§ 1. signe, signifié, signifiant

 : ARBOR

 : EQUOS

etc.   etc.

Pour certaines personnes la langue, ramenée à son principe essentiel, est une nomenclature, c'est à-dire une liste de termes correspondant à autant de choses. Par exemple :
 Cette conception est critiquable à bien des égards. Elle suppose des idées toutes faites préexistant aux mots [...] ; elle ne nous dit pas si le nom est de nature vocale ou psy-

chique, car *arbor* peut être considéré sous l'un ou l'autre aspect ; enfin elle laisse supposer que le lien qui unit un nom à une chose est une opération toute simple, ce qui est bien loin d'être vrai. Cependant cette vue simpliste peut nous rapprocher de la vérité, en nous montrant que l'unité linguistique est une chose double, faite du rapprochement de deux termes.

On a vu [...] que les termes impliqués dans le signe linguistique sont tous deux psychiques et sont unis dans notre cerveau par le lien de l'association. Insistons sur ce point.

Le signe linguistique unit non une chose et un nom, mais un concept et une image acoustique. Cette dernière n'est pas le son matériel, chose purement physique, mais l'empreinte psychique de ce son, la représentation que nous en donne le témoignage de nos sens; elle est sensorielle, et s'il nous arrive de l'appeler « matérielle » c'est seulement dans ce sens et par opposition à l'autre terme de l'association, le concept, généralement plus abstrait. [...]

Le signe linguistique est donc une entité psychique à deux faces, qui peut être représentée par la figure :

Ces deux éléments sont intimement unis et s'appellent l'un l'autre. Que nous cherchions le sens du mot latin *arbor* ou le mot par lequel le latin désigne le concept « arbre », il est clair que seuls les rapprochements consacrés par la langue nous apparaissent conformes à la réalité, et nous écartons n'importe quel autre qu'on pourrait imaginer.

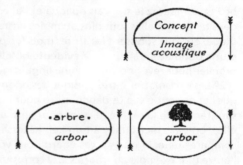

Cette définition pose une importante question de terminologie. Nous appelons *signe* la combinaison du concept et de l'image acoustique : mais dans l'usage courant ce terme désigne généralement l'image acoustique seule, par exemple un mot (*arbor*, etc.). [...]

L'ambiguïté disparaîtrait si l'on désignait les trois notions [...] par des noms qui s'appellent les uns les autres tout en s'opposant. Nous proposons de conserver le mot *signe* pour désigner le total, et de remplacer *concept* et *image acoustique* respectivement par *signifié* et *signifiant* [...].

Le signe linguistique ainsi défini possède deux caractères primordiaux. En les énonçant nous poserons les principes mêmes de toute étude de cet ordre.

§ 2. Premier principe : l'arbitraire du signe

Le lien unissant le signifiant au signifié est arbitraire, ou encore, puisque nous entendons par signe le total résultant de l'association d'un signifiant à un signifié, nous pouvons dire plus simplement : *le signe linguistique est arbitraire*. Ainsi l'idée de « sœur » n'est liée par aucun rapport intérieur avec la suite de sons *s-ö-r* qui lui sert de signifiant ; il pourrait être aussi bien représenté par n'importe quelle autre : à preuve les différences entre les langues et l'existence même de langues différentes : le signifié « bœuf » a pour signifiant *b-ö-f* d'un côté de la frontière, et *o-k-s* (*Ochs*) de l'autre.

[...] Le principe [...] domine toute la linguistique de la langue; ses conséquences sont innombrables. Il est vrai qu'elles n'apparaissent pas toutes du premier coup avec une égale évidence ; c'est après bien des détours qu'on les découvre, et avec elles l'importance primordiale du principe. [...]

Le mot *arbitraire* appelle aussi une remarque. Il ne doit pas donner l'idée que le signifiant dépend du libre choix du sujet parlant [...] ; nous voulons dire qu'il est *immotivé*, c'est-à-dire arbitraire par rapport au signifié, avec lequel il n'a aucune attache naturelle dans la réalité.

Signalons en terminant deux objections qui pourraient être faites à l'établissement de ce premier principe :

1⁰ On pourrait s'appuyer sur les *onomatopées* pour dire que le choix du signifiant n'est pas toujours arbitraire. Mais elles ne sont jamais des éléments organiques d'un système linguistique. Leur nombre est d'ailleurs bien moins grand qu'on ne le croit. Des mots comme *fouet* ou *glas* peuvent frapper certaines oreilles par une sonorité suggestive ; mais pour voir qu'ils n'ont pas ce caractère dès l'origine, il suffit de remonter à leurs formes latines (*fouet* dérivé de *fagus* « hêtre », *glas* = *classicum*) [...].

Quant aux onomatopées authentiques (celles du type *glou-glou, tic-tac,* etc.), non seulement elles sont peu nombreuses, mais leur choix est déjà en quelque mesure arbitraire, puisqu'elles ne sont que l'imitation approximative et déjà à demi conventionnelle de certains bruits (comparez le français *ouaoua* et l'allemand *wauwau*). En outre, une fois introduites dans la langue, elles sont plus ou moins entraînées dans l'évolution phonétique, morphologique, etc. que subissent les autres mots (cf. *pigeon*, du latin vulgaire *pipio*, dérivé lui-même d'une onomatopée) : preuve évidente qu'elles ont perdu quelque chose de leur caractère premier pour revêtir celui du signe linguistique en général, qui est immotivé.

2⁰ Les *exclamations*, très voisines des onomatopées, donnent lieu à des remarques analogues et ne sont pas plus dangereuses pour notre thèse. On est tenté d'y voir des expressions spontanées de la réalité, dictées pour ainsi dire par la nature. Mais pour la plupart d'entre elles, on peut nier qu'il y ait un lien nécessaire entre le signifié et le signifiant. Il suffit de comparer deux langues à cet égard pour voir combien ces expressions varient de l'une à l'autre (par exemple au français *aïe!* correspond l'allemand *au!*) On sait d'ailleurs que beaucoup d'exclamations ont commencé par être des mots à sens déterminé (cf. *diable! mordieu! = mort de Dieu*, etc.). [...]

§ 3. Second principe : caractère linéaire du signifiant

Le signifiant, étant de nature auditive, se déroule dans le temps seul et a les caractères qu'il emprunte au temps a) *il représent une étendue*, et b) *cette étendue est mesurable dans une seule dimension* : c'est une ligne.

Ce principe est évident mais il semble qu'on ait toujours négligé de l'énoncer, sans doute parce qu'on l'a trouvé trop simple ; cependant il est fondamental et les conséquences en sont incalculables ; son importance est égale à celle de la première loi. Tout le mécanisme de la langue en dépend [...]. Par opposition aux signifiants visuels (signaux maritimes, etc.) qui peuvent offrir des complications simultanées sur plusieurs dimensions, les signifiants acoustiques ne disposent que de la ligne du temps ; leurs éléments se présentent l'un après l'autre ; ils forment une chaîne. [...]

Text B: Dreigliedriges (triadisches) Modell

aus: OGDEN, C. K./RICHARDS, I. A.: *The meaning of meaning*. New York, ⁸1972. S. 6 ff.

As a philologist with an inordinate respect for linguistic convention, de Saussure could not bear to tamper with what he imagined to be a fixed meaning, a part of *la langue*. [...] It is especially regrettable that a technical equipment, otherwise excellent, should have been so weak at this point, for the initial recognition of a general science of signs, 'semiology,' of which linguistic would be a branch, and the most important branch, was a very notable attempt in the right direction. Unfortunately this theory of signs, by neglecting entirely the things for which signs stand, was from the beginning cut off from any contact with scientific methods of verification. De Saussure, however, does not appear to have pursued the matter far enough for this defect to become obvious since the difficulties are very great ; and perhaps owing to accidents of psychological terminology, the worker tends to neglect the concrete environment of the speaker and to consider only the 'ideas' which are regarded as 'expressed.' Thus Dr Boas [...] formulates as the three points to be considered in the objective discussion of languages –

> First, the constituent phonetic elements of the language;
> Second, the groups of ideas expressed by phonetic groups;
> Third, the method of combining and modifying phonetic groups.

"All speech," says Dr Boas explicitly, "is intended to serve for the communication of ideas." Ideas, however, are only remotely accessible to outside inquirers, and we need a theory which connects words with things through the ideas, if any, which they symbolize. We require, that is to say, separate analyses of the relations of words to ideas and of ideas to things. [...]

Words, as every one now knows, 'mean' nothing by themselves, although the belief that they did [...] was once equally universal. It is only when a thinker makes use of them that they stand for anything, or, in one sense, have 'meaning.' [...] for the analysis of the senses of 'meaning' [...] it is desirable to begin with the relations of thoughts, words and things as they are found in cases of reflective speech uncomplicated by emotional, diplomatic, or other disturbances ; and [...] the indirectness of the relations between words and things is the feature which first deserves attention.

This may be simply illustrated by a diagram, in which the three factors involved whenever any statement is made, or understood, are placed at the corners of the triangle, the relations which hold between them being represented by the sides. The point just made can be restated by saying that in this respect the base of the triangle is quite different in composition from either of the other sides.

Between a thought and a symbol causal relations hold. When we speak, the symbolism we employ is caused partly by the reference we are making and partly by social and psychological factors – the purpose for which we are making the reference, the proposed effect of our symbols on other persons, and our own attitude. When we hear what is said, the symbols both cause us to perform an act of reference and to assume an attitude which will, according to circumstances, be more or less similar to the act and the attitude of the speaker.

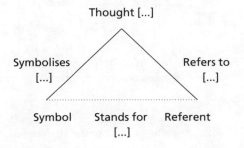

Between the Thougt and the Referent there is also a relation ; more or less direct (as when we think about or attend to a coloured surface we see), or indirect (as when we 'think of' or 'refer to' Napoleon), in which case there may be a very long chain of sign-situations intervening between the act and its referent: wordhistorian-contemporary record-eye-witness-referent (Napoleon).

Between the symbol and the referent there is no relevant relation other than the indirect one, which consists in its being used by someone to stand for a referent. Symbol and Referent, that is to say, are not connected directly (and when, for grammatical reasons, we imply such a relation, it will merely be an imputed, as opposed to a real relation) but only indirectly round the two sides of the triangle.

It may appear unnecessary to insist that there is no direct connection between say 'dog,' the word, and certain common objects in our streets, and that the only connection which holds is that which consists in our using the word when we refer to the animal. We shall find, however, that the kind of simplification typified by this once universal theory of direct meaning relations between words and things is the source of almost all the difficulties which thought encounters.

Text C: Vier- und fünfgliedrige Modelle

aus: RAIBLE, W.: *Zur Einleitung*. In: STIMM, H./RAIBLE W.: *Zur Semantik des Französischen*. Wiesbaden, 1983. S. 1–24.

Ich entnehme die Elemente dieser Konzeption [...] Arbeiten von Sigmund Freud und von Edmund Husserl [...]. Freud hat u.a. [...] ausgeführt, ein Zeichen sei eine Kombination aus einem Lautbild und einer Dingvorstellung – wobei man statt ‚Dingvorstellung' [...] auch sagen könnte : ‚Vorstellung vom Bezeichneten/zu Bezeichnenden'. Husserl hat zur selben Zeit (1890) [...] eine Konzeption entwickelt, die diese ‚Dingvorstellung' noch zu präzisieren erlaubt. [...]

Freuds und Husserls Konzeptionen lassen sich nun zu einer Zeichenvorstellung integrieren, die über das „klassische" Dreiecksmodell (der Stoiker und anderer) hinausgeht. Freuds „Kombination aus Lautbild und Dingvorstellung" (Dingvorstellung im Sinne von ‚Vorstellung des Bezeichneten') ist zu ergänzen um die ‚Bedeutung' [...]. Man bekommt dann *signans* [d.i.: SAUSSURES *signifiant*, d.Verf.], *signatum* [d.i.: SAUSSURES *signifié*, d.Verf.], die Vorstellung des Bezeichneten/zu Bezeichnenden sowie viertens [...] das Bezeichnete bzw. die Klasse, zu der es gehört [d.i.: OGDENS und RICHARDS' *referent*, d.Verf.] . [...]

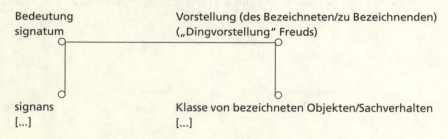

[...]
1. [...] ‚das Bezeichnete/zu Bezeichnende' ist nicht per se strukturiert. Strukturiert sind dagegen als Modell [...] per se die Vorstellung [...] und die sprachliche Bedeutung [...].

2. und 3. Der Übergang von der Bedeutung zum Bezeichneten [...] vollzieht sich über die Vorstellung, umgekehrt vermittelt die Vorstellung zwischen dem Bezeichneten und der Bedeutung [...].
4. Da es keine Bedeutung ohne Vorstellung gibt, gehört die „Kenntnis der Sachen" (Vorstellung) zum Sprachbesitz [...].
5. Die Bedeutung kann natürlich nicht von der Bezeichnung qua Vorstellung völlig gelöst werden [...]. Die strenge Trennung, auf die die Sprachwissenschaftler achten, hat nur insofern Sinn, als wir das rein Sprachliche der Bedeutung gerne von der Vorstellung her interpretieren [...]. Die Sprachwissenschaftler interessiert dagegen der gewissermaßen „rein sprachliche" (d.h. auch: spezifisch einzelsprachliche) Inhalt der Bedeutung [...].

[...] Am besten läßt sich das Problem illustrieren, wenn man zunächst Hiltys bekanntes semantisches Trapez erläutert und dieses Trapez mit der [obenstehenden, d.Verf.] Zeichenkonzeption kombiniert:

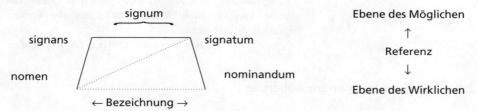

Konstitutiv für Hiltys Trapez ist die Absicht, die Ebene der Möglichkeit [...] von derjenigen der Aktualisierung [...] oder Wirklichkeit zu unterscheiden. Die untere Etage des Trapezes, nomen und nominandum, sind das als Nomen aktualisierte Zeichen und das, wofür es im konkreten Sprechakt steht. Diese Relation nennt Hilty völlig konsequent ‚Bezeichnung', wobei er den Terminus in eindeutiger Weise als nomen actionis versteht, d.h. als Herstellen einer Beziehung zwischen nomen und nominandum [...]. Signans (als Vorstellung vom Lautkörper) und signatum stehen auf der Ebene der Möglichkeit, bedeuten also das Zeichen in potentia. Die Beziehung zwischen signatum und nominandum ist die Beziehung der Referenz. Das gestrichelte Dreieck entspricht in etwa dem herkömmlichen Zeichendreieck.

Kombiniert man nun die [...] angenommene Zeichenkonzeption mit derjenigen Hiltys, so ist nur die Erweiterung des Trapezes zum Pentagon nötig: das zusätzliche fünfte Eck ist die ‚Vorstellung'. Man kann also die folgende Figur zeichnen:

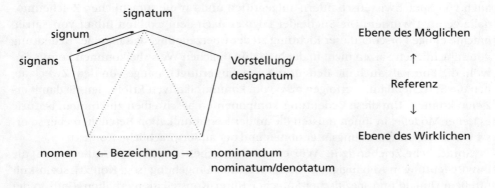

Das zusätzliche „Eck", die ‚Vorstellung', erweitert hier die Ebene des Möglichen. Das gestrichelte Dreieck, das wieder in etwa dem herkömmlichen Dreiecksmodell entspricht, zeigt, daß es sich hier um eine gewissermaßen „symmetrische" Erweiterung des Dreiecks zu einem Pentagon handelt.

3.2. Die kommunikativen Funktionen sprachlicher Äußerungen

> Un Martien en mission d'espionnage a débarqué clandestinement sur la terre. Il se glisse dans la rue en essayant de ne pas se faire remarquer. Et voilà qu'un clochard l'aborde en tendant la main : « Vous n'auriez pas un franc? » « Un franc? » dit le Martien qui ne comprend pas « Mais qu'est-ce que c'est, un franc? » Et l'autre glousse « Vous avez raison! Un franc, c'est vraiment rien. Donnez-moi plutôt un billet de cent... »
>
> nach: KEMMNER, E. (Hg.): *La France qui rit.*

3.2.1. Vom Einzelzeichen zur Äußerung

Zeichenmodelle versuchen das Verhältnis zwischen sprachlichen Einzelformen, Bedeutung und Bezug auf die außersprachliche Wirklichkeit darzustellen. Der eher bildhaft-konzeptuelle Teil der Bedeutung einzelner sprachlicher Einheiten ist in jüngster Zeit ebenfalls berücksichtigt worden.

Im 20. Jahrhundert befaßten sich auch Philosophen mit dem Wesen der sprachlichen Bedeutung (sog. *linguistic turn* in der Philosophie). Sie betrachteten jedoch nicht ‚Wörter' oder grammatische Elemente (z.B. Flexionsendungen) als kleinste Untersuchungseinheit, sondern Sätze (Träger von Aussagen). Eine untergeordnete Richtung der formalen Logik erarbeitete eine idealisierte, universale Formelsprache, die auch zur Beschreibung der Bedeutungsverhältnisse in natürlichen Sätzen (sprachlichen Aussagen) genutzt werden konnte. Ein Vertreter (G. FREGE) wurde in Abschnitt 3.1.2. bereits genannt, da die von ihm eingeführten Begriffe Extension und Intension später auch von Sprachwissenschaftlern aufgegriffen und für die sprachlichen Zeichenmodelle genutzt wurden. Die Suche der Logiker nach dem exakten Inhalt von Sätzen brachte einige Forscher dieser Richtung zu der Überzeugung, daß man der Bedeutung von sprachlichen Sätzen nicht in der bis dahin üblichen Weise beikommen könne. Sowohl die Form als auch die Bedeutung von Äußerungen hänge von dem Zweck ab, den die Sprecher damit verfolgen bzw. vom kommunikativen Erfolg, den sie damit erzielen können. Um diese Bedeutungskomponenten beschreiben zu können, bedürfe es neuer Modelle; in ihnen müssen die an der Kommunikation Beteiligten ebenso erscheinen wie die Äußerungsintentionen und der außersprachliche Kontext.

Sprachliche Zeichen (z.B. ‚Wörter') sind eingebettet in längere Äußerungen, die ihre Bedeutung in Abhängigkeit von sprachlicher Umgebung (sog. Kotext), sozio-kulturellem Umfeld und spezifischer Sprecher-Hörer-Konstellation erhalten. Ganz in der

Manier, in der Grammatiker und Lexikographen schon immer sprachliche Einheiten zu Kategorien und Klassen zusammenfaßten, versuchten nunmehr auch Sprachwissenschaftler, diese kommunikativen Faktoren in Modellen systematisch zu erfassen.

3.2.2. Modelle der sprachlichen Kommunikation

Das erste der weiter unten vorgestellten Kommunikationsmodelle (→ 3.2.3.Text A) geht auf den Psychologen K. BÜHLER zurück, der in den 20er/30er Jahren in Wien tätig war. Es schließt die referentielle Funktion (Darstellungsfunktion) ein, die in den Zeichenmodellen eine Rolle spielt, und wie bei OGDEN und RICHARDS wird das sprachliche Zeichen (Z) im Hinblick auf diese Funktion Symbol genannt. BÜHLER betrachte das sprachliche Zeichen, in Anlehnung an PLATO, als Organon (von griech. *órganon*, ‚Werkzeug'). Im Hinblick auf die Werkzeugnatur des Zeichens seien außer der Darstellungsfunktion jedoch noch zwei weitere Aspekte zu berücksichtigen: einerseits dient das sprachliche Zeichen dem Ausdrucksbedürfnis des jeweils Sprechenden (Ausdrucksfunktion) und ist im Hinblick auf diese Funktion als Symptom zu betrachten. Andererseits soll es etwas bewirken, den Angesprochenen zu sprachlichen oder nichtsprachlichen Reaktionen bewegen (Appellfunktion); unter diesem Aspekt fungiert es als Signal. Sprecher und Hörer orientieren sich in erster Linie an den drei Funktionen, d.h. am Zweck einer Äußerung, wenn sie Zeichen produzieren oder verstehen. Die Form tritt dabei in den Hintergrund, sie kann im Hinblick auf die genannten Funktionen auch einmal selektiv wahrgenommen oder innerpsychisch ergänzt werden. In der Regel ist z.B. der formale Input umfangreicher als das, was der Adressat zur richtigen Entschlüsselung der Funktion benötigt. Das ‚zu viel' an Form überhört der Adressat, er abstrahiert von der Form (Prinzip der abstraktiven Relevanz):

> Wenn ein Münchner Sprecher einen norddeutschen Touristen mit *‚Saupreiß!'* bedenkt, so erschließt der Hörer korrekt, welche auf ihn bezogene (wenig erfreuliche) Funktion die Äußerung hat, in welcher Weise sie also ein Signal darstellt. Weder die von seiner eigenen Artikulationsart abweichende lautliche Färbung (gerolltes *r* u.ä.), noch andere formale Eigenheiten verhindern, daß die Äußerung ihren beleidigenden Zweck erfüllt, denn der Hörer filtert das nicht-funktionale Beiwerk weg.

Umgekehrt kann ein defizitärer oder wenig expliziter formaler Input im Hinblick auf die Funktion unbewußt aufgefüllt werden (Prinzip der apperzeptiven Ergänzung):

> Kommunikation klappt bisweilen sogar in Techno-Discos, weil die Löcher, die die laute Musik in die produzierten Zeichenketten reißt, apperzeptiv ergänzt werden: Einem defizitären Input des Typs ‚*...find di...total...inter..ssa! Kann....Drink....ieren?'* entnimmt der Adressat/die Adressatin ein in diesem Kontext erwartbares ‚*Ich find dich total interessant! Kann ich dir einen Drink spendieren?'*.

Hinter BÜHLERS Modell steht eine Auffassung, die für alle weiteren Kommunikationsmodelle zentral werden sollte: Sprachliche Formen sind nicht von Haus aus Zeichen, sondern sie werden in der Verwendung und beim Verstehensprozeß erst zu Zeichen gemacht (erhoben).

Das Modell des Prager Funktionalisten R. JAKOBSON (→ 3.2.3. Text B) beinhaltet ebenfalls eine Darstellungs-, Ausdrucks- und Appellkomponente, er nennt die entsprechenden Funktionen referentiell (Gegenstand- und Sachverhaltsbezug, engl. *referential*), emotiv (Sprecherorientierung, engl. *emotive*) und konativ (Hörerorientierung, engl. *conative*). Zudem führt er drei weitere Funktionen ein, die sich wiederum auf drei Größen beziehen: Mit sprachlichen Äußerungen kann der Sprecher eine (räumliche oder sonstige) Verbindung zum Hörer herstellen, abbrechen oder sich darüber vergewissern, daß eine solche Verbindung (noch) besteht. Elemente von Äußerungen, die sich in dieser Weise auf den psycho-physischen Kontakt beziehen (engl. *channel*), haben nach JAKOBSON phatische Funktion (engl. *phatic*). Äußerungen, die auf sprachliches Wissen bzw. sprachliches Material bezogen sind, auf den sog. Kode (engl. *code*), haben metasprachliche Funktion (engl. *metalingual*). Sprachliche Elemente, die dem Vergnügen des Sprechers (und des Hörers) am Spiel mit sprachlichen Formen dienen (z.B. geäußert werden, weil sie sich lautlich gut machen) haben poetische Funktion (engl. *poetic*). Äußerungen sind in der Regel multifunktional, erfüllen also mehr als eine der genannten Funktionen, und zwar in unterschiedlichem Mischungsverhältnis.

Beide Modelle lassen sich mit strukturalistischen Vorstellungen vereinbaren; sie öffnen lediglich die Bedeutungsmodelle hin auf die Kommunikation. Zu einem deutlichen Umbruch kam es in den 60er Jahren im Zuge der sog. kommunikativ-pragmatischen Wende. Als deren Vordenker hatte der Semiotiker C. W. MORRIS Ende der 40er Jahre den Begriff der Pragmatik eingeführt, unter dem er die zweckorientierten Bedeutungskomponenten sprachlicher Zeichen zusammenfaßte.

J. R. SEARLE (→ 3.2.3. Text C) gestand weder sprachlichen Einzelzeichen, noch Sätzen, noch Äußerungen einen festen Symbolwert zu. Damit sind auch die Reste der alten ‚Abbildfunktion', wie sie noch bei BÜHLER und JAKOBSON zu finden sind, abgeschafft. Bedeutung und Funktion haben sprachliche Formen, insofern der Sprecher mit ihnen Handlungstypen (Sprechakte) vollzieht. Eben diese Handlungstypen müsse man als kleinste Einheiten der Bedeutung definieren. Die Bedeutung des Baseballspiels bestehe schließlich auch nicht in dessen Regelwerk, sondern im Vollzug der einzelnen Spielzüge, die zweckgerichtet (z.B. auf den Gewinn des Spiels ausgerichtet) seien. Analog müsse Sprache im zielgerichteten Vollzug zur Grundlage der Bedeutungsbeschreibung gemacht werden.[2] Unter dieser Perspektive bestehen Äußerungen aus folgenden Bedeutungseinheiten (Sprechakten): a.) aus einem Akt des Äußerns (Lokution), b.) einem Akt des Aussagens (Proposition, propositionaler Gehalt) und c.) Akten wie Versprechen, Fragen, Behaupten usw. (Illokution). Für Akte, die dazu dienen, den Adressaten zu einer Reaktion zu bewegen (Auffordern, Überreden usw.) übernimmt SEARLE von AUSTIN den Begriff der Perlokution.

---

2 Den Spielvollzug als das Wesen des Spiels aufzufassen und Sprache damit zu vergleichen, war zu diesem Zeitpunkt in Mode. Sowohl das Interesse an Spielen, als auch die Vorstellung, daß die Bedeutung von Sprache vor allem in ihrer Verwendung bestehe, gehen auf Äußerungen des Philosophen L. WITTGENSTEIN zurück. SAUSSURE hatte bezeichnenderweise zu Anfang des Jahrhunderts Sprache mit dem Schachspiel verglichen, aber im Gegensatz zu den neueren Metaphern gerade die Regeln zum Wesenskern des ‚Sprachspiels' erklärt.

Den drei bisher vorgestellten Modellen ist gemeinsam, daß die Inhalte direkt in der sprachlichen Form verankert sind. Bereits bei BÜHLER tauchten jedoch mitverstandene Inhalte auf, die nicht direkt auf die Form zurückgehen (vgl. hierzu das Prinzip der apperzeptiven Ergänzung). Der nicht-sprachliche Kontext, das Umfeld der Kommunikation und der sprachliche Zusammenhang ermöglichen, daß der Sprecher nicht alles sprachlich ausführen muß, was er vermitteln möchte:

> Eine Äußerung wie *'Nicht ganz sauber!'* bedeutet an dieser Stelle im Text nichts; man müßte formal sprachlich ausführen, worauf sie sich bezieht. Hört man sie hingegen in einem Kontext, in dem jemand gröhlend auf einer befahrenen Straße herumtaumelt oder einem ein Nachbar ein leicht angeschmutztes Taschentuch reicht, erschließt sich eine (jeweils andere) Bedeutung.

Es kann nun zudem vorkommen, daß ein Sprecher offensichtlich etwas ganz anderes sagt, als das, was er meint. Mit der Frage, wie diese verschleierte Art der Kommunikation (z.B. sprachliche Ironie oder Höflichkeit) funktioniert, beschäftigte sich H. P. GRICE (→ 3.2.3. Text D), ebenfalls ein wichtiger Vertreter der pragmalinguistischen Richtung. Er leitet aus der Tatsache, daß man nicht alles explizit sagen muß, was man meint (Theorie von den konversationalen Implikaturen) und einigen anderen Beobachtungen ab, daß der sprachlichen Kommunikation ungeschriebene Gesetze zugrunde liegen (sog. Kommunikationsmaximen), deren Respektierung alle Beteiligten implizit voraussetzen. Sie beziehen sich, was den Inhalt betrifft, auf die Quantität der Information (so viel wie nötig, so wenig wie möglich Information vermitteln), die Qualität (nur sagen, was man für wahr hält; nichts sagen, was man für falsch hält), die Relation, d.h. die Angemessenheit (möglichst Relevantes sagen). Das Prinzip der Relevanz ist später mit besonderem Forschungsinteresse belegt worden (D. SPERBER und D. WILSON, 80er und 90er Jahre), in allen Bereichen der Sprache suchte und fand man die Spuren des ungeschriebenen *Be relevant!*. Für das Wie (die Modalität) der Äußerung gilt, daß sie normalerweise nicht dunkel, weitschweifig oder anderweitig unklar organisiert sein sollte. Als oberstes Prinzip formuliert GRICE, daß die Kommunikationspartner mit grundsätzlicher Kooperationsbereitschaft und der Befolgung der oben genannten Regeln rechnen. Deshalb sei überflüssig, z.B. jedes Mal zu sagen, daß man nichts Falsches sagt. Wenn also jemand seine Rede damit einleitet, daß er sich möglichst kurz fassen werde, kündigt er etwas an, das alle Zuhörer sowieso erwarten (s. Maxime: ‚unnötige Weitschweifigkeit vermeiden!') – und es ist mit dem Schlimmsten zu rechnen.

3.2.3. Reader zu den Kommunikationsmodellen

Text A: Das dreistrahlige Organonmodell

aus: BÜHLER, K.: *Sprachtheorie. Die Darstellungsfunktion der Sprache*. Stuttgart, [2]1965. S. 28 ff.

Wir [...] zeichnen das Organonmodell der Sprache [...] in der Figur 3. Der Kreis in der Mitte symbolisiert das konkrete Schallphänomen. Drei variable Momente an ihm sind berufen, es dreimal verschieden zum Rang eines Zeichens zu erheben. Die Seiten des eingezeichneten

Dreiecks symbolisieren diese drei Momente. Das Dreieck umschließt in einer Hinsicht weniger als der Kreis (Prinzip der abstraktiven Relevanz). In anderer Richtung wieder greift es über den Kreis hinaus, um anzudeuten, daß das sinnlich Gegebene stets eine apperzeptive Ergänzung erfährt. Die Linienscharen symbolisieren die semantischen Funktionen des (komplexen) Sprachzeichens. Es ist *Symbol* kraft seiner Zuordnung zu Gegenständen und Sachverhalten, *Symptom* (Anzeichen, Indicium) kraft seiner Abhängigkeit vom Sender, dessen Innerlichkeit es ausdrückt, und *Signal* kraft seines Appells an den Hörer, dessen äußeres oder inneres Verhalten es steuert wie andere Verkehrszeichen.

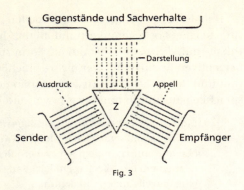

Fig. 3

Dies Organon-Modell mit seinen drei weitgehend unabhängig variablen Sinnbezügen steht vollständig, wie es ausgeführt werden muß, zum erstenmal in meiner Arbeit über den Satz, der mit dem Worte beginnt: „Dreifach ist die Leistung der menschlichen Sprache, Kundgabe, Auslösung und Darstellung". Heute bevorzuge ich die Termini: *Ausdruck, Appell* und *Darstellung,* weil ‚Ausdruck' im Kreise der Sprachtheoretiker mehr und mehr die hier geforderte präzise Bedeutung gewinnt und weil das lateinische Wort ‚appellare' (englisch: *appeal*, deutsch etwa: ansprechen) treffend ist für das zweite; es gibt, wie heute jeder weiß, einen *sex appeal*, neben welchem der *speech appeal* mir als ebenso greifbare Tatsache erscheint.

[...] Es ist nicht wahr, daß alles, wofür der Laut ein mediales Phänomen, ein Mittler zwischen Sprecher und Hörer ist, durch den Begriff „die Dinge" oder durch das adäquatere Begriffspaar ‚Gegenstände und Sachverhalte' getroffen wird. Sondern das andere ist wahr, daß im Aufbau der Sprechsituation sowohl der Sender als Täter der Tat des Sprechens, der Sender als *Subjekt* der Sprechhandlung, wie der Empfänger als Angesprochener, der Empfänger als *Adressat* der Sprechhandlung eigene Positionen innehaben. Sie sind nicht einfach ein Teil dessen, worüber die Mitteilung erfolgt, sondern sie sind die Austauschpartner, und darum letzten Endes ist es möglich, daß das mediale Produkt des Lautes eine eigene Zeichenrelation zum einen und zum anderen aufweist.

Wir deuten also die spezifische Relation des wahrnehmbaren Lautes zum Sprechen in demselben Sinne, wie es uns bei anderen Ausdrucksphänomenen geläufig ist. Wie steht es mit der dritten Relation? Sie ist die dritte nur in unserer Aufzählung; denn in natura rerum, d.h. im Zeichenverkehr der Menschen und der Tiere, wird der Appell dem Analytiker zuerst und am exaktesten greifbar, nämlich am *Benehmen* des Empfängers.

[...] Der Philosoph wird reflektierend sagen: Mit den Zeichen, die eine Bedeutung tragen, ist es also so bestellt, daß das Sinnending, dies wahrnehmbare Etwas hic et nunc nicht mit der ganzen Fülle seiner konkreten Eigenschaften in die semantische Funktion eingehen muß. Vielmehr kann es sein, daß nur dies oder jenes abstrakte Moment für seinen Beruf, als Zeichen zu fungieren, relevant wird. Das ist in einfache Worte gefaßt das Prinzip der abstraktiven Relevanz.

Text B: Sechs kommunikative Grundfunktionen

aus: JAKOBSON, R.: *Linguistics and Poetics*. In: SEBEOK, T. A. (Hg.): *Style in Language*. New York u.a., 1960. S. 350–377.

Language must be investigated in all the variety of its functions. Before discussing the poetic function we must define its place among the other functions of language. An outline of these functions demands a concise survey of the constitutive factors in any speech event, in any act of verbal communication. The addresser sends a MESSAGE to the ADDRESSEE. To be operative the message requires a CONTEXT referred to ("referent" in another, somewhat ambiguous, nomenclature), seizable by the addressee, and either verbal or capable of being verbalized ; a CODE fully, or at least partially, common to the addresser and addressee (or in other words, to the encoder and decoder of the message) ; and, finally, a CONTACT, a physical channel and psychological connection between the addresser and the addressee, enabling both of them to enter and stay in communication. All these factors inalienably involved in verbal communication may be schematized as follows :

Each of these six factors determines a different function of language. Although we distinguish six basic aspects of language, we could, however, hardly find verbal messages that would fulfill only one function. The diversity lies not in a monopoly of some one of these several functions but in a different hierarchical order of functions. The verbal structure of a message depends primarily on the predominant function. But even though a set (*Einstellung*) toward the referent, an orientation toward the CONTEXT – briefly the so-called REFERENTIAL, "denotative," "cognitive" function, is the leading task of numerous messages, the accessory participation of the other functions in such messages must be taken into account by the observant linguist.

The so-called EMOTIVE, or "expressive" function, focused on the ADDRESSER, aims a direct expression of the speaker's attitude toward what he is speaking about. It tends to produce an impression of a certain emotion whether true or feigned : therefore, the term "emotive" [...] has proved to be preferable to "emotional." The purely emotive stratum in language is presented by the interjections. They differ from the means of referential language both by their soundpattern (peculiar sound sequences or even sounds elsewhere unusual) and by their syntactic role (they are not components but equivalents of sentences). "*Tut! Tut!* said McGinty" : the complete utterance of Conan Doyle's Character consists of two suction clicks. The emotive function, laid bare in the interjections, flavors to some extent all our utterances, on their phonic, grammatical, and lexical level. If we analyze language from the standpoint of the information it carries, we cannot restrict the notion of information to the cognitive aspect of language. A man, using expressive features to indicate his angry or ironic attitude, conveys ostensible information, and evidently this verbal behavior cannot be likened to such nonsemiotic, nutritive activities as "eating grapefruit" [...]. The difference between [big] and the emphatic prolongation of the vowel [bi:g] is a conventional, coded linguistic feature like the difference between the short and long vowel in such Czech pairs as [vi] 'you' and [vi:] 'knows,' but in the latter pair the differential information is phonemic and in the former emotive. [...] Saporta's surmise that emotive difference is a nonlinguistic feature, "attributable to the delivery of the message and not to the message," arbitrarily reduces the informational capacity of messages.

A former actor of Stanislavskij's Moscow Theater told me how at his audition he was asked by the famous director to make forty different messages from the phrase *Segodnja večerom* 'This evening,' by diversifying its expressive tint. He made a list of some forty emotional situations, then emitted the given phrase in accordance with each of these situations, which his audience had to recognize only from the changes in the sound shape of the same two words. For our research work in the description and analysis of contemporary Standard Russian (under the auspices of the Rockefeller Foundation) this actor was asked to repeat Stanislavskij's test. He wrote down some fifty situations framing the same elliptic sentence and made of it fifty corresponding messages for a tape record. Most of the messages were correctly and circumstantially decoded by Moscovite listeners. May I add that all such emotive cues easily undergo linguistic analysis.

Orientation toward the ADDRESSEE, the CONATIVE function, finds its purest grammatical expression in the vocative and imperative, which syntactically, morphologically, and often even phonemically deviate from other nominal and verbal categories. The imperative sentences cardinally differ from declarative sentences [...]. In contradistinction to the imperative sentences, the declarative sentences are convertible into interrogative sentences: "did one drink?" "will one drink?" "would one drink?"

The traditional model of language as elucidated particularly by Bühler [...] was confined to these three functions – emotive, conative, and referential and the three apexes of this model – the first person of the addresser, the second person of the addressee, and the "third person," properly someone or something spoken of. Certain additional verbal functions can be easily inferred from this triadic model. Thus the magic, incantatory function is chiefly some kind of conversion of an absent or inanimate "third person" into an addressee of a conative message. "May this sty dry up, *tfu, tfu, tfu, tfu*" (Lithuanian spell [...]). [...] "Sun, stand thou still upon Gideon ; and thou, Moon, in the valley of Aj-a-lon. And the sun stood still, and the moon stayed . . . " (Josh. 10.12). We observe [...] three further constitutive factors of verbal communication and three corresponding functions of language.

There are messages primarily serving to establish, to prolong, or to discontinue communication, to check whether the channel works ("Hello, do you hear me?"), to attract the attention of the interlocutor or to confirm his continued attention ("Are you listening?" or in Shakespearean diction, "Lend me your ears!" – and on the other end of the wire "Um-hum!"). This set for CONTACT, or in Malinowski's terms PHATIC function [...], may lie displayed by a profuse exchange of ritualized formulas, by entire dialogues with the mere purport of prolonging communication. Dorothy Parker caught eloquent examples : "'Well!' the young man said. 'Well!' she said. 'Well, here we are,' he said. 'Here we are,' she said, 'Aren't we?' 'I should say we were,' he said, 'Eeyop! Here we are.' 'Well!' she said. 'Well!' he said, 'well.'" The endeavor to start and sustain communication is typical of talking birds ; thus the phatic function of language is the only one they share with human beings. It is also the first verbal function acquired by infants ; they are prone to communicate before being able to send or receive informative communication.

A distinction has been made in modern logic between two levels of language, "object language" speaking of objects and "metalanguage" speaking of language. But metalanguage is not only a necessary scientific tool utilized by logicians and linguists ; it plays also an important role in our everday language. Like Molière's Jourdain who used prose without knowing it, we practice metalanguage without realizing the metalingual character of our operations. Whenever the addresser and/or the addressee need to check up whether they use the same code, speech is focused on the CODE : it performs a METALINGUAL (i.e., glossing) function. "I don't follow you – what do you mean?" asks the addressee, or in Shakespearean diction, "What is't thou say'st?" And the addresser in anticipation of such recapturing questions inquires : "Do you know what I mean?" Imagine such an exasperating dialogue : "The sophomore was plucked." "But what is *plucked*?" "*Plucked* means the same as *flunked*" "And *flunked*?" "*To be flunked* is *to fail in an exam.*" "And what is *sophomore*?" persists the interrogator innocent of school vocabulary. "*A sophomore* is (or means) *a second-year student.*" All these equational sentences convey information merely about the lexical code of English ; their function is strictly metalingual. Any process of language learning, in particular child acquisition of the mother tongue, makes wide use of such metalingual operations ; and aphasia may often be defined as a loss of ability for metalingual operations.

We have brought up all the six factors involved in verbal communication except the message itself. The set (*Einstellung*) toward the MESSAGE as such, focus on the message for its own sake, is the POETIC function of language. This function cannot be productively studied out of touch with the general problems of language, and, on the other hand, the scrutiny of language requires a thorough consideration of its poetic function. Any attempt to reduce the sphere of poetic function to poetry or to confine poetry to poetic function would be a delusive oversimplification. Poetic function is not the sole function of verbal art but only its dominant, determining function, whereas in all other verbal activities it acts as a subsidiary, accessory constituent. This function, by promoting the palpability of signs, deepens the fundamental dichotomy of signs and objects. Hence, when dealing with poetic function, linguistics cannot limit itself to the field of poetry.

"Why do you always say *Joan and Margery,* yet never *Margery and Joan*? Do you prefer Joan to her twin sister?" "Not at all, it just sounds smoother." In a sequence of two coordinate names, as far as no rank problems interfere, the precedence of the shorter name suits the speaker, unaccountably for him, as a well-ordered shape of the message.

A girl used to talk about "the horrible Harry." "Why horrible?" "Because I hate him." "But why not *dreadful, terrible, frightful, disgusting*?" "I don't know why, but *horrible* fits him better." Without realizing it, she clung to the poetic device of paronomasia.

The political slogan "I like Ike" /ay layk ayk/, succinctly structured, consists of three monosyllables and counts three diphthongs /ay/, each of them symmetrically followed by one consonantal phoneme, /. . l . . k . . k/. The make-up of the three words presents a variation : no consonantal phonemes in the first word, two around the diphthong in the second, and one final consonant in the third. A similar dominant nucleus /ay/ was noticed by Hymes in some of the sonnets of Keats. Both cola of the trisyllabic formula "I like / Ike" rhyme with each other, and the second of the two rhyming words is fully included in the first one (echo rhyme), /layk/-/ayk/, a paronomastic image of a feeling which totally envelops its object. Both cola alliterate with each other, and the first of the two alliterating words is included in the second : /ay/-/ayk/, a paronomastic image of the loving subject enveloped by the beloved object. The secondary, poetic function of this electional catch phrase reinforces its impressiveness and efficacy.

As we said, the linguistic study of the poetic function must overstep the limits of poetry, and, on the other hand, the linguistic scrutiny of poetry cannot limit itself to the poetic function. [...] Epic poetry, focused on the third person, strongly involves the referential function of language; the lyric, oriented toward the first person, is intimately linked with the emotive function; poetry of the second person is imbued with the conative function [...].

Now that our cursory description of the six basic functions of verbal communication is more or less complete, we may complement our scheme of the fundamental factors by a corresponding scheme of the functions :

Text C: Sprachliche Äußerungen als Sprechaktbündel

aus: SEARLE, J. R.; *Sprechakte: ein sprachphilosophischer Essay*. [6]1994. S. 30 f., 38 ff.
(engl. Erstausgabe: *Speech Acts*. 1969)

Die Grundeinheit der sprachlichen Kommunikation ist nicht, wie allgemein angenommen wurde, das Symbol, das Wort oder der Satz, oder auch das Symbol-, Wort- oder Satzzeichen, sondern die Produktion oder Hervorbringung des Symbols oder Wortes oder Satzes im Vollzug des Sprechaktes. Das Zeichen als Mitteilung aufzufassen bedeutet, es als produziertes oder hervorgebrachtes Zeichen aufzufassen. Genauer: die Produktion oder Hervorbringung eines Satzzeichens unter bestimmten Bedingungen stellt einen Sprechakt dar, und Sprechakte (bestimmter, später zu erklärender Art) sind die grundlegenden oder kleinsten Einheiten der sprachlichen Kommunikation. [...]

Gegen diesen Ansatz könnte eingewendet werden, daß mit ihm nur der Schnittpunkt der Gegenstandsbereiche einer Sprachtheorie und einer Handlungstheorie erfaßt werde. Darauf würde ich antworten, daß eine Sprachtheorie, wenn meine Konzeption der Sprache richtig ist, Teil einer Handlungstheorie ist, und zwar einfach deshalb, weil Sprechen eine regelgeleitete Form des Verhaltens ist. [...] Über die Sprache läßt sich vieles sagen, ohne daß man Sprechakte untersucht, aber jede solche rein formale Theorie ist notwendigerweise unvollständig. Das wäre so, als ob man das Baseballspiel untersuchte und es nur als formales System von Regeln und nicht als Spiel begriffe.

Stellen wir uns einen Sprecher und einen Zuhörer vor und nehmen wir an, daß der Sprecher unter geeigneten Umständen einen der folgenden Sätze äußert:

1. Sam raucht gewohnheitsmäßig.
2. Raucht Sam gewohnheitsmäßig?
3. Sam, rauch gewohnheitsmäßig!
4. Würde Sam doch gewohnheitsmäßig rauchen!

Wie können wir die Äußerung des Sprechers charakterisieren oder beschreiben? Was tut der Sprecher, wenn er einen dieser Sätze äußert?

Eins ist offensichtlich: Von jedem, der einen dieser Sätze äußert, kann man sagen, daß er einen aus Wörtern der deutschen Sprache gebildeten Satz äußert. Aber das ist natürlich nur der Anfang einer Beschreibung, denn indem der Sprecher einen dieser Sätze äußert, sagt er in der Regel etwas damit und gibt nicht nur Wörter von sich. Wenn der Sprecher 1 äußert, stellt er eine Behauptung auf (wie es die Philosophen nennen), bei 2 stellt er eine Frage, bei 3 gibt er einen Befehl, und bei 4 drückt er einen Wunsch oder ein Verlangen aus. Beim Vollzug eines jeden dieser vier verschiedenen Akte vollzieht der Sprecher gleichzeitig bestimmte andere Akte, die allen vieren gemeinsam sind: Bei jeder der Äußerungen *verweist* der Sprecher *auf* ein bestimmtes Objekt Sam, oder erwähnt oder bezeichnet es, und prädiziert[3] das Objekt, auf das er verweist, als „raucht gewohnheitsmäßig" (oder eine der flektierten Formen dieses Ausdrucks). Wir können also sagen, daß bei der Äußerung sämtlicher vier Sätze Referenz und Prädikation die gleichen sind, obwohl in jedem einzelnen Fall die gleiche Referenz und die gleiche Prädikation als Teile voneinander verschiedener vollständiger Sprechakte vorkommen. Wir unterscheiden Referenz und Prädikation von vollständigen Sprechakten wie Behaupten, Fragen, Befehlen usw. Die Rechtfertigung für diese Unterscheidung bildet die Tatsache, daß die gleiche Referenz und die gleiche Prädikation beim Vollzug verschiedener vollständiger Sprechakte vorkommen können. Austin gab diesen vollständigen Sprechakten den Namen „illokutionäre Akte"; ich werde von nun an diesen Terminus verwenden. Einige der deutschen Verben, die illokutionäre Akte bezeichnen, sind >aussagen<, >beschreiben<, >behaupten<, >warnen<, >feststellen<, >kommentieren<, >befehlen<, >anordnen<, >ersuchen<, >kritisieren<, >entschuldigen<, >tadeln<, >anerkennen<, >willkommen heißen<, >versprechen<, >einwenden<, >fragen< und >argumentieren<. Austin behauptete, daß es im Englischen über tausend solcher Ausdrücke gebe.

Als erstes Resultat unserer Vorüberlegungen ergibt sich also, daß bei der Äußerung eines jeden der vier Beispielsätze ein Sprecher in der Regel zumindest drei verschiedene Arten von Akten vollzieht: (a) die Äußerung von Wörtern (Morphemen, Sätzen); (b) Referenz und Prädikation; (c) Behaupten, Fragen, Befehlen, Versprechen usw.

Diesen drei Arten von Akten, die wir unter dem Oberbegriff des Sprechaktes zusammenfassen, wollen wir folgende Namen geben:

(a) Äußerung von Wörtern (Morphemen, Sätzen) = Vollzug von *Äußerungsakten*;
(b) Referenz und Prädikation = Vollzug *propositionaler Akte*;
(c) Behaupten, Fragen, Befehlen, Versprechen usw. = Vollzug *illokutionärer Akte*.

Dabei handelt es sich nicht um getrennte Dinge, die die Sprecher zufällig gleichzeitig tun, so wie man gleichzeitig rauchen, lesen und sich den Kopf kratzen kann; vielmehr ist es für den Vollzug eines illokutionären Aktes charakteristisch, daß man gleichzeitig ebenfalls propositionale und Äußerungsakte vollzieht. Es wäre auch falsch, anzunehmen, die Äußerungsakte und die propositionalen Akte stünden zu den illokutionären Akten in dem gleichen Verhältnis wie der Kauf einer Fahrkarte und das Besteigen eines Zuges zu der Eisenbahnfahrt. Sie sind nicht Mittel zum Zweck; vielmehr verhalten sich Äußerungsakte zu propositionalen und illokutionären Akten wie z. B. das >X< auf einen Stimmzettel machen zum Wählen.

[...] Wir haben bereits gesehen, daß die gleichen propositionalen Akte verschiedenen illokutionären Akten gemeinsam sein können, und es liegt auf der Hand, daß man einen Äußerungsakt vollziehen kann, ohne überhaupt einen propositionalen oder illokutionären Akt auszuführen. (Man kann Wörter äußern, ohne etwas zu sagen.) Und ebenso läßt sich, wenn wir die Äußerung eines Satzes wie

    5. Mr. Samuel Martin ist ein regelmäßiger Tabakraucher

---

3 Prädizieren: Eine Aussage über ein sprachliches Subjekt bzw. dessen Referenten machen.

betrachten, vorstellen, daß unter bestimmten Umständen ein Sprecher, der diesen Satz äußert, den gleichen propositionalen Akt wie in 1–4 (Referenz und Prädikation wären die gleichen) und den gleichen illokutionären Akt wie in 1 (es wird die gleiche Aussage oder Behauptung gemacht) vollzieht, während der Äußerungsakt sich von den ersten vier Äußerungsakten unterscheidet, da der Sprecher einen anderen Satz äußert, der aus anderen Wörtern besteht und nur einige Morpheme enthält, die die gleichen sind wie in den ersten vier Sätzen. So kann der Sprecher, indem er verschiedene Äußerungsakte vollzieht, die gleichen propositionalen und illokutionären Akte vollziehen. Ebenso braucht der Vollzug des gleichen Äußerungsaktes durch zwei verschiedene Sprecher oder durch denselben Sprecher bei verschiedenen Gelegenheiten natürlich nicht den Vollzug der gleichen propositionalen und illokutionären Akte zu bedeuten: derselbe Satz kann zum Beispiel für zwei verschiedene Aussagen verwendet werden. Äußerungsakte bestehen einfach in der Äußerung von Wortreihen. Illokutionäre und propositionale Akte sind [...] dadurch charakterisiert, daß Wörter im Satzzusammenhang in bestimmten Kontexten, unter bestimmten Bedingungen und mit bestimmten Intentionen geäußert werden.

Ich behaupte bisher nichts weiter, als daß die von mir vorgeschlagene Unterscheidung eine mögliche Unterscheidung ist – so vage das auch sein mag. Insbesondere erhebe ich nicht den Anspruch, daß es sich dabei um die einzig mögliche Art der Unterteilung handelt. Zum Beispiel könnte es für bestimmte Zwecke wünschenswert sein, die Akte, die ich Äußerungsakte genannt habe, in phonetische Akte, phonematische Akte[4], morphematische Akte[5] usw. zu unterteilen. Für die meisten Ziele, die in der Sprachwissenschaft verfolgt werden, ist es [...] gar nicht notwendig, überhaupt von Akten zu sprechen. Man braucht nur Phoneme, Morpheme, Sätze usw. zu untersuchen.

Den drei bisher eingeführten Begriffen möchte ich nun Austins Begriff des *perlokutionären Aktes* hinzufügen. Eng verbunden mit dem Begriff der illokutionären Akte sind die Konsequenzen oder *Wirkungen*, die solche Akte auf die Handlungen, Gedanken, Anschauungen usw. der Zuhörer haben. Zum Beispiel kann ich jemanden durch Argumentieren *überreden* oder *überzeugen*, durch Warnen *erschrecken* oder *alarmieren*, durch Auffordern *dazu bringen, etwas zu tun*, durch Informieren *überzeugen (aufklären, belehren, anregen, dazu bringen, etwas zu begreifen)*. Die in dieser Aufzählung kursiv gedruckten Ausdrücke bezeichnen perlokutionäre Akte.

Text D: Kommunikationsprinzipien und Implikaturen

aus: GRICE, H. P.: *Logik und Konversation*. In: MEGGLE, G. (Hg.): *Handlung, Kommunikation, Bedeutung*. Frankfurt/Main, 1979. S. 243–265.

Angenommen, A und B unterhalten sich über einen gemeinsamen Freund, C, der jetzt in einer Bank arbeitet. A fragt B, wie es C bei seinem Job so geht, und B antwortet „Oh, ganz gut, nehme ich an; er mag seine Kollegen und ist bislang noch nicht ins Gefängnis gekommen". Hier mag A nun wohl wissen wollen, was B damit zu verstehen geben wollte, was er damit angedeutet hat oder [...] was er damit gemeint hat [...]. Als Antwort könnten lauter solche Sachen kommen wie: C ist der Typ, der nicht gut der Verlockung widerstehen kann, die seine Beschäftigung mit sich bringt; Cs Kollegen sind wirklich sehr unangenehme und heimtückische Leute; und so weiter. [...] Es ist wohl klar, daß das, was B in diesem Beispiel zu

---

4 Zum Unterschied Phonetik – Phonologie (Phonematik), vgl. 4.2. sowie 4.5. Text A.
5 Zur Morphologie (Morphematik) und Morphemdefinition, vgl. 3.2.3.6. Text C sowie Kap. 5.

verstehen gegeben, angedeutet, gemeint hat usw., etwas anderes ist als das, was er gesagt hat – das war ja einfach, daß C bislang noch nicht ins Gefängnis gekommen ist. Ich möchte [...] das Verbum „implizieren" und die damit verwandten Nomina „Implikatur" [...] und „Implikat" (vgl. „what is implied" [das Angedeutete]) einführen.

Eine gewisse Teilklasse der nicht-konventionalen Implikaturen, die ich *konversationale* Implikaturen nennen werde, möchte ich als mit gewissen allgemeinen Diskursmerkmalen wesentlich verknüpft darstellen; somit werde ich als nächstes versuchen zu sagen, was für Merkmale das sind.

[...] Unsere Gespräche[2] bestehen normalerweise nicht aus einer Abfolge unzusammenhängender Bemerkungen [...]. Sie sind kennzeichnenderweise [...] kooperative Bemühungen; und jeder Teilnehmer erkennt bis zu einem gewissen Grad in ihnen einen gemeinsamen Zweck (bzw. mehrere davon) oder zumindest eine wechselseitig akzeptierte Richtung an. Zweck oder Richtung können von Beginn an festgelegt sein (z.B. durch einen Vorschlag einer zu erörternden Frage) oder sich während des Gesprächs herausbilden; sie können ziemlich bestimmt sein oder so unbestimmt, daß sie den Teilnehmern ganz beträchtlichen Spielraum lassen (wie bei zwangloser Konversation). Aber an jedem Punkt wären einige Züge im Gespräch als konversational unpassend ausgeschlossen. Wir könnten demnach ganz grob ein allgemeines Prinzip formulieren, dessen Beachtung [...] von allen Teilnehmern erwartet wird, und zwar: Mache deinen Gesprächsbeitrag jeweils so, wie es von dem akzeptierten Zweck oder der akzeptierten Richtung des Gesprächs, an dem du teilnimmst, gerade verlangt wird. Dies könnte man mit dem Etikett Kooperationsprinzip versehen.

Unter der Annahme, daß irgend ein allgemeines Prinzip wie dies akzeptabel ist, kann man vielleicht vier Kategorien unterscheiden, unter [die] gewisse speziellere Maximen und Untermaximen fallen. Die folgenden darunter werden [...] zu Ergebnissen führen, die im Einklang mit dem Kooperationsprinzip stehen. In Anlehnung an Kant nenne ich diese Kategorien Quantität, Qualität, Relation und Modalität. Die Kategorie der Quantität steht in Beziehung zur Quantität der zu gebenden Information, und unter sie fallen die folgenden Maximen:

1. Mache deinen Beitrag so informativ wie (für die gegebenen Gesprächszwecke) nötig.
2. Mache deinen Beitrag nicht informativer als nötig.

Unter die Kategorie der Qualität fällt eine Obermaxime – „Versuche deinen Beitrag so zu machen, daß er wahr ist" – und zwei speziellere Maximen:

1. Sage nichts, was du für falsch hältst.
2. Sage nichts, wofür dir angemessene Gründe fehlen.

Unter die Kategorie der Relation setze ich eine einzige Maxime, und zwar: „Sei relevant". Die Maxime selbst ist zwar kurz und prägnant, aber ihre Formulierung verdeckt eine Menge von Problemen [...]: Was für verschiedene Arten und Brennpunkte der Relevanz es geben kann; wie sie sich im Verlauf eines Gesprächs verschieben; wie dem Umstand Rechnung zu tragen ist, daß der Gesprächsgegenstand zu Recht geändert wird, und so weiter. [...]

Die Kategorie der Modalität schließlich bezieht sich nach meinem Verständnis nicht (wie die vorausgegangenen Kategorien) darauf, was gesagt wird, sondern darauf, wie das, was gesagt wird, zu sagen ist. Unter sie nehme ich die Obermaxime – „Sei klar" – und verschiedene Maximen wie:

1. Vermeide Dunkelheit des Ausdrucks.
2. Vermeide Mehrdeutigkeit.

3. Sei kurz (vermeide unnötige Weitschweifigkeit).
4. Der Reihe nach!

Und möglicherweise braucht man noch andere.

Offensichtlich ist die Beachtung einiger dieser Maximen weniger dringend als die Beachtung anderer; wer sich übermäßig weitschweifig ausdrückt, wird im allgemeinen milderer Kritik ausgesetzt sein als jemand, der etwas sagt, das er für falsch hält.

[2] „Gespräch" ist hier und im folgenden öfters auch als Übersetzung von Grices Wendung „talk exchange" genommen worden. Entsprechend möge der Leser berücksichtigen, daß unter einem Gespräch hier jede Form von Interaktion mit Sprachverwendung zu verstehen ist. (Anm. d. Übers.).

3.3. Terminologie und Grundunterscheidungen des Strukturalismus

> À Paris, un dialogue entre deux étudiants. Le premier demande à l'autre ce qu'il a fait dans la journée. « J'ai lu un roman de Robbe-Grillet, j'ai vu un film de Godard, je suis allé à une exposition de Pop'art, j'ai écouté un concert de musique concrète, j'ai assisté à un débat sur le structuralisme. » « Et alors? » demande le premier. « Alors » répond l'autre « j'ai décidé de fonder une association en faveur de l'analphabétisme! »
>
> aus: KEMMNER, E. (Hg.): *La France qui rit.*

3.3.1. Synchronie – Diachronie

Bis 1900 hatte sich die Sprachwissenschaft vor allem auch mit Sprachwandel und zwar besonders mit der Entwicklung sprachlicher Einzelphänomene beschäftigt. Damit brach der Strukturalismus. DE SAUSSURE (→ Text A) vertrat die Auffassung, daß man bei einer Betrachtung von isolierten Entwicklungslinien nichts über die zentralen Eigenschaften einer Sprache erfahre. Primär interessant sei, daß und wie ein sprachliches System einer Sprachgemeinschaft zu einem gegebenen Zeitpunkt als funktionierendes Ganzes zur Verfügung stehe. Eine Maschine erfülle ihren Zweck, weil einzelne Betriebseinheiten zusammenwirken, bestimmte Zahnräder so und nicht anders ineinandergreifen. In analoger Weise müsse man Sprache beschreiben. Er bezeichnet die Methode des 19. Jahrhunderts als diachron, die davon sich unterscheidende Untersuchung des funktionierenden Systems, die er selbst propagiert, als synchron. Beides dürfe keinesfalls vermengt werden.

Dazu äußerte sich der allgemeine Sprachwissenschaftler und Romanist E. COSERIU einige Jahrzehnte später (→ Text B). Er macht zuerst einmal deutlich, daß es keine Eigenschaft der Sprache ist, synchron oder diachron zu sein, sondern daß es sich um zwei unterschiedliche Perspektiven handelt, die Sprachwissenschaftler einnehmen können. Beide Aspekte seien für das Verständnis des Gegenstandes ‚Sprache' wesentlich, weder diachrone noch synchrone Sprachuntersuchung können isoliert erschöpfende Ergebnisse zutage fördern: Das System ist durch die aktive und kreative Nutzung dem beständigen Wandel ausgesetzt und ein Wandel ist umgekehrt nur beschreibbar, wenn man einen synchronen Stand vorher und nachher miteinander vergleicht, d.h. in die Untersuchung einbezieht. Beide Perspektiven sind nicht eindeutig zu trennen: Sprache wird variiert, damit sie den Sprechern für deren Bedürfnisse (z.B. Expressivität, Nachdrücklichkeit, Kreativität) dienlich ist, und sie kann synchron nur funktionieren, wenn Unterschiede über diese Veränderungen immer wieder verdeutlicht bzw. auch neu aufgebaut werden. Insofern stellen die Ausführungen COSERIUS bereits eine Überwindung strukturalistischer Grundannahmen dar, sie weisen voraus auf das wiedererwachende Interesse an diachroner Untersuchung im letzten Jahrhundertdrittel. Zusammenfassend lassen sich die beiden Herangehensweisen wie folgt kennzeichnen:

Synchrone Betrachtung	vs.	Diachrone Betrachtung
Das sprachliche System, ein Teilsystem oder Einzelphänomen wird in einem gegebenen Zustand (im Funktionieren) betrachtet, analysiert und beschrieben.		Das sprachliche System, ein Teilsystem oder Einzelphänomen wird im Werden bzw. im Wandel durch die Zeit betrachtet, analysiert und beschrieben.

Text A: Funktionale vs. entwicklungsgeschichtliche Perspektive

aus: DE SAUSSURE, F.: *Cours de linguistique générale*. (Hg. DE MAURO, T.) Paris, 1976. S. 114 ff.

Bien peu de linguistes se doutent que l'intervention du facteur temps est propre à créer à la linguistique des difficultés particulières et qu'elle place leur science devant deux routes absolument divergentes. [...]

Il est certain que toutes les sciences auraient intérêt à marquer plus scrupuleusement les axes sur lesquels sont situées les choses dont elles s'occupent; il faudrait partout distinguer selon la figure suivante : 1° *l'axe des simultanéités* (AB), concernant les rapports entre choses coexistantes, d'où toute intervention du temps est exclue, et 2° *l'axe des successivités* (CD), sur lequel on ne peut jamais considérer qu'une chose à la fois, mais où sont situées toutes les choses du premier axe avec leurs changements. Pour les sciences travaillant sur des valeurs, cette distinction devient une nécessité pratique, et dans certains cas une nécessité absolue. [...]

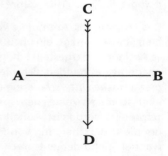

C'est au linguiste que cette distinction s'impose le plus impérieusement ; car la langue est un système de pures valeurs que rien ne détermine en dehors de l'état momentané de ses termes. [...]

Voilà pourquoi nous distinguons deux linguistiques. Comment les désignerons-nous? Les termes qui s'offrent ne sont pas tous également propres à marquer cette distinction. Ainsi histoire et « linguistique historique » ne sont pas utilisable, car ils appellent des idées trop vagues; [...]. Les termes d'évolution et de linguistique évolutive sont plus précis, et nous les emploierons souvent ; par opposition on peut parler de la science des états de langue ou linguistique statique. Mais pour mieux marquer cette opposition et ce croisement de deux ordres de phénomènes relatifs au même objet, nous préférons parler de linguistique synchronique et de linguistique diachronique. Est synchronique tout ce qui se rapporte à l'aspect statique de notre science, diachronique tout ce qui a trait aux évolutions. De même synchronie et diachronie désigneront respectivement un état de langue et une phase d'évolution. [...]

La première chose qui frappe quand on étudie les faits de langue, c'est que pour le sujet parlant leur succession dans le temps est inexistante : il est devant un état. Aussi le linguiste qui veut comprendre cet état doit-il faire table rase de tout ce qui l'a produit et ignorer la diachronie. Il ne peut entrer dans la conscience des sujets parlants qu'en supprimant le passé. L'intervention de l'histoire ne peut que fausser son jugement. Il serait absurde de dessiner un panorama des Alpes en le prenant simultanément de plusieurs sommets du Jura ; un panorama doit être pris d'un seul point. De même pour la langue : on ne peut ni la décrire ni fixer des normes pour l'usage qu'en se plaçant dans un certain état. Depuis que la linguistique moderne existe, on peut dire qu'elle s'est absorbée tout entière dans la diachronie. [...]

On a reproché à la grammaire classique de n'être pas scientifique ; pourtant sa base est moins critiquable et son objet mieux défini que ce n'est le cas pour la linguistique inaugurée par Bopp. Celle-ci, en se plaçant sur un terrain mal délimité, ne sait pas exactement vers quel but elle tend. Elle est à cheval sur deux domaines, parce qu'elle n'a pas su distinguer nettement entre les états et les succésivités. [...]

L'opposition entre les deux points de vue – synchronique et diachronique – est absolue et ne souffre pas de compromis.

Text B: Kritik am Konzept eines strikten Gegensatzes Synchronie – Diachronie

aus: COSERIU, E.: *Sprache – Strukturen und Funktionen*. Darin: *Synchronie, Diachronie und Typologie*. S. 77–90. Tübingen, [3]1979.

Das Problem der Antinomie von Synchronie und Diachronie ist im Grunde ein Scheinproblem; besser gesagt, ein unzutreffend formuliertes Problem. Denn so wie F. de Saussure diese Antinomie dargestellt hat, gehört sie nicht der Objektsebene, sondern der Betrachtungsebene an: es handelt sich hier nur um eine Verschiedenheit der Standpunkte, um eine *methodische Unterscheidung* (die dazu noch einer ganz bestimmten Methode eignet), die aber schon als *reale,* den sprachlichen Fakten selbst zukommende *Unterscheidung* interpretiert worden ist. Außerhalb dieser Methode handelt es sich hierbei streng genommen um die Unterscheidung von Funktionieren und Zustandekommen der Sprache („Sprachwandel"), und dementsprechend kann man sagen, die Sprache komme in der Diachronie zustande und funktioniere in der Synchronie; jedoch ist mit dieser Unterscheidung keine objektive Trennung gegeben, zumal für die Sprache das Funktionieren („Synchronie") und das Zustandekommen oder der „Wandel" („Diachronie") nicht etwa *zwei Momente,* sondern nur *ein einziges* sind. Wir müssen aber noch bei diesem letzten Punkt verweilen und erklären, wieso nun diese Antinomie auf der Ebene der Objekte nicht existiert, d.h., in welchem Sinne das Funktionieren der Sprache und der Sprachwandel (die Spracherneuerung) in der Wirklichkeit zusammenfallen. Wie bereits angedeutet wurde, wollen die Sprecher ihre Sprache im allgemeinen nicht verändern, sondern nur verwenden, d.h. sie einfach funktionieren lassen. Nun wandelt sich die Sprache jedoch bei ihrer Verwendung, und das bedeutet, daß der Gebrauch einer Sprache ihre Erneuerung und schließlich ihre Überwindung bedingt. Folglich muß die Sprache gewissermaßen die Kräfte zu ihrer eigenen Überwindung, zum sog. „Sprachwandel", schon in sich tragen. Offensichtlich erfordert dies auch eine neue Konzeption der Sprachbeschreibung; wenn die Beschreibung ihrem Objekt eben wirklich angemessen sein soll. Und allgemein betrachtet ist die Beschreibung der Geschichte nicht wesensfremd, wie oft behauptet wird, sondern ist in sie miteingeschlossen; da nämlich die Beschreibung eines Gegenstands zu einem bestimmten Zeitpunkt seiner Geschichte natürlich auch zu eben dieser Geschichte gehört. Wenn der Sprachgebrauch schon die Möglichkeit von Veränderungen enthält, dann muß auch eine Beschreibung dieses Sprachgebrauchs und seiner Voraussetzungen eine solche Möglichkeit begründen. Mit anderen Worten, wenn die Sprache Gegebenheit und Möglichkeit zugleich ist, dann hat auch jede Beschreibung diese beiden Aspekte zu berücksichtigen, d.h.: wenn die Sprachsysteme offene Systeme sind, so muß man sie auch dementsprechend beschreiben. Andererseits würde dieses auch den wirklichen Gegebenheiten der Sprachtätigkeit und der allgemeinen Erfahrung der Sprecher selber gerecht werden. Denn wie HUMBOLDT und CROCE bemerkten, lernt man nicht einfach eine Sprache, sondern man lernt, sich in ihr schöpferisch zu betätigen, d.h. das materiell Erlernte zu überwinden. Eine Sprache beherrscht wirklich nur, wer dazu fähig ist in ihr Neues zu schaffen, durch sie vorher nie Gesagtes auszudrücken.

3.3.2. System (*langue*) – Rede (*parole*)

DE SAUSSURE (→ Text A) unterschied zwischen einem abstrakten Wissen der Sprecher, in dem die funktionalen Regeln und Kombinationsmöglichkeiten der Einzelsprache gespeichert sind, und den konkreten Äußerungen, bei denen die Sprecher zwar aus diesem Reservoir schöpfen, aber auch Elemente verwenden, die nicht funktional sind. Das virtuelle, funktionale System bezeichnete er als *langue*, die konkreten Äußerungsvarianten als *parole*:

> Zum System der deutschen Sprache gehört nach diesem Verständnis z.B., daß der Austausch des Lautes *l* zu *r* an derselben Stelle eine andere Bedeutung auslösen kann (vgl. ‚Stiel' und ‚Stier'). Beide Elemente haben eine bedeutungsunterscheidende Funktion, und gehören als Einheit aus Form und Funktion der Ebene der *langue* an. Anders verhält es sich mit dem gerollten und dem nicht-gerollten *r*: Der Wechsel vom einen zum anderen löst keinen Bedeutungsunterschied aus, beide sind nicht-funktionale Varianten auf der Ebene der *parole*.

Für SAUSSURE waren *langue* und *parole* einzelsprachlich separate Bereiche, denen er den Begriff des *langage* (Sprache an sich, Sprachfähigkeit) zur Seite stellte.

Diesen Beschreibungsmodus erweiterte E. COSERIU (→ Text B). Er verstand *langue* und *parole* als zwei Pole, zwischen denen als Schnittstelle die sog. Norm liegt. Über Variationen und neue Sprechgewohnheiten auf der Ebene der *parole*, die sich überindividuell durchsetzen und ‚normal' werden, wird die *langue* für Veränderungen geöffnet. Mit der Erfassung der Normen einer Einzelsprache beschreibt man alles, was in bestimmten Sprechsituationen, Kontexten oder sprachlichen Umgebungen regelmäßig variiert wird, aber (noch) keine Funktionsverschiebung in der *langue* auslöst.

Im folgenden Schema sind die Eigenschaften und das Verhätlnis von System, Rede und Norm zusammengefaßt:

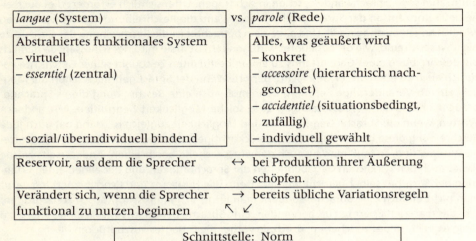

Text A: Funktionales, abstraktes System vs. konkrete Äußerung

aus: DE SAUSSURE, F.: *Cours de linguistique générale*. (Hg. DE MAURO, T.) Paris, 1976. S. 30 ff.

[...] le côté exécutif reste hors de cause, car l'exécution n'est jamais faite par la masse : elle est toujours individuelle, et l'individu en est toujours le maître ; nous l'appellerons la *parole*.

C'est par le fonctionnement des facultés réceptive et coordinative que se forment chez les sujets parlants des empreintes qui arrivent à être sensiblement les mêmes chez tous. Comment faut-il se représenter ce produit social pour que la langue apparaisse parfaitement dégagée du reste? Si nous pouvions embraser la somme des images verbales emmagasinées chez tous les individus, nous toucherions le lien social qui constitue la *langue*. C'est un trésor déposé par la pratique de la parole dans les sujets appartenant à une même communauté, un système grammatical existant virtuellement dans chaque cerveau, ou plus exactement dans les cerveaux d'un ensemble d'individus ; car la langue n'est complète dans aucun, elle n'existe parfaitement que dans la masse.

En séparant la langue de la parole, on sépare du même coup : 1⁰ ce qui est social de ce qui est individuel ; 2⁰ ce qui est essentiel de ce qui est accessoire et plus ou moins accidentiel.

La langue n'est pas une fonction du sujet parlant, elle est le produit que l'individu enregistre passivement; [...].

La parole est au contraire un acte individuel de volonté et d'intelligence dans lequel il convient de distinguer : 1° les combinaisons par lesquelles le sujet parlant utilise le code de la langue en vue d'exprimer sa pensée personelle ; 2° le mécanisme psycho-physique qui lui permet d'extérioriser ces combinaisons. [...]

L'étude du langage comporte donc deux parties : l'une, essentielle, a pour objet la langue, qui est sociale dans son essence et indépendante de l'individu ; cette étude est uniquement psychique ; l'autre, secondaire, a pour objet la partie individuelle du langage, c'est-à-dire la parole y compris la phonation : elle est psycho-physique. Sans doute, ces deux objets sont étroitement liée et se supposent l'un l'autre : la langue est nécessaire pour que la parole soit intelligible et produise tous ses effets ; mais celle-ci est nécessaire pour que la langue s'établisse ; historiquement, le fait de parole précède toujours. [...] Enfin, c'est la parole qui fait évoluer la langue : ce sont les impressions reçues en entendant les autres qui modifient nos habitudes linguistiques. Il y a donc interdépendance de la langue et de la parole ; celle-là est à la fois l'instrument et le produit de celle-ci. Mais tout cela ne les empêche pas d'être deux choses absolument distinctes.

La langue existe dans la collectivité sous la forme d'une somme d'empreintes déposées dans chaque cerveau, à peu près comme un dictionnaire dont tous les exemplaires, identiques, seraient répartis entre les individus [...].

Pour toutes ces raisons, il serait chimérique de réunir sous un même point de vue la langue et la parole. Le tout global du langage est inconnaissable, parce qu'il n'est pas homogène, tandis que la distinction et la subordination proposées éclairent tout.

Telle est la première bifurcation qu'on rencontre dès qu'on cherche à faire la théorie du langage. Il faut choisir entre deux routes qu'il est impossible de prendre en même temps ; elles doivent être suivies séparément.

Text B: Zwischen *langue* und *parole* – die Ebene der Norm (Coseriu)

aus: COSERIU, E.: *Sprache – Strukturen und Funktionen*. Darin: *System, Norm und ‚Rede'*. S. 45–60. Tübingen, ³1979.

Man kann daher zeigen, daß bei einer Reduktion des *Systems* der Sprache auf ein abstraktes System von funktionellen Invarianten zwischen diesem und dem konkreten Sprechen (Rede) ein ebenfalls abstraktes System normaler Realisierungen gelagert ist. Das ist unserer Meinung nach ein Hinweis darauf, daß die Unterscheidung zwischen *System (funktionelles System)* und *Norm (System der normalen Realisierungen)* nicht nur in methodischer Hinsicht zweckmäßig ist, sondern vorhandenen Oppositionen der Sprache entspricht. [...] Wir gehen daher von der Voraussetzung aus, daß das Individuum seine Äußerung zwar erzeugt, aber nicht völlig arbiträr, sondern auf der Grundlage vorausgehender Modelle, die in den neuen Akten enthalten sind und gleichzeitig überwunden werden [...]. Auf einer ersten Stufe der Formalisierung sind diese Strukturen nun einfach konstant, normal und traditionell innerhalb der Gemeinschaft: sie bilden das, was wir *Norm* nennen. Auf einer höheren Ebene der Abstraktion dagegen werden, wenn man alles eliminiert hat, was in der *Norm* beständiges aber für das Funktionieren der Sprache als Instrument der Kommunikation unwesentliches „Begleitwerk" ist, nur jene idealen Strukturen bewahrt, die wesentlich sind und unabdingbare funktionelle Oppositionen [→ 3.2.3.3., d. Verf.] bilden, also das, was wir *System* nennen. [...] Dabei geht der Weg [...] vom konkreten Sprechen aus, schreitet mittels sukzessiver Abstraktionen fort und vergleicht dabei die konkreten Redeakte mit einem früheren Sprechen, das sich mittels eines weiteren Abstraktionsprozesses in einem System [...] gründet. Das Schema der Beziehungen zwischen *Rede* (konkretes Sprechen), *Norm* und *System* müßte daher folgendes sein:

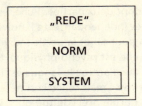

Natürlich vollzieht man bei der Festsetzung des Begriffs „Norm" eine doppelte Abstraktion, da man einerseits alles eliminiert, was [...] rein subjektiv und absolute Originalität des Ausdrucks ist, und andererseits eine für eine mehr oder weniger große Gemeinschaft allgemein und ausschließlich gültige Norm abstrahiert: In Wirklichkeit ist die Norm veränderlich, entsprechend den Grenzen der betrachteten Gemeinschaft, und diese Grenzen bilden sich durch Konventionen. Einem einzigen *System* kann daher eine ganze Reihe von *Normen* entsprechen. Darüber hinaus kann zwischen das konkrete Sprechen und die soziale Norm als Zwischenstufe die *individuelle Norm* treten [...].

Halten wir also fest, daß die Unterscheidung zwischen *System* und *Norm* die Schwierigkeiten der Dichotomie[6] *langue-parole* löst und dazu beiträgt, das Funktionieren der Sprache, die Sprachtätigkeit als Schöpfung und Wiederholung (Nachschöpfung), als obligate und freie Bewegung im Rahmen der vom System gebotenen Möglichkeiten, zu klären. Weiterhin glauben wir, daß dieselbe Unterscheidung mit größerer Klarheit die Grundlagen von verschiedenen sprachwissenschaftlichen Disziplinen rechtfertigt [...], und daß sie auch dazu beitragen könnte, den Mechanismus des Sprachwandels gründlicher zu erklären, einen Mechanismus, der in erster Linie Auflehnung gegen die Norm ist, jedoch Auflehnung, die vom System erlaubt ist, eine Bestätigung der Freiheit des Ausdrucks des Individuums gegen die Auflagen der gesellschaftlichen und der kulturellen Norm, jedoch in völliger Übereinstimmung mit den vom System gebotenen Möglichkeiten.

3.3.3. Paradigma – Syntagma

Die Einheiten, die mit einem resultierenden Funktionsunterschied an einer bestimmten Stelle der *chaîne parlée* gegeneinander ausgetauscht werden können, bilden eine Austauschklasse, ein sog. Paradigma. Im Funktionsbereich Numerus bilden die Singular- und die Pluralmarkierungen des Deutschen ein Paradigma. Manche Sprachen haben neben Singular- und Pluralmarkierung noch eine Dualmarkierung für den Inhalt ‚paarige Einheiten', in diesen Sprachen besteht das Paradigma der Numerusmarkierungen also aus drei funktionalen Mitgliedern. Einzelsprachliche Paradigmen eignet sich ein Fremdsprachenlerner z.B. an, wenn er Kasusdeklinationen oder Flexionsendungen lernt.

Damit allein kann man sich in der Fremdsprache jedoch nicht aktiv bewegen. Als zweite Wissenskomponente gehört dazu die Fähigkeit, sprachliche Einheiten in der richtigen linearen Reihenfolge anzuordnen. Das Wissen darum, welche Zeichen wie zu größeren funktionalen Einheiten, sog. Syntagmen (Einzahl: Syntagma), zusammengebaut werden können, vermitteln Grammatiken in Kapiteln zur Syntax.

---

6   Dichotomie: begrifflicher Gegensatz mit scharfer Grenze.

DE SAUSSURE (→ Text A) stellte sich die Struktur der virtuellen *langue* bereits so vor, daß die Einzelzeichen in unserem Bewußtsein eingeordnet sind in Felder, d.h. daß wir unbewußt andere, austauschbare Zeichen mit ihnen assoziieren. Obwohl er den Begriff Paradigma nicht verwendet, stellen die assoziativen Felder, in die das von ihm verwendete Beispielwort *enseignement* eingebettet ist, verschiedene Paradigmen dieses Wortes dar.

Die paradigmatische und die syntagmatische Achse kennzeichnet A. MARTINET (→ 3.3.4.2. Text B) in ihrem Zusammenwirken und führt als Gegenstück zu den Oppositionen, über die sich Paradigmen aufbauen, den Begriff des Kontrasts für die Beziehungen in Syntagmen ein.

Syntagma	vs.	Paradigma
Syntagmatische Beziehungen (Kontraste) bestehen zwischen Zeichen, die in der *chaîne parlée* aufeinander folgen.		Paradigmatische Beziehungen (Oppositionen) bestehen zwischen Formen, die in einer gegebenen Position (z.B. der *chaîne parlée*) gegeneinander ausgetauscht werden können, wobei der Austausch einen funktionalen Unterschied zur Folge hat.

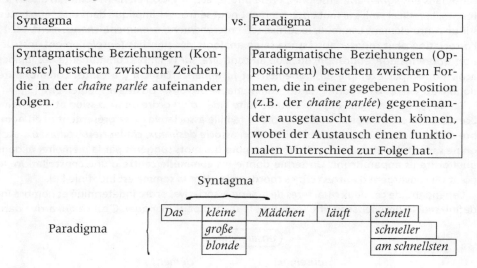

Text A: Syntagmatische und assoziative Beziehungen

aus: DE SAUSSURE, F.: *Cours de linguistique générale.* (Hg. DE MAURO, T.) Paris, 1976. S. 170 ff.

RAPPORTS SYNTAGMATIQUES ET RAPPORTS ASSOCIATIFS

[...] Les rapports et les différences entre termes linguistiques se déroulent dans deux sphères distinctes [...]. Ils correspondent à deux formes de notre activité mentale, toutes deux indispensables à la vie de la langue.

D'une part, dans le discours, les mots contractent entre eux, en vertu de leur enchaînement, des rapports fondés sur le caractère linéaire de la langue [...]. Ceux-ci se rangent les uns à la suite des autres sur la chaîne de la parole. Ces combinaisons qui ont pour support l'étendue peuvent être appelées *syntagmes*. Le syntagme se compose donc toujours de deux ou plusieurs unités consécutives (par exemple : [...] *contre tous; la vie humaine* [...]). Placé dans un syntagme, un terme n'acquiert sa valeur que parce qu'il est opposé à ce qui précède ou ce qui suit, ou à tous les deux.

D'autre part, en dehors du discours, les mots offrant quelque chose de commun s'associent dans la mémoire ; et il se forme ainsi des groupes au sein desquels règnent des rapports très divers. Ainsi le mot *enseignement* fera surgir inconsciemment devant l'esprit une foule d'autres mots *(enseigner, renseigner,* etc., ou bien *armement, changement,* etc., ou bien *éducation, apprentissage) ;* par un côté ou un autre, tous ont quelque chose de commun entre eux.

On voit que ces coordinations sont d'une tout autre espèce que les premières. Elles n'ont pas pour support l'étendue ; leur siège est dans le cerveau; elles font partie de ce trésor intérieur qui constitue la langue chez chaque individu. Nous les appellerons *rapports associatifs.* [...]

Les groupes formés par association mentale ne se bornent pas à rapprocher les termes qui présentent quelque chose de commun ; l'esprit saisit aussi la nature des rapports qui les relient dans chaque cas et crée par là autant de séries associatives qu'il y a de rapports divers. Ainsi dans *enseignement, enseigner, en-seignons*, etc., il y a un élément commun à tous les termes, le radical ; mais le mot *enseignement* peut se trouver impliqué dans une série basée sur un autre élément commun, le suffixe (cf. ense*ignement, armement, changement,* etc.) ; l'association peut reposer aussi sur la seule analogie des signifiés *(enseignement, instruction, apprentissage, éducation,* etc.), ou au contraire, sur la simple communauté des images acoustiques (par exemple *enseignement* et *justement*). Donc il y a tantôt communauté double du sens et de la forme, tantôt communauté de forme ou de sens seulement. [...]

Tandis qu'un syntagme appelle tout de suite l'idée d'un ordre de succession et d'un nombre déterminé d'éléments, les termes d'une famille associative ne se présentent ni en nombre défini, ni dans un ordre déterminé. Si on associe *désir-eux, chaleur-eux, peur-eux,* etc., on ne saurait dire d'avance quel sera le nombre des mots suggérés par la mémoire, ni dans quel ordre ils apparaîtront. Un terme donné est comme le centre d'une constellation, le point où convergent d'autres termes coordonnés, dont la somme est indéfinie [...].

Cependant, de ces deux caractères de la série associative, ordre indéterminé et nombre indéfini, seul le premier se vérifie toujours ; le second peut manquer. C'est ce qui arrive dans

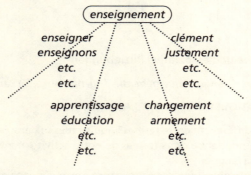

un type caractéristique de ce genre de groupements, les paradigmes de flexion. En latin, dans *dominus, domini, domino,* etc., nous avons bien un groupe associatif formé par un élément commun, le thème nominal *domin-,* mais la série n'est pas indéfinie comme celle de *enseignement, changement,* etc. ; le nombre des cas est déterminé ; par contre leur succession n'est pas ordonnée spatialement, et c'est par un acte purement arbitraire que le grammairien les groupe d'une façon plutôt que d'une autre ; pour la conscience des sujets parlants le nominatif n'est nullement le premier cas de la déclinaison, et les termes pourront surgir dans tel ou tel ordre selon l'occasion.

Text B: Syntagma (kontrastive Beziehung) – Paradigma (oppositive Beziehung)

aus: MARTINET, A.: *Eléments de linguistique générale*. Paris, ²1980. S. 26 f.

1–19. Chaque unité suppose un choix

Parmi les faits linguistiques, il en est qui se révèlent par simple examen d'un énoncé et d'autres qu'on n'identifie que par la comparaison d'énoncés différents. [...] Soit un énoncé comme *c'est une bonne bière* /set ün bon bier/ ; [...] cet énoncé nous renseigne sur certains traits non négligeables de la structure de la langue : /bon/ peut figurer aprés /ün/ et avant /bier/ ; le phonème /r/ peut figurer à la finale de l'énoncé et le phonème /n/ à la finale d'un monème ; etc. Toutes ces latitudes font partie du complexe d'habitudes selon lequel l'expérience humaine s'analyse en français [...]. Cependant, si nous sommes à même de dire quelque chose sur les latitudes combinatoires de /bon/, c'est que ce segment de l'énoncé a été reconnu comme représentant une unité particulière distincte de /ün/ et de /bier/. Pour arriver à ce résultat, il a fallu constater que /bon/, dans ce contexte, correspondait à un **choix** spécifique entre un certain nombre d'épithètes possibles ; la comparaison d'autres énoncés français a montré que dans les contextes où figure /bon/ on trouve aussi /ekselât/ *(excellente)*, /movez/ *(mauvaise)*, etc. Ceci indique que le locuteur a, plus ou moins consciemment, écarté tous les compétiteurs qui auraient pu figurer entre /ün/ et /bier/, mais qui ne se trouvaient pas convenir en l'occurrence. Dire de l'auditeur qu'il comprend le français implique qu'il identifie par expérience les choix successifs qu'à dû faire le locuteur, qu'il reconnaît /bon/ comme un choix distinct de celui de /ün/ et de celui de /bier/, et qu'il n'est pas exclu que le choix de /bon/ au lieu de /movez/ influence son comportement.

Il en va de même en ce qui concerne les phonèmes : si nous pouvons dire quelque chose des latitudes combinatoires de /n/ dans /bon/, c'est que /n/ a été reconnu comme une unité distinctive particulière, distincte notamment du /b/ qui le précède dans /bon/. On a, ici aussi, constaté que /n/ correspond à un choix spécifique, le locuteur ayant dû, inconsciemment sans doute, écarter /t/ qui aurait donné /bot/, c'est-à-dire un autre mot, *botte*, /s/ qui aurait donné /bos/, *bosse* [...].

Il est clair que tous les choix que fait le locuteur à chaque point de son discours ne sont pas des choix gratuits. C'est évidemment la nature de l'expérience à communiquer qui l'amène à choisir /bon/ plutôt que /movez/, /bier/ plutôt que /limonad/ ; c'est parce que le sens réclame /bon/ qu'il doit choisir à la finale /n/ au lieu de /t/ [...]. Mais existe-t-il des choix qui ne soient pas déterminés? On ne doit pas croire que le choix des monèmes soit plus « libre » que celui des phonèmes.

1–20. Contrastes et Oppositions

On aperçoit que les unités linguistiques, qu'elles soient signes ou phonèmes, sont entre elles dans deux types distincts de rapports : on a, d'une part, les rapports dans l'énoncé qui sont dits syntagmatiques et sont directement observables ; ce sont, par exemple, les rapports de /bon/ avec ses voisins /ün/ et /bier/ et ceux de /n/ avec le /b/ qui le précède dans /bon/ et le /ü/ qu'il suit dans /ün/. On a intérêt à réserver, pour désigner ces rapports, le terme de contrastes. On a, d'autre part, les rapports que l'on conçoit entre des unités qui peuvent figurer dans un même contexte et qui, au moins dans ce contexte, s'excluent mutuellement ; ces rapports sont dits paradigmatiques et on les désigne comme des oppositions : *bonne, excellente, mauvaise*, qui peuvent figurer dans les mêmes contextes, sont en rapport d'opposition ; [...]

3.3.4. Die Begriffe der Opposition und des sprachlichen Merkmals

Nachdem der Unterschied zwischen funktionalem System und der Vielfalt der Ausdrucksmöglichkeiten postuliert war, entwickelten Strukturalisten in der Nachfolge DE SAUSSURES einen Beschreibungsmodus für die *langue*, der ja das zentrale Interesse galt. Auf allen Untersuchungsebenen (der lautlichen, der grammatischen, der Wortschatz-Ebene) stellte man sich die *langue* in der Weise organisiert vor, daß jedes Element eines Paradigmas sich von jedem anderen durch mindestens einen inhaltlichen bzw. funktionalen Zug unterscheidet.

Daß auch minimale formale Züge jeweils einem Funktionsunterschied entsprechen, wurde zuerst im Umfeld der Prager Schule und für den lautlichen Bereich systematisch dargestellt. N. TRUBETZKOY (→ Text A) führte, zusammen mit R. JAKOBSON, den Begriff des unterscheidenden (distinktiven) Merkmals und der Opposition ein. Laute, bei deren Austausch Wörter eine andere Bedeutung bekommen, erweisen sich als bedeutungsunterscheidend (= Funktion im System). Sie stehen in Opposition (in einer funktionalen Unterschiedsrelation) zueinander. Einen Laut, der über ein Merkmal verfügt, das dem anderen Laut fehlt, bezeichnet TRUBETZKOY als markiert. Später wurde diese Methode der *langue*-Beschreibung über Merkmale, Oppositionen und Markiertheit auch auf andere Ebenen (Grammatik, Wortschatz) übertragen. Die sog. privative Opposition (ein Element hat ein Merkmal, das dem anderen fehlt) wurde als Idealfall betrachtet.

Einen Untertyp stellt die sog. inklusive Opposition dar. In diesem Fall kann das merkmallose Glied auch anstelle des merkmalhaften bzw. stärker markierten verwendet werden, ohne daß ein Funktionsunterschied signalisiert wird. Hierzu ein Beispiel aus dem Bereich der Morphosyntax:

> Die grammatische Form ‚Singular' kann als inhaltlich weniger markiert betrachtet werden als die Form ‚Plural'. Sie genügen den Bedingungen für eine privative Opposition: Es handelt sich um zwei unterschiedliche Formen, deren Austausch einen Bedeutungsunterschied zur Folge hat; der Plural bedeutet [+mehrere Referenten], der Singular [-mehrere Referenten]. Es gibt jedoch Fälle, in denen ein Plural ohne offensichtlichen Bedeutungsunterschied gegen einen Singular ausgetauscht werden kann:
>
> *Ein Mann sollte heutzutage auch etwas von Haushalt und Kindererziehung verstehen.*
> *Männer sollten heutzutage auch etwas von Haushalt und Kindererziehung verstehen.*

Im Fall einer privativen Opposition müßten Singular und Plural sich inhaltlich ausschließen. Für Elemente, die in inklusiver Opposition stehen, gilt dies in bestimmten Funktionsbereichen nicht:

Privative Opposition		Inklusive Opposition
Plural	Singular	Plural
		Singular

Man kann nun die im Beispiel erkennbaren Zusammenhänge auch anders analysieren. Eines der beiden Glieder (hier: der Singular) ist möglicherweise nicht durch die Abwesenheit eines Merkmals gekennzeichnet ([-mehrere Referenten]), sondern im Hinblick auf das Merkmal inhaltlich unbestimmt (dargestellt als [0]). Es sagt zum entsprechenden Funktionsbereich nichts aus und ist deshalb, ähnlich einem Joker beim Kartenspiel, vielseitig einsetzbar. Nach dieser Analyse wäre der Singular im Deutschen eine Form, die keine sprachliche Information (keine + oder − Markierung) enthält, wie der Referenzbereich, auf den sich eine Äußerung bezieht, strukturiert sein sollte. Er kann verwendet werden, wenn man sich nicht festlegen möchte, oder z.B. ein pluralischer Referenzbezug implizit ist (Kontext, Grundbedeutung des entsprechenden Wortes usw.). Der Plural ist hingegen mit dem Merkmal [+mehrere Referenten] markiert, signalisiert also explizit, daß auf mehrere Einzelelemente Bezug zu nehmen ist; sein Verwendungsbereich ist deshalb eingeschränkter. Den Zusammenhang zwischen so verstandener positiver, negativer Markiertheit und Neutralität oder 0-Markierung erläutert J. Lyons (→Text B).

Text A: Typen sprachlicher Oppositionen

aus: Trubetzkoy, N. S.: *Grundzüge der Phonologie*. Göttingen, [6]1977. S. 67

Im Hinblick auf das zwischen Oppositionsgliedern waltende Verhältnis können die phonologischen Oppositionen in drei Arten eingeteilt werden:

a) Privative Oppositionen sind solche, bei denen das eine Oppositionsglied durch das Vorhandensein, das andere durch das Nichtvorhandensein eines Merkmales gekennzeichnet sind, z.B. „stimmhaft" − „stimmlos", „nasaliert" − „unnasaliert", „gerundet" − „ungerundet" usw. Das Oppositionsglied, das durch das Vorhandensein des Merkmals gekennzeichnet ist, heißt „merkmaltragend", das durch das Fehlen des Merkmals gekennzeichnete Oppositionsglied „merkmallos". Diese Art von Oppositionen ist für die Phonologie außerordentlich wichtig.

b) Graduelle Oppositionen sind solche, deren Glieder durch verschiedene Grade oder Abstufungen derselben Eigenschaft gekennzeichnet sind, z.B. die Opposition zwischen zwei verschiedenen Öffnungsgraden der Vokale (z.B. deutsch *u-o* [...]) oder zwischen verschiedenen Stufen der Tonhöhe. [...] Die graduellen Oppositionen sind verhältnismäßig selten und nicht so wichtig wie die privativen.

c) Äquipollente Oppositionen sind solche, deren beide Glieder logisch gleichberechtigt sind, d.i. weder als zwei Stufen einer Eigenschaft noch als Verneinung und Bejahung einer Eigenschaft gewertet werden können, z.B. deutsch *p-t*, *f-k* usw. Die äquipollenten Oppositionen sind in jedem System die allerhäufigsten.

Text B: Plus-Markiertheit, Minus-Markiertheit, Unmarkiertheit

aus: Lyons, J.; *Einführung in die moderne Linguistik*. München, [2]1972. S. 81 f.

2.3.7 <Merkmalhaft> und <merkmallos>, <markiert> und <unmarkiert>

Es kommt oft vor, daß von zwei kontrastierenden Einheiten (und der Einfachheit halber wollen wir uns auf ein Kontrastverhältnis zweier Ausdrücke beschränken) der eine positiv oder *merkmalhaft (markiert)*, der andere neutral oder *merkmallos (unmarkiert)* ist. Was man darunter versteht, soll anhand eines Beispiels klar gemacht werden. Die meisten englischen Nomina haben eine Plural- und eine Singularform, die sich zueinander verhalten wie *boys: boy* [...] usw. Der Plural ist positiv durch das Endungs-s markiert, während der Singular unmarkiert ist. Man könnte dasselbe auch so formulieren, daß in einem bestimmten Kontext die Anwesenheit einer bestimmten Einheit mit ihrer Abwesenheit kontrastiert. Dabei ist es gewöhnlich so, daß die unmarkierte Form von allgemeiner Bedeutung ist oder eine größere Distribution hat als die markierte. Es hat sich auch eingebürgert, die Termini <markiert> und <unmarkiert> in einem noch abstrakteren Sinn zu gebrauchen, so daß die markierten und unmarkierten Glieder [...] nicht notwendig durch Vorhandensein und Nichtvorhandensein einer bestimmten konkreten Einheit unterschieden sind. Zum Beispiel sind vom Gesichtspunkt der Semantik aus die Wörter *dog* „Hund" und *bitch* „Hündin" unmarkiert, in Bezug auf den Gegensatz des Geschlechts markiert. Das Wort *dog* ist semantisch unmarkiert (oder neutral), da es sowohl auf männliche als auch weibliche Hunde angewendet werden kann *(That's a lovely dog you've got there: is it a he or a she?)*. *Bitch* ist hingegen markiert [...], da es auf weibliche Hunde beschränkt ist und im Kontrast zum unmarkierten Ausdruck verwendet werden kann, um die Bedeutung des letzteren als negativ und nicht mehr neutral festzulegen (*Is it a dog or a bitch?*). Das heißt, der unmarkierte Ausdruck hat eine allgemeinere Bedeutung, die im Hinblick auf einen bestimmten Kontrast neutral ist. [...] Es folgt aus dem bestimmten Verhältnis der Wörter *dog* und *bitch* zueinander, daß sowohl *female bitch* und auch *male bitch* semantisch anomal sind [...], während *female dog* und *male dog* durchaus akzeptierbar sind.

3.3.5. Isolierte Bedeutung (*signification*) – Systemstellenwert (*valeur*)

Der Inhalt eines sprachlichen Zeichens im System läßt sich, wie in den unmittelbar vorausgehenden Abschnitten deutlich wurde, durch Vergleich und über minimale Unterschiede zum Inhalt derjenigen Zeichen feststellen, die mit ihm ein Paradigma bilden und zu ihm in Opposition stehen.

DE SAUSSURE hatte diesen Aspekt bei seinem Zeichenmodell noch nicht thematisiert: er zeigte dort nur, wie ein isoliertes *signifiant* (ein Lautbild) für ein *signifié* (einen Inhalt) steht. Dieses Modell der isolierten Zeichenbedeutung (*signification*) erweiterte er im weiteren Gang seiner Ausführungen auf das System hin (→ Text). Für die Systembeschreibung ist es nicht wichtig, alle Inhaltskomponenten jedes einzelnen Zeichens zu katalogisieren. Erfaßt werden müssen nur a) die Komponenten (Merkmale), die ein Zeichen mit den anderen seines Paradigmas gemeinsam hat und b) diejenigen, die es von ihnen unterscheiden. Was man als Ergebnis erhält, ist der funktionale Stellenwert des Zeichens im System. Der sprachliche Inhalt eines Zeichens (*signifié*) erweist sich im Zusammenhang der *langue* als reduziert auf die Merkmale, die seinen Wert in Paradigmen ausmachen (*valeur*).

signification (Relation Zeichen/Inhalt)	vs.	*valeur* (Relation Zeichen+Inhalt/Zeichen+Inhalt)
Beziehung zwischen *signifié* und *signifiant*, wobei das Zeichen als isolierte Einheit betrachtet wird.		Der Inhaltsumfang eines Zeichens, verglichen mit dem inhaltlich benachbarter oder vergleichbarer Zeichen

Text: Die Einführung der Begriffe *signification* und *valeur*

aus: DE SAUSSURE, F.: *Cours de linguistique générale.* (Hg. DE MAURO, T.) Paris, 1976. S. 158 ff.

Quand on parle de la valeur d'un mot, on pense généralement et avant tout à la propriété qu'il a de représenter une idée, et c'est là en effet un des aspects de la valeur linguistique. Mais s'il en est ainsi, en quoi cette valeur diffère-t-elle de ce qu'on appelle la signification? Ces deux mots seraient-ils synonymes? Nous ne le croyons pas, bien que la confusion soit facile, d'autant qu'elle est provoquée, moins par l'analogie des termes que par la délicatesse de la distinction qu'ils marquent.

La valeur, prise dans son aspect conceptuel, est sans doute un élément de la signification, et il est très difficile de savoir comment celle-ci s'en distingue tout en étant sous sa dépendance. [...]

Prenons d'abord la signification telle qu'on se la représente et telle que nous l'avons figurée p. 99. Elle n'est, comme l'indiquent les flèches de la figure, la contre-partie de l'image auditive. Tout se passe entre l'image auditive et le concept, dans les limites du mot considéré comme un domaine fermé, existant pour lui-même.

Mais voici l'aspect paradoxal de la question : d'un côté, le concept nous apparaît comme la contre-partie de l'image auditive dans l'intérieur du signe, et, de l'autre, ce signe lui-même, c'est-à-dire le rapport qui relie ses deux éléments, est aussi, et tout autant la contre-partie des autres signes de la langue.

Puisque la langue est un système dont tous les termes sont solidaires et où la valeur de l'un ne résulte que de la présence simultanée des autres, selon le schéma :

[...] Le français *mouton* peut avoir la même signification que l'anglais *sheep*, mais non la même valeur, et cela pour plusieurs raisons, en particulier parce qu'en parlant d'une pièce de viande apprêtée et servie sur la table, l'anglais dit *mutton* et non *sheep*. La différence de valeur entre *sheep* et mouton tient à ce que le premier a à coté de lui un second terme, ce qui n'est pas le cas pour le mot français.

Dans l'intérieur d'une même langue, tous les mots qui expriment des idées voisines se limitent réciproquement [...]. Ainsi la valeur de n'importe quel terme est déterminée par ce qui l'entoure [...].

Ce qui est dit des mots s'applique à n'importe quel terme de la langue, par exemple aux entités grammaticales. Ainsi la valeur d'un pluriel français ne recouvre pas celle d'un pluriel sanscrit, bien que la signification soit le plus souvent identique : c'est que le sanscrit possède trois nombres au lieu de deux (*mes yeux, mes oreilles, mes bras, mes jambes*, etc., seraient au duel) ; il serait inexact d'attribuer la même valeur au pluriel en sanscrit et en français, puisque le sanscrit ne peut pas employer le pluriel dans tous les cas où il est de règle en français ; sa valeur dépend donc bien de ce qui est en dehors et autour de lui. [...]

La flexion offre des exemples particulièrement frappants. La distinction des temps, qui nous est si familière, est étrangère à certaines langues ; l'hébreu ne connaît pas même celle, pourtant fondamentale, entre le passé, le présent et le futur. Le protogermanique n'a pas de forme propre pour le futur ; quand on dit qu'il le rend par le présent, on s'exprime improprement, car la valeur d'un présent n'est pas la même en germanique que dans les langues pourvues d'un futur à côté du présent.

3.4. Die Makrostruktur des sprachlichen Systems: *la double articulation du langage*

Der unten folgende Text schließt den Abschnitt zur strukturalistischen Begrifflichkeit ab und leitet zu den folgenden Kapiteln über. Die Ebenen, die sich darin definiert finden, verweisen auf drei der übergeordneten Gebiete, die in den folgenden Kapiteln jeweils mit französischem Schwerpunkt abgehandelt werden: Phonologie, Morphologie und Wortsemantik. In exemplarisch strukturalistischer Manier legt der französische Sprachwissenschaftler A. Martinet dar, wie sprachliche Systeme gegliedert sind. Er geht von einer zweifachen Gegliedertheit (*double articulation*) aus.

Auf einer ersten funktionalen Ebene sind die Einheiten zu analysieren, denen jeweils eine eigene Bedeutung entspricht, die also Bedeutungsträger sind (ein *signifiant* darstellen, dem ein *signifié* entspricht). Martinet bezeichnet sie zusammenfassend als kleinste bedeutungstragende Einheiten oder Moneme. Die Ebene der bedeutungstragenden Einheiten läßt sich in zwei Teilbereiche untergliedern, es ist zwischen zwei Typen von Monemen zu unterscheiden: sprachlichen Einheiten, denen eine (meist auch mehr oder weniger bildhaft vorstellbare) sog. lexikalische Bedeutung entspricht (lexikalische Morpheme oder Lexeme) und sprachlichen Einheiten, die für einen abstrakteren, da grammatischen Inhalt stehen (grammatische Endungen, grammatische ‚Wörter' wie z.B. Konjunktionen usw.: grammatische Morpheme oder Gramleme). Letztere haben die Funktion, die Verhältnisse zwischen den Lexeme anzuzeigen bzw. zu organisieren.

Auf der zweiten Funktionsebene liegen kleinere Formeinheiten, denen selbst kein Inhalt entspricht, die aber die Fähigkeit haben, die Bedeutung von Monemen zu differenzieren (kleinste bedeutungsunterscheidende Einheiten: Phoneme):

Text: Die *double articulation* und die Ökonomie sprachlicher Systeme (Martinet)

aus: MARTINET, A.: *Eléments de linguistique générale*. Paris, ²1980. S. 13 ff.

1–8. La double articulation du langage

On entend souvent dire que le langage humain est articulé[7]. Ceux qui s'expriment ainsi seraient probablement en peine de définir exactement ce qu'ils entendent par là. Mais il n'est pas douteux que ce terme correspond à un trait qui caractérise effectivement toutes les langues. Il convient toutefois de préciser cette notion d'articulation du langage et de noter qu'elle se manifeste sur deux plans différents : chacune des unités qui résultent d'une première articulation est en effet articulée à son tour en unités d'un autre type.

La première articulation du langage est celle selon laquelle tout fait d'expérience à transmettre, tout besoin qu'on désire faire connaître à autrui s'analysent en une suite d'unités douées chacune d'une forme vocale et d'un sens. Si je souffre de douleurs à la tête, je puis manifester la chose par des cris. [...] Ils peuvent [...] être plus ou moins voulus et destinés à faire connaître mes souffrances à mon entourage. Mais cela ne suffit pas à en faire une communication linguistique. Chaque cri est inanalysable et correspond à l'ensemble, inanalysé, de la sensation douloureuse. Tout autre est la situation si je prononce la phrase *j'ai mal à la tête*. Ici, il n'est aucune des six unités successives *j', ai, mal, à, la, tête* qui corresponde à ce que ma douleur a de spécifique. Chacune d'entre elles peut se retrouver dans de tout autres contextes pour communiquer d'autres faits d'expérience: *mal*, par exemple, dans *il fait le mal*, et *tête* dans *il s'est mis à leur tête*. On aperçoit ce que représente d'économie cette première articulation : on pourrait supposer un système de communication où, à une situation déterminée, à un fait d'expérience donné correspondrait un cri particulier. Mais il suffit de songer à l'infinie variété de ces situations et de ces faits d'expérience pour comprendre que, si un tel système devait rendre les mêmes services que nos langues, il devrait comporter un nombre de signes distincts si considérable que la mémoire de l'homme ne pourrait les emmagasiner. Quelques milliers d'unités, comme *tête, mal, ai, la,* largement combinables, nous permettent de communiquer plus de choses que ne pourraient le faire des millions de cris inarticulés différents.

La première articulation est la façon dont s'ordonne l'expérience commune à tous les membres d'une communauté linguistique déterminée. [...]

Chacune de ces unités de première articulation présente, nous l'avons vu, un sens et une forme vocale (ou phonique). Elle ne saurait être analysée en unités successives plus petites douées de sens : l'ensemble *tête* veut dire « tête » et l'on ne peut attribuer à *tê-* et à *-te* des sens distincts dont la somme serait équivalente à « tête ». Mais la forme vocale est, elle, analysable en une succession d'unités dont chacune contribue à distinguer *tête*, par exemple, d'autres unités comme *bête, tante* ou *terre*. C'est ce qu'on désignera comme la deuxième articulation du langage. Dans le cas de *tête*, ces unités sont au nombre de trois ; nous pouvons les représenter au moyen des lettres t e t , placées par convention entre barres obliques, donc /tet/. On aperçoit ce que représente d'économie cette seconde articulation : si nous devions faire correspondre à chaque unité significative minima une production vocale spécifique et inanalysable, il nous faudrait en distinguer des milliers, ce qui serait incompatible avec les latitudes articulatoires et la sensibilité auditive de l'être humain. Grâce à la seconde articulation, les langues peuvent se contenter de quelques dizaines de productions phoni-

---

[7] *articulé* hier: ‚gegliedert, strukturiert'.

ques distinctes que l'on combine pour obtenir la forme vocale des unités de première articulation : *tête,* par exemple, utilise à deux reprises l'unité phonique que nous représentons su moyen de /t/ avec insertion entre ces deux /t/ d'une autre unité que nous notons /e/.

1–9. Les unités linguistiques de base

Un énoncé comme *j'ai mal à la tête* ou une partie d'un tel énoncé qui fait un sens, comme *j'ai mal* ou *mal,* s'appelle un signe linguistique. Tout signe linguistique comporte un signifié, qui est son sens ou sa valeur, [...] et un signifiant grâce à quoi le signe se manifeste [...]. Les unités que livre la première articulation, avec leur signifié et leur signifiant, sont des signes, et des signes minima puisque chacun d'entre eux ne saurait être analysé en une succession de signes. Il n'existe pas de terme universellement admis pour désigner ces unités. Nous emploierons ici celui de monème.

[...] le monème est une unité à deux faces, une face signifiée, son sens ou sa valeur, et une face signifiante qui la manifeste sous forme phonique et qui est composée d'unités de deuxième articulation. Ces dernières sont nommées des phonèmes.

Dans l'énoncé dont nous nous servons ici, il y a six monèmes qui se trouvent coïncider avec ce qu'on nomme, dans la langue courante, des mots : *j'* (pour *je), ai, mal, à, la* et *tête.* Mais il ne faudrait pas en conclure que « monème » n'est qu'un équivalent savant de « mot ». Dans un mot comme *travaillons,* il y a deux monèmes : *travaill-* /travaj/, qui désigne un certain type d'action, et *-ons* /õ/, qui désigne celui qui parle et une ou plusieurs autres personnes.

On ne se hâtera pas trop de distinguer entre les monèmes de type tavaill- et les monèmes du type -ons, en opposant des « sémantèmes », qui auraient un sens, et de « morphèmes » [...] ; ou encore en désignant les premiers comme des « lexèmes », c'est à dire les monèmes du lexique. On verra plus loin [...] que la distinction fondamentale n'est pas entre monèmes du lexique et monèmes de la grammaire, mais entre les monèmes indicateurs de relation et les autres.

1–11. La double articulation et l'économie du langage

Le type d'organisation que nous venons d'esquisser existe dans toutes les langues décrites jusqu'à ce jour. Il semble s'imposer aux communautés humaines comme le mieux adapté aux besoins et ressources de l'homme. Seule l'économie qui résulte des deux articulations permet d'obtenir un outil de communication d'emploi général et capable de transmettre autant d'information à aussi bon compte.

1–12. Chaque langue a son articulation propre

Si les langues s'accordent toutes pour pratiquer la double articulation, toutes diffèrent sur la façon dont les usagers de chacune d'elles analysent les données de l'expérience et sur la manière dont ils mettent à profit les possibilités offertes par les organes de la parole. En d'autres termes, chaque langue article à sa façon aussi bien les énoncés que les signifiants. Dans les circonstances où un Français dira *j'ai mal à la tête,* un Espagnol articulera *me duele la cabeza*. [...]

1–13. Nombre des monèmes et des phonèmes

[...]. La liste des monèmes d'une langue est en fait une liste ouverte : il est impossible de déterminer précisément combien une langue présente de monèmes distincts parce que, dans toute communauté, de nouveaux besoins se manifestent à chaque instant et que ces besoins font naître de nouvelles désignations.

3.5. Literaturangaben

Zeichentheorie → auch 2.5.

- Semiotik   POSNER u.a. (Hgg.) (2 Bände; 1997/1998; Handbuch)
- Anthologie   MERSCH (Hg.) (1998)
- Allgemein   DOSSE (Bd. 1, 1996), ECO (1981), KELLER, R. (1995), SCHMITTER (1987)

Kommunikation/Linguistische Pragmatik

- Anthologien   COHEN/MORGAN/POLLACK (1990), MEGGLE (Hg.) (1993), SCHOBER (Hg.) (1995)
- Überblickswissen AUER (1999), ELUERD (1985), HINDELANG (1983), PARRET (LRL 6,1/1990, S. 182–195), ROLF (1994; zu GRICE), SFEZ (*Que sais?* 2567, 1991)
- Standardwerke   AUSTIN (1962), BÜHLER (^{2}1965), GRICE (1989), MORRIS (1938), SEARLE (1969, 1983, ^{3}1990), SPERBER/WILSON (^{2}1995)
- Französisch   ANSCOMBRE/DUCROT (1983), DUCROT (^{3}1991), KERBRAT-ORECCHIONI (2 Bände; 1990/1992)

Strukturalistische Grundbegriffe → auch 2.5.

- Überblickswissen ALBRECHT (^{2}1999), PIAGET (*Que sais-je?* 1311, 1971)
- Umfassend   DOSSE (2 Bände; 1996/1997), MALMBERG (1983)

4. Phonologie

...dans la paume de vos mains, que font ces pommes?

R. DESNOS

4.1. Zum Unterschied ‚Lautung' – ‚Schreibung'

Die moderne Sprachwissenschaft berücksichtigte bei ihrer Suche nach Strukturen nur gesprochene Äußerungen, d.h. Lautketten. Die Umsetzung in das Medium ‚Schrift', die Frage nach der Schreibung (Graphie) stellt demgegenüber einen eigenen Untersuchungszweig dar. Viele Sprachen der Welt sind nie verschriftet worden, und auch die Schriftsysteme der Sprachen, die verschriftet wurden, unterscheiden sich stark voneinander. Nur die für die europäischen Sprachen verwendeten Buchstabenschriften oder die z.B. im vorderasiatischen Raum verwendeten Silbenschriften haben einen mehr oder weniger losen Bezug zur Lautung; sog. ideographische oder ikonographische Schriften (wie die chinesischen Schriftzeichen) sind inhaltsbezogen oder inhaltsabbildend, sagen also über die Lautung nichts aus.

Buchstabenschriften liegt eigentlich das sog. phonographische Prinzip zugrunde, d.h. sie sollten weitestgehend Ketten von Einzellauten abbilden. Eine konsequente 1-zu-1-Entsprechung von Lauten und Buchstaben gibt es jedoch in keiner Sprache, die den Buchstabenmodus als Schriftcode nutzt. Das hat verschiedene Gründe: Zum einen übernahmen Sprachgemeinschaften bei der Verschriftung ihrer Sprachform meist das Alphabet anderer Gemeinschaften. Es blieben dabei normalerweise spezielle Laute übrig, für die im übernommenen Alphabet kein Zeichen zur Verfügung stand; zu deren Wiedergabe wich man dann auf andere Verfahren aus (z.B. Doppelbuchstaben-Schreibung für einen Laut). In vielen Fällen wurde die Schreibung außerdem ab einem bestimmten Zeitpunkt von übergeordneten Instanzen festgeschrieben und in der Folge auch geregelt (sog. Rechtschreibung). Von da an war es den Schreibenden nicht mehr freigestellt, die Graphie an die eigene, u.U. geschichtlich weiterentwickelte oder regional unterschiedliche Lautung anzupassen, so daß Lautung und Schreibung historisch zunehmend auseinanderdrifteten. Im Französischen liegen Lautung und Schreibung z.B. synchron besonders weit auseinander (→ 4.5. Text A). Zu Beginn der Verschriftung im Mittelalter hatte man sich noch weitgehend an der Lautung orientiert, auch wenn das übernommene lateinische Alphabet für einige Laute keine Buchstabenentsprechung bot. Bereits ab dem 14. Jahrhundert begann man jedoch in die später zur Hochsprache aufsteigende schriftliche Sprachform reglementierend einzugreifen, sie zu fixieren. Die Lautung veränderte sich und entfernte sich so mehr und mehr von der starren Graphie. Zudem wurde die Schreibung einiger Wörter ab dem 13.–15. Jahrhundert im Hinblick auf vermutete inhaltliche Zusammenhänge und Paradigmen, d.h. gegen das phonographische Prinzip verändert, und hat seither auch ideographische Züge.

Nicht nur Lerner, sondern auch Muttersprachler des Französischen kämpfen heute mit einer Schreibung, der kein Prinzip zugrunde zu liegen scheint. Jede schriftliche Wortform muß auswendig gelernt werden, denn die systematischen Beziehungen zwischen Lautung und Schreibung sind komplex und flankiert von vielen Ausnahmen. Paradoxerweise hat dieser Mißstand dazu geführt, daß die französische Rechtschreibung, wie alles Verschleierte, im Ruche besonderer Schönheit steht. Da man sie komplett auswendig lernen muß, gilt sie als ‚schwer' und die Beherrschung der Orthographie als Ausdruck besonderer sprachlicher und intellektueller Kompetenz. Wenn man ganz besonders recht schreibt, kann man gar in medienvermittelten und quotenstarken Ausscheidungswettkämpfen, den *championnats d'orthographe*,[1] öffentlich brillieren und zu Ruhm und Ehre gelangen.

Eine derart ausgeprägte Schriftorientiertheit stellt zwar einen Extremfall dar, in unserem Kulturkreis ist aufgrund des für jedermann obligatorischen Schulbesuchs jedoch eine unbewußte Ausrichtung auf die schriftliche Seite der Sprache insgesamt relativ weit verbreitet. Unser vorwissenschaftliches Verständnis von sprachlicher Ordnung leitet sich z.B. oft von den Einheiten ab, die wir intuitiv zu erkennen glauben, obwohl wir sie eigentlich nur aufgrund der mitteleuropäischen, historisch gewachsenen Buchstaben-Wort-Satzzeichen-Schrift wahrzunehmen gelernt haben. Die Schriftsprache ist jedoch kein ‚besserer' Repräsentant der Sprache als die gesprochene Äußerung, sondern das Ergebnis vielfältiger sprachexterner Eingriffe; sie gehorcht anderen Gesetzen (Produktionsbedingungen) und ist deshalb sowohl als System als auch als Medium relativ eigenwertig. Menschen, die schreiben gelernt haben, betrachten jedoch häufig die Schrift als Umsetzungsmedium der gesprochenen Sprache, und so beeinflussen sich beide Systeme. Ein Beispiel hierfür ist das Phänomen der sog. *spelling pronunciation*: Ein Wort oder Ausdruck (relativ häufig ein Fremd- oder Lehnwort), dessen Lautung in einer Sprache keine oder nur wenig augenscheinliche Entsprechung mit seiner geschriebenen Form zeigt, wird in der Aussprache der Schriftform angepaßt:

> Wie bereits oben ausgeführt, wurden in der französischen Schreibung besonders viele Buchstaben bewahrt, denen kein Laut mehr entsprach. Hierzu gehörte z.B. das auslautende *-r* aller Infinitive, das im 16. Jahrhundert nicht mehr gesprochen, aber immer noch geschrieben wurde. Im 17. Jahrhundert begann man, bei den Verben auf *–oir* und *–ir* dieses *–r* wieder zu sprechen. Das Verstummen war zum einen von Sprachpuristen getadelt worden, zum anderen begann mit der Gründung der *Académie française* (1635) die bis heute andauernde, stark schriftorientierte Phase der zentralistischen Sprachpflege in Frankreich. Und so kommt es bis heute auch in vielen anderen Bereichen der französischen Sprache zu *spelling pronunciation*.

---

[1] *l'orthographe* 1. die normgerechte Schreibung (z.B. eines Wortes), 2. die Rechtschreibung (Orthographie)
    la graphie die Schreibung (auch: im Gegensatz zur Lautung)

Die historischen Graphien in den Sprachen der Welt sind aus den genannten Gründen für eine detaillierte Wiedergabe lautlicher Strukturen nicht geeignet. Und so entwickelte man international anwendbare Transkriptionssysteme, die ermöglichen, das Lautbild so differenziert wie für linguistische Zwecke nötig wiederzugeben. Das bekannteste und gebräuchlichste ist der sog. API-Code (erarbeitet von der *Association Phonétique Internationale*). In spitzen Klammern notiert man die einzelsprachliche Schreibung eines Ausdrucks, in eckigen Klammern die lautliche Form:

frz.   <*roi*>   [rwa]
       <*prouver*>   [pruve]

4.2. Grundbegriffe der phonologischen Analyse

4.2.1. Phonetik vs. Phonologie

Die Sprachwissenschaft unterscheidet zwischen Phonetik (frz. *la phonétique*) und Phonologie (auch: Phonematik oder Phonemik, frz. *la phonologie*).

    Phonetische Untersuchung befaßt sich mit der rein materiellen Seite der Laute (z.B. Schallwellenmessungen). Zuweilen findet sich Phonetik jedoch auch als Oberbegriff verwendet, dem der Begriff der Phonologie untergeordnet wird. Was die Phonetik als reine Vermessungswissenschaft anbelangt, muß jedoch einschränkend angemerkt werden, daß es Laute in diesem physikalischen Sinne gar nicht gibt. Wie die Forschung zur maschinellen Sprachverarbeitung gezeigt hat, sind bei sprachlichen Äußerungen in materieller Hinsicht keine diskreten Einheiten auszumachen, die der Vorstellung von ‚Einzellaut' entsprechen (→ 4.5. Text B). So muß einem Sprachcomputer, der menschliche Laute erkennen soll, immer zusätzlich mitgeteilt werden, wo diese anfangen und wo sie aufhören. Heute gibt es eine auditive und perzeptive Phonetik, die sich aus den gennanten Gründen mit den Konstanten der Verarbeitung lautsprachlicher Signale durch die Hörer befaßt; denn das Segmentieren in lautliche (meist silbische) Einheiten ist ein Prozeß, bei dem Hören und Verstehen parallel laufen. Die menschliche Fähigkeit der Unterscheidung macht aus der Geräuschkette eine Lautkette, das Erkennen von Einheiten ist abhängig von der Kenntnis der einzelsprachlichen Inhalte.

    Die Vorstellung von der Einheit ‚Laut' erweist sich also bereits bei Untersuchung der rein materiell-physikalischen Seite als untrennbar verbunden mit ihrer Funktion. Mit der Untersuchung der Laute unter funktionalem Aspekt, wofür sie also stehen, befaßt sich die Phonologie. Eine zentrale Rolle spielt, ob ein Laut über die Fähigkeit verfügt, einen Bedeutungsunterschied zu signalisieren oder nicht; bedeutungsunterscheidende Einheiten können z.B. Kinder auf einer frühen Stufe des Spracherwerbs schon erkennen. Die Kriterien ‚bedeutungsunterscheidend'/‚nicht bedeutungsunterscheidend' sind maßgeblich dafür, welchen Lauten einer Einzelsprache im System, in der *langue* eine Funktion zukommt und welchen nicht. Grundlegende strukturalistische Begriffe (Opposition, distinktives Merkmal u.ä.) wurden im Rahmen phonolgischer Untersuchung entwickelt. Mit dem dabei entstandenen begrifflichen Instrumentarium konnte man Laute danach klassifizieren, ob sie in einer Einzelsprache Phonem (bedeutungsunterscheidend) oder Allophon (nicht bedeutungsunterscheidend, Stellungsvariante) sind.

4.2.2. Die einzelsprachliche Unterscheidung von Phonemen und Allophonen

Um festzustellen, welche Laute in einer Sprache als kleinste bedeutungsunterscheidende Einheiten (Phoneme) fungieren, sucht man Wortpaare (sog. Minimalpaare), die sich nur in einem Laut unterscheiden und unterschiedliche Gesamtbedeutung haben. An ihnen zeigt sich, daß die beiden Laute in Opposition stehen. Im Französischen z.B. bilden die Wörter <vase>, [va:z], und <phase>, [fa:z], ein solches Minimalpaar, und daraus folgt, daß im Französischen der stimmhafte und der stimmlose Labiodental (/v/ : /f/) Phoneme sind (Laute, die in Opposition stehen, notiert man in Schrägstrichen mit eingefügtem Doppelpunkt).

Der Phonemstatus von Lauten variiert von Einzelsprache zu Einzelsprache. So sind etwa [l] und [R] im Deutschen und Französischen bedeutungsunterscheidend, wie sich über Minimalpaare nachweisen läßt (frz. <roi> vs. <loi>, dt. <Brötchen> vs. <Blödchen>), in vielen asiatischen Sprachen (dem Chinesischen etwa) jedoch nicht. Für die Sprecher handelt es sich im Fall von [l] und [R/r] um relativ beliebige Varianten. Für eine Koreanerin macht es z.B. keinen Unterschied, ob man sie [χerim] oder [χelim] ruft, für einen Deutschen hingegen einen großen, ob man ihn mit [kurt] oder [kult] anspricht. In diesen Sprachen sind dafür lautliche Merkmale phonematisch (phonologisch distinktiv), die in den mitteleuropäischen Sprachen keinen Bedeutungsunterschied auslösen können: In einigen nordeuropäischen, vor allem aber in den meisten asiatischen Sprachen ist die relative Tonhöhe der Vokale bedeutungsunterscheidend. Sie werden deshalb Ton- oder Tonemsprachen genannt.

Sobald das Phoneminventar einer Sprache ermittelt ist, können die übrigen Laute als stellungsbedingte oder freie Varianten dieser Phoneme, als sog. Allophone klassifiziert werden (s.o.). Der Allophonstatus bestimmter Laute ist also abhängig vom jeweiligen funktionalen Phonemkern und damit ebenfalls von Einzelsprache zu Einzelsprache verschieden.

> Im Spanischen wird zwischen Vokalen ein Laut gesprochen, der dem stimmhaften französischen [v] ähnelt (<a Barcelona>), nach Nasalkonsonanten wie [m] oder [n] (<en Barcelona>) erscheint demgegenüber ein Laut, der näherungsweise wie ein französisches [b] in <beau> klingt. Es gibt im Spanischen kein Minimalpaar, in dem diese beiden unterschiedlichen Laute bedeutungsunterscheidende Funktion hätten. Da also ihr paradigmatischer Austausch keinen funktionalen Unterschied bewirkt, sind sie als umgebungsbedingte Varianten, als Allophone eines zugrundeliegenden Phonems [b] zu analysieren.

4.2.3. Lautliche Einheiten als Merkmalbündel

In der strukturalen Analyse werden Laute über Merkmalbündel beschrieben (→ 4.5. Text C). Die Merkmale sind abgeleitet aus materiellen Realisierungskomponenten wie Artikulationsart und Artikulationsstelle (s.u.). Wie Phoneme in Opposition stehen, kann über die Merkmalverhältnisse näher bestimmt werden. Die Merkmale, die Phoneme gegeneinander abgrenzen, bezeichnet man als distinktive oder pertinente Merkmale. So sind etwa die beiden französischen Phoneme [s] wie in <baisser> und [z] wie in <baiser> mit folgender Merkmalbeschreibung faßbar, das distinktive Merkmal ist in diesem Fall die Stimmhaftigkeit:

[s]: [+Konsonant]	[z]: [+Konsonant]
[+Reibelaut bzw. Frikativ]	[+Reibelaut bzw. Frikativ]
[+alveolar]	[+alveolar]
[-stimmhaft]	[+stimmhaft]

4.2.4. Neutralisation eines distinktiven Merkmals: Archiphonem

Die Gesamtheit der Merkmale, die beiden Elementen einer Opposition gemeinsam ist (alles außer dem distinktiven Merkmal also), bezeichnet man als Archiphonem. Es kommt in Einzelsprachen immer wieder vor, daß es eine ansonsten im System bestehende Opposition an einer bestimmten Stelle im Wort oder Satz nicht gibt, weil aufgrund der direkten lautlichen Umgebung beispielsweise die Artikulation des merkmallosen Phonems naheliegt. Dort erscheint regelhaft das weniger markierte Glied bzw. das Archiphonem (transkribiert in Großbuchstaben). Einen solchen Verlust einer ansonsten gegebenen Opposition aufgrund einer bestimmten Umgebung bezeichnet man als Neutralisation oder Neutralisierung.

> Im Deutschen etwa stehen [b] und [p], [d] und [t], [g] und [k] in Opposition, sind also Phoneme, da sie die Bedeutung von Wörtern wie <Bar> und <Paar>, <Fehde> und <Fete>, <glotzen> und <klotzen> differenzieren. Man nennt diese Laute Verschlußlaute oder Okklusive (s.u.), das distinktive Merkmal ist in allen drei Fällen die Stimmhaftigkeit. Im absoluten Auslaut, am Ende eines gesprochenen Wortes, gibt es diese Opposition im Deutschen nicht (sog. Auslautverhärtung). Es erscheint dort immer das Archiphonem (der gemeinsame Merkmalkern), das distinktive Merkmal der Stimmhaftigkeit wird durch die Umgebung ‚Auslaut' neutralisiert. Am Wortende wird also immer der stimmlose Verschlußlaut realisiert, was die deutsche Schreibung der entsprechenden Wörter meist nicht zu erkennen gibt: <Grab> als [graP], <Sonntag> als [sontaK] und <Bad> als [baT].

4.3. Das Phoneminventar des Französischen

4.3.1. Vokale

Das Phoneminventar des heute in Frankreich gesprochenen Standardfranzösischen setzt sich, je nach Forschungsposition, aus 9 bis 10 Vokalen (davon 3 bis 4 Nasalvokale), 2 bis 3 Halbvokalen und 18 Konsonanten zusammen.

Die lautlichen Unterschiede zwischen den Vokalen sind bedingt durch einen jeweils anderen Öffnungsgrad des Mundes und den Umstand, daß sie weiter vorne oder weiter hinten, weiter oben oder weiter unten in der Mundhöhle produziert werden, je nachdem, wie die Zunge liegt. Sie werden deshalb über die Merkmale ‚relativer Öffnungsgrad' und ‚Artikulationsort' beschrieben. Bei den Nasalvokalen kommt noch die Nasalierung hinzu (Luftstrom fließt auch durch die Nase).

Vokalphoneme
[i] wie in <*ici*>
[y] wie in <*rue*>
[e] wie in <*fée*>
[ɛ] wie in <*fait*>
[a] wie in <*chat*>
([ɑ] wie in <*pâte*>)
[ø] wie in <*jeu*>
[œ] wie in <*bœuf*>
[ə] wie in <*je*>
[u] wie in <*fou*>
[o] wie in <*beau*>
[ɔ] wie in <*pomme*>

Nasalvokalphoneme
[ɛ̃] wie in <*pain*>
[ɑ̃] wie in <*quand*>
([œ̃] wie in <*un*>)
[ɔ̃][õ] wie in <*long*>

Vokaltrapez (Artikulationsort im Mund):

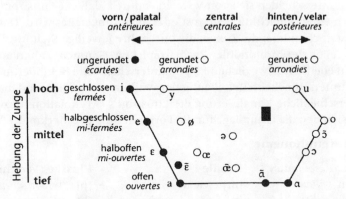

aus: MEISENBURG, T./SELIG, M.: *Phonetik und Phonologie des Französischen*. Stuttgart, 1998. S. 60

Der Status als Phonem ist für die oben jeweils eingeklammerten Vokale umstritten. Sie werden kaum noch gesprochen, die Oppositionen entfallen. Ein besonderer Fall von Schwundstufe ist im Fall der Opposition /e/ : /ɛ/ gegeben. Sie läßt eine Tendenz zur Neutralisierung in bestimmten Umgebungen erkennen, in anderen ist sie intakt (zu anderen Neuerungen und Tendenzen im Französischen → 4.5. Text D). Eine Sonderstellung nimmt das sog. *e muet* oder *Schwa* ein, das in bestimmten Umgebungen entfällt.

4.3.2. Approximanten (auch: Halbvokale oder Halbkonsonanten)

Im synchronen Französischen lassen sich drei Phoneme finden, die weder genau den Definitionskriterien für Vokale, noch denen für Konsonanten entsprechen. Aufgrund ihrer Zwitternatur werden sie entweder als Halbvokale oder als Halbkonsonanten bezeichnet oder unter dem Begriff Approximanten zusammengefaßt. Er bezieht sich auf den Umstand, daß diese Laute ihre Mittelstellung zwischen Vokal und Konsonant dadurch erhalten, daß sie als Gleitlaute in unmittelbarer Nachbarschaft zu einem (meist betonten) Vokal stehen; als eine Art Durchgangsstation werden sie mit so viel Druck artikuliert, daß sie eine konsonantische Färbung erhalten:

Approximanten (Halbvokale, Halbkonsonanten)

[j] wie in <lieu>, phonetische Umschrift: [ljø]
vor und nach vokalischem Silbengipfel

[ɥ] wie in <huit>, phonetische Umschrift: [ɥi]
nur vor vokalischem Silbengipfel

[w] wie in <roi>, phonetische Umschrift: [rwa]
nur vor vokalischem Silbengipfel

4.3.3. Konsonanten

Konsonanten unterscheiden sich von Vokalen dadurch, daß der Luftstrom stärker behindert, durch einen Verschluß gebremst oder auch umgeleitet wird. Das wichtigste Instrument ist auch hierbei die Zunge, die durch ihre jeweilige Stellung zu den nicht beweglichen Teilen der Mundhöhle (Rachenzäpfchen, Gaumen, Zahndamm, Zähnen usw.) und den ebenfalls beweglichen Lippen unterschiedliche Behinderungsvarianten erzeugt. Die unterschiedliche Beteiligung der Artikulationsstellen und die davon abhängige unterschiedliche Kanalisierung des Luftstroms (Artikulationsart oder Artikulationsmodus) bilden die Grundlage für die Formulierung der Merkmale.

Konsonantenphoneme

Frikative (Reibelaute)	Nasale	Plosive (Verschlußlaute)
[f] wie in <fille>	[m] wie in <mois>	[p] wie in <peur>
[v] wie in <ville>	[n] wie in <noix>	[b] wie in <beurre>
[s] wie in <fosse>	([ɲ] wie in <besogne>)	[t] wie in <vite>
[z] wie in <rose>	[ŋ] wie in <camping>	[d] wie in <vide>
[ʃ] wie in <hache>		[k] wie in <case>
[ʒ] wie in <rage>		[g] wie in <gaz>
[ʀ] wie in <rue>	**Lateral**	
[v] wie in <ville>	[l] wie in <lieu>	

4.3.4. Übersicht zu den Approximanten und Konsonanten

ARTIKULATIONSSTELLE	ARTIKULATIONSART							
	Luftstrom fließt						Ein Verschluß wird	
	kaum behindert	stark behindert		örtlich behindert			mehrmals durchbrochen	einmal durchbrochen
	Nasalvokal	Frikativ		Nasal	Lateral	Vibrant	Okklusiv/Plosiv	
	sth	sth	stl	sth	sth	sth	sth	stl
bilabial (beide Lippen)	w			m			b	p
labiodental (Lippen, Zähne)		v	f					
apikodental (Zunge, Zähne)		z	s	n	l		d	t
alveolar (Zungenspitze, Zahndamm)		ʒ	ʃ			(r)		
palatal (Zunge, vorderer Gaumen)	j ɥ			ɲ ŋ			g	k
velar (Zunge, Gaumensegel)								
uvular (Zäpfchen)			R					

4.4. Prosodie und Suprasegmentalia des Französischen

Als prosodische Elemente oder Suprasegmentalia werden die lautlichen Gegebenheiten bezeichnet, die sich über den Einzellaut (Phonem, Allophon) und die Silbenstruktur hinaus artikuliert finden. Hierzu gehören die Resultate unterschiedlicher Intonationsstrategien wie Akzent (Betonung), Tonhöhe (Melodie), Längung und Intensität (Lautstärke).

Was in einer Sprache prosodische Zusatzfärbung ist, kann in einer anderen phonematisch (bedeutungsunterscheidend) sein; unterschiedlicher Wortakzent und Vokallänge sind im Deutschen z.T. differenzierend (<Áugust> vs. <Augúst>; <harre> vs. <Haare> /háre/ : /há:re/), im Französischen jedoch nicht. In sog. Tonemsprachen (z.B. Chinesisch, Koreanisch) sind verschiedene Tonhöhen bei Vokalen durchgängig phonematisch, in Intonationssprachen wie Französisch oder Deutsch hingegen nicht. Außer ihren vielfältigen pragmatischen Nutzungsmöglichkeiten hat Höhenvarianz im Französischen (wie auch im Deutschen) auch die Funktion, Satzarten zu markieren: Über eine zum Ende hin ansteigende Tonhöhe kann eine Äußerung wie *Il pleut* als Frage markiert werden.

Weiterhin zu unterscheiden sind Sprachen mit festem (gebundenem) Akzent von solchen, bei denen die Betonung frei variiert werden kann (Betonungsakzente werden in phonetischer Umschrift mit einem *accent aigu* vermittelt). Spricht man französische Wörter isoliert aus, so liegt der Betonungsakzent in der Regel auf der letzten Silbe (die Wörter sind ‚letzttonig': oxyton). Dies heißt allerdings nicht, daß es im Französischen einen festen Wortakzent gäbe: Das auffälligste Kennzeichen der französischen Intonation ist, daß Wortgrenzen, anders als etwa im Deutschen, nicht hörbar sind, sondern Sinn- oder Satzeinheiten zusammengefaßt artikuliert werden (sog. *mot phoné-*

tique oder *phonique*); der Hauptakzent liegt auf der letzten Silbe des zusammenhängend intonierten *mot phonique*. Innerhalb dieser größeren Äußerungseinheiten signalisieren die Sprecher pragmatische Gewichtungen über Tonhöhe (Melodie) oder Längungen; es kann zudem vorkommen, daß sie zum Hauptakzent noch emphatische Binnenakzente (sog. Insistenzakzente) legen: <*C'n'est quand même pas vrai ce que tu dis*> findet sich lautlich auch als [snɛkãmɛmpàvʀɛskətydí] (Insistenzakzent auf <*pas*>, Hauptakzent auf <*dis*>).

4.5. Reader zur Phonologie

Text A: Zum historischen Verhältnis von Phonie und Graphie im Französischen

aus: WALTER, H.: *Le français dans tous les sens*. Paris, 1988. S. 252 ff.

L'âge d'or de l'orthographe

[...] en ancien français, les choses n'avaient pas trop mal commencé. Malgré l'insuffisance des 23 lettres de l'alphabet latin ancien (sans distinction de *v* et de *u*, ni de *i* et de *j*) pour noter tous les nouveaux sons du français naissant, la forme graphique avait tant bien que mal réussi à se calquer sur la prononciation: à « mer » correspondait la forme écrite *mer*, à « clair », la forme *cler* et, pour « hier », on écrivait *ier*.

L'écriture était presque phonétique à cette époque [...].

Le grand changement

Au XIIIe siècle, pour l'orthographe, tout se gâte. En passant des mains des poètes à celles des juristes et des clercs de notaire, plus exigeants sur l'identification sans équivoque de termes écrits, qui devaient effectivement être lus et compris, la langue écrite va se transformer. Les formes graphiques s'étoffent, s'allongent et surtout s'éloignent de plus en plus des mots prononcés. On n'écrit plus *ier* mais *hier*; ce qui s'écrivait *vint* (pour « 20 ») s'orthographie alors *vingt*, où l'on retrouve le *g* de l'équivalent latin VIGINTI.

Dans l'alphabet latin qui servait à écrire le français, on ne distinguait ni *u* de *v*, ni *i* de *j*, et une forme française comme *feue* pour « fève », par exemple, était jusque-là ambigue, car *v* était la forme initiale et *u* la forme interne de la même lettre. D'autre part, la voyelle *u* s'écrivait aussi *u* à l'intérieur des mots, et *v* au début.

L'absence d'accents ajoutait à la confusion: la forme *feue* pouvait se comprendre „fève" ou « feue » (féminin de *feu* « décédé »). Pour remédier à ces ambiguïtés, on ajoute alors une consonne étymologique. Dans la nouvelle graphie, la présence du *b* dans *febue* indique que la lettre *u* ne doit pas se lire comme la voyelle *u* mais comme la consonne *v*, correspondant au B du latin FABA. On retrouve des traces de cette habitude dans le nom de famille *Lefèvre*, graphié encore *Lefebvre* ou *Lefébure*, où le *b* rappelle celui du latin FABER « forgeron ». [...]

[...] Sur la lancée, on écrit *temps* (latin TEMPUS) au lieu de *tems*, et, dans beaucoup de mots écrits, apparaissent des consonnes qui n'étaient jamais prononcées.

[...] Le souci étymologique se perçoit aussi dans la graphie du chiffre « 6 », précédemment écrit avec un *s* final (*sis*), et qui prend à cette époque un *x*, sur le modèle du latin SEX « six ».

Par analogie, le même sort est réservé à *dis* qui devient *dix*, et on ferme pudiquement les yeux sur le fait que dix vient de DECE(M) et non pas de *DEX.

L'abondance des lettres non prononcées dans les graphies officielles et dans les documents administratifs a fait dire aux mauvaises langues que, au-delà du souci de retrouver les étymologies latines – ce qui levait toute ambiguïté –, il y avait chez les clercs un autre intérêt, beaucoup plus matériel, celui-là : comme plus tard Balzac et Alexandre Dumas, ils étaient payés à la ligne.

On peut en fait trouver bien d'autres raisons à cette invasion de lettres apparemment inutiles, et tout d'abord la **lisibilité**. Si, à partir du XIIIe siècle on a mis un *h* à l'initiale des mots *vile*, *vit*, *vis*, c'est que cette consonne supplémentaire permettait de distinguer *vile* « huile » de *vile* « ville », *vit* « 8 » de *vit* « il vit » ou *vis* « porte » de *vis* « visage ». [...]

Meilleure lisibilité, mais aussi **besoin de distinguer** par des formes écrites différentes des mots différents. On peut ainsi justifier, par exemple, l'incohérence de *dix* (avec un *x* calqué sur *six*) par le besoin de distinguer *dix* « 10 » de *dis*, du verbe *dire*. De même, *doigt* « doigt » ne se confond plus, à l'écrit, avec *doit* du verbe « devoir », ni *sain* avec *sein*, *saint*, *ceing* ou *cin(q)*. [...]

Réformateurs et traditionalistes

Depuis lors, la forme écrite des mots s'est encore modifiée, tiraillée entre les étymologistes amoureux du passé, qui éloignaient de plus en plus l'orthographe de la prononciation, et les phonéticiens, qui voulaient au contraire l'en rapprocher. [...]

Nous avons aujourd'hui la fallacieuse impression que cette orthographe à laquelle personne n'ose plus toucher est fixée depuis très longtemps.

Text B: Zum Unterschied Phonetik – Phonologie

aus: TRUBETZKOY, N.S.: *Grundzüge der Phonologie*. Göttingen, ^{6}1977. S. 7 ff.

Zu der Trennung zwischen Phonetik und Phonologie sind die Sprachforscher erst allmählich gelangt. Daß es Lautgegensätze gibt, die in einer gegebenen Sprache zur Differenzierung der Wortbedeutung verwendet werden, und andererseits solche, die zu diesem Zwecke nicht verwendet werden können, das scheint als erster J. Winteler [...] erkannt zu haben. [...]

Die einzige Aufgabe der Phonetik ist eben die Beantwortung der Frage, „wie dies und das gesprochen wird". Und diese Frage kann nur beantwortet werden, indem man genau angibt, wie etwas klingt (oder, in physikalische Sprache umgesetzt, welche Teiltöne, Schallwellen usw. der betreffende Lautkomplex aufweist) und wie, d.h. durch welche Arbeit der Sprachorgane, dieser akustische Effekt erreicht wird. Der ist eine mit dem Gehörsinn wahrnehmbare physikalische Erscheinung, und durch die Untersuchung der akustischen Seite des Sprechaktes berührt sich die Phonetik mit der Wahrnehmungspsychologie. [...]

Besonders kennzeichnend für die Phonetik ist die vollkommene Ausschaltung jeder Beziehung zur sprachlichen Bedeutung der untersuchten Lautkomplexe. [...] somit kann die Phonetik als die Wissenschaft von der materiellen Seite der (Laute der) menschlichen Rede definiert werden.

[...] Das Bezeichnende des Sprachgebildes besteht aus einer Anzahl von Elementen, deren Wesen darin liegt, daß sie sich voneinander unterscheiden. Jedes Wort muß sich von allen übrigen desselben Sprachgebildes durch etwas unterscheiden. Das Sprachgebilde kennt aber nur eine beschränkte Anzahl von solchen Unterscheidungsmitteln, und da diese Anzahl viel kleiner als die Zahl der Wörter ist, so müssen die Wörter aus Kombinationen von Unterscheidungselementen [...] bestehen. Dabei sind aber nicht alle denkbaren Kombinationen der Unterscheidungselemente zulässig. Ihre Kombination unterliegt besonderen Regeln, welche für jede Sprache anders geartet sind. Die Phonologie hat zu untersuchen, welche Lautunterschiede in der entsprechenden Sprache mit Bedeutungsunterschieden verbunden sind, wie sich die Unterscheidungselemente [...] zueinander verhalten und nach welchen Regeln sie miteinander zu Wörtern (bzw. Sätzen) kombiniert werden dürfen.

Die Sprachlaute, welche die Phonetik zu untersuchen hat, besitzen eine große Zahl von akustischen und artikulatorischen Eigenschaften, die für den Phonetiker alle wichtig sind [...]. Für den Phonologen sind aber die meisten dieser Eigenschaften ganz unwesentlich, da sie nicht als Unterscheidungsmerkmale der Wörter fungieren. Daher decken sich die Laute des Phonetikers nicht mit den Einheiten des Phonologen.

Text C: Zur Relativierung des Unterschieds Phonetik – Phonologie

aus: MEISENBURG, T./SELIG, M.: *Phonetik und Phonologie des Französischen*. Stuttgart, 1998. S. 46 ff.

Noch ein weiteres Experiment mit synthetischer Sprache soll hier angesprochen werden. Man unternahm den Versuch, in Sonogrammen genau die Segmente zu isolieren, die einem Laut entsprachen. [...] Dies erwies sich allerdings als unmöglich. [...] Das Experiment zeigt, dass die akustischen Merkmale, die uns das Erkennen eines Lautes ermöglichen, nicht in einem genau abgrenzbaren Segment lokalisierbar sind. Oft verteilen sich die *acoustic cues* auf mehrere Segmente, etwa auf die in einer Silbe vereinten Laute. [...]

Lange Zeit, vor allem in den sechziger und siebziger Jahren, waren die Perzeptionstheorien an einem additiv-linearen Sprachmodell orientiert. Man ging davon aus, dass distinktive Merkmale bzw. Phone/Phoneme als kleinste Bausteine der menschlichen Sprache bei der Produktion und Rezeption schrittweise zu größeren Einheiten (Phonemketten, Wörter) zusammengefügt werden, die dann die Basis der weiteren Verarbeitung darstellen. Viele ältere Perzeptionstheorien gehen daher von einer autonomen Lautverarbeitung aus, die erst nach der Synthese höherrangiger phonischer Einheiten in semantisch basierte Spracherkennungsmechanismen übergeht. Diese theoretische Option spiegelt sich auch in einer lange Zeit geltenden Arbeitsteilung zwischen rein auditiv ausgerichteten Theorien der Phonetik und Phonologie und semantisch basierten psycholinguistischen Theorien der Worterkennung [...]. Als weitere Charakteristik älterer Perzeptionstheorien kann man die Tendenz zu einem eher passiv-rezeptiven Verständnis der Wahrnehmung sehen: Hören und Verstehen wurde als Abgleich empfangener Signale mit gespeicherten Mustern konzipiert [...].

Eine Reihe von Experimenten konnte nachweisen, dass die Verarbeitung der akustischen Stimuli nicht als abgeschlossene und eigenständige Phase der semantischen Sprachverarbeitung vorgeschaltet ist, sondern mit dieser vernetzt sein muss. Darauf weist vor allem die Tatsache hin, dass das Erkennen lautlicher Einheiten (Phoneme, Silben etc.) signifikant schneller verläuft, wenn die gesuchten Einheiten in bedeutungshaften Wörtern auftauchen, als wenn sie in Nonsense-Lautfolgen eingebettet sind [...]. Ein bedeutungshafter lautlicher Kontext ermöglicht Hörern sogar, einen Laut ‚zu hören', der nicht mehr vorhanden ist, weil er zuvor aus der angebotenen Sprachaufzeichnung ausgeschnitten und durch Lärmfragmente ersetzt wurde [...].

Neuere Perzeptionstheorien gehen daher von der Vernetzung von akustischer und semantischer Informationsverarbeitung aus. Sie postulieren zwei Verarbeitungsrichtungen, eine erste von der akustischen zu den höherrangigen Verarbeitungsstufen (*bottom-up*) und eine zweite von den semantischen zu den akustischen Verarbeitungsstufen (*top-down*), wobei die Prozessierung gleichzeitig alle Verarbeitungsebenen impliziert. Das Kohorten-Modell von William Morslen-Wilson [...] sieht beispielsweise vor, dass die dekodierte akustische Information sofort an Reihen von möglichen Wortkandidaten (Kohorten) gemessen wird. So kann bereits nach der Dekodierung der ersten Phoneme ein Wort erkannt werden, weil nach der vorliegenden Kombination nurmehr dieses Wort in Frage kommt. Auch konnektionistische Modelle wie das TRACE-Modell von James McClelland und Jeffrey Elman [...] verknüpfen akustische Verarbeitungsebenen (Erkennen der distinktiven Merkmale, der Phoneme) und semantische Verarbeitungsebenen (Worterkennung) miteinander. Man hat außerdem erkannt, dass die Sprachverarbeitung keineswegs notwendig bei den kleinsten Bausteinen der Lautsprache, den Phonemen und den distinktiven Merkmalen, beginnen muss. Weiter oben war bereits die Rede davon, dass es zumindest für einige Lautklassen keine eindeutige Segmentierbarkeit gibt. Deshalb muss in diesen Fällen die Silbe, nicht das einzelne Lautsegment, als Basis der Wahrnehmung und Verarbeitung angenommen werden. Es gibt noch eine Reihe weiterer Indizien dafür, dass die primären Bezugspunkte unserer Wahrnehmung nicht die distinktiven Merkmale und die Phoneme sind, sondern größere lautliche Einheiten wie die Silbe oder sogar die Wortgestalt als Ganzes. Insgesamt ist die Frage, auf welchen Einheiten unsere Wahrnehmung aufbaut, noch keineswegs geklärt. Die Vorstellung, Sprachverarbeitung beginne bei den kleinsten subsegmentalen Einheiten und synthetisiere sukzessive die größeren und komplexeren Strukturen (Phonem, Phonemkette, Wort etc.), erweist sich jedoch immer mehr als nicht zutreffend.

Beispielsweise hat man festgestellt, dass suprasegmentale Phänomene wie die silbische oder rhythmische Gliederung eine wichtige Rolle bei der Worterkennung spielen. Wortgrenzen haben bestimmte prosodische Charakteristika. Sie stimmen in der Regel mit Silbengrenzen überein, sie sind durch bestimmte Konsonantenverbindungen gekennzeichnet, weil diese typischerweise am Wortanfang bzw. Wortende, nicht jedoch im Wortinnern auftreten und sie lassen sich in manchen Sprachen wie dem Englischen aus den Akzentstrukturen erschließen, weil betonte Silben sehr häufig auch Wortanfangssilben sind [...]. Die prosodischen Informationen ermöglichen daher dem Hörer, bereits vor der Dekodierung der Phoneme Wortgrenzen anzusetzen und ausgehend von diesen Hypothesen schneller und gezielter nach den passenden Wörtern zu suchen [...].

Viele Experimente, darunter auch die gerade angesprochenen, weisen darauf hin, dass unsere Hörwahrnehmung eher ganzheitlich als analytisch gesteuert ist und Prinzipien folgt, die die Gestalttheorie in den zwanziger und dreißiger Jahren dieses Jahrhunderts vorgeschlagen hat. Karl Bühler [...] hat ausgehend von den Forschungen der Gestalttheorie zwei ‚Hörstrategien' angesetzt. Aufbauend auf der Vielfalt der kontextuellen Informationen (Vorerwartungen, visuelle Information, sprachlicher Kontext usw.) nutzt die erste Wahrnehmungsstrategie einen auditiven Gesamteindruck, der aus prosodischen Merkmalen und besonders prägnanten Lautmerkmalen entsteht, um schnell und ohne vollständige Verarbeitung aller lautlichen Details das Gehörte zu interpretieren. Nur wenn der Hörer erkennt, dass diese erste Wahrnehmungsstrategie scheitert, weil er nichts oder offensichtlich etwas Falsches versteht, wird die zweite Wahrnehmungsstrategie aktiviert, die die akustische Information nochmals genau verarbeitet und detailliert die Phonemstruktur des Geäußerten rekonstruiert [...].

Wir sind noch weit von Modellen der Sprachperzeption entfernt, die den Hör- und Wahrnehmungsvorgang befriedigend darstellen könnten. Es zeichnet sich aber ab, dass derartige

Modelle die Komplexität der Perzeption nicht ausblenden dürfen, sondern offen sein müssen für die Interaktion verschiedener lautlicher Strukturierungsebenen (distinktive Merkmale, Phonem, Silbe, Akzentstruktur etc.), das Zusammenwirken verschiedener Informationsarten (akustische, visuelle, semantische, syntaktische etc.) und das Anwenden verschiedener Verarbeitungsstrategien (‚ganzheitlich', analytisch) [...].

Text D: Zur phonologisch distinktiven Opposition

aus: TRUBETZKOY, N.S.; *Grundzüge der Phonologie.* Göttingen, [6]1977. S. 30 f.

Der Begriff der Unterscheidung setzt den Begriff des Gegensatzes, der Opposition voraus. [...] Distinktive Funktion kann daher einer Lauteigenschaft nur insofern zukommen, als sie einer anderen Lauteigenschaft gegenübergestellt wird – d.h. insofern sie das Glied einer lautlichen Opposition (eines Schallgegensatzes) ist. Schallgegensätze, die in der betreffenden Sprache die intellektuelle Bedeutung zweier Wörter differenzieren können, nennen wir phonologische (oder phonologisch distinktive oder auch distinktive) Oppositionen. [...] Im Deutschen ist der Gegensatz *o-i* phonologisch (distinktiv), vgl. *so – sie, Rose – Riese,* aber der Gegensatz zwischen dem Zungen-*r* und dem Zäpfchen-*r* ist indistinktiv, weil es im Deutschen kein einziges Wortpaar gibt, das durch diesen Lautgegensatz differenziert würde.

Text E: Zu neueren Entwicklungen im französischen Phoneminventar

aus: MÜLLER, B.: *Das Französische der Gegenwart. Varietäten – Strukturen – Tendenzen.* Heidelberg, 1975. S. 46 ff.

In welchem Umfang auch im 20. Jh. Entwicklungen vonstatten gehen [...] und die scheinbar statischen Normen des Französischen berühren, erkennt man am phonematischen System beim Vergleich des Inventars vor 1945 mit dem von 1970. Binnen ca. dreißig Jahren haben sich im Normsystem [...] nicht weniger als 5 einschneidende Veränderungen durchgesetzt. Dephonologisiert (als „Phoneme" ausgefallen) sind /ɛ̃/, velares /ɑ/, /œ̃/ , /ɲ/; phonologisiert (zum „Phonem" aufgewertet) wurde /ŋ/.

Erhebungen Martinets in einem Kriegsgefangenenlager 1941 ergaben noch eine klare Opposition /ɛ̃/ : /ɛ/ [*maître : mettre, (il) bêle : belle, aile : elle, fête : faite*]. Die Mehrzahl der Nordfranzosen, drei Viertel der Pariser und beinahe der gesamte Midi realisieren die phonologische Opposition inzwischen nicht mehr.

Die Opposition *palatales* /a/ : *velares* /ɑ/ [*mal : mâle, patte : pâte, la : las, tache : tâche*], 1941 mehrheitlich vorhanden, ist jetzt ebenso mehrheitlich inexistent. Während der Midi [...] von Anfang an /a/ zeigt, haben in der *France non méridionale* 75 % der Sprecher die Neutralisierung zugunsten von /a/ vollzogen.

Am auffälligsten ist der Wandel des Systems in kürzester Spanne bei der Opposition /œ̃/ : /ɛ̃/ [*brun : brin, emprunte : empreinte, alun : Alain*]. Während Martinet 1941 noch zu dem Ergebnis kam, daß in Paris 57 %, im übrigen Nordfrankreich 79 %, unter der jungen Generation sogar 63 bzw. 81 % den Unterschied *brun : brin* beachteten, hat sich das Bild nun umgekehrt. Ca. 75 % sprechen homophon, und gerade bei der jungen Generation steigt die Zahl noch einmal auf ca. 85 %. Bemerkenswert, daß die Homophonie von Negationspräfix *in-, im-* und Artikel *un* offenbar nicht als störend empfunden worden ist [...].

In der Evolution des französischen Vokalismus kommt dem Schwund des [œ̃] ein ganz besonderer Stellenwert zu. Er zeigt nämlich an, daß der Abbau der Nasalvokale, deren es im

Altfranzösischen eine Vielzahl gegeben hatte [...], kontinuierlich weitergeht. Die heutige Gebrauchsnorm nutzt nach dem Ausfall von /œ̃/ bloß noch drei [...], doch zeichnet sich bereits ab, daß damit das Ende noch nicht erreicht ist. Neueren Tendenzen zufolge bahnt sich ein Ausgleich zwischen [ã] und [ɔ̃] an, und zwar zugunsten von [ɔ̃] [...]. Die Sprachwissenschaft kann bei dem seit dem Hochmittelalter fortdauernden Reduktionsprozeß mit Recht von einem *Lautgesetz* des Französischen sprechen, dessen Wirkung auch für die Zukunft Vorhersagen gestattet. [...]

Die jüngste Minderung des Bestandes betrifft das Phonem /ɲ/. Aufnahmen der 60er Jahre haben erbracht, daß die jüngere Generation (Studenten, Schüler) fast ganz, die ältere größtenteils *agneau, rogner, vignoble* etc. als [anjo, rɔnje, vinjɔbl] artikuliert, d.h., das Phonem dekomponiert in die Phonemkombination /n/ + /j/.

Phonematischer Zuwachs zwischen 1941 und 1970 ist nur zu verzeichnen beim Velarnasal [ŋ]. Er war phonetisch längst vorhanden gewesen, hat aber durch die Häufung von Entlehnungen, besonders aus dem Englisch-Amerikanischen *(-ing)*, in diesen Jahren den Status eines Phonems erlangt. [...] Wenn die Veränderung von französischen Linguisten nur zögernd notiert wird, so liegen die Gründe dafür in einem Purismus, der die Realitäten der Gegenwartssprache noch nicht wahrhaben will.

Im Ganzen ist die Entwicklung des Phonemsystems in den letzten 30 Jahren in Richtung auf Verkleinerung des Inventars verlaufen. Die Schrumpfungstendenz reicht natürlich länger zurück und nimmt, weder historisch noch vergleichend betrachtet, wunder.

4.6. Literaturangaben

Phonetik/Phonologie

- Überblickswissen   DUCHET (*Que sais-je?* 1875, [5]1998), MALMBERG (*Que sais-je?* 637, [17]1994), STRAKA (LRL V,1/1990, S. 1–33)
- Französisch
  Umfassend   BÉCHADE (1992), EGGS/MORDELLET (1990), HAMMARSTRÖM ([3]1998), LÉON/LÉON (1997), MEISENBURG/SELIG (1998), RÖDER (1996)
  Deskriptiv   MARTINET/WALTER (1973), WALTER (1982)
  Diachron   FOUCHÉ ([2]1966/1969)
- Übereinzelsprachlich   LASS (reprint 1995)

Prosodie/Intonation

- Französisch   WUNDERLI (LRL V,1/1990, S. 34–46)

Schreibung – Lautung

- Handbuch   GÜNTHER/LUDWIG (Hgg.) (2 Bände; 1994/1996)
- Französisch   BEINKE/ROGGE (LRL V,1/1990, S. 471–493; Verschriftungsgeschichte), CATACH (*Que sais-je?* 685, [8]1998), CATACH (LRL V,1/1990, S. 46–58), KELLER, M. (1991), MÜLLER (LRL V,1/1990, S. 195–211)

5. Morphologie

Le maire creux dit (et m'a r'dit lundi) :
« Je dis que vendre dix manches, ça me dit ».

A. ROSENSTIEHL

5.1. Die Morphologie als Untersuchungsebene zwischen Phonologie und Syntax

Die Morphologie (von griech.: *morphe* ‚Gestalt, Form') beschäftigt sich, vorwissenschaftlich gesprochen, mit der Struktur von ‚Wörtern'. Dies umfaßt, linguistischer ausgedrückt, die Klassifizierung und Analyse bedeutungstragender Einheiten (lexikalischer und grammatischer Morpheme), die Ordnung dieser Einheiten zu Paradigmen und die Suche nach den einzelsprachlichen Regeln, nach denen bedeutungstragende Einheiten auf der Wortebene miteinander kombiniert werden.

Die Betrachtungsebene liegt damit idealtypisch zwischen Phonologie/Phonetik (→ 4.) und Syntax (→ 6.). Morphologie und Syntax (Untersuchung der Kombination von ‚Wörtern' zu Sätzen und Texten) stehen in so enger Beziehung, daß es in vielerlei Hinsicht sinnvoll ist, sie unter dem Oberbegriff Morphosyntax zusammenzufassen: syntaktische Abfolgeregularitäten spiegeln sich auch in der formalen Struktur der Wörter einer Einzelsprache, und grammatische Morpheme stehen in Paradigmen, die syntaktische Funktionen haben.

Die von Sprache zu Sprache faszinierend unterschiedliche Morphosyntax hat schon früh das Interesse der sprachvergleichenden Forschung geweckt. Um 1800 schrieb W. v. HUMBOLDT (1767–1835) ein Werk ‚*Über die Verschiedenheit des menschlichen Sprachbaus*', in dem er u.a. die Morphologie amerindischer Sprachen mit der des Sanskrit, des Japanischen und des Ägyptischen verglich. Er gilt manchen als Vordenker des Sprachrelativismus (→ 2.4.1. SAPIR-WHORF-Hypothese), andererseits berief sich auch ein Universalist wie CHOMSKY auf ihn. Auf HUMBOLDTs Zeitgenossen A. W. v. SCHLEGEL (1767–1845) geht zurück, die Sprachen der Welt aufgrund morphologischer Gegebenheiten zu typologischen Gruppen bzw. Klassen zusammenzufassen (→ 5.5. Text A). In diesem Kontext tauchte auch der zur typologischen Analyse des Französischen häufig herangezogene Begriff des ‚analytischen Sprachbaus' erstmals auf (→ 5.4.3.).

5.2. Die Untersuchungseinheiten der Morphologie

5.2.1. Kleinste bedeutungstragende Einheiten: lexikalische und grammatische Morpheme

Zentral für die morphologische Analyse ist die Unterscheidung zwischen lexikalischen und grammatischen Morphemen (→ 3.4.):

                      Bedeutungstragende Einheiten
                      /   \\

lexikalische Morpheme	grammatische/grammatikalische Morpheme
(Wortstämme)	(Wortbildungsmorpheme, grammatische Markierungen)
mot	
coiff-	*-ure*
march-	*-ons*

Sog. Simplexwörter (*mot*) sind mit ihrem lexikalischen Morphem identisch. Häufiger sind in den indoeuropäischen Sprachen jedoch morphologisch komplexe Grundformen (wie *coiffure*). Im Äußerungszusammenhang können sie im Hinblick auf grammatische Inhalte zusätzlich morphologisch markiert werden (wie *marchons*). Als wissenschaftliches Synonym für ‚Wort' bzw. ‚Einheit des Wortschatzes', und zwar sowohl für Simplexwörter als auch morphologisch komplexe Grundformen, wird häufig der Begriff des Lexems verwendet. Lexikalische und grammatische Bedeutungsträger lassen sich nach folgenden Kriterien gegeneinander abgrenzen:

Lexeme bilden offene Klassen, ihr einzelsprachliches Inventar ist potentiell ständig erweiterbar. Ihnen entspricht eine relativ autonome Bedeutung, die sie z.B. auch dann vermitteln, wenn sie nicht in einen Satz oder eine längere Äußerung eingebettet sind. Auf diesem Kennzeichen beruht ein Terminus, der in der allgemeinen Sprachwissenschaft gebräuchlich ist: Lexikalische Morpheme/Lexeme werden dort als Autosemantika (wörtlich: ‚Selbstbedeuter') bezeichnet. Wer Wissen über lexikalische Morpheme/Lexeme erwirbt, taucht in den Wortschatz, in das virtuelle Lexikon einer Sprache ein.

Grammatische Morpheme oder grammatische Wörter (wie frz. *et* oder *non*) sind dadurch gekennzeichnet, daß sie geschlossene Klassen bzw. Unterparadigmen bilden, historisch von ihrer Anzahl her relativ stabil sind und rekurrent (häufig) verwendet werden. Ihre Grundfunktion besteht darin, die Bedeutungen der lexikalischen Einheiten näher zu bestimmen, deren Bedeutungsbeziehungen anzuzeigen und die Identifizierung der Bezugsgröße einer Äußerung zu gewährleisten. Aufgrund der Tatsache, daß ihnen isoliert kein konzeptualisierbarer Inhalt entspricht, nennt man sie in der allgemeinen Sprachwissenschaft auch Synsemantika (wörtlich: ‚Zusammenbedeuter'). Die Kenntnis ihrer eher abstrakten Inhalte gehört zum grammatischen Wissen.

5.2.2. Die Problematik einer wissenschaftlichen Definition der Einheit ‚Wort'

Die Frage, was im formalen Sinne ein ‚Wort' ist, wurde bis heute sprachwissenschaftlich nicht befriedigend beantwortet. BLOOMFIELDS Definition als <kleinste freie Form> (→ 5.5. Text A) ist nicht immer dienlich, wie ein Blick auf die französischen Verhältnisse zeigt. Eine Vorstellung davon, was im Französischen ein Wort ist, hat man nur, weil man schreiben kann, denn im *mot phonique* hört man keine Wortgrenzen und damit auch keine Sinneinheitssegmente.

Der Umweg über die Schreibung hilft ebenfalls nicht immer weiter. Wörter, denen ein lexikalischer Inhalt entspricht, können formal aus mehreren lexikalischen Bedeutungsträgern und zusätzlichen grammatischen Elementen zusammengebaut sein, die in anderen sprachlichen Umgebungen auch als isolierte Bedeutungsträger, d.h. als <kleinste freie Formen> vorkommen. Lexeme wie frz. *arc-en-ciel* sind an den Bindestrichen als solche zu erkennen, separat verschriftete Einheiten können hingegen trügen: sie können in einem Fall zusammen den Status eines ‚Wortes' haben und in einem anderen eine Abfolge aus mehreren Wörter darstellen: *machine à laver* ist ein Wort, *débat à suivre* hingegen ein freies Syntagma, das aus zwei Wörtern und einer Präposition besteht. Für Wortkörper, die formal wie Syntagmen aussehen, ist der Begriff der Lexie (frz. *léxie*) gebräuchlich. Ob man es im Fall eines komplexen Ausdrucks mit einer Lexie (Wortstatus) oder einem freien Syntagma zu tun hat, kann man in den meisten Fällen über folgende Tests herausbekommen:

> *Machine à laver* oder *pomme de terre* ‚verhalten' sich syntaktisch wie Wörter und nicht wie freie Syntagmen: Grammatische Markierungen oder Atrribute beziehen sich auf den Inhalt der ganzen Morphemgruppe und nicht nur auf ein Element. Zudem kann syntaktisch nichts zwischen die einzelnen formalen Elemente eingefügt werden (Kriterium der ‚Nicht-Trennbarkeit'), was bei freien Syntagmen möglich ist:

> *la pomme de terre froide* ⇒ Adjektiv bezieht sich nicht auf *terre*, sondern auf den Gesamtausdruck
> **la pomme froide de terre* ⇒ nicht trennbar
> ⇒ Lexie, Lexem, ‚Wort' Einheit des Lexikons

> *la peau de ma main froide*
> *la peau froide de ma main* ⇒ Adjektiv bezieht sich nur auf *main*
> ⇒ trennbar
> ⇒ freies Syntagma Einheit der Syntax (Grammatik)

Ein Wort ist somit eine wie auch immer formal realisierte Größe, der im Bewußtsein der Sprecher ein Inhalt (ein *signifié*) entspricht. Es ist als eine Verbindung aus (komplexem oder nicht-komplexem) Ausdruck und diesem Inhalt im Gedächtnis gespeichert und (meistens) als ‚Worteintrag' in Wörterbüchern verzeichnet.

5.2.3. Lexikalisch-grammatische Übergangszonen und Randbereiche

5.2.3.1. Grammatikalisierung: vom Lexem zum Grammem

Versucht man mit den unter 5.2.1. genannten Kriterien die lexikalischen und grammatischen Paradigmen einer Einzelsprache zu erkennen, gerät man immer wieder an Einheiten, die in manchen Verwendungen die Kriterien für Lexeme, in anderen für Grammeme und manchmal für beides erfüllen. Der ständig im Gang befindliche Sprachwandel ist die Ursache für die Existenz derartiger Grenzgänger: viele synchron grammatische Morpheme gehen sprachgeschichtlich auf Lexeme zurück. Bestimmte Wortarten (z.B. Präpositionen, Adverbien) z.B. haben aufgrund ihrer ohnehin schon reduzierten lexikalischen Semantik (ihrer geringen Intension) übereinzelsprachlich einen ‚natürlichen' Hang zum Grenzgängertum zwischen Lexem und Grammem (→ 5.6. Text C). Den Prozeß, bei dem ein Lexem im Laufe der Zeit an bestimmten Positionen im Satz in Richtung auf eine grammatische Bedeutung hin umgedeutet und umfunktioniert wird, bezeichnet man als Grammatikalisierung:

> Das unpersönliche Pronomen frz. *on* geht auf lat. HOMO mit dem lexikalischen Inhalt ‚Mensch/Mann' zurück. In der Subjektposition ließ sich diese insgesamt sehr allgemeine Bedeutung als ‚jedermann/jeder' verwenden bzw. verstehen, und dort wurde das Lexem im weiteren Lauf der Sprachgeschichte zum Subjektpronomen mit dem nunmehr grammatischen Inhalt ‚man'. Als Lexem ist HOMO in der frz. Form *homme* weitergeführt. Bevor aus dem Lexem HOMO zwei Formen wurden, konnte man es in der Subjektposition durch die neu entstandenen Artikel als Lexem kennzeichnen und gegen HOMO in eher grammatischer Funktion abgrenzen.

Wenn ein Lexem in bestimmten Umgebungen beginnt, in Richtung Grammatik auszuscheren, bleibt es zunächst in seiner älteren lexikalischen Bedeutung weiter im System erhalten. Die Regel ist, daß auf dieser Stufe ein und dieselbe Form einmal als Lexem, einmal als Grammem und dann wieder als Zeichen fungiert, daß teilweise lexikalisch, teilweise aber auch schon grammatisch interpretiert werden kann. Als frz. Beispiel für ein synchron in allen Facetten zwischen Lexem und Grammem schillerndes Wort sei das Verb *aller* angeführt:

> *Aller* wird u.a. verwendet als Vollverb (Lexem, in der Bedeutung ‚sich räumlich bewegen oder ausdehnen'), als sog. Semiauxiliar (lexikalisch-grammatisch) und als Grammem (Auxiliar, Teil eines temporalen Futurmorphems). Die Grauzone öffnet sich dort, wo man *aller* sowohl als Lexem als auch als Grammem verstehen kann (Teile der lexikalischen Bedeutung treten in den Hintergrund, bleiben aber spürbar).
>
> *aller* als Lexem (räumliche Fortbewegungsbedeutung, bei Menschen als: ‚gehen'):
>   *Je vais chercher des cigarettes.*
>   als: *Ich <u>gehe</u> (zum) Zigaretten holen.*
>
> *aller* als Zwitter (Lexem/Grammem):
>   *Je ne reste pas. Il ne fait pas très chaud ici. – Attends, je vais fermer la fenêtre.*
>   als: *Ich bleibe nicht länger. Es ist nicht besonders warm hier. –*
>   Möglichkeit a): *Warte, ich <u>geh</u>' und mach' das Fenster zu.*
>   Möglichkeit b): *Warte, ich mache (gleich) das Fenster zu / werde das Fenster schließen.*

aller als Grammem (temporale Einordnung eines Ereignisses als ‚zukünftig'):
   Il est parti tellement tard, il va rater son train.
   nur als: *Er ist dermaßen spät aufgebrochen, er wird seinen Zug nicht erwischen.*

Nicht in allen Fällen geht die Entwicklung später so weit wie im Fall von *on / homme*, wo dem funktionalen Split auch ein formaler Split folgte. Im folgenden Beispiel handelt es sich um einen solchen Sonderfall: Es gibt keine funktionalen Zwischenstufen mehr, ein Lexem und ein Grammem, die sprachgeschichtlich beide auf dasselbe Lexem zurückgehen, haben jedoch zufällig synchron immer noch die gleiche Form (sind homonym):

Das Morphem *pas* der französischen Verneinungspartikel *ne...pas* (Grammem) hat die gleiche Form wie neufrz. *pas*, in der Bedeutung ‚Schritt', (Lexem). Beide gehen diachron auf lat. PASSU(M) ‚Schritt' zurück.

Auf früheren Stufen des Französischen gab es zuerst nur die einfache Verneinung mit der Partikel *ne* vor dem finiten Verb. Bei Bedarf konnte man einer Verneinung mehr Nachdruck verleihen, indem man hinter dem Verb ein Wort einfügte, daß von der Bedeutung her zu diesem paßte und den Inhalt ‚kleine Einheit' vermittelte:

Il ne mange.	nachdrücklich als:	*Il ne mange mie*! dt.: *Er ißt keinen Krümel*!
Il ne marche.	nachdrücklich als:	*Il ne marche pas*! dt.: *Er geht keinen Schritt*!

Einfache Verneinung ist in vergleichbarer Weise im synchronen Deutsch der grammatische Normalfall. Analog besteht die Möglichkeit der expressiven Verstärkung, um einer Negation besonderen Nachdruck zu verleihen:

Er bewegt sich nicht / nie.	nachdrücklich als:	*(D)er bewegt sich keinen Schritt*!
Er ißt nicht / nichts.	nachdrücklich als:	*(D)er ißt keinen Bissen*!

Nach und nach hat frz. *pas* (wie übrigens auch das heute nicht mehr gebräuchliche *mie*) in dieser syntaktischen Position eine Bedeutung angenommen, die in etwa dem deutschen *bißchen* in *Du bist kein bißchen schlauer geworden* entspricht: Der Wert ‚expressive, nachdrückliche Verneinung' steht im Vordergrund, die lexikalische Bedeutung ‚kleine Einheit im Bereich X' trat zurück und verlor sich. Sobald *pas* die spezielle lexikalische Bedeutungskomponente ‚Einheit der menschlichen Fortbewegung' in dieser Verwendung verloren hatte, wurde es als Verneinungsverstärker auch mit Verben verwendbar, die sich nicht auf Bewegung im Raum bezogen. Was häufig als expressive Verstärkung verwendet wird, schleift sich ab. Und so verlor sich zuletzt auch das Merkmal der expressiven Nachdrücklichkeit. Heute ist *pas* Teil eines Morphems mit der rein grammatischen Funktion ‚Negation', es ist in der Verbindung mit *ne* grammatikalisiert. In der gesprochenen Sprache erfüllt es die grammatische Funktion ‚Negation des Verbs' häufig schon allein.

5.2.3.2. Lexikalisierung: von der grammatisch markierten Form zum Lexem

In gewisser Weise das Gegenstück zur Grammatikalisierung ist die sog. Lexikalisierung. Damit bezeichnet man eine graduelle Entwicklung, bei der eine morphologisch komplexe Einheit, die u.a. auch grammatische Morpheme enthält (ein Syntagma z.B.) diachron zu einer Einheit des Lexikons umgedeutet wird. Die Inhalte der einzelnen

Morpheme verschmelzen, was später häufig auch eine morphologische Verschmelzung nach sich zieht.

Frz. *mademoiselle* geht auf auf ein Syntagma zurück, das seinerseits eine diminutiv markierte Form des lat. Lexems DOMINA mit der Bedeutung ‚Herrin' enthielt:

    lat. DOMINICELLA   > afrz. *damoisele*   ‚kleine Herrin', ‚unverheiratete adelige Frau'

von lat. DOMINA > domna   > afrz. *dame*   ‚Herrin', ‚verheiratete adelige Frau'

Zunächst wurde das ursprünglich grammatisch als ‚klein' markierte ‚Herrin' in der Bedeutung ‚adeliges, unverheiratetes Fräulein' lexikalisiert. Die altfranzösische Anredeform für adelige Damen war *dame* bzw. *ma dame* für verheiratete und *damoisele* oder *ma damoisele* für unverheiratete adelige Frauen (vergleichbar: dt. *mein Fräulein*). Heute hat das ehemalige Possesivpronomen, das ja bereits in der Anredeform seinen possesiven Inhalt nicht mehr voll einbrachte, keinen Morphemwert mehr und ist Teil eines morphologisch nicht mehr komplexen Lexems geworden. Das Syntagma ist lexikalisiert.

Im Gefolge sprachwandelbedingter Umstrukturierungsprozesse, d.h. wenn grammatische Paradigmen reduziert oder sogar aufgegeben werden, kommt es häufig zu größeren Lexikalisierungsschüben. Die Sprecher deuten sich ‚alte' Überreste aus einem außer Gebrauch kommenden Paradigma aufgrund der unterschiedlichen Form zu verschiedenen Wörter um:

    lat. Nominativ   SENIOR   > neufr. *Sire* (Anrede für Kaiser und Könige, dt. ‚Majestät')
         Akkusativ   SENIOREM   > neufr. *Seigneur* (Anrede für Christus, dt. ‚Herr')

Im Lateinischen war SENIOR eine Respektbezeichnung für ältere, erfahrene und damit angesehene Herren, SENIOREM deren Akkusativform. Das Paradigma der lateinischen Kasusmorpheme wurde zum Altfranzösischen hin reduziert: Akkusativ und Nominativ haben in lautlich veränderter Form eine Zeit lang als Zwei-Kasus-Paradigma überlebt, das später ebenfalls aufgegeben wurde. *Sire* ist (über eine Zwischenstufe *seior) das Ergebnis einer Schnellsprechform des alten Nominativs, *Seigneur* die diachrone, lautlich regelmäßige Folgeform des alten Akkusativs. Als das Paradigma wegbrach, konnte man die beiden Formen nicht mehr als zwei Varianten desselben Wortes erkennen, die sich nur durch Kasus unterscheiden (Demotivierung). Sie wurden als zwei Wörter mit zwei lexikalischen Bedeutungen aufgefaßt. *Seigneur* wurde in der Bedeutung ‚Feudalherr' lexikalisiert (die sich zum Neufranzösischen hin dann weiter veränderte). *Sire* wurde zum Anrede-Lexem für Kaiser und Könige.

Lexikalisiert werden können auch größere syntaktische Einheiten, so geschehen im Fall von dt. *Rühr' mich nicht an* oder frz. *(Le) je ne sais quoi*:

    dt. *Du bist ja ein richtiges Rühr'-mich-nicht-an!*
    frz. *Je supporte mal ce je ne sais quoi qui veut monter en moi.*

Jeder Lexikalisierung geht eine Idiomatisierung voraus: im Bewußtsein der Sprecher verliert sich die Vorstellung, es handle sich um verschiedene separate Bedeutungsträger, bevor die Inhalte verschmelzen. Idiomatisierung gibt es allerdings nicht nur als Durchgangsstation für Lexikalisierungen. Alle feststehenden, phraseologischen Wendungen einer Sprache, wie z.B. Sprichwörter, gehen auf Idiomatisierung zurück. Auch in diesem Fall sind ehemals diskrete Inhalte im Laufe der Sprachgeschichte zu einer in diesem Fall komplexen Gesamtbedeutung verschmolzen, die synchron nicht mehr auf Teilbedeutungen der einzelnen Morpheme zurückführbar ist. Diesen fehlt, ähnlich wie im Fall der Lexikalisierung, häufig die synchrone Anbindung an ein Paradigma:

> frz. *Honni soit qui mal y pense*   dt. *Ein Schuft, wer Schlechtes dabei denkt.*
>
> Das Verb *honnir*, dt. ‚verfluchen, verdammen', wird synchron nicht mehr verwendet (⇒ *honni soit qui...* ≠ *verdammt sei, wer...*). Die Pronominalisierung *y* in der Bedeutung ‚dabei' gibt es auch nicht mehr:

> synchron akzeptabel: *Il y pense.*   dt. *Er denkt daran.*
> nicht akzeptabel: **Il y pense qc.*   dt. *Er denkt (sich) dabei etwas.*

5.2.3.3. Pragmatisierung: jenseits der Lexem-Grammem-Funktion

Wörter oder Morphemverbindungen können Funktionen aufweisen, die jenseits der klassischen lexikalischen und grammatischen Inhalte liegen. Dies gilt z.B. für *alors* in der Verwendung b):

> a)   *Je l'ai appelé, alors il est venu.*
>   dt. *Ich habe ihn gerufen, daraufhin ist er gekommen.*
> b)   *Alors, t'es complètement malade ou quoi?*
>   dt. *Ja bist du denn total übergeschnappt?*

In Beispiel a) ist *alors* eine Konjunktion (grammatisches Morphemwort) mit konsekutivem Inhalt. In b) liest sich *alors* anders, auch das Morphemwort *ja* in der deutschen Übersetzung hat nicht seine übliche grammatische Funktion als Bejahungspartikel.

Es gibt zwei Möglichkeiten die Funktion in b) zu beschreiben. Entweder formuliert man einen Inhalt, der sich in eine besonders dehnbare der traditionellen grammatischen Kategorien einordnen läßt, dann ist *alors* als Grammem gerettet (Ausdruck der Haltung des Sprechers zum Äußerungsinhalt: *alors* = sog. Modalpartikel). Eine zweite Möglichkeit bietet das pragmalinguistische Modell der ‚Sprechakte'. Danach wäre die Bedeutung, für die *alors* hier steht, eine sprechertaktische, d.h. pragmatische: Es signalisiert die ‚Eröffnung eines Redebeitrages' (Eröffnungssignal) oder den Inhalt ‚Übernahme des Rederechts' (*turn taking*-Signal).

Analog kann dt. *also* a) als grammatische Konjunktion oder b) als Eröffnungssignal verwendet werden:

> a) *Ich denke, also bin ich*
> b) *Also jetzt paß 'mal gut auf, was ich dir sage...*

Ausdrücke mit eher pragmatischer Signalwirkung lassen sich auf der Basis gemeinsamer Grundfunktionen zu Paradigmen ordnen. Ein solches Paradigma bilden z.B. die sog. Interjektionen. Wie die folgenden Beispiele zeigen, können syntagmatische, lexikalische und grammatische Einheiten zu Interjektionen umfunktioniert (pragmatisiert) werden:

> Syntagmen: *ma foi; mon dieu; ta mère*
> Lexeme: *putain; merde*
> Grammem(e):   *ça alors; (ah) non*

5.3. Grundbegriffe der morphologischen Analyse

5.3.1. Homonymie: verschiedene *signifiés* – formidentische *signifiants*

Homonym sind zwei Ausdrücke bzw. Morpheme, wenn sie die gleiche Form, aber keine auch nur annähernd vergleichbaren Inhalte haben. Es handelt sich also um verschiedene Einheiten der *langue*. Mit dieser Definition kann man Homonymie von Polysemie (ein *signifiant* hat mehrere Inhalte, Mehrdeutigkeit, → 7.2.4.) abgrenzen:

> Lexikalische Homonymie
> <*poix*>, <*poids*>, <*pois*> = [pwa]
> dt.: ‚Pech', ‚Gewicht', ‚Erbse'
>
> Grammatische Homonymie
> <*aimer, aimé, aimez*> = Endung [-e]
> (Infinitiv, *participe passé*, 2. Pers. Sg. Präsens, Imperativ)
>
> Lexikalisch-grammatische Homonymie (→ 5.2.3.1.)
> <*pas*>, <*pas*> = [pa]
> (dt.: ‚Schritt', Verneinungspartikel)

Gleiche Lautung wird verschiedentlich auch als Homophonie, gleiche Schreibung als Homographie bezeichnet, Homonymie ist in diesem Fall als Oberbegriff zu betrachten. Meistens ist mit Homonymie jedoch das Phänomen der gleichen Lautung gemeint.

Vom Französischen wurde behauptet, es sei eine besonders homonymenreiche Sprache, da der französische Wortschatz überproportional viele kurze bzw. einsilbige Wörter enthalte. Über die Schreibung hat man im Laufe der französischen Sprachgeschichte immer wieder versucht, homophone Wörter durch unterschiedliche Graphien voneinander abzugrenzen:

> Zu diesem Zweck (Homonymendifferenzierung) wurde beispielsweise im 17. Jahrhundert ein etymologisch entliehenes *d* in die Schreibung von *poids* eingefügt, um es gegen *pois* in der Bedeutung ‚Erbse' abzugrenzen. Einige dieser Buchstaben sind über den Mechanismus der *spelling pronunciation* später auch in die Lautung gelangt (→ 4.1., 4.5. Text A).

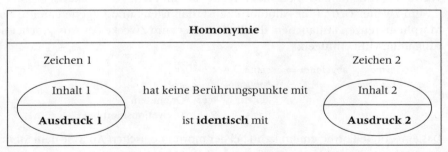

5.3.2. Allomorphie: ein Inhalt – umgebungsabhängige Formvarianten

Allomorphie liegt vor, wenn ein lexikalischer oder grammatischer Inhalt (Ebene der *langue*) mit unterschiedlichen Formvarianten (Ebene der *parole*) ausgedrückt wird, und diese formale Variation systematisch durch die unmittelbare sprachliche Umgebung (den sog. Kotext) bedingt ist:

    lexikalischer Inhalt ‚schön'
        erscheint maskulin als: <*beau*>   [bo]
        vor femininer Endung als: <*bell-e*>   [bɛl-]

    lexikalischer Inhalt ‚in der Lage sein zu..., können'
        erscheint je nach Umgebung als: <*pouv-ons, -oir*>   [puv-]
                                                 <*peuv-ent*>   [pœv-]
                                                 <*pu*>   [py] etc.

    grammatischer Inhalt ‚3. Person Plural, Subjektpronomen'
        graphisch <*ils*> erscheint als: [il] vor Konsonant
                                                                       [ilz] vor Vokal

    grammatischer Inhalt ‚Partizip II, Singular, maskulin'
        erscheint je nach Umgebung als: <*tomb-é*>   [-e]
                                                                 <*ven-u*>   [-y]
                                                                 <*fin-i*>   [-i]

Formen, die es wie [bɛl-] nur in Morphem-Verbindungen gibt, nennt man gebundene Morpheme (im Gegensatz zu freien Morphemen wie <*beau*>, [bo]).

Allomorphie hat unterschiedliche Ursachen. Ein Teil geht auf diachrone lautliche Assimilation (Anpassung) zurück: Benachbarte Morpheme nähern sich diachron an, ehemals klare Morphemgrenzen werden verwischt. Die Entwicklung kann so weit gehen, daß zwei Morpheme zu einer formalen Einheit verschmelzen. Solange diese Einheit weiterhin für die ehemals diskreten Inhalte steht, ist sie als Amalgam zu analysieren (→ 5.2.4.). Fusion und Verschmelzung sind u.a. abhängig von der Verwendungsfrequenz einer Morphemverbindung und dem Verhältnis der kombinierten Inhalte: Morpheme, die häufig miteinander verwendet werden und benachbarte oder verwandte Inhalte haben, fusionieren eher als andere (→ 5.5. Text D).

Ein zweiter Grund für Allomorphie ist, daß Gleit- und Fugenelemente zwischen Morphemgrenzen auftauchen, die die Sprecher zum Zwecke der Ausspracheerleichterung unbewußt einfügen:

    piano   abgeleitet ⇒   *piano*   –   *t*   –   *er*
    banlieue   *banlieu* – *s* – *ard*
                                     Lexem   leer   Grammem
                                     Basis   ?   Derivationsmorphem

Das eingefügte Formelement kann bei der morphologischen Analyse dem Stamm oder der Endung zugeschlagen werden: Lexikalische Allomorphie liegt vor, wenn man [pjano] als die freie Form betrachtet und [pjanot-] als gebundenes Allomorph; grammatische Allomophie liegt vor, wenn man die Infinitivendung [-e] auf einen vorausgehenden Konsonanten und das Allomorph [-te] auf den vorausgehenden Vokal zurückführt.

Eine weitere Ursache für Allomorphie ist die sog. Suppletion (dt. ‚Ergänzung, Auffüllung'). Sie hat im Französischen, wie in vielen anderen Sprachen auch, gerade die Paradigmen der häufigsten Verben (*être, avoir, aller, venir* usw.) hochgradig allomorph gemacht. Suppletiv sind sie, weil sie aufgrund der häufigen Nutzung und damit auch Abnutzung im Laufe der Sprachgeschichte permanent reorganisiert und dabei aus verschiedenen Wortstämmen (oft: inhaltsähnlicher Lexeme) immer wieder anders bestückt wurden. So enthält z.B. das Verbparadigma von *aller* Fortsetzer von vglat. *AMBULARE (‚herumlaufen'), lat. VADERE (‚schreiten, einhergehen') oder lat. IRE (‚gehen'):

AMBULARE	infin. Formen:	*aller* usw.	VADERE	*présent* Sg.:	*je vais* usw.	IRE	*futur simple*: *j'irai* usw.
	imparfait:	*j'allais* usw.		*impératif* Sg.:	*va*		*conditionnel*: *j'irais* usw.
	passé simple:	*j'allai* usw.					
	subjonctif:	*j'aille* usw.					

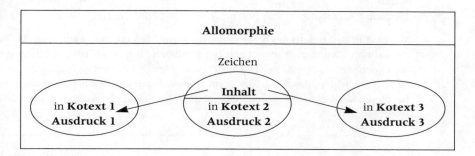

5.3.3. Nullallomorph, Nullmorphem: ein virtueller Inhalt – keine formale Entsprechung

Es kann vorkommen, daß man innerhalb eines Paradigmas auf formale Lücken stößt: ein Inhalt, der ansonsten obligatorisch ausgedrückt wird, hat in bestimmten sprachlichen Umgebungen keine morphologische Entsprechung. Das Fehlen einer Form unter diesen Bedingungen bezeichnet man als Nullallomorphie.

Die Singularformen des Verbs *finir* z.B. sind im *passé simple* mit denen des *présent* homonym; der Inhalt ‚einfache Vergangenheit' wird also im Umfeld des Verbstammes von *finir* nicht ausgedrückt. Die Lücke ist als sog. Nullallomorph des *passé-simple*-Inhalts zu analysieren:

finir im *passé simple*	*je finis*	Nullallomorph zu	(*courir*)	*je courus*
	tu finis			*tu courus*
	il/elle finit			*il/elle courut*

90 Morphologie

Seltener kommt vor, daß die regelmäßigen Formen eines Paradimgas für einen anzunehmenden Inhalt kein Morphem aufweisen. In diesem Fall kann man das Fehlen als Nullmorphem bezeichnen und die unregelmäßigen Abweichungen als Allomorphe betrachten, bei denen der Inhalt ausnahmsweise formal ausgedrückt wird. Allerdings ist sehr umstritten, ob es so etwas wie Nullmorpheme überhaupt geben darf bzw. ob man den Begriff wirklich benötigt:

> Die unregelmäßigen Verben des Französischen (wie *devoir*) haben als ausdrucksseitiges Kennzeichnen für den Inhalt ‚Zeitstufe Gegenwart' (Tempusinformation) einen eigenen Präsensstamm. In den regelmäßigen Präsensformen des Französischen hingegen fehlt ein morphologischer Ausdruck für diesen Inhalt. Sie bestehen aus einem Stamm, der für den lexikalischen Verbinhalt steht, und maximal (1. und 2. Ps. Pl.) einer Endung, die Person und Numerus signalisiert.

signifié		2. Pers. Sg.	‚vorübergehen'		temporaler Inhalt
signifiant	<tu passes>	*tu* [ty]	*passes* [pas]		?
signifié		2. Pers. Pl.	lexik. Inhalt	2. Pers. Pl.	temporaler Inhalt
signifiant	<vous passez>	*vous* [vu]	*pass-* [pas-]	*-ez* [-e]	?

Wenn man den Begriff des Nullmorphems vermeiden möchte, kann man das Fehlen des formalen Kennzeichnes bei den regelmäßigen Formen als ein Nullallomorph der unregelmäßigen, formal markierten Präsensstämme betrachten (häufigste Version). Weniger beliebt ist, das Fehlen der Form als Indiz für das Fehlen des temporalen Inhalts bei diesen Verben zu betrachten, obwohl die morphologische Analyse dann kein Problem mehr macht.

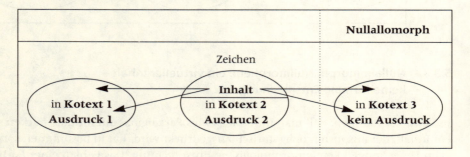

5.3.4. Amalgam oder *Portemanteau*-Morphem: mehrere Inhalte – ein Formkonzentrat

Sind in einem Morphem mehrere grammatische Inhalte kumuliert, bezeichnet man es als Amalgam oder *Portemanteau*-Morphem. Bedingung ist, daß die Inhaltskomponenten in anderen sprachlichen Umgebungen auch formal separat ausgedrückt zu finden sind:

                                                          <*au* >   [o]   kumuliert: ‚Dativ' + ‚Pron., 3. Pers. Sg. mask.'
allomorph auch als   <*à l'*-> [al-]   separat: ‚Dativ',   ‚Pron., 3. Pers.Sg.mask.'

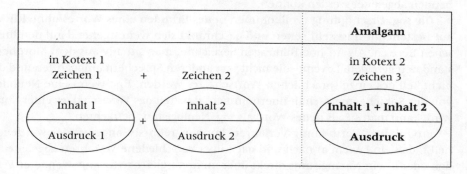

5.3.5. Diskontinuierliches Morphem: ein Inhalt – mehrere, auseinanderliegende Formen

Von diskontinuierlichen Morphemen spricht man, wenn ein Inhalt über zwei oder mehr ausdruckseitige Elemente vermittelt wird, zwischen denen syntaktisch andere Elemente zu stehen kommen können, aber nicht unbedingt müssen:

> <*ne* >....<*pas*> (im geschriebenen Französisch)
> grammatische Bedeutung ‚Verneinung des Verbinhalts' – auf zwei Elemente verteilt.
> Beispiele: Elle *ne* vit *pas* à Paris. oder: Je pense *ne pas* être là demain.

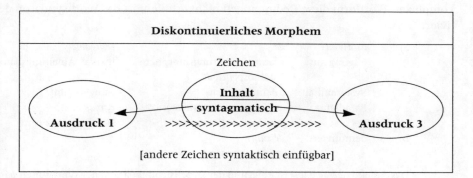

5.4. Grundfunktionen der Morphemverbindung

5.4.1. Wortbildung

Der Teilbereich der morphologischen Analyse, der sich mit der Form und morphologischen Struktur von lexikalischen Einheiten befaßt, ist den Gesetzen der sog. Wortbildung auf der Spur (frz. *formation des mots*). Als produktiv werden die Wortbildungsverfahren bezeichnet, mit denen in einer Sprache synchron neue Wörter aus bestehenden abgeleitet werden können.

Die sog. Urschöpfung (vollkommen neues Erfinden eines Wortes ohne Rückgriff auf Bestehendes) ist sehr selten und beschränkt sich weitestgehend auf den literarischen Bereich. Als Ad-hoc-Bildungen bezeichnet man situativ aus dem Morphembestand neu gebildete Lexeme, die nicht von anderen Sprechern aufgegriffen und damit nicht Teil des einzelsprachlichen Wortschatzes werden. Erst wenn eine Neubildung von der Sprachgemeinschaft übernommen, d.h. Teil des Wortschatzes einer Sprache wird, kann man sie als neues Wort, als sog. Neologismus betrachten.

Produktive Wortbildungsverfahren können rekursiv angewendet werden. Das heißt, daß ein Lexem a) nach und nach über verschiedene Verfahren abgeleitet werden oder b) ein Neologismus direkt über mehrere gleichzeitig angewendeter Verfahren entstehen kann:

a) Basislexem: *fin* (Nomen) 1. Derivation: *fin-ir* 2. Derivation: *fin-iss-age*
b) Basislexem: *bleu* (Adjektiv) Konversion + Komposition: *bleu de travail*

Morphologisch komplexe, durch Wortbildung entstandene Wörter gelten als weniger arbiträr als einfache, sog. Simplexwörter, denn man kann ihren Inhalt als Summe der Inhalte der Bildungskomponenten erschließen. Bereits bei DE SAUSSURE findet sich die Aussage, *dix-neuf* sei ein weniger arbiträres Zeichen als *vingt*. Das Gegenstück zur Arbitrarität nennt man Motiviertheit, *dix-neuf* ist also motivierter als *vingt*. Motiviert sind Wortbildungsprodukte allerdings nur, wenn sich 1.) die verschiedenen Bildungskomponenten formal erkennen lassen und diese 2.) ein synchrones Paradigma haben (in anderen Fügungen mit etwa derselben Bedeutung zu finden sind). Wenn Teile einer komplexen Wortform diese Bedingungen nicht erfüllen, ist das Wort synchron demotiviert:

a)	motiviert	*dés-*	*-agréable*
	Fügung aus:	gramm. Ableitungsmorphem Allomorph zu *dé-*	lexikal. Ableitungsbasis
	Systeminhalt:	‚nicht, un-, ent-'	‚-angenehm'
	Paradigma:	*dé-favorable, dés-avantageux* synchrones Grammem	*agréable* synchrones Lexem
b)	demotiviert	*déjeuner* ‚zu Mittag essen'	

Das Adjektiv *désagreable* ist aufgrund der Durchsichtigkeit und der synchronen paradigmatischen Verankerung als motiviert zu analysieren, während das Verb *déjeuner* demotiviert ist. Es wurde auf einer früheren Sprachstufe von *jeuner* (‚fasten, nichts essen') abgeleitet, das es synchron nicht mehr gibt. Als es gebildet wurde, bedeutete es ‚das nächtliche Nicht-Essen beenden' = ‚frühstücken' (vergleichbar mit engl. *breakfast*). Über Zwischenstufen, die mit der Veränderung der Eßgewohnheiten in Zusammenhang standen, bekam es die Bedeutung ‚zu Mittag essen'. Der Bestandteil *-jeuner* ist paradigmatisch verwaist (das Grundverb gibt es nicht mehr, die Bedeutung hat sich verändert), und die Vorsilbe *dé-* hat nicht die übliche Systembedeutung.

Der Wortschatz einer Sprache ist außer durch Wortbildung auch über Entlehnungen bereicherbar. Die aus anderen Sprachen übernommenen Lexeme werden dabei dem System der Empfängersprache mehr oder weniger stark eingegliedert, d.h. lautlich und grammatisch angepaßt; häufig kommt es auch zu inhaltlichen Veränderungen. Derart intergrierte Fremdwörter können dann auch als Basis für Wortbildung, d.h. für Neologismen dienen: engl. *to surf* wurde als *surfen* ins Deutsche entlehnt und davon der Neologismus *herumsurfen* abgeleitet.

5.4.1.1. Komposition: lexikalisches Morphem + lexikalisches Morphem

Die Zusammensetzung zweier oder mehrerer lexikalischer Morpheme zu einem neuen Wort, u.U. unter Einfügung eines grammatischen Beziehungsreglers, bezeichnet man als Komposition, die dabei entstehenden neuen Wörter als Komposita. Komposition ohne grammatische Bindeglieder nennt man asyndetisch (,reihend').

Typ Nomen + Nomen	*chemin de fer*	asyndetisch:	*cigarette-filtre*
	fer à repasser		*timbre-poste*
	arc-en-ciel		*moissonneuse-batteuse*

Im Französischen ist hauptsächlich die Substantiv-Komposition produktiv; die Komposition zur Bildung neuer Adjektive (wie z.B. *aigre-doux*) spielt eine untergeordnete Rolle und Verbkomposition ist kaum mehr produktiv. Ob man Kombinationen wie *faire part*, dt. ,mitteilen', als Verbkomposita betrachten darf, ist umstritten. Auf früheren Sprachstufen lexikalisierte Verbkomposita sind heute meist demotiviert:

saupoudrer	,bestreuen'	<	,poudrer de sel'
colporter	,verbreiten, mit etw. hausieren gehen'	<	,porter à col'

Innerhalb eines Kompositums besteht zwischen den Bildungskomponenten meistens ein hierarchisches Verhältnis, sie sind sog. Determinativkomposita. Von den oben genannten Beispielen ist nur *moissonneuse-batteuse* nicht-determinativ aufgebaut. Bei allen anderen ist jewels ein Element (sog. Determinans) insoweit untergeordnet, als es das andere, dominierende Element (sog. Determinatum) lediglich inhaltlich näher bestimmt. Die Dominanz des Determinatums manifestiert sich auch darin, daß es die Wortart und das Genus des gebildeten Wortes festlegt. Im Deutschen geht in Determinativkomposita das Determinans in der Regel dem Determinatum voraus, im Französischen ist die Abfolge normalerweise spiegelbildlich:

	Determinans	Determinatum		Determinatum	Determinans
dt.	*Blumen-*	*kohl*	frz.	*chou-fleur*	
	Wasch-	*maschine*		*machine (à) laver*	
	Filter-	*zigarette*		*cigarette-filtre*	

Aufgrund englischen Einflusses kommt es allerdings bereits seit dem 19. Jahrhundert zu Bildungen mit umgekehrter Determinationsrichtung (z.B. *autoécole*).

Regelmäßig nicht-determinativ aufgebaut sind französische Komposita aus Verb und Nomen:

Verb + Nomen   *tire-bouchon*
               ouvre-boîte
               perce-neige

Es ist umstritten, auf welche Verbform man das erste Element dieser Komposita zurückführen soll (Verbstamm, Imperativ, 3. Pers. Sg. Präs.). Um das Problem zu umgehen, sind sie auch schon als direkt lexikalisierte Rumpfsätze gedeutet worden (*il tire le bouchon* > *tire-bouchon*):

Bei Nomen+Adjektiv-Komposita, wie z.B. *carte postale*, ist synchron die Abfolge Determinatum-Determinans üblich, die auch in freien Syntagmen die Normalstellung ist; bei stark demotivierten Fügungen wie *grand-rue* oder *bonhomme* ist die Anordnung so, wie sie auf älteren Sprachstufen des Französischen syntaktisch üblicher war und heute nur noch in bestimmten Fällen möglich ist (→ 6.5. Text A).

Adjektiv + Nomen   *petit pain*   Nomen + Adjektiv   *cercle vicieux*
                   grand lit   *ondes courtes*

Ein morphologisches Problem stellt auch die sog. *composition savante* dar, bei der z.B. griechische oder lateinische Elemente mit einem anderen griechischen / lateinischen oder französischen Element verbunden sind. Der Status als Lexem oder Grammem ist für die gelehrten Bildungselemente umstritten und damit auch, ob es sich um Komposition oder Derivation handelt. Für Komposition spricht, daß sie sowohl als erstes als auch als zweites Element innerhalb einer Fügung erscheinen können (*phonographe* vs. *grammophone*) und daß ihnen eine einheitliche lexikalische Bedeutung entspricht, die sie in allen Verbindungen konstant behalten. Ausnahmsweise kommen sie zudem auch als eigenständige Wörter vor (wie z.B. *sphère*):

Gelehrte Bildungen   *hydromètre*   *hydro* = ‚Wasser'   [...]
                     biosphère   *bio* = ‚Leben'   *sphère* = ‚Bereich, Gebiet'

5.4.1.2. Derivation: grammatisches Wortbildungsmorphem + lexikalisches Morphem

Von Derivation spricht man, wenn durch Anfügen grammatischer Wortbildungsmorpheme (Affixe) an ein lexikalisches, autosemantisches Element (Ableitungsbasis, Basislexem oder Wortstamm) ein Wort aus einem anderen abgeleitet wird. Affixe lassen sich, je nach Stellung zur Basis, weiter untergliedern:

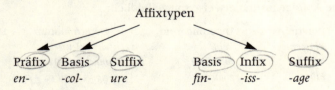

Wörter, die wie *en-col-ure* (dt. ‚Kragenausschnitt') über ein Präfix und ein Suffix von einem Basislexem abgeleitet sind, bezeichnet man auch als Parasynthetikon. Als Wortbildungssuffix umstritten sind die französischen Infinitivendungen, da sie auch einen grammatischen Modus ausdrücken (‚Infinitiv' im Gegensatz zu ‚Imperativ'

usw.). Lehnt man die Infinitivendung als Wortbildungsmorphem ab, dann bleiben im Französischen kaum Parasynthetika übrig. Läßt man sie gelten, dann gibt es relativ viele französische Verben, die parasynthetisch, d.h. durch Präfix und Suffix morphologisch abgeleitet sind. Im Folgenden werden die Infinitivendungen *-er* und *-ir* jedenfalls als Wortbildungsmorpheme betrachtet.

Lexikalische Derivationsmorpheme verändern nur den lexikalischen Inhalt des Basislexems, die Wortart bleibt erhalten. Ein französisches Beispiel für ein nicht mehr besonders produktives und sehr oft demotiviertes lexikalisches Suffix ist die Diminutivendung *-et* / *-ette* (Nomen: *oselet, cigarette*; Adjektiv: *rondelet*). Zu den wortartkonservierenden Fügungen gehören auch die sehr frequenten Präfixbildungen. Hierbei sind synchron produktive, motivierte Verbindungen zu unterscheiden von stark demotivierten, die häufig bis auf lateinische Präfixverben zurückgehen:

> Ein präfigiertes Verb wie *réintroduire* (‚wiedereinführen') ist noch als Ableitung von *introduire* (‚einführen') zu analysieren, *reluire* (‚glänzen, schimmern') hat hingegen die gleiche Bedeutung wie seine ehemalige, synchron nicht mehr existente Ableitungsbasis *luire* (‚scheinen, glänzen').

Beispiele für produktive verbale Präfixe:

in-, im-, il-, ir-	impossible	re-, ré-,	redire	pré-	prédire
	illegal		recommencer		prédisposer

Der Übergang zwischen Komposition und Präfigierung ist fließend (→ 5.5. Text C): wenn ein Präfix synchron auf eine Präposition mit z.B. räumlichen Inhalt (Lexem) zurückgeführt werden kann und in etwa den gleichen Inhalt hat, dann liegt Komposition vor; bei reduzierter Semantik ist es hingegen als Präfix zu interpretieren und die Fügung als deriviertes Verb.

Grammatische Derivationsmorpheme sind dadurch gekennzeichnet, daß sie einen Wortartwechsel bewirken. Produktive grammatische Wortbildungssuffixe des Französischen sind z.B.:

Verb zu Nomen	-age	bricolage	-ment	enrichissement	-t/s/x/ion	création
		patinage		découragement		admiration
Nomen zu Adjektiv	-eux	nuageux	-el/-al	mortel	-aire	bancaire
		avantageux		caricatural		élitaire

5.4.1.3. Konversion, Null-Ableitung: Wortartwechsel ohne morphologische Mittel

Wird ein Wort ohne formale Veränderung am Wortkörper in eine andere Wortart bzw. Distributionsklasse überführt, spricht man von Konversion.

Im Deutschen ist die Konversion von Infinitiven zu Substantiven produktiv (vgl. *mitführen* in *Das Mitführen der Fahrerlaubnis ist obligatorisch*), im Französischen hingegen nicht mehr. Auf früheren Sprachstufen konvertierte Infinitive haben fast immer eine dem synchronen Infinitiv nicht mehr entsprechende Bedeutung angenommen (z.B. *le lever* als ‚Aufstehritual der absolutistischen Könige'), sind also mit einer speziellen Sonderbedeutung lexikalisiert. Synchron produktiv ist die Konversion von Adjektiven, Adverbien, Pronomina und Nomina:

Adjektiv zu Nomen	*le vrai, le bleu, une blonde*
Adverb zu Adjektiv	*un homme bien*
Adjektiv zu Adverb	*chanter fort / faux,*
Pronomen zu Nomen	*le moi, le ça* (dt. ‚das Es'), *un rien*

5.4.1.4. Motion oder Movierung

Im Französischen ist die grammatische Kategorie Genus (fem. / mask.) über Determinanten (*la, le / un, une / petit, petite* usw.) und rudimentär auch bei den Pronomina (*elle / il*) realisiert; ein inhärentes Genus zeigt sich über die grammatische Kongruenz mit anderen Elementen im Satz.

Am Substantiv markiert werden kann, u.a. über morphologische Mittel, der Sexus (das biologische Geschlecht), wenn ein Wort menschliche oder tierische Lebewesen bezeichnet. Die Ableitung eines Wortes zur Bezeichnung für den jeweils andersgeschlechtlichen Referenten bezeichnet man als Motion; normalerweise ist das Element mit dem Inhalt ‚weiblich' das morphologisch abgeleitete d.h. stärker markierte. Motion wird im Französischen über Stammalternanz, Suffigierung, determinierende Adjektive (*femelle / mâle* bei Tieren, *femme / homme* bzw. ø bei Menschen) oder über den Wechsel der Genusmarkierung am Determinanten ausgedrückt (sehr selten):

Wortstämme:	*un étalon* (‚Hengst')	/ *la jument* (‚Stute')
Suffigierung:	*le lion* (‚Löwe')	/ *la lionne* (‚Löwin')
	le paysan (‚Bauer')	/ *la paysanne* (‚Bäuerin')
Komposition:	*le hareng mâle* (‚männlicher Hering')	/ *le hareng femelle* (‚weiblicher Hering')
	la souris mâle (‚Mäuserich')	/ *la souris femelle* (‚Mäusin')
	un (ø) architecte	/ *une femme architecte*
Genusmarkierung:	*un psychiatre* (‚Psychiater')	/ *une psychiatre* (‚Psychiaterin')

Die feministische Linguistik hat der Auffassung Geltung verschafft, daß bei eigentlich sexus-neutralen Bezeichnungen für Prestigeberufe das Konnotat [+ männlich] fast zum sprachlichen Merkmal geworden ist, weil diese Berufe früher von Frauen nicht ausgeübt wurden. Insoweit Frauen mit dem gesellschaftlichen Wandel in diesem Berufen arbeiten und verstärkt arbeiten sollen, müsse sich dies auch in sexus-markierten Bezeichnungen manifestieren. Diverse Mittel der Motion wurden daraufhin für diese Bereiche diskutiert und einige auch juristisch durchgesetzt. In Frankreich ist *Madame le ministre* inzwischen per Gesetz zu *Madame la ministre* geworden; in Kanada ist es bereits länger üblich, Berufsbezeichnungen wie *docteur, professeur, auteur, gouverneur* das Motionssuffix *-e* anzufügen, wenn es sich um eine weibliche Person handelt.

5.4.1.5. Rückbildung und Kürzung

Rückbildung als Mittel der Wortneuschöpfung gab es im Französischen schon immer. Auf diesem Weg wurden beispielsweise Nomina von Infinitiven abgeleitet. Ohne sprachgeschichtliches Wissen kann man allerdings nicht feststellen, ob ein Verb denominal abgeleitet wurde oder selbst die Ableitungsbasis für ein neues gekürztes Nomen war, denn das synchrone Ergebnis ist identisch:

Verb zu Nomen (Rückbildung)		Nomen zu Verb (Suffigierung)	
accorder	⇒ *accord*	*fin*	⇒ *finir*
visiter	⇒ *visite*	*forme*	⇒ *former*
arrêter	⇒ *arrêt*	*aide*	⇒ *aider*

Besonders produktiv ist im Französischen gegenwärtig die Lexikalisierung nominaler Abkürzungen, man kann von einem regelrechten Boom sprechen. Als einige wenige, aber sehr frequente Beispiele seien *stylo, météo, pub, manif, écolo* und *bac* genannt. Zu unterscheiden ist dabei, ob der erste Teil des Ableitungslexems gekürzt wird (*l'omnibus* > *le bus*: Aphärese) oder der letzte (*le pneumatique* > *le pneu*: Apokope). Hochfrequent ist im Französischen synchron nur die Apokopierung.

5.4.1.6. Lexikalisierung von Siglen und Akronymen

Im Französischen ebenfalls sehr produktiv ist die Lexikalisierung von Siglen (wie *C.G.T., E.N.A., O.N.U., S.M.I.C.*), die ihrerseits wieder als Basis für Wortbildung dienen. So gibt es zu *C.G.T.* den *cégétiste*, zu *E.N.A.* den *énarque*, zu *S.M.I.C.* den *smicard* und zu *O.N.U.* das Adjektiv *onusien* (*les troupes onusiennes*).

5.4.1.7. Übersicht zur Wortbildungsmorphologie des Französischen

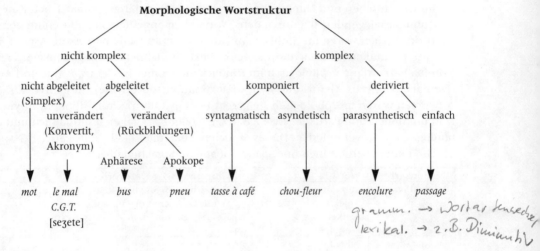

5.4.2. Flexion

5.4.2.1. Flexionsmorphologie als Ausdruck sekundärer syntaktischer Kategorien

Mit den produktiven morphologischen Verfahren der Wortbildung ist der einzelsprachliche Wortschatz erweiterbar. Der Funktionsbereich der Derivationsmorpheme erstreckt sich auf den lexikalischen Bereich. Davon zu unterscheiden sind diejenigen grammatischen Morpheme, die morphosyntaktische Funktionen haben. Sie werden unter dem Sammelbegriff Flexionsmorpheme zusammengefaßt und dienen dem Ausdruck sekundärer syntaktischer Kategorien wie Numerus, Genus, Tempus usw. Da diese Kategorien in den indoeuropäischen Sprachen morphologisch an bestimmte Wortarten gebunden sind, gelten die Wortarten (Nomen, Verb, Adverb usw., s.u.) nicht nur als Großkategorien des Wortschatzes, sondern auch als die primären Kategorien der Syntax.

Die klassische Wortartenaufteilung nimmt von der Verb-Nomen-Unterscheidung ihren Ausgang, die man traditionell als inhaltlich begründet betrachtete. So wurden Verben in der deutschen Schulgrammatik als ‚Tunwörter' bezeichnet, weil sie für Inhalte des Typs ‚Handlungen und Vorgänge' stehen, und Nomina als ‚Dingwörter', weil sie häufig ‚Gegenstände' bezeichnen. Eine derartige Klassifizierung über protoypische Inhalte ist in vielen sprachwissenschaftlichen Schulen unüblich geworden. Amerikanische Distributionalisten ließen beispielsweise nur noch Klassen im Sinne von Wortarten gelten, die über ihre identische Position im Satz als Paradigma erkennbar sind: Nach diesem formalen Kriterium macht also die syntaktische Umgebung Morpheme und Lexeme zu Mitgliedern einer sog. Distributionsklasse. Artikel, Adjektive, Demonstrativpronomina u.ä. bilden unter dieser Perspektive die Distributionsklasse der sog. Determinanten, wenn sie nominale Elemente im Satz begleiten. Neben den distributionalistischen Begriffen werden allerdings die traditionellen Wortartenbezeichnungen parallel weiter verwendet.

Im Griechischen und Lateinischen wurden die sekundären syntaktischen Kategorien zum überwiegenden Teil durch dem Wortstamm angefügte Flexionsendungen ausgedrückt. Verben waren im Hinblick auf Numerus, grammatische Person, Aspekt, Tempus, Modus und GENUS VERBI morphologisch gekennzeichnet (Konjugationsmorpheme). Nomina variierten morphologisch im Hinblick auf Numerus, Genus, Kasus und Adjektive nach Numerus, Genus und Kasus (Deklinationsmorpheme). Adjektive, z.T. auch Adverbien waren morphologisch steigerbar (Komparation). Präpositionen, Adverbien, Konjunktionen und Partikeln (wie z.B. frz. *oui* oder *non*) galten als inhaltlich und morphologisch nicht veränderbar. Dieses Modell hat die traditionelle europäische Grammatikschreibung übernommen und später auf andere Sprachen übertragen:

Flexionsart	Wortart	Grammatische Kategorie
Deklination	Substantiv Adjektiv Artikel Pronomen	Numerus (z.B. Singular – Plural) Genus (z.B. feminin – maskulin) Kasus (z.B. Nominativ – Akkusativ)
Komparation	Adjektiv (Adverb)	
Konjugation	Verb	Numerus (z.B. Singular – Plural) Grammatische Person (z.B. 1., 2., 3.) Genus verbi / Diathese (Aktiv – Passiv usw.) Aspekt (imperfektiv – perfektiv) Tempus (z.B. Präsens, Präteritum, Futur) Modus (Indikativ – Konjunktiv – Infinitiv usw.)
Unflektiert	Adverb Konjunktion Präposition Partikel	

5.4.2.2. Spezifische Ausdrucksverfahren des Französischen und die *orthographe grammaticale*

Das Französische ist zwar ein diachroner Abkömmling des Lateins, hat sich jedoch typologisch davon entfernt. So werden etwa die sekundären grammatischen Kategorien synchron kaum mehr über Flexionsendungen an Wortstämmen ausgedrückt, sondern häufig durch dem Wortkörper ausgelagerte grammatische Einheiten:

> Im folgenden lateinischen Beispielsatz ist eine verbale Flexionsendung Träger der Inhalte ‚grammatische Person (Singular)' und ‚Numerus (1. Pers. Sg.)'; im französischen Gegenstück wird hingegen beides, zusammen mit der Genusinformation, über ein vorangestelltes Subjektpronomen vermittelt:
>
> lat.   CANT -AT   frz.   *il/elle* chante

Im gesprochenen Französischen ist die Flexionsmorphologie des Nomens heute bis auf marginale Reste abgebaut, die des Verbs etwas weniger stark, gegenüber dem Lateinischen und anderen romanischen Sprachen jedoch erheblich. Grammatische Inhalte werden, wie am Beispiel sichtbar, über ausgelagerte Morpheme vermittelt. Die Inhalte sind dabei bisweilen auf mehrere Morpheme verteilt. Informationsträger für Genus und Numerus des Nomens sind im gesprochenen Französisch normalerweise die Determinanten (Artikel, Adjektive). Nur noch bei einigen wenigen Nomina gibt es einen hörbaren Unterschied zwischen Singular und Plural (z.B. *cheval* : *chevaux*, *bœuf* : *bœufs* und analoge Formen), eine Numerusmarkierung ist ansonsten nur noch in der *liaison* hörbar. Die Formen der regelmäßigen Verben auf *-er* flektieren im Hinblick auf grammatische Person und Numerus im Präsens nur noch in der 1. und 2. Person Plural. Vorangestellte Personalpronomina oder die Artikel des Nomens haben die Funktion der ehemaligen Endungen übernommen, wobei im Fall der Pronomina die geschriebene Pluralmarkierung *-s* (*les*) bzw. *–x* (*aux*) ebenfalls nur in der *liaison* hörbar ist.

Diese Gegebenheiten werden durch die französische Schreibung verschleiert. In ihr bewahrt sich ein Satz grammatischer Markierungen, die es im gesprochenen Vollzug nicht mehr gibt (sog. *orthographe grammaticale*). Die entsprechenden Inhalte finden sich zudem oft an anderer Stelle im Satz bereits ausgedrückt, so daß die graphische Markierung redundant ist und allenfalls noch die Funktion erfüllt, syntaktische Zusammenhänge zu verdeutlichen.

> *Les sœurs* de mon père jou*ent* au*x* boule*s*.
> [le sœːr də mõ pɛːr ʒu o bul]

Im Französischen gibt es also zwei morphologische Systeme: ein sprechsprachliches und ein schriftsprachliches. Viele Oppositionen, die in der gesprochenen Sprache formal nicht ausgedrückt sind, sind in der Schriftsprache noch morphologisch ausgewiesen. Damit stellt sich die Frage, inwieweit es diese Oppositionen im Französischen überhaupt noch gibt.

5.4.3. Übergeordnete morphologische ‚Bauprinzipien' des Französischen

Analytischer Sprachbau vs. synthetischer Sprachbau

Daß grammatische Inhalte, die im Lateinischen über Endungsmorpheme vermittelt wurden, sich im Französischen auf mehrere Formen verteilt finden, und Grundformen von Lexemen die Form von Lexien haben, kommt so häufig vor, daß man daraus ein typologisch charakterisierendes Bauprinzip des Französischen abgeleitet hat. Es sei ein Vertreter des sog. analytischen Sprachtyps, während sein diachroner Vorgänger, das Latein, den synthetischen Typ verkörpere. Als Beispiele für den verbalen Bereich werden die diskontinuierlichen Tempusformen angeführt, bei denen ein Hilfsverb zusammen mit einer infiniten Verbform als Tempussignal dient, oder auch das Passiv, das ebenfalls mit einem Hilfsverb gebildet wird. Im Bereich der Komparation ist die analytische Steigerung mit *plus* zu nennen, Teilbereiche der Kategorie Kasus werden über Präpositionalsyntagmen ausgedrückt.

lat. FECIT	frz. *il a fait*
lat. AMOR	frz. *je suis aimé(e)*
lat. LONGUS – LONGIOR – LONGISSIMUS	frz. *long – plus long – le plus long*
lat. MIHI EST (dt. ‚Es / Das gehört mir')	frz. *c'est à moi*

Dagegen könnte man einwenden, daß das Französische seinen Typus in einigen Fällen schon wieder überholt zu haben scheint. Eine in der Vorzeit des Französischen neu entstandene analytische Tempusform ist synchron synthetisiert: Im *futur simple* ist ein ehemals nachgestelltes Hilfsverb zum Suffix, zur Flexionsendung geworden:

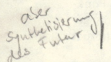

| spätlat. | CANTARE HABEO | protofrz. *(je) cantar-ayo* | neufrz. *je chanterai* |
| | dt. ‚Es gibt (noch) was zu singen für mich' | ‚Ich muß (noch) singen' implizit: ‚Ich singe später' | ‚Ich singe später', ‚Ich werde singen' |

Einen weiteren Einwand gegen die oft beschworene analytische Natur des Französischen erhob H. WEINRICH Anfang der 60er Jahre: Das analytische Gepräge sei ein Trugbild, das vom Schriftbild vorgegaukelt werde. Im gesprochenen Französisch sei aufgrund des *mot phonique* genaugenommen fast alles synthetisiert, da zu Hypereinheiten verschmolzen (<*je suis venu*> z.B. zu [ʒwivny]). Der Einwand ist allerdings nur zum Teil berechtigt, denn er beruht auf einer einseitigen Interpretation des Begriffs ‚analytisch': Unbestreitbar ist, daß im Französischen viele Amalgam-Morpheme des Lateinischen in ‚Ein-Inhalt / Eine-Form'-Segmente zerlegt und seriell um das Lexem herumgruppiert sind, was auf einer anderen Ebene eben doch analytisch (zerlegend) ist.

Prädeterminiertheit vs. Postdeterminiertheit

Adäquater schien WEINRICH das von BALDINGER (1968) als typologisches Kennzeichen des Französischen formulierte Prinzip der Prädeterminiertheit (gegenüber Postdeterminiertheit für das Lateinische): Die grammatischen Markierungen seien dem Lexem in der Regel vorangestellt. Dies gelte für den nominalen ebenso wie für den verbalen Bereich und zudem für die Abfolgeprinzipien der Wortbildung. Für die Nominalkategorien ließe sich diese Analyse auf folgende Fakten stützen:

Nominalkategorien	lat.	frz.
Kasus (Genitiv)	MANSIO PATRIS	la maison du père
Genus (feminin)	ROSA	la / une rose
Numerus (Plural)	ROSAE	les / des roses (–s neufrz. nur in *liaison* hörbar)

Mit den Begriffen ‚analytisch' und ‚Prädeterminiertheit' können einige Bereiche der Morphosyntax des Französischen durchaus adäquat gekennzeichnet werden. Typologisch konsistente Sprachen, in denen nur nach einem morphologischen Prinzip ‚gebaut' wird, gibt es jedoch nicht: alle Sprachen sind in irgendeiner Weise Mischtypen – so auch das Französische. Eine neuere Entwicklung, die in Abschnitt 5.3.3. bereits angesprochen wurde, läuft z.B. dem Trend zur Prädetermination entgegen: da die Partikel *pas* in der gesprochenen Sprache häufig den Inhalt ‚Negation des Verbinhalts' allein signalisiert, vollzieht das Französische bei der Negation offensichtlich eine Entwicklung weg von der Prädetermination (*je ne sais*) hin zur Postdetermination (j'[s]*ais pas*).

Feste Syntax / wenig Morphologie vs. freie Syntax / viel Morphologie

Als typologisches Universale gilt, daß Sprachen, die grammatische Kategorien über Flexionsmorphologie ausdrücken, eine sehr freie Syntax aufweisen, während Sprachen mit einer schwachen Auslastung der morphologischen Komponente sehr feste syntaktische Regeln haben, wobei die verschiedenen Stellungsmuster grammatische Signalfunktion übernehmen.

Das morphologisch ‚reiche' Latein z.B. hatte eine große Stellungsfreiheit. Im Altfranzösischen blieben ein Teil der lateinischen Morphologie (z.B. Zweikasusflexion: Rectus – Obliquus) und damit Reste der Stellungsfreiheit bewahrt. Zum Neufranzösischen hin ist die Morphologie in den Hintergrund getreten und die Syntax zum grammatischen Informationsträger geworden: Das Verb ist im einfachen Aussagesatz normalerweise an zweiter Stelle zu finden, Stellungsänderungen gehen mit Bedeutungsänderungen einher oder sind idiomatisierte Relikte. Wie funktional die syntaktische Stellung im Französischen ist, wird im nächsten Kapitel noch deutlich werden.

5.5. Reader zur Morphologie

Text A: Zu den morphologischen Grundbauweisen in der Sprachtypologie

aus: INEICHEN, G.: *Allgemeine Sprachtypologie. Ansätze und Methoden.* Darmstadt, ²1991. S. 46 ff.

IV. DIE MORPHOLOGISCHE TYPOLOGIE

Die klassische Typologie unterscheidet vier Haupttypen von Sprachen; den isolierenden, den agglutinierenden, den flektierenden und den inkorporierenden oder polysynthetischen Typ. Als Kriterium für deren Festlegung gilt die morphologische Struktur der Wörter, und zwar unter dem Gesichtspunkt, daß es entweder eine mehr oder weniger deutlich erkennbare Morphologie gibt oder nicht. Das erste ist der Fall, wenn Formelemente in irgendeiner Art und Weise zu einem Stammelement treten, wobei in Kauf genommen wird, daß über den Grad der Verschmelzung keine genauen Angaben gemacht werden. Das zweite ist der Fall, wenn die morphologischen Funktionen in bestimmter Weise – z.B. durch Wortstellungsregeln – auf die Syntax abgewälzt werden.

Die vier Haupttypen sind nicht genau definiert. Eine Definition ist in dem mit diesen Typen gegebenen Rahmen nicht zu leisten. Es ist auch keiner der Typen unvermischt zu finden. Man betrachtet sie am besten als Etiketten, denen eine gewisse klassifikatorische Funktion zukommt. [...]

Der isolierende Typ

Der Begriff der Isolation beruht auf der Feststellung, daß jedes Wort einer isolierenden Sprache nur eine einzige Form hat. Das Wort ist unveränderlich; Formelemente werden nicht angefügt. Die syntaktischen Beziehungen werden durch die Stellung der Elemente im Satz und durch selbständige Funktionswörter ausgedrückt. Der Begriff des Wortes wird hier naiv genommen. [...]

Als Beispiel für den isolierenden Typ gilt traditionell das klassische Chinesisch. Man vergleiche dazu auch den folgenden Satz des Khmer: °morgen ich MORPHEM gehen Haus euch°, d. h. „morgen werde ich zu euch gehen", wobei das MORPHEM die Modalität der Handlung anzeigt [...]. Doch werden in dem hier gegebenen Rahmen auch europäische Sprachen wie das Französische oder das Englische genannt.

Der agglutinierende Typ

Der Begriff der Agglutination beinhaltet, daß Formelemente als Suffixe an Stammelemente treten, und zwar in der Weise, daß die Begrenzung der Elemente vollkommen klar bleibt. Die grammatischen Funktionen haben jeweils eigene Suffixe; die für die flexionellen Sprachen typische Funktionskumulierung tritt nicht auf.

Als typisches Beispiel für eine agglutinierende Sprache gilt das Türkische: Es gehören jedoch alle ural-altaischen und auch die Bantusprachen dazu. Man vergleiche:

türk.	ev	„das Haus"
	ev-im	„mein Haus"
	ev-ler	„die Häuser"
	ev-ler-im	„meine Häuser"

[...]

Der flektierende Typ

Wie im Falle der Agglutination treten auch bei der Flexion Formelemente als Suffixe an die Stammelemente. Entscheidend ist jedoch für den Begriff der Flexion, daß sich diese Elemente gegenseitig mehr oder weniger stark durchdringen. Dabei können die Formelemente mehrere Funktionen kumulieren (a); der Stamm kann sich bei der Flexion verändern und selbst auch grammatische Funktionen übernehmen (b). Man vergleiche:

a) lat.   *amic-us*   [+ Genus, + Numerus, + Casus]
b) lat.   *facio- feci*   [+ Tempus, mit Ablaut]
   frz. *je fais - je fis*

Um dieser Besonderheit der flexionellen Sprachen gerecht zu werden, führte Sapir (1921) den Begriff der Fusion ein.

Der flektierende Typ ist in hervorragender Weise durch die indogermanischen Sprachen vertreten. Es ist bekannt, daß er den deutschen Typologen des 19. und des beginnenden 20. Jahrhunderts als der Idealtyp des menschlichen Sprachbaus überhaupt erschien.

Der inkorporierende Typ

Die inkorporierenden oder polysynthetischen Sprachen gliedern alle grammatischen Funktionen mit Hilfe von Zusätzen um einen einzigen Stamm, so daß der Satz wie aus einem einzigen Wort bestehend erscheint.

„Europäisch" gesehen erscheint das Verfahren der Inkorporation besonders undurchsichtig und schwierig. Als Beispiel dient gewöhnlich das Grönländische [...].

Oft werden die amerikanischen Indianersprachen global als inkorporierend bezeichnet, obwohl schon Boas [...] diese Vorstellung abgelehnt hat. [...]

Nach Jakobson [...] sind auch die paläosibirischen Sprachen inkorporierend. Es treten dort „bestimmte Determinanten, die durch Stämme ohne Endungen ausgedrückt werden, vor das Determinatum, verbinden sich mit diesem und bilden einen Komplex, dessen Komponenten phonologischen Veränderungen unterworfen werden". [...] Man betrachte das folgende Beispiel:

tschuktsch.   g-aća-*kaa*-nmi-len
              ᴑ PRÄFIX-Fett-Renntier-töten-MORPHEM ᴑ
              „man hat das fette Renntier getötet"

Das Präfix ist dasjenige des effektiven Aspekts des substantivierten Verbs, das Morphem dasjenige der 3. Person Singular [...]. [...]

Nun kann der Begriff der Inkorporation auch umgekehrt aufgefaßt werden. Nach Mel'nikov [...] sind die Morpheme dieser Sprachen sämtlich Stammelemente und nicht Zusätze zu einem einzigen Stamm. [...] [Es] bestünde das komplexe Wort demnach aus einer Kette von prädikativen Kernen, die zusammen eine Kette von Sätzen ausdrücken. Diese Sätze wären unvergleichlich viel abstrakter als diejenigen etwa der flektierenden Sprachen. Man könnte dann sagen, daß den einkernigen Sätzen der flektierenden Sprachen der inkorporierende Satz als Komplex entspricht.

Text B: Zur Problematik der Wort-Definition

aus: LYONS, J.: *Einführung in die moderne Linguistik.* München, ²1972. S. 197 f. und 204 f.

5.4. *Das Wort*

5.4.1. *Morphologie und Syntax*

Das Wort ist in der traditionellen Grammatik die Einheit *par excellence*. Es ist die Grundlage für die Unterscheidung, die häufig zwischen Morphologie und Syntax getroffen wird, und es ist gleichzeitig die wichtigste Einheit der Lexikographie.

Nach der herkömmlichen Unterscheidung von Morphologie und Syntax befaßt sich die *Morphologie* mit der Struktur der Wörter und die Syntax mit den Regeln zur Fügung von Wörtern zu Sätzen. [...] Von der Etymologie her ist ist <Morphologie> einfach die <Erforschung der Formen> und <Syntax> die Theorie des „Zusammenfügens"; es wurde von den traditionellen Grammatikern vorausgesetzt, daß es sich bei den in der Grammatik besprochenen <Formen> um Wortformen handelt und daß die Wörter die Einheiten sind, die <zusammengefügt> bzw. zu Sätzen verbunden werden. In älteren Büchern über die Sprache wird die Unterscheidung zwischen Morphologie und Syntax zuweilen als Unterscheidung zwischen <Form> und <Funktion> dargestellt. Auch diese geht stillschweigend vom Primat des Wortes aus. Entsprechend der <Funktion> der Wörter im Satz, die von den Regeln der Syntax erklärt wird (unter Hinweis auf die Begriffe wie <Subjekt>, <Objekt>, <Komplement> usw.), nehmen die Wörter verschiedene <Formen> an; die verschiedenen <Formen> werden in der Morphologie behandelt. [...]

5.4.9. *<Kleinste freie Form>*

Die erste Antwort, die wir uns ansehen wollen, ist die Bloomfields. Sie ist wahrscheinlich der bekannteste moderne Versuch, für das Wort eine allgemeine, auf alle Sprachen anwendbare Definition zu erstellen. Nach Bloomfield ist das Wort <eine kleinste freie Form>. Dies setzt [...] die Unterscheidung von <freien> und <gebundenen> Formen in folgendem Sinn voraus: Formen, die nie alleine als ganze Äußerungen [...] vorkommen, sind *gebundene* Formen; solche, die alleine als Äußerungen vorkommen können, sind *freie*. [...] Der Leser wird sofort erkennen, daß diese Definition, wenn überhaupt anwendbar, eher auf phonologische Wörter als auf grammatische zutrifft. Bloomfield hat zwischen diesen beiden nicht klar unterschieden.

Text C: Zum Abgrenzungsproblem Komposition – Derivation

aus: SCHPAK-DOLT, N.; *Einführung in die französische Morphologie.* Tübingen, 1992. S. 76 ff.

2.3.2. Was ist ein Präfix?

Die meisten Präfixe gehen, diachron gesehen, zurück auf Adverbien und Präpositionen. Dieser Umstand fließt in älteren Arbeiten in die Definition des Präfixes ein und führt dazu, daß auch freie Morpheme als Präfixe bezeichnet werden. [...] In neueren Arbeiten wird [...] als eines der Definitionsmerkmale des Präfixes angegeben, daß es gebunden ist. Hiernach ist der Begriff „trennbares Präfix" ein Widerspruch in sich. [...]

Ein Präfix ist ein Derivationsaffix, das der Derivationsbasis vorangeht [...]. Somit sind Präfixe definitionsgemäß gebunden, freie Präfixe kann es nicht geben. Im folgenden Abschnitt wollen wir die Konsequenzen dieser Auffassung beleuchten.

2.3.3. Abgrenzung der Präfigierung gegenüber der Komposition

In vielen älteren Arbeiten, z. B. Darmesteter (1875) und (1877) oder in den älteren Auflagen des Grevisse, wird Präfigierung als Sonderfall von Komposition behandelt. Dann gibt es natürlich kein Abgrenzungsproblem. Für die nachfolgende Diskussion wird vorausgesetzt, daß Präfigierung als eine Art der Derivation verstanden wird.

2.3.3.1. sur, sous, entre, contre, pour

Sind die folgenden Beispiele Präfixbildungen?

(a) *surprendre, surseoir, surveiller, survivre*
(b) *suralimenter, surcharger, surchauffer, surestimer, surexciter, surexposer, surproduire*

Die Beispiele der Serie (a) halten wir für formal analysierbar, aber demotiviert und lassen sie beiseite. Für die Serie (b) stellen wir folgende Überlegung an:

Wenn wir *surchauffer* vergleichen mit *sur le boulevard, sur la tête*, haben wir es dann mit dem gleichen *sur* oder mit zwei homonymen *sur* zu tun? Wenn es das gleiche *sur* ist, dann enthält *surchauffer* das freie Morph *sur*, und es liegt definitionsgemäß kein Präfix vor. Dann muß *surchauffer* als Kompositum gelten. Wenn wir aber Homonymie annehmen, dann haben wir ein sur_1 als Präposition und daneben ein sur_2- als Präfix, denn dieses sur_2- ist ja stets gebunden. Die gleiche Überlegung läßt sich auch für *sous-exposer, contredire, entrecouper, accourir, enfermer* anstellen.

Unbestreitbar ist die Bedeutung nicht genau die gleiche; frei vorkommend bedeutet *sur* ‚auf, über'; in *surchauffer* bedeutet es ‚zuviel'. (Um die Sache nicht weiter zu komplizieren, lassen wir *survoler* und *surmonter* zunächst einmal beiseite.) Die Frage ist nur: Ist der Bedeutungsunterschied hinreichend groß, um von Homonymie zweier Formen zu sprechen, oder ist er so gering, daß man von Polysemie (oder Bedeutungsverschiebung) einer Form sprechen kann? Wir verschaffen uns zunächst einen Überblick:

(1) *sur*: s. o.

(2) *sous*:
  (a) *soupeser, sourire, soutenir, Souvenir*
  (b) *sous-estimer, sous-évaluer, sous-exposer*
  (c) *souligner, sous-louer, souscrire, sous-ritrer*

Die Beispiele der Reihe (a) halten wir für demotiviert, in Reihe (b) bedeutet der Verbzusatz *sous-* (‚zu wenig') etwas anderes als die Präposition, und in (c) ist die Beziehung zur Präposition deutlich sichtbar. Beim Verb *soumettre* kann man schwanken, ob man es unter (a) oder unter (c) einordnen will.

(3) *entre*:
  (a) ‚gegenseitig': *s'entr'accuser, s'entr'aimer, s'entr'aider*
  (b) ‚in der Mitte': *entrecouper, entrecroiser, entrelacer, entremêler*
  (c) ‚zur Hälfte': *entrebâiller, entr'ouvrir, entrevoir*

In (a) und (b) steht der Verbzusatz der Präposition bedeutungsmäßig sehr nahe: *Les loups ne se mangent pas entre aux. Mettre une chose entre deux autres.* In (c) sehen wir einen Bedeutungsunterschied zur Präposition.

(4) *contre*:
   (a) *contrefaire, contredater, contrepasser, contreposer*
   (b) *contredire, contresigner, contrebalancer*

In Reihe (a) erblicken wir einen Bedeutungsunterschied zur Präposition, in (b) nicht. Zu (b) kann man noch die wenig gebräuchlichen Verben *contrebattre, contrebouter, contrepointer* anführen, ferner eine Reihe von nominalen Bildungen wie *contrepoids, contresens, contre-pied*.

(5) *pour*:
   poursuivre, pourchasser, pourvoir. Es ist keinerlei Zusammenhang mit der Präposition erkennbar.

Es ergibt sich kein übermäßig klares Gesamtbild: Der Bedeutungsunterschied ist deutlich bei *pour*, er ist nicht sehr groß bei *sur* und *sous*, und er ist je nach Einzelfall vorhanden oder nicht vorhanden bei *entre* und *contre*.

Neben den Verben gibt es auch Bildungen im Adjektiv- und Nominalbereich: *surfin, surhumain, suroffre, sous-officier, sous-bois, entre-ligne, entr'acte, entresol, contre-attaque, contrepoison, pourtour, pour-cent*.

Im Lichte dieser Tatsachen scheinen beide Schlußfolgerungen gleichermaßen einleuchtend:

Standpunkt A. Der Verbzusatz ist ein zur Präposition homonymes Präfix, somit sind die Verben Derivata.
Standpunkt B. Der Verbzusatz ist identisch mit der Präposition, somit sind die Verben Komposita.

In der Literatur findet man sowohl A als auch B vertreten. Martinet (1979: 242/243) sieht hier Homonymie zwischen Präfix und gleichlautender Präposition. Für Rohrer (1977: 171) liegt Komposition aus Präposition und Verb vor, wobei er behauptet, die Verbalkomposition beschränke sich auf Bildungen mit den Partikeln *entre, contre, sous, sur*. Grevisse (1986: 257 ff.) geht noch weiter als Rohrer und sieht Komposition in allen Fällen, wo der Verbzusatz mit einer Präposition formal identisch ist oder als Variante einer Präposition angesehen werden kann.

Text D: Morphologie und Morphemabfolge – nicht-arbiträr gesehen

übertr. aus: BYBEE, J.: *Morphology. A Study of the Relation between Meaning and Form*. Amsterdam (Phil.), 1985. S. 3 ff.

Die traditionelle Morphologie befaßte sich damit, Morpheme zu identifizieren: Wörter wurden in Teile zerlegt, denen man jeweils einen Inhalt zuschrieb. Man ging stillschweigend davon aus, daß Wörter tatsächlich aus solchen abgrenzbaren Teilen bestehen, die man linguistisch beschreiben kann. Diese stillschweigende Voraussetzung bringt allerdings eine Reihe von Problemen mit sich. Einerseits sind Wörter nicht ohne weiteres in formal abgrenzbare Einheiten zergliederbar, denn es gibt inhaltliche Einheiten, denen formal nichts im Wort entspricht (sog. Nullmorpheme), oder aber Wortbestandteile, die nicht mit irgendeiner spezifischen Bedeutungskomponente belegt zu sein scheinen (sog. leere Morpheme). Manchmal ist es schlicht unmöglich, die Grenze zwischen morphematischen Gliedern eines Wortes festzulegen. Es gibt zudem Morpheme, die unterschiedliche Form annehmen, je nachdem, in welcher Umgebung sie erscheinen (Allomorphie). All dies untergräbt die Idealvorstellung von einer 1-zu-1-Entsprechung zwischen spezifischen Inhalten und ihrer Ausdruckseite. Die meisten Arbeiten zur Morphologie, nach wie vor orientiert an diesem Ideal, listen alles, was ihm nicht entspricht, als Abweichungen vom Ideal lediglich auf [...].

Die Herangehensweise, die wir im folgenden favorisieren, ist eine andere. Uns geht es nicht darum, ein morphologisches Modell zu entwickeln, mit dem man Systeme beschreiben kann. Unser Ziel ist vielmehr, Prinzipien einer morphologischen Theorie zu formulieren, die uns in die Lage versetzt, immer wieder zu beobachtende Eigenschaften morphologischer Systeme (z.B. Fusion von Elementen und Allomorphie) zu erklären. Traditionell betrachtete man diese besonderen Eigenschaften als Probleme. Wir begreifen sie jedoch als Ausdruck kognitiver und psychologischer Gegebenheiten, die im Sprechenden, dem Verwender von Sprache, verankert sind. [...]

Die Theorie, die wir zu entwickeln gedenken, geht von der Grundannahme aus, daß viele Eigenschaften morphologischer Systeme erklärbar sind, d.h., daß die Arbitrarität im morphologischen Bereich weniger ausgeprägt ist, als man gemeinhin annimmt. [...]

Eine zentrale Hypothese, die wir zugrunde legen und statistisch überprüfen wollen, ist die, daß der Grad der Nähe oder gar morpho-phonologischen Verschmelzung zwischen einem Affix und einem Wortstamm möglicherweise zusammenhängt mit dem Grad der inhaltlichen Relevanz, den das Affix für den Stamm hat. [...] So ergibt sich z.B., gemessen am Kriterium der Relevanz, eine Rangliste bei den Verbalkategorien: Valenz, Diathese, Aspekt, Tempus, Modus, Numerus- und Personenkongruenz. [...]

Der Unterschied zwischen Derivation und Flexion, der in jedem Buch zur Morphologie abgehandelt wird, ist nach unserer Auffassung eher gradueller als distinktiver Natur.

5.6. Literaturangaben

Morphologie allgemein → auch 6.6.

- Handbuch   BOOIJ u.a. (Hgg.) (1999)
- Französisch BÉCHADE (1992), KILANI-SCHOCH (1988; natürliche Morphologie, → 7.2.2.), SCHPAK-DOLT (1992)

Grammatikalisierung

- Allgemein   BYBEE (1985), BYBEE u.a. (1994), HOPPER/TRAUGOTT (1993), LEHMANN (^{2}1998)
- Romanistisch LANG/NEUMANN-HOLZSCHUH (Hgg.) (1999), MICHAELIS/THIELE (1996)

Idiomatisierung/Phraseologie

- Allgemein   PALM (^{2}1997; Einführung)
- Romanistisch BÀRDOSI (1992, frz.-dt./dt.-frz.; mit Übungsteil), TARD (1994, frz.-dt./dt.-frz; übersichtlich zum Lernen), THIELE (LRL V,1/1990, S. 88–94)

Wortarten   STAIB (LRL II, 1/1996, S. 355–368; gesamtromanisch)

Wortbildung

- Überblickswissen MITTERAND (*Que sais-je?* 270, ^{9}1996), ZWANENBURG (LRL V,1/1990, S. 72–77)
- Romanistisch
  Diachron LÜDTKE (LRL II,1/1996, S. 235–272)
  Traditionell MEYER-LÜBKE (Bd. 2, 1966), WARTBURG (^{12}1993)
  Französisch CORBIN (Hg.) (1991), *Mettre au féminin* (1994; Motion), NIEDZWIECKI (1994; Motion), ROHRER (^{2}1977), THIELE (^{3}1993), WEIDENBUSCH (1993)

Flexion

- Überblickswissen HUNNIUS (LRL V,1/1990, S. 59–71), MOK (LRL V, 1/1996, S. 112–125)
- Romanistisch
  Diachron GECKELER (LRL II,1/1996, S. 199–222), OESTERREICHER (LRL II,1/1996, S. 273–309)
  Traditionell LAUSBERG (Bd. III, ^{2}1972), MEYER-LÜBKE (Bd. 3, 1966)
  Französisch DUBOIS (Bd. 2, 1974–1976), PLÉNAT (1981)
  Diachron PRICE (1988)

Typologie

- Überblickswissen HAGÈGE (*Que sais-je?* 2006, ^{5}1999)
- Allgemein COMRIE (^{2}1989), GECKELER (1989), GREENBERG (1974), INEICHEN (^{2}1991)
- Romanistisch BOSSONG (LRL VII/1998, S. 1003–1020)
- Französisch BALDINGER (1968), ECKERT (1986), INEICHEN (1989), WEINRICH (1962)

Verwendungsfrequenz

- Französisch JUILLAND/BRODIN/DAVIDOVITCH (1970; Frequenzwörterbuch)

6. Syntax

Deux voyantes se rencontrent: « Tu vas bien! » dit la première
« Et moi? »   aus: KEMMNER (Hg.): *La France qui rit.*

6.1. Abgrenzung der Untersuchungebene

6.1.1. Syntax zwischen Morphologie und Textlinguistik

Die syntaktische Analyse (von griechisch *syntaxis*, dt. ‚Zusammenstellung') befaßt sich mit den Regeln und Verfahren, mit denen lexikalische und grammatische Bedeutungsträger zu Wortgruppen und zu komplexeren Einheiten (Sätzen) kombiniert werden; sie liefert zudem Erklärungsmodelle für die Funktionen der Satzstellung und der morphosyntaktischen Markierungen. Zur Syntax gehören als primäre Kategorien die Wortarten (bzw. Distributionsklassen), weiterhin die sog. sekundären Kategorien, die an manchen Wortarten formal markiert werden (wie z.B. Numerus, Genus, Kasus, Tempus, Modus usw.) und die funktionalen Kategorien, die den jeweiligen Satzgliedwert vermitteln (z.B. Subjekt, Prädikat oder Objekt). Die Regeln der Morphem-Kombination und die Verknüpfung zu größeren Einheiten (Diskursen, Texten → 6.5. Text D) spielen in die Einzelsatz-Syntax hinein, und so ist der Bereich nach unten und nach oben offen:

nach unten offen zur Morphologie: nach oben offen zur Textlinguistik:
⇒ Morphosyntax   ⇒ Makrosyntax, transphrastische Syntax

6.1.2. Der Unterschied zwischen Satz und Äußerung

Die Syntax beschäftigt sich grundsätzlich mit der Einheit ‚Satz', so wie die Morphologie sich grundsätzlich mit der Einheit ‚Wort' befaßt. In 5.3.2. war von der Problematik einer wissenschaftlichen Wort-Definition die Rede. Ein vergleichbares Problem besteht im Bereich der Syntax: Bis heute gibt es keine unumstrittene Auffassung vom ‚Satz' im Sinne einer eindeutigen Beschreibungsgröße. Bereits 1952 konnte der amerikanische Linguist C. C. FRIES 200 Antworten auf die Frage *Was ist ein Satz?* sammeln, seither dürfte sich die Anzahl vervielfacht haben.

Zentral für die verschiedenen Ansätze zur Satzdefinition ist, von welcher Seite man an die Frage herangeht (formal, inhaltlich, über die Referenz). Die abendländische Grammatik stellte Regeln für hypothetische, isolierte Einzelsätze ohne Textzusammenhang auf; der einfache, nicht verneinte Aussagesatz, bestehend aus Subjekt und Prädikat, wurde zum Modell für alles, was man als vollständigen, sog. wohlgeformten Satz akzeptierte. Heute wird zwischen Einzelsatz-Syntax und der Untersuchung konkreter Äußerungen unterschieden. Eine Äußerung wie *Die Erde ist rund* genügt zufällig auch den Kriterien der traditionellen Grammatik für einen Satz. Bei *Ein Bier bitte!* und *Danke!* (sog. Holophrasen) oder *Der schon wieder!* ist dies nicht der Fall. Je nach Perspektive sind es entweder keine Sätze, oder die Definition vom Satz muß entsprechend angepaßt werden. Als Faustregel kann gelten, daß jeder schulgrammatisch anerkennbare Satz auch eine vollständige Äußerung darstellt, aber nicht jede Äußerungseinheit den formalen Kriterien der traditionellen Grammatik für den vollständigen Satz genügt.

Die Beziehungsregelung zwischen den kombinierten Wörtern (Wortarten, primäre syntaktische Kategorien) wird einerseits über die Stellung der Satzglieder geleistet, andererseits über grammatische Markierung. Baut man Sätze um Nonsens-Lexeme herum, kann man die relativ autonome Funktionsweise morphosyntaktischer Beziehungsvermittlung spüren (das Beispiel geht auf OGDEN und RICHARDS zurück):

> Nehmen wir an, jemand tut eine Äußerung des Typs: >Der Gostak dispimmt die Doschen<. Sie wissen nicht, was das bedeutet? Wir auch nicht. Was wir aber auf jeden Fall wissen ist: Die Doschen werden vom Gostak dispimmt. Wir wissen außerdem: Der Dispimmer der Doschen ist der Gostak. Wenn uns zudem noch jemand zuruft, daß die Doschen heute Galluhnen sind, so ist uns sofort klar, daß der Gostak manchmal auch Galluhnen dispimmt. So können wir weitermachen – und so machen wir häufig weiter.

6.2. Modelle vom Satz und seinen Gliedern

Die Bilder von der komplexen Einheit Satz, die im Laufe der Syntaxgeschichte entworfen wurden, darf man (s.o.) nicht an konkretem Sprachmaterial messen, denn ihnen liegen idealisierte Vorstellungen zugrunde. Dies gilt z.T. auch noch für moderne Modelle.

An den Anfang sei das Subjekt-Prädikat-Modell der abendländischen Grammatik gestellt, das jedem aus der Schulgrammatik bekannt sein dürfte. Die auf die Antike zurückgehende Begrifflichkeit wird auch im 20. Jahrhundert zusätzlich weiter verwendet.

Daran schließt sich das Modell des Germanisten und Slawisten L. TESNIÈRE an. Er war vor dem ersten Weltkrieg als Mitglied des Prager Kreises in Deutschland tätig, seine Schriften wurden posthum entdeckt und 1959 veröffentlicht. Für ihn ist das finite Verb das Zentrum des Satzes, die Komplemente sieht er als dessen Satelliten.

Weiter geht es mit einer Skizzierung amerikanischer Syntaxschulen, mit Schwerpunkt auf der sog. Generativen Grammatik / GG. Deren Begründer N. CHOMSKY erklärte in den 60er Jahren die syntaktische Kompetenz zum Zentrum des menschlichen Sprachvermögens. Das Modell wurde von Mathematikern entwickelt und hat inzwischen 40 Jahre Reformulierung und Detailausarbeitung hinter sich. Zum Verständnis neuerer Versionen benötigt man viel spezielles Vorwissen. Eine kurze Kennzeichnung des Ansatzes soll im Rahmen dieser Einführung genügen; die Literaturhinweise öffnen jedem Interessierten die Möglichkeit, sich in Theorie und Praxis der GG zu vertiefen. Die sog. Kasusgrammatik war im Ursprung ein Nebenzweig der GG. Sie wurde von C. FILLMORE zu Anfang der 70er Jahre in Grundzügen formuliert. In ihrer aktuellen Form spielt sie in der neueren Linguistik insgesamt eine wichtige Rolle.

6.2.1. Das Modell der traditionellen Grammatik

Bis in die griechische Antike (ARISTOTELES) läßt sich das abendländische Modell vom einfachen Aussagesatz zurückverfolgen; es überträgt Kategorien der Aussagen-Logik auf natürliche Sätze:

Subjekt	Prädikat (+ Objekt, Objekte)
(Das, worüber etwas ausgesagt wird)	(Das, was über etwas ausgesagt wird)
Les enfants	*aiment jouer.*
Ils	*attendent l'autobus.*

Sätze zerfallen in einem ersten Analyseschritt in logische Satzglieder des Typs Subjekt und Prädikat. Den Kern des Subjektteils bildet ein nominales Element, den Kern des Prädikatteils eine Einheit der Wortart Verb. Das Prädikat besteht mindestens aus einem finiten Verb, es kann von weiteren Satzgliedern begleitet sein (obligatorische / fakultative: Prädikativ, direktes Objekt, indirektes Objekt usw.). Sie stellen die sog. logischen Argumente (Komplemente) des finiten Verbs dar. Weiterhin kann es noch nicht notwendige Satzglieder (sog. freie Angaben, Umstandsangaben) geben, deren Bedeutungsumfang sich auf den Inhalt des ganzen Satzes erstreckt.

Les samedis,	*les enfants*	*prêtent*	*leurs jouets*	*aux autres.*
freie Angabe	Subjekt	Prädikat: fin. Verb	dir. Objekt	indir. Objekt

Komplexe Sätze werden als Ausbauformen dieses Grundmusters verstanden. Es können beispielsweise die einzelnen Satzglieder erweitert werden; als typische Erweiterungen nominaler Satzglieder wären attributive Adjektive, Genitivattribute oder Relativsätze zu nennen:

Les enfants de ma soeur n'aiment pas trop les pommes vertes / qui ne sont pas mûres.

Das Verfahren, mit dem Sprecher zwei hierarchisch gleichwertige Hauptsätze durch eine beiordnende Konjunktion zu einem Satz machen können, heißt Parataxe.

Les enfants jouent et l'autobus s'approche.

Ein übergeordneter Satzrahmen kann auch satzartig aufgebaute Einheiten als untergeordnete Bausteine enthalten; das Verfahren, bei dem Nebensätze in Hauptsätze eingebaut werden, bezeichnet man als Hypotaxe. Wenn die eingebauten Sätze als eigenes Satzglied funktionieren (sog. Gliedsätze), werden sie nach dem Satzglied, für das sie stehen, benannt (Subjektsätze, Objektsätze, Adverbialsätze: z.B. temporale, kausale usw.).

Subjektsatz: *Ce que tu dis ne me plaît pas.*
Objektsatz: *Elle savait qu'il n'allait pas revenir.*
Adverbialsatz: *Quand il pleut, je ne sors pas.*

Nebensätze, die dazu dienen, ein Satzglied inhaltlich näher zu kennzeichnen, und keinen Satzgliedwert haben, werden zusammenfassend als Gliedteilsätze bezeichnet:

Les enfants attendent l'autobus qui les ramène chez eux.
La femme que j'ai vue hier a parlé de toi.

Bereits die traditionelle Grammatik hatte also ein Bild vom Satz, bei dem die Segmente nicht einfach linear hintereinander stehen, sondern ein hierarchisches Gefüge bilden.

Eine Kategorie, die den Satz als Gesamtheit betrifft, ist die Satzart. Der Aussagesatz ist das Grundmodell, er kann mit morphosyntaktischen Mitteln in andere Satzarten (Frage-, Aufforderungs- oder Ausrufesatz) überführt werden. Die Kernaussage, die sog. Proposition (im folgenden Beispiel: ‚Verbreiten einer Nachricht'), bleibt dabei gleich. In Einzelsprachen wie dem Französischen und dem Deutschen kann der Wechsel von einer Satzart in die andere syntaktisch z.B. durch die Umstellung des Verbs markiert werden:

Aussagesatz	Fragesatz
Elle (la radio) avait diffusé la nouvelle.	*Avait-elle diffusé la nouvelle?*

Eine weitere Kategorie des Gesamtsatzes ist die Satzform. Darüber kann die Darstellung eines Sachverhalts verändert werden, ohne daß die Satzart wechselt. Die Mittel, mit denen man die Satzform verändern kann, sind z.B. die Verneinung oder die Passiv-Konstruktion:

Satzart Satzform	Aussagesatz	Fragesatz
negiert	*Elle n'avait pas diffusé la nouvelle.*	*N'avait-elle pas diffusé la nouvelle?*
passiviert	*La nouvelle avait été diffusée par la radio.*	(Passiv + Inversionsfrage unüblich)

6.2.2. Valenz- oder Dependenzgrammatik: das finite Verb als Steuereinheit

Nach L. TESNIÈRE diktiert das Verb als wichtigstes, übergeordnetes Element die Satzstruktur. Es eröffnet per Grundbedeutung bestimmte Leerstellen, die im Satz aufgefüllt werden. Für diesen dem Verb inhärenten Bauplan entlehnt TESNIÈRE aus den Naturwissenschaften den Begriff der Valenz (deshalb: Valenzgrammatik). Die Satzglieder, die den virtuell angelegten Leerstellen entsprechen, bezeichnet er als Aktanten (‚Mitspieler' des Verbs, *actants*), die nicht valenzbedingten Satzglieder als Zirkumstanten (*circonstants*) und teilt den Verbwortschatz ein in:

1) nullwertige Verben, kein Aktant gefordert (unpersönlich konstruierte Verben)
   Beispiel: *pleuvoir*   *Il pleut.*
   Die Subjektstelle ist besetzt, das Pronomen steht aber nicht für einen ‚echten' Aktanten (referiert nicht).

2) einwertige Verben, ein Aktant (‚echtes' Subjekt; z.B. intransitive Verben)
   Beispiel: *dormir*   *Mon frère dort.*

3) zweiwertige Verben, zwei Aktanten (Subjekt, dir. Objekt; z.B. transitive Verben)
   Beispiel: *ranger qc.*   *Mon frère range ses affaires.*

4) dreiwertige Verben, drei Aktanten (Subjekt, dir., indir. Objekt; z.B. Verben des Verfügungswechsels)
   Beispiel: *donner qc. à qn.*   *Mon frère donne un bouquet de fleurs à ma mère.*

Die jeweilige Satzstruktur wird durch ein sog. Stemma (Baumdiagramm) dargestellt, bei dem die Satzglieder (Aktanten voran) nach Wichtigkeit von links nach rechts notiert werden:

Aujourd'hui, un élève et son chien attendent l'autobus jaune.
⇒ qn attendre qc: zweiwertiges Verb

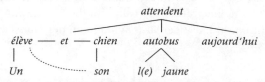

Die schrägen Balken zeigen direkte hierarchische Abhängigkeit (sog. Konnexion) an, die waagrechten Gleichordnung (sog. Junktion). Die gestrichelte Linie verweist darauf, daß ein Element nicht nur in Abhängigkeit zu einem Element steht, sondern Bezug zu einem weiteren Element erkennen läßt. Im Beispielsatz ist der Possesivdeterminant *son* abhängig von *chien*, aber auch vom Singular bei *élève*: Stünde an Stelle von *un élève* z.B. *les élèves* hätte er die Form *leur*.

Die Struktur des Satzes kann man unabhängig von der konkreten Auffüllung auch als abstrakten Bauplan darstellen. Für die Kategorie Verb steht das Symbol I, für die Funktionsklasse Aktant O und die Zirkumstanten E. Auf der nächstniedrigeren Gliederungsebene liegen typischerweise die Determinanten (Artikel, attributive Adjektive), symbolisiert durch A:

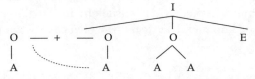

Die Positionen sind im Beispielsatz mit Wortarten besetzt, die sich für die jeweilige Strukturstelle gut eignen: die O-Positionen mit Nomina, die A-Positionen mit Artikeln / Adjektiven und die E-Position mit einer temporalen Angabe. Das ist nicht immer der Fall. Wenn im Beispielsatz anstelle von *l'autobus jaune* der Ausdruck *l'autobus de l'école* stünde, läge der Fall vor, daß ein Nomen die für diese Wortart untypische Position A besetzt. Das morphologische Element *de* rüstet es hierfür um, überführt es in A. Eine derartige Umwandlung nennt TESNIÈRE Translation: das Wort *école* ist der Transferend (das, was in die Funktion A überführt wird), *de* ist der Translator (Umwandler) und das syntaktische Ergebnis ist ein sog. Translat. Wenn eine Funktion von einem Translat erfüllt wird, wird dies im Stemma über ein Symbol notiert, das einem T ähnelt:

Aujourd'hui, un élève et son chien attendent l'autobus de l'école.

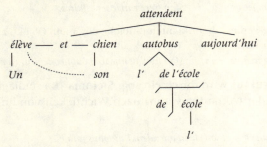

Kopula-Verben wie *être* oder *sembler* haben keinen Verbwert, sondern sind Translatoren: Sie machen Einheiten, die prädestiniert sind für die Funktion A (z.B. Adjektive) fit für die zentrale Verbfunktion I, bringen also Syntagmen per Translation auf Satzstatus:

L'élève est seul

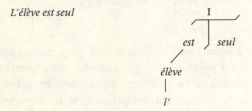

Die Schulgrammatik unterscheidet zwischen obligatorischen und fakultativen Ergänzungen und freien Angaben: Freie Angaben sind immer weglaßbar, ohne daß ein Satz unvollständig wird[1]; fakultative Ergänzungen können weggelassen werden, obligatorische nicht (z.B. *Das Kind beschmiert die Wand* > **Das Kind beschmiert*). Nur in kontrastierenden, stark auf die Verbbedeutung ausgerichteten Verwendungen (Beispiel a)), oder in Kontexten, in denen der direkte sprachliche Ausdruck durch die Anwesenheit des Objekt-Referenten verzichtbar ist (Beispiel b)), kann eine obligatorische Ergänzung ausnahmsweise elliptisch ausfallen. Im letzten Fall kann es zur Lexikalisierung der Ellipse kommen (Beispiel c)), wobei das Verb eine Spezialbedeutung bekommt:

---

[1] Derartige ‚Unsätze' bezeichnet man als ungrammatische Sätze und kennzeichnet sie durch ein vorangestelltes Sternchen. Davon zu unterscheiden sind syntaktisch akzeptable Sätze, bei denen ‚nur' die Semantik der Satzglieder unverträglich scheint (z.B.: *Wasserblaue Dächer kaufen nicht am Morgen ein*).
In vielen, z.B. religiösen, philosophischen oder literarischen Kontexten ist allerdings mehr erlaubt: M. HEIDEGGERS Werk *Sein und Zeit* ist durchsetzt mit ungrammatischen Sätzen wie *Das Sein west*, und Dichter (hier: C. MORGENSTERN) schreiben Passagen des Typs *Schlaf Kindlein schlaf, die Sonne frißt das Schaf, sie leckt es weg vom blauen Grund, mit langer Zunge wie ein Hund, schlaf Kindlein schlaf.*

dt. *geben*
obligatorisch dreiwertig (Subjekt, dir. und indir. Objekt, *jmd. etw. geben*).

Ko-/Kontextuell bedingte Ellipse der obligatorischen Ergänzungen:
a) *Er nimmt sich nie was, er gibt nur!*   kontrastiv
b) *Gib 'mal her!*   implizit: ‚mir'; ‚das, was du da bei dir hast'.

Lexikalisierte Ellipse (Zu Gebendes und Empfänger durch Kontext immer eindeutig festgelegt):
c) *Er gibt.*   Kartenspiel, Tischtennis, Volleyball

TESNIÈRE hat die Verbvalenz als maximal mögliche Aktantenzahl definiert, so daß sowohl obligatorische als auch fakultative Ergänzungen darunter fallen können. Man muß sie also bei der Valenzbestimmung nicht immer auseinander sortieren: die meisten Verben, die z.B. intransitiv und transitiv in Erscheinung treten (*écrire, dessiner, monter* oder *descendre*), wären als zweiwertige (bivalente) Verben zu klassifizieren. Lediglich bei der Lexikalisierung einer Ellipse hat man es mit einer veränderten Valenz zu tun. Auf dieser Basis kann man entscheiden, ob man es mit einem Verb in zwei Verwendungen oder mit zwei Verben unterschiedlicher Bedeutung und Valenz zu tun hat:

donner = dreiwertig als *geben*: qn donne qc à qn → drei Aktanten:
a) *J'ai donné mon manteau à Julie.*   dt. *Ich habe Julie meinen Mantel gegeben.*

einwertig und zweiwertig als:
b) *J'ai donné (mon manteau).*   dt. *Ich habe (meinen Mantel) gespendet.*
c) *Notre pommier à donné vingt kilos.*   dt. *Unser Apfelbaum hatte einen Ertrag von 20 Kilo.*
d) *Elle se l'arrache tout, tandis que lui, il donne.*   dt. *Sie reißt alles an sich, er aber gibt.*

Analyse: Bei den Beispielen b) und c) liegt keine reduzierte Verwendung des dreiwertigen *donner* vor. Es hat nicht die Bedeutung ‚geben', sondern ist in Spezialbedeutung lexikalisiert. Anders liegt der Fall bei d). Hier handelt es sich um eine Ellipse in kontrastierender Verwendung, und damit um das dreiwertige Verb *donner*.

Schwieriger gestaltet sich die Abgrenzung zwischen fakultativen Ergänzungen und freien Angaben – und das ist nun tatsächlich ein Problem für die Valenzbestimmung, denn zwischen diesen beiden Kategorien verläuft die Grenze zwischen Aktanten und Zirkumstanten. Zur Unterscheidung kann man auf drei Testverfahren zurückgreifen: Nur Aktanten können pronominal ersetzt und nicht weggelassen werden, während nur Zirkumstanten mit einem sog. Proverb anschließbar sind. TESNIÈRE selbst hatte Ortsangaben als Zirkumstanten betrachtet – die Weglaßprobe zeigt jedoch, daß sie bei manchen Verben Aktanten-Status haben können:

Weglaßprobe (nicht möglich bei Aktanten, möglich bei Zirkumstanten):
Henri IV va à Paris.   *Henri IV signe le contrat de paix à Paris.*
nicht akzeptabel als: akzeptabel als:
*Henri IV va.   *Henri IV signe le contrat de paix.*

Austausch- bzw. Substitutionsprobe (möglich bei Aktanten, nicht möglich bei Zirkumstanten):

akzeptabel als: nicht akzeptabel als:
Il y va. **Il l'y signe.*

Anschluß mit Proverb (nicht möglich mit Aktanten, nur möglich mit Zirkumstanten):
nicht akzeptabel als: akzeptabel:
*Henri IV va et il le fait à Paris. *Henri IV signe le contrat et il le fait à Paris.*

6.2.3. Generative Grammatik: die Satzstruktur als Abbild der Sprachkompetenz

6.2.3.1. Konstituentenstrukturgrammatik als Vorläufer

Das Modell des amerikanischen Strukturalismus entstand aus dem Umgang mit der unbekannten Syntax der amerindischen Sprachen. Funktionale Einheiten (Konstituenten) ermittelte man ohne Berücksichtigung der Wortbedeutung, indem man möglichst viele Sätze dieser Sprachen einem aus zwei Teilen bestehenden Test unterzog (sog. IC-Analyse, *Immediate Constituents Analysis*): Alles, was als Ganzes im Satz umstellbar ist (Permutationsprobe), und alles, was durch Proformen oder vergleichbare Syntagmen ausgetauscht werden kann (Substitutionsprobe), gilt als Konstituente. Konstituenten mit nominalem Kern werden als Nominalphrasen oder Nominalgruppen (NP, NG), Konstituenten mit verbalem Kern als Verbalphrasen oder Verbalgruppen (VP, VG) bezeichnet. Auf einer ersten Ebene besteht ein Satz (S) immer aus einer NP und einer VP. Der weitere Aufbau wird über sog. Phrasenstrukturbäume (P-Marker) mit binären (zweigliedrigen) Verästelungen dargestellt. Jede Verzweigung (jeder sog. Knoten) entspricht einer funktionalen Position. Das Stemma verzweigt sich so lange, bis man am Ende die Ausdruckselemente einsetzen kann:

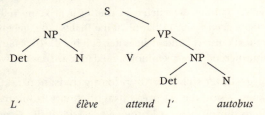

Mehr als die Spitze des syntaktischen Eisbergs zeigt sich bei dieser Analysemethode ohne Berücksichtigung der Bedeutung nicht: Man kann herausfinden, daß *Der Linguist erkennt die Satzstruktur und den Kernsatztyp* strukturell dasselbe ist wie *Der Gostak dispimmt die Dosche und die Galluhne* oder *Le bébé mange la banane et la pomme*; nicht darstellbar ist, daß *Le bébé mange le matin et le soir* eine andere Struktur hat: *le matin et le soir* ist kein Teil der VP wie *la banane et la pomme*, sondern freie Angabe. Ein weiteres Problem ist, daß Sätze mit gleicher Struktur unterschiedliche P-Marker bekommen (z.B. dt. *Sie gibt ihrer Mutter den Schlüssel* und *Sie gibt den Schlüssel ihrer Mutter*). Die streng binären Verzweigungen bringen zudem mit sich, daß Elemente derselben Hierarchieebene (wie *la pomme et la banane*) einander untergeordnet erscheinen. An diesen Problemfällen entzündete sich Ende der 50er Jahre das Interesse N. CHOMSKYS.

6.2.3.2. Stationen der Generativen Grammatiktheorie

Nicht der von der Tagesform beeinflußte Sprach-Output interessierte CHOMSKY, sondern die Kompetenz, das intuitive Wissen um Satzstrukturen. Daß das Wesen der Sprachkompetenz von konkreten Sprachdaten (Produkten der sog. Performanz) unabhängig sei, zeige sich im Spracherwerb: Kinder verfügen trotz defizitären Inputs (z.B. *Ja bissen Du mein dleines Schatzibärli...*) nach drei Jahren kreativ über ihre Muttersprache. Sie können Sätze bauen, die sie nie gehört haben, und wissen, daß mit einem Satz wie **Karoline schläft den Tisch* etwas nicht in Ordnung ist. Der Kern der Sprachkompetenz müsse angeboren sein.

Die Phrasenstrukturbäume blieben als Beschreibungsmodus erhalten, wurden jedoch radikal umdefiniert: P-Marker bildeten nicht mehr konkrete Sätze ab, sondern die Summe der Regeln, die aktiviert sind, wenn Sprecher Sätze erzeugen (generieren). Die Knoten stehen für intuitiv angewendete Regeln wie ‚Ersetze die Position VP durch V und NP' (VP → V NP).

Nach dem wichtigsten frühen Entwurf der Theorie (1965, *Aspects of the Theory of Syntax*, sog. Standardtheorie oder ST) besteht das syntaktische Wissen aus zwei Komponenten: Die sog. Tiefenstruktur von Sätzen wird über angeborene Regeln erzeugt; bei Überführung in die Oberflächenstruktur kommt dann ein erlernter Apparat von nicht bedeutungsverändernden Transformationsregeln zum Einsatz. Sie überführen die Tiefenstrukturen z.B. in das syntaktische Gewand der jeweiligen Muttersprache oder in bedeutungsgleiche Passivsätze. Bei Erzeugung der Tiefenstrukturen spielt Wissen zur Bedeutung (Semantik) eine Rolle, es wird in das Syntaxwissen importiert. Importbeschränkende Regeln garantieren, daß später neben einem Verb wie *dormir*, das ein belebtes Subjekt erfordert, keine NP des Typs *la table* ([- belebt]) zu stehen kommt: Jedes Wort des Sprachschatzes verfügt über einen Satz syntaktisch relevanter Merkmale (einen sog. Selektionsrahmen), der dafür sorgt, daß es übergangen (nicht selegiert) wird, wenn es nicht angebracht ist. Als Gegenstück sind für jeden Knoten Bedingungen für die Auswahl von Lexem-Klassen und grammatischen Markierungen festgelegt (sog. Subkategorisierungsregeln). Sie sorgen dafür, daß sich eine NP nicht in unverträgliche Einheiten verzweigt. Die P-Marker nur oberflächlich gleichartiger Sätze sahen damit unterschiedlich aus:

a) *L'élève aime le chien de tout son cœur.*
b) *L'élève aime le chien de son grand-père.*

zu a)

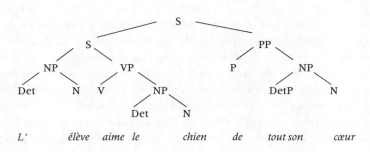

zu b)

```
                        S
                   /         \
                NP            VP
               /  \        /      \
             Det   N      V        NP
                                 /     \
                                NP      PP
                              /   \    /   \
                            Det    N  P     NP
                                              /  \
                                            Det   N

             L'    élève    aime  le  chien  de   son   grand-père
```

Eine andere Möglichkeit der Darstellung ist die der indizierten Klammerung, bei der die Konstituenten ineinander verschachtelt erscheinen. In dieser Darstellung sähe Satz b) so aus:

[S[NP *l élève*] [VP [V *aime*][NP[NP *le chien*] [[PP *de* [NP *son grand-père*]]]]]

Die Regeln für die Erzeugung von b) lesen sich wie folgt, wobei die Regeln für die Verträglichkeit (Selektion) und Einsetzbarkeit (Subkategorisierung) der Lexeme noch fehlen:

Phrasenstrukturregeln (Grammatik)
S	(S → NP VP)	Det N V Det N PP	(PP → P NP)
NP VP	(NP → Det N)	Det N V Det N P NP	(NP → Det N)
Det N VP	(VP → V NP)	Det N V Det N P Det N	(Det → *L'*)
Det NP V NP	(NP → NP PP)	L' N V Det N P Det N	(N → *élève*)
Det N V NP PP	(NP → Det N)	L'*élève* V Det N P Det N	(V → *aime*) usw.

Als Ziel wurde die Erstellung generativer Grammatiken formuliert, die jeden erzeugbaren Satz einer Sprache voraussagen können. Dazu gehörte a) das Erkennen und Formulieren der Regeln für jede Verzweigungsmöglichkeit aller möglichen Knoten in allen möglichen Strukturbäumen, und b) die Formulierung der Bedingungen, nach denen das Einsetzen lexikalischer und grammatischer Einheiten in die über die Regeln erzeugten Raster erfolgt. Obwohl CHOMSKY selbst schrieb, daß dieses Ziel vermutlich nicht erreicht werden könne, hielt er dessen Verfolgung für den einzigen Weg, auf dem man etwas über die Sprachkompetenz und ihre Funktionsweise erfahren könne.

Sehr bald stellten die Generativisten fest, daß Stellungsveränderungen auch jenseits der Tiefenstruktur bedeutungsverändernd wirkten. In späteren Versionen (*Extended Standard Theory* EST / *Revised Extended Standard Theory* REST) wurden deshalb immer neue Bedeutungsimportregeln bis hinauf an die Oberfläche formuliert. Die Komponente der bedeutungserhaltenden Transformationen war damit abgeschafft, und man firmierte nicht mehr unter Generative Transformationsgrammtik, sondern nur noch unter Generative Grammatik. Nur eine bedeutungserhaltende Umstellungsregel („Bewege α'), anwendbar auf alle Konstituenten, blieb erhalten. Daraufhin mußte ein ganzer Katalog komplexer Beschränkungsregeln eingeführt werden, der die anarchische Anwendung dieser Regel blockiert. Die P-Marker gerieten infolgedessen sehr komplex und undurchsichtig, was weder den Generativisten noch Außenstehenden gefiel.

CHOMSKY schaffte das Problem mit der Maßnahme aus der Welt, daß er Ende der 70er Jahre die komplette Semantik-Komponente aus den Syntaxregeln verbannte. Er rechtfertigte dies mit einer bis heute umstrittenen Hypothese zur menschlichen Sprachkompetenz: Syntax und Wortbedeutung seien in zwei unterschiedlichen Bereichen der menschlichen Sprachfähigkeit verankert, die wie zwei separate Module eines Computers zusammenarbeiten. Dem müsse man in der Grammatik mit der Trennung der Beschreibungsebenen Rechnung tragen. Das Bild von der modularen Sprachkompetenz brachte ihm viel Kritik ein, zumal er bereits die viel weitreichendere Hypothese aufgestellt hatte, die Sprachkompetenz insgesamt sei als vollkommen losgelöst und autonom von anderen kognitiven Fähigkeiten zu betrachten.

In der Version von 1981 (Rektions- und Bindungstheorie, engl. *Government and Binding*, GB) wird die Verzweigung und Bestückung der Positionen von rein syntaktischen Rektionsregeln gesteuert: der Kopf (das bestimmende Element) jeder Phrase diktiert, welche Genus-, Numerus- und Kasusmerkmale für die anderen Mitglieder gelten. Die Rektion wird von einer Ebene in die nächste durchgereicht (sickert durch den P-Marker). Hinzu kommt eine Komponente, die die Verweise auf den Kotext regelt (Bindungsregeln). Zwischenzeitlich hatte CHOMSKY eine angeborene Universalregel für die Phrasenerzeugung entdeckt. Nach dieser sog. X-*bar*-Regel oder dem X-*bar*-Prinzip wird die generative Grammatiktheorie auch als X-*bar*-Theorie bezeichnet. ‚X' steht für jede mögliche Phrase (NP, VP, PP usw.), *bar* ist englisch für Balken. Jede NP oder VP hat die Anzahl der Hierarchieebenen einprogrammiert, in die sie sich verzweigt. Diese Programmierungen erscheinen in den P-Markern in Form einer Mehrfachstrichelung (oder: Balkenkennzeichnung) über dem jeweiligen Symbol. Die Komplexität einer Phrase wird abgearbeitet, bis nach dem letzten Balken die konkreten Ausdruckselemente eingesetzt werden. Für die Objekt-NP aus Beispiel b) sähe eine X-*bar*-Darstellung so aus:

```
              NP''''
           /        \
         Det         NP'''
                    /     \
                   N       NP''
                          /    \
                         P      NP'
                               /    \
                             Det     N
          le      chien      de      son    grand-père
```

Die Formel für alle Phrasen lautet $X^n \rightarrow ...X^{n-1}$.... Eine Phrase mit der Komplexität n (hier: NP mit 4 Balken, '''') dominiert eine untergeordnete Kategorie desselben Typs (hier: NP), die die Komplexität n-1 (hier: ‚4 Balken minus 1 Balken = 3 Balken', ''') hat, usw.

In der Version von Anfang der 90er Jahre (*Principles and Parameters Theory*) werden alle universellen (angeborenen) Regeln Prinzipien genannt. Hinzu kommt das Wissen um einzelsprachliche Regeln (Parameter). Die X-*bar*-Regel ist z.B. ein Prinzip, da sie den grundlegenden Aufbau aller Phrasen in allen Sprachen steuert; die Stellung der Determinanten gegenüber dem nominalen Kopf (z.B. Voranstellung oder Nachstellung des Adjektivs, → 6.5. Text A) wird hingegen über einzelsprachliche Parametersetzung geregelt. Die Anzahl möglicher Parameter gilt als begrenzt, sie werden im Spracherwerb auf ‚entweder so' (z.B. Adjektiv grundsätzlich vor dem Nomen) – ‚oder so' (z.B. Adjektiv grundsätzlich hinter dem Nomen) eingestellt.

Die Möglichkeit, Satzstrukturen in Formeln zu überführen, hat die GG über lange Jahre zum favorisierten Modell für die maschinelle Sprachverarbeitung gemacht. Heute gibt es eine kohärente GG als *mainstream* der Syntaxtheorie auch in den USA nicht mehr; sie zerfällt in unterschiedlichste Teilschulen. Manche Zweige sind heute so eigenständig, daß man sie nicht mehr als genuuin generativ erkennen kann. In jüngster Zeit verbinden neue, mathematisch-logiksprachlich orientierte Grammatik-Modelle in sehr fruchtbarer Weise Theorieelemente aus GG, Valenz- und Kasusgrammatik mit aktuellen Semantik-Modellen (→ 7.4.2.). Sie heißen Unifikationsgrammatiken, weil sie für jedes Element Bedingungen formulieren, die zur Akzeptanz im Satz führen, wenn sie zu den anderen Elementen passen (mit ihnen ‚unifizieren'). Zu diesen Syntax-Schulen gehört beispielsweise die lexikalisch-funktionale Grammatik (LFG).

6.2.3.3. Kasusgrammatik: syntaktische und semantische Rollen

Als die Generative Grammatik noch zwischen semantisch geprägten Tiefenstrukturen und Transformationen unterschied (Ende der 70er Jahre), entwickelte der Generativist C. FILLMORE ein Modell zur Unterscheidung sog. Tiefen- und Oberflächenkasus.

Die Tiefenstruktur der Bedeutung eines Verbs wie engl. *to murder* stellte man sich vor FILLMORE als zusammengesetzt aus den Komponenten *to cause* und *to die* vor (*to cause + to die = to murder*). Für ihn nun gehörte zu einem Verb wie *to murder* tiefenstrukturell noch etwas anderes. In der Bedeutung des Verbs sei ein virtuelles Rahmenszenarium (ein sog. *Frame*) angelegt; man assoziere damit typische Sachverhaltsbeteiligte, nämlich einen Mörder, einen Ermordeten und eine Mordwaffe. Die Mörderrolle muß besetzt sein von einer aktiv handelnden Person ([+belebt], [+menschlich], [+agentiv]), die des Ermordeten ebenfalls von einer Person, allerdings von einer, die keine Chance zum Handeln hat ([+belebt], [+menschlich], [–agentiv]). Das Werkzeug des Mörders wird als Gegenstand oder unbelebte Kraft konzipiert ([–belebt]). Damit bringt *to murder* drei semantische Rollen mit: einen sog. Agens, einen sog. Patiens und einen sog. Instrumental.

Das alles erinnert an TESNIÈRES Aktanten, ist jedoch nicht dasselbe: Aktanten entsprechen syntaktischen Kasus, während es sich hier um konzeptuelle, vorsprachliche Größen handelt. Sie können auf unterschiedliche Weise in syntaktische Kasus gekleidet werden. *To murder* bzw. frz. *tuer*, mit den drei semantischen Rollen Agens, Patiens und Instrumental, kann u.a. in folgenden syntaktischen Mustern erscheinen:

Verb:		*tuer* [+CAUSER, +MOURIR]	
Semantische Rollen:	Agens	Patiens	Instrumental
	↓	↓	↓
Syntaktische Rollen:	Subjekt	Objekt	Präpositionalobjekt
	Cain *a tué*	*Abel*	*avec une pierre.*
	Cain *a tué*	*Abel*	
Semantische Rollen:	Agens	Patiens	Instrumental
	✕		↓
Syntaktische Rollen:	Subjekt	Präpositionalobjekt	Präpositionalobjekt
	Abel *a été tué*	*par Cain*	*avec une pierre.*
	Abel *a été tué*	*par Cain.*	
	Abel *a été tué.*		

Das Abbilden semantischer Rollen (Tiefenkasus) auf syntaktische Rollen (Satzglieder, Oberflächenkasus) bezeichnet man als Diathese. Im Französischen gibt es hierzu außer Aktiv und Passiv noch das syntaktische Mittel des Mediums (Reflexivkonstruktion, *se* + Verb):

Jean et Marie s'aiment.	Beide Subjektreferenten sind Agens und Patiens zugleich.
La porte s'ouvre.	Die Tür ist Patiens, das Agens ist mitgedacht, aber ausgeblendet.
Jean se lave.	Das Subjekt ist Agens und Patiens.
Jean se lave les mains.	Das Subjekt ist Agens, das Objekt ist Patiens.

Für semantische Rollen sind heute unterschiedliche Terminologien im Umlauf:

Personenrollen

Agens / *agent*	Ausführender einer Handlung.
Patiens / *patient*	Derjenige, der einer Handlung ausgesetzt ist.
Benefaktiv / *benefactive*	Nutznießer, Empfangender (Verben wie *donner, raconter* usw.)
experiencer	Wahrnehmender oder Empfindender (Verben wie *sentir, voir, savourer* usw.), manchmal auch für Patiens verwendet.

Gegenstandsrollen

Objekt / *object*	Oberbegriff
Faktitiv / *factitive* oder Resultat / *result*	Durch eine Handlung Hervorgebrachtes/Hergestelltes (Verben wie *produire, bâtir* usw.)
Instrument / *instrument*	Kraft oder Objekt, die/das zur Ausführung einer Handlung benötigt wird (Verben wie *couper, coudre* usw.)

Positionsrollen

Lokativ / *locative*	Örtliche Position, räumliche Ausdehnung (bei Verben wie *être, se trouver* usw.)
Quelle / *source*	Ausgangsort (Verben wie *partir, venir* usw.)
Ziel / *goal*	Ankunftsort, Zielort (Verben wie *arriver, tomber* usw.)

In den Sprachen der Welt gibt es eine Fülle von Mitteln der Diathese. Als ein Beispiel für ein nicht-indoeuropäisches Muster sei die serielle Verbkonstruktion angeführt: Ein Sachverhalt mit drei semantischen Rollen (Agens, Objekt, Benefaktiv), wie z.B. ‚geben', wird über zwei Teilhandlungen dargestellt; Agens und Objekt sind syntaktisch je zwei Mal realisiert:

> dt. *Ich gebe Dir Brot*. erscheint dort als: <u>Ich</u> nehme <u>Brot</u> *(ich)* händige <u>es</u> Dir aus.

6.2.4. Schematischer Überblick

	L'élève	*fait*	*ses devoirs*	*l'après-midi*
Traditionelle Syntax	Subjekt	Prädikat		freie Angabe
		fin. Verb	dir. Objekt	
Valenzgrammatik		Valenzträger, 2-wertig		
	Erstaktant		Zweitaktant	Zirkumstant
Amerik. Strukturalismus / GG				PP
	NP	VP		
		V	NP	
Kasusgrammatik		Verbsemantik		
	Agens		Faktitiv	

6.3. Der Satz als Informationskette: Thema-Rhema-Gliederung

6.3.1. Syntaktische Abfolge und Informationsgefälle

Im Gegensatz zu anderen komplexen Zeichen werden sprachliche Zeichen als lineare Abfolge produziert und rezipiert (→ 3.1.3. Text A: SAUSSURE zum *caractère linéaire du signe linguistique*). Das gilt für das sprachliche Einzelzeichen, in besonderem Maße jedoch für Sätze und längere Äußerungen. Deren Gesamtbedeutung erschließt sich immer erst, wenn das letzte Wort gesprochen oder geschrieben ist; das letzte Element ist im Regelfall auch Träger des Aussageschwerpunkts. Beide Prinzipien (das gestückelte Nacheinander sprachlicher Information und die Wichtigkeit des letzten Elements) werden häufig zum Zweck der Heiterkeitserzeugung gegeneinander ausgespielt, wie im folgenden Refrain des Neo-Dadaisten HELGE SCHNEIDER:

> *Ich bin der Wurst* (Pause) *ich bin der Wurst* (Pause) *ich bin der Wurstfachverkäuferin* (Pause), *ich bin der Wurst* (Pause) *ich bin der Wurst* (Pause) *ich bin der Wurstfachverkäuferin..... ihr Freund.*

Der verschleierte Dauer-Satz läuft informativ lange ins Leere, weil er mit tief verankerten Erwartungshaltungen spielt, was die Darbietung sprachlicher Information anbelangt: Sprecher beginnen ihre Äußerung normalerweise mit einem maximal festgelegten Orientierungspunkt, sie beziehen sich auf etwas, das schon angesprochen war oder aus dem Kontext ersichtlich ist (Bekanntes: sog. Thema). Dann erst gehen sie über zur kognitiv aufwendigeren Neuinformation, zum Aussageschwerpunkt (Unbekanntes, sog. Rhema). Mit diesem typischen Informationsgefälle im Satz rechnet der Hörer und liest Sätze entsprechend:

Kontext der Äußerung: fahrender Zug, ein Ehepaar auf dem Weg nach Paris
1) A: Das   dauert ja ewig!
        Thema   Rhema
2) B: Das   hättest Du Dir vorher überlegen müssen.
        Thema   Rhema
3) *Die gnädige Frau*   wollte ja unbedingt Paris gesehen haben.
     Thema   Rhema

Der Subjektreferent von Satz 1) war noch nicht erwähnt. Der Hörer kann den Bezug auf ‚Zugfahrt' jedoch erschließen, da *Das* in Themaposition steht und dort normalerweise die naheliegenden Dinge versprachlicht sind. In Satz 2) ist das Subjekt *Das* auch in Themaposition, es bezieht sich hier auf die Äußerung der Ehefrau, den zuletzt erwähnten Sachverhalt (Dauer der Zugfahrt). Daß in Satz 3) das Syntagma *Die gnädige Frau* auf eine ‚echte' dritte Person referiert ist unwahrscheinlich. Es muß sich um jemanden handeln, der bereits eine Rolle gespielt hat (hier: die Ehefrau).

6.3.2. Verfahren der Relief-Gebung: Spaltsatz, Sperrsatz, Segmentierung

Im Französischen ist die Reihenfolge ‚Subjekt – finites Verb – Objekt(e)' (SVO) die Normalstellung im einfachen Aussagesatz. Projiziert auf die universellen Gesetze des Informationsgefälles fallen damit Subjekt und Themaposition, finites Verb bzw. Objekte und Rhemaposition zusammen.

Diese Zuordnung kann mit sprachlichen Mitteln gelöst oder betont werden. Das Französische bietet u.a. die Möglichkeit der sog. Spaltsatzkonstruktion (*la phrase clivée*) mit *c'est* (Subjekt) *qui* (Prädikat). Mit ihr kann man das Rhema eines Satzes in die Themaposition hebeln oder umgekehrt die Themafunktion des Subjekts betonen. Weil sie ein Satzglied besonders hervorhebt, zählt man sie zu den Mitteln der Reliefgebung (*mise en relief*, → 6.5. Text B):

Tu travailles chez Renault?   Non,   *c'est* mon frère   *qui*   travaille chez Renault.
                                      Rhema   Thema
Tu travailles chez Renault?   Oui,   *c'est* moi   *qui*   suis le mécanicien conseil.
                                      Thema   Rhema

Das strategische Gegenstück zur Spaltsatzkonstruktion ist die sog. Sperrsatzkonstruktion (*phrase pseudo-clivée*) mit *ce que ... c'est* (Prädikat):

Tu travailles chez Renault?   Non,   *ce que* je fais,   *c'est* écrire des livres.
                                      Thema   Rhema

Der Spaltsatz dient dazu, nominale Elemente hervorzuheben bzw. zu kontrastieren, der Sperrsatz fokussiert hingegen normalerweise Prädikate und betont deren Rhema-Funktion.

Ein übereinzelsprachliches Verfahren des aktiven Umgangs mit der Besetzung von Thema- und Rhema-Position ist die sog. Satzsegmentierung: Ein Satzglied wird aus seiner üblichen Stellung herausgebrochen, in Richtung Satzanfang (Linksversetzung) oder Satzende (Rechtsversetzung) verschoben, bleibt jedoch über einen Stellvertreter (ein Pronomen) in der ursprünglichen Satzstruktur verankert.

In Sprachen mit morphologischen Kasus herrscht relative syntaktische Stellungsfreiheit, man muß also nicht segmentieren, wenn man ein Satzglied zum Thema oder Rhema machen will. In den folgenden deutschen Sätzen sind jeweils unterschiedliche Satzglieder als Thema, als Orientierungspunkt für den weiteren Gang der Aussage vorangestellt (Verfahren der sog. thematischen Verknüpfung):

Helmut hat schon wieder gelogen.   Mögliche Syntax im Folgesatz:
Ich glaube dem gar nichts mehr.
Dem glaube ich gar nichts mehr.
Gar nichts mehr glaube ich dem.
Glauben tue ich dem gar nichts mehr.

Segmentierung könnte man hier zusätzlich verstärkend einsetzen (z.B. in Form von: *Dem Helmut, dem glaube ich gar nichts mehr.*). Im Französischen hingegen wird über die syntaktische Stellung synchron z.T. die Kasusfunktion der Elemente signalisiert („Nominativ – finites Verb – Akkusativ' usw.). Einfache Umstellung zum Zweck der Informationsgewichtung ist deshalb nicht möglich:

Der Schüler liebt den Hund.   =   *L'élève aime le chien.*
Den Hund liebt der Schüler.   ≠   *Le chien aime l'élève.*

Aus diesem Grund ist die Segmentierung im Französischen das Mittel der Wahl, wenn man z.B. analog dem deutschen Beispiel gewichten möchte:

Helmut, il a encore menti.   *Je ne vais plus jamais lui faire confiance.*
A lui, je ne vais plus jamais <u>lui</u> faire confiance.
Plus jamais je ne vais lui faire confiance.
<u>Lui faire confiance</u>, je n'<u>en</u> serai plus jamais capable.

Speziell im gesprochenen Französisch ist auch Segmentierung ohne pronominale Einklinkung möglich (Linksversetzung: *L'Allemagne, je (ne) connais pas* oder *Les fleurs, j'aime beaucoup*), da durch die Intonationsgrenze zwischen Objekt und Subjektpronomen die Kasusbeziehung meist klar bleibt.

In der am Schriftstandard orientierten Standardsprache kann man, zum Zweck der deutlichen Kontrastierung, einem Subjektpronomen ein segmentiertes betontes Pronomen vorausschicken:

Louise travaille raisonnablement, mais <u>moi, je</u> travaille comme un fou.

Einige Sprachwissenschaftler nehmen an, daß Subjekt-Segmentierung im Fall der ersten und zweiten Person Singular sowie bei Eigennamen in der dritten Person im gesprochenen Französisch zum unmarkierten Normalfall geworden ist (sog. supplementäre Subjektkonjugation): *moi je, toi tu* und *Pierre il* wären damit die Regel, *je, tu* und *Pierre* Ausnahmen.

6.4. Grundfunktionen syntaktisch-grammatischer Kategorien

6.4.1. Aktualisierung

Daß sprachliche Zeichen nach außen, in die außersprachliche Wirklichkeit verweisen (referentielle / denotative Funktion), ist eine ihrer Grundfunktionen (→ 3.2.1. und 3.2.2. Zeichen- und Kommunikationsmodelle). Bei Lexemen wie *chien* und *pomme de terre* ist dies auch nachvollziehbar, wenn man von Semiotik oder Sprachwissenschaft keine Ahnung hat; man kann sich typische Referenzobjekte vor das geistige Auge holen.

Was aber soll man sich vor das geistige Auge holen, wenn es um die Referenz von Zeichen wie *a, -u, tous* oder *ses* geht? Ihre Funktion wird erst spürbar, wenn sie um Eigennamen und Lexeme herumgebaut auftauchen:

> *Saint François d'Assise, il a vendu tous ses biens*:
>
> Die Zeichen *il, a, -u, tous, ses* zeigen den Referenten von *Saint François d'Assise* in einer bestimmten Beziehung zu den Inhalten von *vendre* und *bien*: *a* und *–u* zeigen an, daß der dargestellte Sachverhalt (*vendre les biens*) gegenüber dem Äußerungszeitpunkt vorzeitig ist, *tous* setzt *les biens* in ein besonderes Licht (nämlich das der Totalität), und *ses* zeigt an, daß die Güter, die da verkauft wurden, Eigentum des vorerwähnten Franziskus waren. Damit nicht genug, signalisiert dessen Pluralendung noch, daß *bien* weder adverbial noch als Abstraktum gelesen werden darf (wie in *faire bien* oder als Gegensatz zu *le mal*). Es ist als Konkretum zu sehen, das stückweise vorkommt, denn nur dann kann es im Plural erscheinen: *das Gute an sich* (*le bien* vs. *le mal*) kann z.B. nicht mit dem Plural markiert werden.

Grammatische Zeichen und die Syntax konkretisieren Lexembedeutungen. Diese Funktion bezeichnet man als Aktualisierung: die Determinanten *tous ses* aktualisieren (verwirklichen) den Inhalt von *bien* in einer bestimmten Weise, während er von anderen grammatischen Zeichen anders aktualisiert wird (z.B. von *du* in *Cela fait du bien*).

6.4.2. Deixis

6.4.2.1. Außen- und Innendeixis

Eine zentrale Funktion grammatischer Zeichen ist es, die lexikalisch vermittelten Gegenstände und Sachverhalte in ein bestimmtes Verhältnis zum ‚ich-hier-jetzt' des Sprechers / der Sprechsituation bzw. zu einem anderweitig gegebenen Orientierungspunkt zu setzen. So weist z.B. das diskontinuierliche *passé-composé*-Morphem im o.g. Beispiel (*a vendu*, Signal für ‚Vorzeitigkeit') weg von einem ‚jetzt' (Sprechzeitpunkt), und der Possessivdeterminant der 3. Person (*ses*) weist weg vom ‚Ich' (Sprecher / Schreiber) und ‚Du' (Empfänger) der Äußerung – und damit von der Sprechsituation. Grammatische Zeichen, deren Inhalt nur von einem impliziten Orientierungspunkt (der sog. ORIGO) her verstanden werden können, bezeichnet man als deiktisch, ihr Funktionsfeld als Deixis.

Neben dem primären, bereits genannten raum-zeitlichen ‚hier und jetzt' der Sprechsituation und der ‚Ich'-Perspektive des Sprechers (Beispiel a)) gibt es noch einen anderen möglichen Orientierungspunkt, von dem her das ‚Zeigfeld' eines deiktischen Zeichens erschlossen werden kann. Grammatische Zeichen stehen in der Regel in größeren Äußerungs- und Kommunikationszusammenhängen. Ihre Inhalte erstrecken sich auch auf bereits gegebene und noch folgende sprachliche Information, ihr deiktisches Zeigfeld umfaßt damit nicht nur den außersprachlichen Kontext (sog. Außendeixis), sondern auch den sprachlichen Kotext (sog. Innendeixis). Und so können sprachliche Markierungen mit deiktischer Funktion anaphorisch auf bereits Gesagtes oder Geschriebenes zurückverweisen (Beispiel b)) oder kataphorisch noch folgende sprachliche Information ankündigend vorwegnehmen (Beispiel c)):

a) Kontext: Zwei Personen A und B, die sich nicht kennen; ohne Blickkontakt.
   A unvermittelt: *C'est affreux ça!*
   → Ausgang der Deixis: ‚ich-hier-jetzt' des Sprechers
   → Einzige Referenzmöglichkeit: außendeiktisch, Kontext

	C(ela)	*est affreux*
	Subjekt	Prädikat
	Demonstrativpronomen	3. Pers. Sg. Präsens, prädikativ
deiktischer Gehalt:	nicht Sprecher	nicht-vergangen, nicht-zukünftig
	nicht Angesprochener	
	keine Person, Gegenstand/ Sachverhalt	
Verweiskraft:	Außersprachlicher Referent: nicht Sprecher, nicht Hörer, [- belebt], im Umfeld der Sprechsituation zu suchen → ‚Platzkonzert', ‚Platzregen' o.ä.	

b) Kontext: Zwei Freundinnen im Gespräch
   A: *Tu sais bien, mon mari, il vient d'apprendre un peu d'allemand. Et depuis, il ne cesse de m'adresser la parole en allemand. <u>C'est affreux ça!</u>*
   Verweiskraft: Die qualitative Bewertung ‚furchtbar' bezieht sich auf das, was zuletzt gesagt wurde. *C'(ela)* verweist anaphorisch auf Kotext zurück.

c) Kontext: wie b)
   A: *Tu sais bien, mon mari, il vient d'apprendre un peu d'allemand. Et depuis, il ne cesse de m'adresser la parole en allemand. <u>C'est affreux qu'il n'arrête jamais de cultiver des marottes!</u>*
   Verweiskraft: Die qualitative Bewertung ‚furchtbar' bezieht sich auf das, was danach gesagt wird. *C'(ela)* verweist kataphorisch auf noch folgende Information voraus.

6.4.2.2. Zum deiktischen Spektrum der verbalen Kategorien Tempus, Aspekt, Modus

Als ein Beispiel für Zeichen mit deiktischer Funktion wären die französischen Tempora zu nennen. Außendeiktisch dienen sie dazu, Ereignisse und Sachverhalte als vorzeitig, gleichzeitig oder nachzeitig gegenüber dem ‚jetzt' der Äußerungssituation zu vermitteln. Das französische *présent* signalisiert nach traditioneller Auffassung Gleichzeitigkeit, *passé simple*, *imparfait* und *passé composé* stehen für Vorzeitigkeit und das *futur simple*, sowie das sog. *futur proche / futur périphrastique* für Nachzeitigkeit:

Zeitstufe Gegenwart (Gleichzeitigkeit): *Je lis un chapître sur la syntaxe française qui est aussi incompréhensible que tout ce maudit livre dont il fait partie.*

Zeitstufe Vergangenheit (Vorzeitigkeit): *J'ai déja lu beaucoup dans ma vie, autrefois je dévorais même des livres très compliqués, mais je n'ai jamais lu quelque chose d'aussi stupide!*

Zeitstufe Zukunft (Nachzeitigkeit): *Le jour où j'aurai mon diplôme, je le jetterai à la poubelle ou je le vendrai au premier venu.*

Die Tempora *passé composé / passé simple* und das *imparfait* stehen, was die Zeitstufe anbelangt, nicht in Opposition: alle drei signalisieren temporal ‚Vorzeitigkeit'. Was sie unterscheidet ist die Perspektive, unter der sie Sachverhalte und Ereignisse erscheinen lassen. Sie haben zusätzlich zu ihrer temporalen Signalwirkung noch Inhalte, die zur Kategorie Aspekt gehören, stehen also in aspektueller Opposition: Das *imparfait* steht für den sog. imperfektiven Aspekt (Sachverhalt / Ereignis ist ohne Begrenzung und wie von innen zu betrachten); das *passé simple* steht im geschriebenen und das *passé composé* im gesprochenen Französisch für den sog. perfektiven Aspekt (Sachverhalt / Ereignis ist begrenzt und wie von außen zu betrachten). Das *imparfait* macht ein Geschehen zum Hintergrundszenarium, das *passé simple* holt es als begrenztes Ereignis in den Vordergrund der Handlung. Der Bedeutungsunterschied wird besonders spürbar, wenn beide Aspekte in einem Satz kontrastierend eingesetzt werden (sog. Inzidenzschema):

	Lesart:
Pierre arrivait, le téléphone sonna.	Pierre war gerade dabei hereinzukommen, da klingelte das Telefon.
Pierre arriva, le téléphone sonnait.	Während das Telefon klingelte, kam plötzlich Pierre hereingeschneit.

Außer aspektuellen und temporalen Werten haben die Tempora des Französischen auch modale Funktionen. Mit der Kategorie Modus kann der Sprecher seine Haltung gegenüber dem Aussagegehalt seiner Äußerung ausdrücken (→ 6.5. Text C). Hierzu stehen im Französischen z.B. der *impératif*, der *subjonctif* oder das *conditionnel* zur Verfügung, mit denen man einen Sachverhalt als erforderlich, wünschenswert, geboten, wahrscheinlich, weniger wahrscheinlich oder unwahrscheinlich markieren kann; der Sprecher kann sich damit auch vom Gehalt seiner Aussage distanzieren:

       Est-ce que vous me prenez pour un imbécile?   *Je ne <u>dirais</u> pas ça...*
dt. *Halten Sie mich für schwachsinng?*   *Das <u>würde</u> ich jetzt nicht sagen...*

Modale Zusatzfunktion haben auch das *imparfait*, das *futur simple* und das *futur antérieur*:

       C'est bizarre qu'elle n'aie pas encore téléphoné. Et si elle <u>était</u> déjà de retour?
dt. *Es ist seltsam, daß sie noch nicht angerufen hat. Und wenn sie nun schon wieder zurück <u>wäre</u>?*

       On a sonné? Ça <u>sera</u> le facteur.
dt. *Hat es geklingelt? Das <u>ist vermutlich</u> der Briefträger.*

       Il n'est pas encore là? Il aura manqué son train alors.
dt. *Ist er noch nicht da? Dann wird er wohl seinen Zug verpaßt haben.*

Tempora können jedoch auch innendeiktisch eingesetzt werden, d.h. anaphorisch oder kataphorisch. Die Verweisrichtung ist die gleiche wie im Zeitstufenbereich: Vergangenheitstempora verweisen auf bereits geschriebenen / geäußerten Text zurück, futurische Tempora auf späteren / nachstehenden Text voraus:

Pour être franc: il boit beaucoup...   *mais <u>je n'ai rien dit</u>, d'accord?*

Je <u>vais te dire</u> une chose: *tu n'auras jamais assez d'argent!*

6.4.3. Funktionen der syntaktischen Kategorien Satzart und Satzform

6.4.3.1. Fragesätze

Schulgrammatisch ist zwischen Satz- und Wortfragen, sowie zwischen direkten und indirekten Fragen zu unterscheiden. Satzfragen zielen auf Antworten wie *Ja*, *Nein* oder *Vielleicht*, mit sog. Wortfragen erfragt man Satzglieder (Konstituenten).

Im Französischen gibt es drei Möglichkeiten, mit denen man eine Satzfrage kennzeichnen kann: Inversion (Umstellung von Subjekt und finitem Verb), Intonation (Tonhöhenanstieg am Ende des Satzes) und die Periphrase (Umschreibung) mit *est-ce que*:

    Viens-tu?   *Tu viens?*   *Est-ce que tu viens?*

Für die Inversionsfrage, die es fast nur noch im geschriebenen Französisch gibt, gelten Beschränkungen: sie ist nur mit Pronomina möglich, ein anderes Subjekt muß als Pronomen wiederaufgenommen werden (sog. komplexe Inversion):

    Pierre viendra.   als *Viendra-t-il?*   oder *Pierre, viendra-t-il?*   nicht als **Viendra-Pierre?*

Von der Frequenz her ist die Inversionsfrage in der Schriftsprache der häufigste Typ.

Die Intonationsfrage ist weitestgehend auf das gesprochene Französisch beschränkt. Nach Auffassung einiger Sprachwissenschaftler trägt sie ihren Namen zu Unrecht: Wie Sprachaufnahmen zeigen, steigt die Tonhöhe zum Ende hin oft gar nicht an. Daß es sich um einen Frage- und nicht um einen Aussagesatz handelt, kann der

Hörer jeweils der Ko- und Kontexteinbettung entnehmen. Dieser Fragetyp kann mit hörerorientierten Partikeln wie *hein, n'est-ce pas* (sog. *question tags*) ergänzt werden. Insgesamt ist die Intonationsfrage der häufigste, d.h. der normale und unmarkierte Fragetyp in der gesprochenen Sprache. Die Inversion ist selten; Sprecher benutzen sie nur, wenn sie glauben, sich an der Schriftsprache orientieren zu müssen. Ansonsten überlebt sie in idiomatisierten Floskeln wie *Pourriez-vous...., Auriez-vous la gentillesse de....* usw., die keine ‚echten' Fragen sind.

Wie Korpusauswertungen gezeigt haben, ist die *Est-ce que*-Satzfrage sowohl im geschriebenen als auch im gesprochenen Französisch der seltenste und markierte Typ. In der Schriftsprache findet sie sich meist als Vermeidungsstrategie für die komplexe Inversion und sie wird insgesamt herangezogen, wenn das Fragen auf den Erhalt einer echten Information abzielt (z.B. in Interviews). Da die Periphrase in Themaposition steht, wirkt sie wie ein ‚Achtung, jetzt kommt eine Frage'-Signal, der Frageinhalt ist in der Rhemaposition betont. Ihre syntaktische Struktur eignet sich auch dafür, einen Themawechsel einzuleiten oder den Redeschwall eines Gegenübers auf relativ elegante Weise zu unterbrechen. Inversions- und Intonationsfrage wären zu abrupt und damit unhöflich:

> A: *Ces dernières années, j'ai essayé de ne pas trop réfléchir, de prendre la fuite, d'oublier mon maleur.... j'ai alors beaucoup voyagé, j'ai commencé à boire et...*
> B: *Est-ce qu'on pourrait revenir encore une fois à votre enfance? Vous êtes né en Provence, n'est-ce pas?*

Zusammenfassend kann man sagen, daß bei Satzfragen in der geschriebenen Sprache die Inversion üblich ist, im gesprochenen Französisch hingegen die Beibehaltung der normalen Wortstellung (Intonationsfrage). Die *Est-ce que*-Frage ist in beiden Registern markiert; sie betont (fokussiert) den Fragecharakter oder leitet einen Themawechsel ein.

Die Gesetze der französischen Wortfrage stellen sich komplizierter dar als die der Satzfrage. Es werden dabei die drei bereits genannten Typen (Inversion, Erhalt der Aussage-Satz-Syntax oder Periphrase) mit den jeweiligen Fragepronomina kombiniert:

> *Qui* (für Personen) / *que* (für Sachen) / *quoi*   erfragt Subjekte und direkte Objekte
> *De, à qui* / *de, à quoi*   erfragt indirekte Objekte
> *Quand* / *pourquoi* / *comment* usw.   erfragt Umstandsangaben
> *Quel* / *combien*   erfragt Satzgliedteile oder bestimmte Objekte

Bestimmte Pronomina werden bevorzugt mit bestimmten Konstruktionen verwendet, mit einigen sind sie ungrammatisch. In manchen Gegenden Frankreichs oder bestimmten Sprechsituationen kann man außerdem Wortfrage-Typen zu hören bekommen, die jeden Schulgrammatiker erbleichen lassen (*Où que tu vas?, Où que c'est que tu vas?* o.ä.).

Ein Unterschied zur Satzfrage besteht darin, daß in Wortfragen die Inversion auch mit nicht-pronominalen Elementen möglich ist (außer bei *pourquoi*) – allerdings nur, wenn der Satz keine Objekte hat. Wenn Objekte beteiligt sind, ist die komplexe Inversion obligatorisch:

Pierre arrive le 5 mai.	erfragbar mit:	Quand arrivera Pierre.
Pierre parle à son frère.	nicht erfragbar mit:	* Quand parlera Pierre à son frère.
	erfragbar mit:	Quand Pierre parlera-t-il à son frère.

Im gesprochenen Französisch kommt die Inversion auch in der Wortfrage praktisch nicht mehr vor. Die übliche Form der Frage ist die Beibehaltung der Aussagesyntax mit pronominaler Ersetzung des zu erfragenden Satzgliedes:

C'est Pierre.	C'est qui?
Il achète une voiture.	Il achète quoi?
La voiture est à Pierre.	La voiture est à qui?
Il est arrivé à cinq heures.	Il est arrivé quand?

Bei Subjekt- und Objektfragen mit *qui* und *que* ist jedoch, anders als bei der Satzfrage, die Periphrase mit *est-ce que* der üblichste, unmarkierte Typ. Vor allem Fragen wie *Qu'est-ce que tu fais?* sind in der gesprochenen Sprache inzwischen so üblich, daß die Form als grammatikalisiert betrachtet werden kann: Sie wird nicht mehr als Umschreibung artikuliert und empfunden (*Qu'est-ce que c'est que ça?* = [kɛsksɛksá]).

6.4.3.2. Passiv und passiv-äquivalente Verfahren

Will man beschreiben, wie häufig und zu welchen Zwecken im Französischen Passivsätze verwendet werden, stößt man auf das Problem, daß sie manchmal an der Form nicht ohne weiteres erkennbar sind; sie können homonym sein mit Sätzen im *passé composé* oder Prädikativ-Sätzen:

La scène est monté.	Das Bühnenbild wird gerade aufgebaut.	passif présent
	Das Bühnenbild ist aufgebaut (worden).	passé composé
	Das Bühnenbild ist fertig.	prädikativ

Man kann herausfinden, ob eine Konstruktion ein Passiv oder z.B. ein *passé composé* ist, indem man den Satz in einen transitiven Aktivsatz überführt:

Pierre est battu, est accusé.	Qn bat Pierre.	Qn accuse Pierre.	⇒ passif présent
Pierre est tombé, est mort.	* Qn tombe Pierre.	* Qn meurt Pierre.	⇒ passé composé

Es gibt Passivsätze, bei denen der Agens syntaktisch ausgeführt wird (sog. *phrase passive achevée*: *Pierre est battu par son frère*) und solche, bei denen er nicht ausgedrückt wird (sog. *phrase passive inachevée*, s.o.). Letztere können genutzt werden, wenn der Agens nicht genannt werden soll oder unbekannt ist. Eine wichtigere Funktion des Passivs ist jedoch, daß man mit der syntaktischen Umstellung von Agens und Patiens die Mitteilungsperspektive ändern kann: Das Objekt des Aktivsatzes kommt in Themaposition; wenn man den Agens nennt, kann man ihn in Rhemaposition bringen, d.h. als Mitteilungsziel markieren. Beide Funktionen (Agens-Ausfall und Thema-Rhema-Umstellung) prädestinieren das Passiv für Pressetexte. Bei den vermeldeten Ereignissen sind Urheber oder Ursache oft nicht bekannt oder sollen nicht genannt werden, und Passivsätze eignen sich zur Herstellung einer leserfreundlichen linearen Progression (Beispiel a): das Rhema eines Satzes wird jeweils zum Thema des folgenden. Zudem kann man bei Ausdruck des Agens einen rhematischen Akzent darauf legen, ihn z.B. kontrastiv hervorheben (Beispiel b)):

> a) *Les agents <u>voudraient que les autorités accordent</u> enfin aux employeurs <u>l'autorisation de cultiver le soja transgénique</u>. De telles exigences sont assez fraîchement auccueillies par les bureaux bruxellois.*

> b) *A partir de demain, on va pouvoir admirer les pierres précieuses de l'Antiquité Romaine. L'exposition au Grand Louvre ne sera pas inaugurée par le ministre de la culture, <u>mais par le Premier Ministre en personne</u>.*

Über ein Passiv kann man auch vermeiden, daß ein langes Satzglied in Themaposition zu stehen kommt, was schwerfällig wirken würde.[2] Beim Hören des Themas erwartet der Adressat noch keine ausdifferenzierte Information. Als Rhema sind lange Konstruktionen akzeptabler:

> *Un jeune chef d'orchestre, qui vient de passer dix ans en Asie et qui n'a jamais travaillé en Europe auparavant, a ouvert ce cycle de trois concerts.*

> *Ce cycle de trois concert a été ouvert par un jeune chef d'orchestre, qui vient de passer dix ans en Asie et qui n'a jamais travaillé en Europe auparavant.*

Insgesamt wird das französische Passiv außerhalb des pressesprachlichen Registers nicht häufig verwendet, man bevorzugt inhaltlich äquivalente, aber syntaktisch anders realisierte Verfahren. Bei unbekanntem, nicht nennenswertem oder sehr allgemeinem Agens werden aktive Strukturen bevorzugt. Zum Ausdruck von Gepflogenheiten ist die Reflexivkonstruktion (a)) das häufigste Verfahren. Vor allem in der gesprochenen Sprache ist aktive Syntax mit unpersönlichem Subjektpronomen (*on* und *ça*) (b)) die üblichste Strategie. In den folgenden Beispielen wäre im Französischen ein Passiv sogar ungrammatisch:

> a) *Le vin blanc <u>se boit frais</u>.*
> dt. Weißwein <u>wird</u> (normalerweise) <u>gekühlt getrunken</u> / trinkt man gekühlt.

> b) *Je ne veux plus rien entendre a propos de ce scandale. <u>On</u> en <u>a</u> déjà beaucoup trop <u>parlé</u>.*
> dt. Ich will von diesem Skandal nichts mehr hören. Darüber <u>wurde</u> schon viel zu viel <u>geredet</u>.

Funktional passivähnlich sind auch die Periphrasen *se faire, se laisser, se voir* + Infinitiv: Sie bringen den Patiens in Themaposition, können aber, anders als das Passiv, auch indirekte Objekte eines Aktivsatzes zum Thema machen. Zudem offerieren sie zusätzlich eine Skala von Nuancen, was die willentliche Beteiligung des Patiens anbelangt: mit *se faire* ist das Bild einer quasi-aktiven Verursacher-Rolle des Patiens verbunden, *laisser* ist relativ neutral, während *voir* den Patiens zum willenlos Beteiligten macht:

---

[2] Das sog. ‚3. BEHAGHELsche von den wachsenden Satzgliedern' des deutschen Philologen BEHAGHEL (30er Jahre) besagt, daß von zwei aufeinanderfolgenden Gliedern im Satz das zweite normalerweise das längere ist.

	Lesart:
Il s'est fait opérer.	Er hat dafür gesorgt, daß er operiert wurde.
Il s'est laissé opérer.	Man hat ihn operiert.
Il s'est vu opérer.	Er wurde ohne sein Einverständnis operiert. (z.B. bei einer Notoperation nach Unfall)

Oft wird behauptet, die Konstruktion mit *se voir* habe ein negatives Konnotat. Das hängt jedoch davon ab, welches Prädikat damit konstruiert wird. Man kann ohne Willensbeteiligung oder Zustimmung auch mit sehr angenehmen Dingen konfrontiert werden:

Il s'est vu attribuer le prix Nobel.	Für ihn unerwartet wurde ihm der Nobelpreis zuerkannt.

6.5. Reader zur Syntax

Text A: Zur Syntax des attributiven Adjektivs

aus: WEINRICH, H.: *Textgrammatik der französischen Sprache*. Stuttgart, Nachdruck 1997. S. 352 ff.

6 SYNTAX DES ADJEKTIVS

Neben dem Nomen und dem Verb bildet das Adjektiv die dritte Lexem-Klasse. Das Adjektiv dient in erster Linie dazu, ein Nomen zu determinieren, dem es in Genus und Numerus kongruent ist. Die Determination geschieht in der Weise, daß dem Nomen die Bedeutung des Adjektivs als (mindestens ein) spezifizierendes Merkmal (« differentia specifica ») hinzugefügt wird. Diesen Prozeß kann man selber mit einem Merkmal ausdrücken, und zwar mit dem Merkmal <BESTIMMUNG>.

Nomen und Adjektiv bilden zusammen eine Attribution. Das Nomen ist das determinationsbedürftige Attributionsglied (« *determinandum* », Merkmal: <BESTIMMBAR>); es bildet die Basis der Attribution. Das Adjektiv ist das determinationskräftige Attributionsglied (« *determinans* », Merkmal: <BESTIMMEND>). Wir nennen es das Attribut. [...]

Adjektivische Attributionen unterscheiden sich in ihrer Determinationskraft wesentlich nach der Stellung des Adjektivs. Wir unterscheiden prädeterminierende und postdeterminierende Stellung des Adjektivs (6.1). Die postdeterminierende Stellung verleiht dem Adjektiv eine größere Determinationskraft (6.2), die prädeterminierende Stellung begnügt sich mit einer geringeren Determinationskraft (6,3). [...]

6.1 Die Stellung des Adjektivs

Ein Adjektiv, das ein Nomen determiniert, wird diesem entweder nachgestellt (Postdetermination: Basis – Attribut) oder vorangestellt (Prädeterrnination: Attribut – Basis). Einige Adjektive eignen sich mehr für die postdeterminierende (Symbol: ⇐), andere mehr für die prädeterminierende Stellung (Symbol: ⇒). Viele Adjektive findet man sowohl in post- als auch in prädeterminierender Stellung. Vergleiche:

POSTDETERMINATION	PRÄDETERMINATION
l'enfant pauvre	*le pauvre enfant*
⌐ BASIS ⌐ ATTRIBUT ⌐	⌐ ATTRIBUT ⌐ BASIS ⌐
<BESTIMMUNG>	<BESTIMMUNG>

In den Beispielen beider Spalten ist das Nomen *l'enfant* ‚das Kind' Basis der Attribution. Es wird in beiden Fällen determiniert durch das Attribut *pauvre* ‚arm', dessen Bedeutung die Merkmalmenge des Nomens anreichert.

Dabei zeigt sich jedoch ein erheblicher Unterschied zwischen den beiden Stellungstypen. Steht das Adjektiv nämlich in postdeterminierender Stellung, so bringt es in die Attribution alle Merkmale ein, die ihm nach seiner lexikalischen Bedeutung zukommen, im Fall des Adjektivs *pauvre* also (mindestens) die lexikalischen Merkmale <GÜTER> und <MANGEL>. Die Gesamtbedeutung der Attribution ist nun ‚das arme (= mittellose) Kind'. Steht das Adjektiv hingegen in prädeterminierender Stellung, so bringt es von den lexikalischen Merkmalen, die ihm laut Lexikon zukommen, nur ein einziges und überdies in seiner Trennschärfe reduziertes Merkmal in die Attribution ein, im Fall des Adjektivs *pauvre* das Merkmal <MANGEL>, reduziert zur Bedeutung jenes allgemeinen biologischen Mangels, der ein Kind in seiner Hilfsbedürftigkeit kennzeichnet. Die prädeterminierende Attribution hat daher eine im Vergleich zur postdeterminierenden Attribution abgeschwächte Bedeutung, hier: ‚das arme (= bedauernswerte) Kind'.

Die unterschiedliche Determinationskraft des Adjektivs je nach der Stellung zum determinierten Nomen ist Folge einer allgemeinen Wahrscheinlichkeitsregel, nach der in der französischen Sprache Morpheme und Lexeme im Text in bestimmter Weise zusammentreten. Diese Regel besagt, daß die Morpheme meistens den Lexemen vorausgehen. Der Hörer kann also Morpheme mit wesentlich größerer Wahrscheinlichkeit in prädeterminierender als in postdeterminierender Stellung erwarten. So stehen insbesondere die Morpheme, die ein Nomen determinieren, mit großer Regelmäßigkeit vor dem Nomen, was die Lautgestalt noch deutlicher zu erkennen gibt als das Schriftbild. Man vergleiche etwa die Determinationen des Lexems *chat* [ʃa] ‚Katze/Kater' durch verschiedene Morpheme:

le chat [ləʃa]	‚die Katze' (einfacher Artikel)
mon chat [mõʃa]	‚meine Katze' (Possessiv-Artikel)
ce chat [səʃa]	‚diese Katze' (Demonstrativ-Artikel)
trois chats [trwaʃa]	‚drei Katzen' (Numeral-Artikel)
quelques chats [kɛlkəʃa]	‚einige Katzen' (Indefinit-Artikel)
pas de chat [pad(ə)ʃa]	‚keine Katze' (Negation)

In diese Struktur fügt sich auch das prädeterminierende Adjektiv ein; es ist in der Abfolge (Possessiv-)Artikel – Adjektiv – Nomen (zum Beispiel: *mon petit chat* ‚meine kleine Katze, mein Kätzchen') das zweite prädeterminierende Sprachzeichen und wird, da das erste prädeterminierende Sprachzeichen (*mon*) ein Morphem ist, diesem in seinem morphematischen Charakter angeglichen und insofern morphematisiert, das heißt, als (Quasi-)Morphem interpretiert. Da aber Morpheme sich in ihren Bedeutungen von Lexemen generell durch einen geringeren Merkmalbestand (« Intension ») unterscheiden, besagt Morphematisierung soviel wie Reduktion der lexikalischen Merkmale bis zu jenem semantischen Minimum, das üblicherweise den Merkmalbestand eines Morphems kennzeichnet. Vergleiche:

POSTDETERMINATION	PRÄDETERMINATION
(VOLLER MERKMALBESTAND DES LEXEMATISCHEN ADJEKTIVS)	(REDUZIERTER MERKMALBESTAND DES MORPHEMATISIERTEN ADJEKTIVS)
/ *une famille noble* / ‚eine adelige Familie'	/ *une noble famille* / ‚eine edle Familie'
/ *c'est un homme grand* / ‚das ist ein großer (= hochgewachsener) Mann (Mensch)'	/ *c'est un grand homme* [grãtɔm] / ‚das ist ein großer (= bedeutender) Mann (Mensch)'
/ *une resolution fatale* / ‚ein schicksalhafter Entschluß'	/ *une fatale solution* / ‚ein fataler Entschluß'
/ *un personnage triste* / ‚eine traurige Person'	/ *un triste personnage* / ‚eine triste Gestalt'
[...]	[...]

Nur in postdeterminierender Stellung (linke Spalte) bringen hier die Adjektive *noble, grand, fatal* und *triste* ihre volle lexikalische Bedeutung in das Determinationsgefüge der Attribution ein. In prädeterminierender Stellung (rechte Spalte) bleibt von dem Merkmalbestand dieser Bedeutung nur ein Restbestand und manchmal nur ein einziges Merkmal erhalten, was die Übersetzung nur annäherungsweise wiedergeben kann. Am Beispiel des Adjektivs *noble:* Die (definitorisch nicht streng geschlossene) Liste der lexikalischen Merkmale, etwa <GESELLSCHAFTSSCHICHT>, <HERVORHEBUNG>, <ERBLICHKEIT>, <ETHOS>, <PRIVILEGIEN> [...] wird bei einer Voranstellung des Adjektivs auf das eine Merkmal <HERVORHEBUNG> oder allenfalls auf die zwei Merkmale <HERVORHEBUNG> und <ETHOS> reduziert.

Die einzelnen Adjektive des französischen Wortschatzes sind jedoch in unterschiedlicher Weise für die postdeterminierende und die prädeterminierende Stellung geeignet. Eine Faustregel besagt: Längere und seltener gebrauchte, insbesondere fachsprachliche Adjektive stehen meistens nach dem Nomen, kürzere und häufiger gebrauchte, insbesondere gemeinsprachliche Adjektive gehen ihm meistens voran. Dabei spielt allerdings auch die Länge des determinierten Nomens eine gewisse Rolle. Wenn dieses selber sehr kurz ist (Einsilber), läßt es längere Adjektive in prädeterminierender Stellung noch weniger zu, als wenn es selber schon eine gewisse Länge hat. Vergleiche:

PRÄDETERMINATION	POSTDETERMINATION
/ *un bon enfant* / ‚ein gutes Kind'	/ *un enfant intelligent* / ‚ein kluges Kind'
/ *une belle enfant*/ ‚ein schönes Kind'	/ *une enfant remarquable* / ‚ein bemerkenswertes Kind (Mädchen)'
/ *mes chers enfants*/ ‚meine lieben Kinder'	/ *ces enfants extraordinaires* / ‚diese außergewöhnlichen Kinder'

Die genannte Faustregel hat indes nur einen Annäherungswert und beschreibt die Eignung der einzelnen Adjektive für die eine oder die andere Stellung nur in groben Zügen.

Text B: Zur *mise en relief*

aus: Krassin, G.: *Neuere Entwicklungen in der französischen Grammatik und Grammatikforschung*. Tübingen, 1994. S. 31 ff.

III.3. Satzsegmentierung durch Dislokation oder Präsentativa

Die Satzsegmentierung wird allgemein als eines der typischsten Merkmale gesprochener Sprache betrachtet; die Erklärung hierfür dürfte vor allem darin liegen, daß mit der Segmentierung bestimmte Satzteile hervorgehoben werden, ein Mechanismus, der gerade in der durch Spontaneität, geringen Planungsaufwand und hohe Redundanz gekennzeichneten gesprochenen Sprache zur Klarstellung bestimmter Aussagen dienen kann.

Die Segmentierung wird hier als Oberbegriff aufgefaßt, dem sich sowohl die Dislokation, als auch die Präsentativkonstruktionen unterordnen lassen. [...] Die enge Verbindung zwischen beiden wird deutlich, wenn man sich Sätze ansieht wie:
Les soirées d'été, je les aime surtout.
Je les aime surtout, les soirées d'été.
Ce que j'aime surtout, ce sont les soirées d'été.
Ce sont les soirées d'été que j'aime surtout.
Gemeinsam ist allen diesen Sätzen, daß sie von der einfachen Wortfolge SVO abweichen, indem ein Element herausgelöst und damit hervorgehoben wird.

Im Hinblick auf diese Funktion der *mise en relief* besteht – wenn auch mit unterschiedlichen Akzentuierungen, auf die noch einzugehen sein wird – in der Literatur relative Einigkeit, von der in terminologischer Hinsicht nicht die Rede sein kann; so wird die Dislokation auch als *disjonction, détachement, reprise et anticipation, emploi pléonastique*, prä- und postponierende Projektion, *projection des actants* oder *redondance actantielle* bezeichnet. Die unterschiedliche Stellung des dislozierten Elementes zu Beginn oder am Ende des Satzes wird durch die Begriffspaare „links/rechts", „prä-/postponierend" gekennzeichnet, bzw. mit Blickrichtung auf die Funktion des Projektionspronomens durch das Begriffspaar „anaphorisch/kataphorisch". Die Präsentativkonstruktion wird auch als *phrase clivée, clivage* oder *cleft sentence* bezeichnet. Genauer differenziert z.B. Kleineidam im Lexikon der Romanistischen Linguistik zwischen dem „Spaltsatz" (*phrase clivée*) für die Kontruktionen *c'est / ce sont ... qui / que / dont* und dem „Sperrsatz" (*phrase pseudo-clivée*) für die Konstruktionen *ce qui / que / dont ... c'est / ce sont*, ersterem wären wohl auch die Präsentativkonstruktionen *voilà / voici / il y a ... qui / que*, letzterem *celui qui ... c'est* hinzuzufügen.

Unterschiede sind zwischen Dislokation und Präsentativkonstruktion zunächst in zweierlei Hinsicht festzuhalten. Zum einen handelt es sich bei der Dislokation in erster Linie um ein Verfahren der gesprochenen Sprache, während Spalt- und Sperrsätze sich sowohl in geschriebener als auch in gesprochener Sprache finden. Zum anderen haben vor allem Koch/Oesterreicher mehrfach darauf hingewiesen, daß es sich bei der Satzsegmentierung durch Links- oder Rechtsdislokation um ein universales Verfahren handelt. Andererseits trägt die Satzsegmentierung im Französischen durchaus sehr charakteristische einzelsprachliche Merkmale, indem beispielsweise das dislozierte Element – von ganz wenigen Ausnahmen (*Lui (, il) ne sait pas*) abgesehen – immer im Satz durch ein Pronomen ersetzt werden muß [...]. Darüber hinaus tritt die Dislokation aufgrund der ansonsten rigiden Wortstellung im Französischen und der, beispielsweise im Vergleich zum Englischen und Deutschen, nicht vorhandenen Möglichkeit, durch alleinige Betonung bestimmte Elemente hervorzuheben, ausgesprochen häufig auf. Vor dem Hintergrund einer hierbei vorherrschenden Linksdislokation des Subjekts greifen z.B. Koch/Oesterreicher für das gesprochene Französisch die Frage auf, „ob die Grammatikalisierung im Falle der Subjektsaktanten bereits bis zu einer supplementären Subjektkonjugation fortgeschritten ist." Auch die vorwiegend mit Untersuchungen zum gesprochenen Französisch beschäftigte *Groupe Aixois de Recherches en Syntaxe* sieht in der Dislokation *„une tendance très forte"*, wobei Untersuchungen Jeanjeans zufolge in Gesprächen ungefähr 70% der Subjekte disloziert seien und Sätze mit einfachem nominalem Subjekt nur noch 10% ausmachen. [...]

Diese Auflistungen von Möglichkeiten verdeutlichen die außerordentliche Vielfalt der bei der Dislokation vorliegenden Konstruktionen. Zudem besteht natürlich immer die Möglichkeit mehrfacher Dislokation; hier sei nur das von Tesnière zuerst angeführte und dann in der Fachliteratur immer wieder aufgegriffene Beispiel: *Il la lui a donnée, à Jean, son père, sa moto* genannt. Im Hinblick auf die Verwendung von Präpositionen bei dislozierten Elementen ist folgende Regel wichtig: „Die bei *Rechtsdislokation obligatorisch* vorhandene Präposition *muß* bei *Linksdislokation* in der Regel wegfallen und *kann* in den Fällen, wo sie akzeptiert wird (...) immer wegfallen." [...]:

Je m'en moque, de l'argent.   *J'y vais souvent, à Paris.*
L'argent, je m'en moque.   *(A) Paris, j'y vais souvent.*

Zudem besteht die Restriktion, daß durch den unbestimmten - außer den generischen Artikel eingeleitete Nominalphrasen nicht dislozierbar sind. Nicht möglich ist somit: *Un enfant, il dort*, wohl jedoch: *Un enfant, ça dort*. Die Erklärung für dieses Phänomen liegt zweifellos darin, daß es sich bei dem dislozierten Element immer um das sogenannteThema handelt, d.h. etwas bereits Bekanntes oder zuvor Genanntes, das dementsprechend natürlich nicht mit dem unbestimmten Artikel verbunden werden kann.

Die Bestimmung von Thema und Rhema [...] erweist sich als unabdingbar im Hinblick auf die Frage danach, was beim Sprechen mit der Dislokation bezweckt wird. Da auf die außerordentlich umfangreiche Literatur sowohl zur Thema-Rhema-Frage im allgemeinen als auch speziell im Hinblick auf den Bereich der Dislokation nicht näher eingegangen werden kann, sollen hier nur kurz einige allgemeinere Feststellungen getroffen werden. Betrachtet man zunächst etwas vereinfachend das Thema als den Teil des Satzes, der bereits bekannte Informationen aufnimmt, und das Rhema als den neue Informationen beinhaltenden Teil des Satzes und trägt zudem der Tatsache Rechnung, daß im Satz die Abfolge Thema – Rhema als „normal" zu betrachten ist, so fallen bei der Dislokation zwei Dinge auf. Zum einen wird stets das Thema disloziert, zum anderen bleibt bei der Linksdislokation die Abfolge Thema-Rhema erhalten, während sich bei der selteneren Rechtsdislokation die neue Abfolge Rhema-Thema ergibt.

Cette maison (Thema) *me plaît beaucoup* (Rhema).
Cette maison (Thema), *elle me plaît beaucoup* (Rhema).
Elle me plaît beaucoup (Rhema), *cette maison* (Thema).

Verbindet man nun diese Feststellungen mit der traditionell als Hauptfunktion der Dislokation betrachteten *mise en relief*, so wird bei der Linksdislokation das durch seine Initialstellung normalerweise sowieso schon betonte Thema zusätzlich besonders hervorgehoben, während bei der Rechtsdislokation das Rhema hervorgehoben wird, indem das Thema in den Hintergrund/an das Satzende tritt. [...]

Versucht man nun in ähnlicher Weise wie bei der Dislokation Funktionen der Präsentativkonstruktionen zu bestimmen, so fällt zunächst auf, daß die Literatur zu diesem Thema sehr spärlich ist. Bastian sieht bei diesen Konstruktionen, im Unterschied zur Thematisierung bei der Dislokation, eine Rhematisierungsfunktion. Dazu bleibt kritisch anzumerken, daß, wie oben erläutert, eine Thematisierung nur bei der häufigeren Linksdislokation vorliegt, nicht jedoch bei der Rechtsdislokation, die, ebenso wie die Präsentativa, der Rhematisierung zuzuordnen wäre. In Verbindung mit der allen Konstruktionen gemeinsamen Hervorhebungsfunktion läßt sich somit feststellen, daß bei der Dislokation nach links das Thema disloziert und gleichzeitig hervorgehoben, bei der Dislokation nach rechts ebenfalls das Thema disloziert und dadurch bedingt das Rhema hervorgehoben, bei den Präsentativkonstruktionen dagegen das Rhema abgetrennt und damit auch hervorgehoben wird.

Neben der Hervorhebung stellt Bastian Strukturierung, Emotionalisierung, Korrektur und Pause als weitere Funktionen heraus, die die Dislokation und die Konstruktion „Präsentativum + Relativpronomen" gemeinsam haben. Seelbach betrachtet die Hervorhebung bei der Dislokation als sekundär; zur Unterscheidung zwischen Spalt- und Sperrsätzen einerseits und der Dislokation andererseits führt er aus: „Während man der (Pseudo)-Cleft-Formung in der Regel die Fokussierungsfunktion zuschreiben kann, dient die Dislokation oder Segmentierung in erster Linie der thematischen Verknüpfung." Innerhalb der Spaltsätze wiederum unterscheidet Rothemberg zwischen dem identifizierenden, präsentierenden oder auch affektiven *c'est .. qui*, dem erklärenden *il y a ... qui* und dem exklamativen *voilà ... qui*.

Text C: Zur modalen Abtönung im Französischen und im Deutschen

aus: WEYDT, H.: *Abtönungspartikel. Die deutschen Modalwörter und ihre französischen Entsprechungen*. Bad Homburg u.a., 1969. S. 68 ff.

[...] Abtönungspartikel sind unflektierbare Wörtchen, die dazu dienen, die Stellung des Sprechers zum Gesagten zu kennzeichnen. Diese Wörtchen können in gleicher Bedeutung nicht die Antwort auf eine Frage bilden und nicht die erste Stelle im Satz einnehmen. Sie beziehen sich auf den ganzen Satz; sie sind im Satz integriert. In anderer syntaktischer Stellung oder anders akzentuiert haben sie alle eine oder mehrere andere Bedeutungen. In dieser anderen Verwendung gehören sie dann anderen Funktionsklassen an.

Den so definierten Abtönungspartikeln gleichen einige andere Wörtchen sehr; allerdings entsprechen sie nicht in allen Teilen der strengen Definition. Es handelt sich um Partikel wie: *allerdings, schließlich, überhaupt, immerhin, jedenfalls*.

In Sätzen wie:
    Er ist *schließlich* dein Vater.
    Er ist *immerhin* reich.
    Er hat *jedenfalls* großes Pech gehabt.
    Wie heißt du *überhaupt*?
    Das ist *allerdings* fatal.
sind sie von den Abtönungspartikeln nicht zu trennen. Sie können mit ihnen gleichberechtigt in Reihen aufgeführt werden. Doch können sie in der Bedeutung als Abtönungspartikel auch am Anfang des Satzes stehen. Außerdem ist bei *überhaupt, allerdings, immerhin* und *jedenfalls* kein Bedeutungswechsel festzustellen. Auch diese Wörter fehlen im Französischen.

Auch Adjektive können wie Abtönungspartikel funktionieren. Der Unterschied zwischen: „Laß' uns rúhig schlafen" (= unser Schlaf soll ruhig sein) und: „Laß' uns ruhig schláfen" (= du brauchst uns nicht zu wecken) besteht darin, daß *ruhig* im ersten Fall sich auf das Verb bezieht, im zweiten Fall auf den ganzen Satz. Unbetont funktioniert es auf der Intentionsebene, betont auf der Darstellungsebene.

Man muß noch eine Unterscheidung machen: die zwischen „Abtönungspartikeln" und „abtönungsfähigen Partikeln".

Unter „Abtönungspartikeln" sind alle die Wörter zu verstehen, die den Bedingungen der gerade gemachten Definition genügen.

Der Begriff „abtönungsfähige Partikel" ist weiter und soll alle Partikel umfassen, die – in einer bestimmten Verwendung – Abtönungspartikel sein können.

6. Deutsch-französischer Vergleich

a) Französische Ausdrücke, die ähnlich wie die deutschen Abtönungspartikel funktionieren

Sprachelemente, die ähnlich wie die deutschen Partikel funktionieren, gibt es auch im Französischen. Sie spielen im Französischen eine weitaus geringere Rolle als im Deutschen; das zeigt sich vor allem in der Häufigkeit ihrer Anwendung und in der Begrenztheit des Inventars. Sie sind auch als Gruppe nicht so einheitlich zu fassen wie die deutschen Abtönungspartikel: bei deutschen Abtönungspartikeln trafen verschiedene Charakteristika stets zusammen. Diese kann man auch – meist einzeln – bei französischen Partikeln finden. Eine systematische Übersicht über die Funktionen dieser französischen Partikel gibt es unseres Wissens noch nicht, wohl aber eine umfangreiche, aber ganz ungeordnete (in diesem Fall alphabetische) Aufstellung von allen möglichen „Flickwörtern" und sehr genaue Untersuchungen der Bedeutung bei einigen französischen Ausdrücken wie *par exemple, peut-être, déjà,* die schon erwähnt wurden.

Zur Definition der deutschen Abtönungspartikel gehört, daß sie auf der Intentionsebene funktionieren, daß sie daselbst eine andere Bedeutung als bei anderer Verwendung haben, daß man sie nicht erfragen kann, daß sie stets nach dem Verb stehen müssen.

Im Französischen gibt es zwei Arten von Ausdrücken, die den deutschen Abtönungen entsprechen: die durch Kommata abgeteilten *par exemple, peut-être,* und die im Satz integrierten: *donc, bien, déjà.* Sie drücken alle eine Stellung des Sprechers zum Gegenstand seines Sprechens aus, enthalten also das subjektive Element der Abtönungen, und sie lassen sich auf keine Weise erfragen, womit sie aus der Gruppe der eigentlichen Adverbien herausgenommen sind. *Par exemple* und *peut-être* haben mit den deutschen Abtönungen gemeinsam, daß sie zwei Bedeutungen tragen. *Par exemple* heißt normalerweise: „zum Beispiel", entspricht in der zweiten Bedeutung (..quoique la vie ne soit pas toujours drôle, ah! non, *par exemple*) dem deutschen „tatsächlich", *peut-être* entspricht in gewissen Fällen (je ne pouvais pas refuser, *peut-être*; je sais ce que je ressens, *peut-être*; tu as entendu l'orage d'autres fois, *peut-être*) etwa dem deutschen: *„ja schließlich",* oder: *„doch"* (ich konnte das *schließlich* nicht zurückweisen; ich weiß *schließlich* selbst was ich fühle; du hast *doch* schon öfter mal ein Gewitter gehört). Doch sind diese Ausdrücke - wie der Vergleich mit der deutschen Übersetzung besonders gut zeigt – nicht in den Satz integriert, sondern sie stehen blockartig und deutlich abgeteilt neben dem Satz. Urteil und Urteil über das Urteil sind klarer voneinander getrennt als im Deutschen. Die Wörter *donc, bien, déjà* („Parlez *donc* franchement!", „ils l'ont *bien* fait à pied", „ce n'est *déjà* pas mal") sind zwar integriert, aber sie haben keine, oder zumindest keine deutliche Bedeutungsveränderung im Vergleich zu ihrer üblichen Verwendung durchgemacht. In einzelnen Fällen können diese Wörter wie die deutschen Abtönungen funktionieren, in extremen Fällen auch im Satz integriert sein. Im Beispiel: „quand je vous répète que vous pouvez l'épouser, je sais *peut-être* ce que je dis", oder: „Louise, Louise, qu'est-ce que tu as? Mais qu'est-ce que tu as *donc*?" entsprechen *peut-être* und *donc* vollkommen, d.h. auch in der Satzintegration den deutschen: *„ja schließlich"* und: *„denn nur".*

Doch sind das sehr gesuchte Fälle, sie fallen in der Gesamtheit der Sprache viel weniger ins Gewicht als die deutschen Abtönungspartikel. Die Kennzeichen, die allen deutschen Abtönungspartikeln anhaften, so daß man sie zu einer Gruppe zusammenfassen kann, fehlen auch im Französischen nicht, finden sich aber nur in Ansätzen und vereinzelt. Insgesamt sind die französischen Partikel – im Vergleich zu den deutschen – in der zweiten, intentionalen Bedeutung verschwindend selten.

b) Statistischer Sprachvergleich

[...] Nun soll die Untersuchung von der Gruppe der Partikel im weiteren Sinne auf die besagten Abtönungspartikel eingeschränkt werden.

Zugleich wird der Versuch umgedreht: man kann erwarten, daß in der deutschen Übersetzung eines französischen Textes viele Abtönungen auftauchen, wo der französische Urtext keine Partikel stehen hatte. Daß das in der Tat der Fall ist, ergibt sich aus einer vollständigen Aufstellung aller Abtönungspartikel des ersten Aktes von „Les Oiseaux de lune" von Marcel Aymé und seiner deutschen Übersetzung.

Die Auszählung betraf 59 Seiten; ausgezählt wurden die 13 genannten Partikel Die deutsche Übersetzung enthält 104 Abtönungspartikel. Von diesen gibt es nur bei 15 in der französischen Fassung irgendein sprachliches Element, das dem deutschen als Vorlage gedient haben könnte; zum Beispiel:

eine Partikel:
„Dites *donc*, Valentin.." „Sagen Sie *mal*, Valentin,.." (S. 24).
„Vous n'étiez *donc* pas au courant?" „Waren Sie *denn* nicht im Bilde?" (S. 12);

ein Verb:
„Pouquoi *veux-tu* qu'elle soit malheureuse?" „Warum sollte sie *denn* unglücklich sein?" (S. 24);

ein Adverb:
„On verra *bien*." „Das wird sich *ja* zeigen" (S. 24);

eine Konjunktion:
„J'ai dû le fâcher, lui *pourtant* si doux.." „..er ist *doch* sonst immer so sanft.." (S. 18).

Die übrigen 89 deutschen Abtönungen entstanden, ohne daß ihnen im französischen Text ein Redeteil entspräche; zum Beispiel:

„Ce serait écoeurant" – „Das wäre *ja* widerlich" (S. 30);
„..regarde ta fille aînée" – „..sieh dir *einmal* deine ältere Tochter an" (S. 10);
„..j'ai tant de choses à vous dire" – „..ich habe Ihnen *doch* so viel zu sagen" (S. 15).

Indes: ganz ausgeschlossen ist auch bei dieser Vergleichsmethode noch nicht, daß ein gewisser Einfluß vom Urtext auf die Übersetzung ausgeübt wird.

Deshalb noch ein drittes Verfahren: der Vergleich der französischen und der deutschen Übersetzung eines englischen Urtextes. So ist – zumindest eine gegenseitige – Beeinflussung ausgeschlossen: man kann annehmen, daß beide Übersetzer nichts voneinander wußten und nur die englische Vorlage wiedergeben wollten. Untersucht wurden die ersten vier Kapitel des Romans: „Tom Sawyer" von Mark Twain in deutscher und französischer Übersetzung".

Dort findet man für 78 deutsche Abtönungen der genannten 13 Partikel nur 10 mal irgendein sprachliches Äquivalent im Französischen. Die französischen Entsprechungen sind ähnlich wie die der Oiseaux-de-lune-Auszählung. 68 Beispiele dagegen haben keine französische Entsprechung, so: „..si je voulais" – „..wenn ich *bloß* wüßte" (S. 13); „je le ferai" – „Ich werd' es *schon* tun." (S. l3); „..mais cela ne fait pas de mal.." – „..aber das tut *doch* nich (!) weh," (S. 17).

Zahlreiche weitere Beispiele bestätigen dies Ergebnis.

Jedoch wurden die Texte, aus denen sie stammen, nicht vollständig erfaßt. So brauchen sie hier nicht einzeln aufgezählt zu werden.

Ergebnis für das Vorkommen der 13 Partikel: *aber, ja, vielleicht, nur, bloß, doch, eben, halt, denn, eigentlich, etwa, auch, mal* in Abtönungsfunktion:
Oiseaux:
von 104 deutschen Abtönungspartikeln sind 89 (= 85,58 Prozent) ohne franz. Entsprechung.
Tom Sawyer:
von 78 deutschen Abtönungspartikeln sind 68 (= 87,18 Prozent) ohne franz. Entsprechung.
insgesamt:
von 182 deutschen Abtönungspartikeln sind 157 (= 86,26 Prozent) ohne franz. Entsprechung. Diese „Entsprechungen" sind keineswegs Abtönungen. „Entsprechung" besagt nur, daß irgendein sprachliches Element im Französischen dort steht, wo der deutsche Text abtönt.

c) Zusammenfassender, beschreibender Sprachvergleich

Die dargestellte Möglichkeit des Deutschen, auf der Intentionsebene abzutönen, fehlt dem Französischen nicht vollkommen. Doch sind die dazu zur Verfügung stehenden Mittel viel geringer, die Beispiele viel seltener.
Auch im Französischen werden durch Partikel Urteile über Urteile gegeben. Als Gemeinsamkeiten mit dem deutschen System fallen auf:
1. Die Partikel haben hier ebenfalls eine andere Bedeutung als die, die sie in anderen Kontexten haben. Sie drücken die Stellung des Sprechers zum Gesagten aus.
2. Interessanterweise sind es teilweise die Entsprechungen der deutschen Wörter, die diese Wandlung zeigen: peut-être – vielleicht, déjà – schon, mais – aber, bien – wohl.
3. *Bien* und *déjà* sind in den Satz integriert wie die deutschen Wörter.
Insgesamt aber überwiegen die Verschiedenheiten. Hier seien sie noch einmal kurz zusammengestellt:
1. Französische Wörter, die man als Abtönungen bezeichnen könnte, sind im Französischen viel seltener als im Deutschen, sowohl was die Möglichkeiten, als was ihre Realisierungen betrifft. Auf eine französische „Abtönung" dürfte im Deutschen die zehn- bis hundertfache Menge kommen.
2. Das Spezifische der deutschen Konstruktion, die Integration im Satz: „Bist du *aber* groß!" ist im Französischen nur selten. Die Partikel wird im allgemeinen an den Anfang oder an das Ende des Satzes gestellt und dazu durch Kommata abgetrennt. Zum Beispiel: „*Mais,* qu'est-ce que tu es grand!"
3. Der Akzent kann im Französischen, da er festgelegt ist, nichts über die Bedeutung aussagen.
4. Außerdem, damit wird dem nächsten Kapitel vorgegriffen, läßt sich die französische Partikel nicht kombinieren.

Text D: Grundbegriffe der Textlinguistik

aus: BLUMENTHAL, P.: *Sprachvergleich Deutsch-Französisch*. Tübingen, ²1997. S. 114 ff.

5.1 Grundbegriffe

Bevor wir uns einige Texte ansehen, sollen in aller Kürze die Grundbegriffe der textlinguistischen Analyse vorgestellt werden. Zur Vertiefung sei die *Einführung in die Textlinguistik* von Vater (1992) empfohlen.
Im Mittelpunkt der Textlinguistik steht die Kohärenz als Sammelbecken für alle ausdrücklichen und verborgenen, syntaktischen, semantischen oder pragmatischen Signale

und Strukturen, die den Sinnzusammenhang zwischen Sätzen und größeren Einheiten eines Textes gewährleisten. Kohärenz steht für Sinnkontinuität.
Die wichtigsten Faktoren der Kohärenz sind in stark schematisierendem Überblick:

- **grammatische Kohäsion:** Gesamtheit aller grammatischen (und damit expliziten) Signale für Sinnzusammenhang, u.a.
  - Wortstellung [...];
  - zu Koreferenz[57] führende Wiederaufnahme von zuvor Genanntem durch Pronomina oder Lexeme *(Plötzlich kam ein Hund angerannt. Er/Das wütende Tier/Dieses Biest bellte fürchterlich)*;
  - Konnektoren *(auch, denn, deshalb, also, trotzdem...)*;
  - Tempora (z.B. die Abfolge von Imparfait und Passé simple als Signal für das Verhältnis von situationellem Hintergrund und ereignishaftem Vordergrund, [...].
- **semantische/referentielle Kohäsion**[58]: Wie soeben schon verdeutlicht, besitzen die grammatischen Ausdrucksformen der Kohäsion auch eine inhaltliche Seite; so können die Konnektoren u.a. zeitliche, kausale, oppositive oder spezifizierende Relationen ausdrücken. Zur Entstehung derartiger Bezüge im Text bedarf es aber nicht notwendigerweise expliziter grammatischer Mittel wie der Konnektoren. Beispielsweise wird eine oppositive Beziehung oft durch das lexikalisch-semantische, also innersprachliche Mittel der Antonymie verdeutlicht (vgl. *alte Menschen* vs *Kinder* [...]); aber auch (außersprachliche) Bezüge können durch geeignete Kontexte oppositiv aufgeladen werden, so die Zeitreferenzen [...].
- **Inferenzen:** vom Hörer/Leser aus dem Kontext gezogene Schlußfolgerungen, die gleichsam gedankliche Brücken (vgl. Heringer 1988, 44ff) zwischen nicht explizit verbundenen Sätzen schlagen. Beispiel: *In den Decken der Hörsäle ist ein giftiger Stoff entdeckt worden. Die Universität kann erst nach den Sommerferien wieder öffnen.* Der Hörer wird selber als Zwischenglied den Gedanken interpolieren, daß die Universität zwecks Beseitigung des Gifts während der Ferien geschlossen bleibt.
- **Weltwissen:** Ein großer Teil der Satzfolgen bliebe unverständlich, wenn der Hörer nur seine grammatischen und lexikalischen Kenntnisse (= Sprachwissen) in das Textverständnis einbrächte. Darüber hinaus muß er auch sein Weltwissen (mehr oder weniger spezialisierte Kenntnis von Gegenständen oder Tatsachen) in die Deutung der Zusammenhänge investieren. Beispiel: *In den Decken der Hörsäle wurde Asbest entdeckt. Der Rektor hätte fast einen Herzinfarkt bekommen.* Wenn der Hörer nichts über die toxischen Eigenschaften von Asbest wüßte, deren Kenntnis ihrerseits die Basis für Inferenzen bilden kann, verstünde er den Zusammenhang nicht.

Es ist schon oft darauf hingewiesen worden, daß die genannten vier Faktoren nicht klar gegeneinander abgegrenzt werden können und daß sie meist zusammenwirken – obwohl etwa Kohäsion keineswegs unverzichtbar ist. Die textlinguistisch interessante Frage betrifft also den relativen Anteil jedes der Faktoren an der Sinnkonstitution: Wie explizit wird etwa der raum-zeitliche oder logische Zusammenhang durch Konjunktionen gemacht, wie tief oder breit muß das Weltwissen des Hörers sein, wieviel Scharfsinn (etwa in Witzen) verlangen die von ihm zu schlagenden Inferenzbrücken? Texte lassen sich also beschreiben und wohl auch klassifizieren nach dem Grade der Explizitheit oder Implizitheit ihrer Kohärenz.
Wir müssen noch einen Moment bei dem vieldiskutierten Begriff des Weltwissens bleiben. Von der Psycholinguistik (Klix 1992, Dörner 1995) und der Theorie der Wissensrepräsenta-

tion (ein Zweig der Informatik) gehen seit einiger Zeit Anstöße zu einem neuen Durchdenken des vagen und allumfassenden Wissensbegriffs aus. Ziele dieser Bemühungen sind sowohl Aufschlüsse über die Speicherung des Wissens im Gedächtnis als auch die Entwicklung von Formalismen zur symbolischen Darstellung des Wissens. Uns interessiert hier nur ein vordergründigerer Aspekt dieser Arbeiten, nämlich die Unterscheidung verschiedener Wissensarten, die übrigens bisweilen an aus Linguistik und Logik Altbekanntes anknüpft (vgl. die Auflistung bei Reimer 1991, S. 27). Für die folgenden Analysen möchte ich mich auf drei von Klix als psycholinguistisch bedeutsam betrachtete Unterscheidungen beschränken. Wichtig ist zunächst der Gegensatz zwischen „merkmalsbestimmtem" und „ereignisbestimmtem" Wissen. Merkmalsbestimmt ist unsere Kenntnis der hierarchisch aufgebauten Ordnungssysteme von Begriffen (Oberbegriff *Raubtier*; Unterbegriff *Königstiger*; Oberbegriff *Unfall*; Unterbegriff *Beinbruch beim Skifahren*; hinzu kommen nebengeordnete Begriffe[59]). Ereignisbestimmt ist unser Wissen über Klassen von Geschehensabläufen in Raum und Zeit (Beispiel: *Kurssturz an der Börse* - was ist der Geschehenskern, welche Ursachen, Folgen und Vorgangsbeteiligten spielen dabei eine Rolle?).

Eine dritte aus textlinguistischer Sicht wichtige Wissensart betrifft unsere Kenntnis von statischen Sachzusammenhängen (z.B. „hat als Teil"-Beziehungen wie in *Der Baum hat Blätter*[60], aber auch Teil-Teil-Beziehungen und Kontiguitäten wie *Hai / Meer* [...]. Ich verwende im folgenden hierfür die Bezeichnung „gegenstandsbestimmt".

Das nachstehende Schema veranschaulicht das bisher Gesagte:

Faktoren der Kohärenz

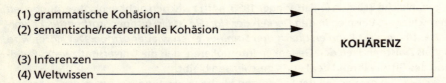

Weltwissen läßt uns bestimmte Konnexionsbeziehungen zwischen außersprachlichen Sachverhalten auch dann annehmen, wenn die entsprechenden Sätze weder durch Konnektoren noch durch semantische Relationen verbunden sind *(Heute ist es naß und kalt. – Ich bleibe zu Hause.* = Ursache – Folge).

Das logische Verhältnis der Hauptbegriffe untereinander läßt sich durch das folgende Diagramm darstellen:

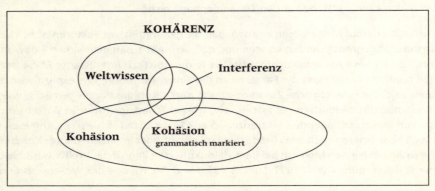

Diese Symbolisierung trägt der Tatsache Rechnung,

- daß sich Weltwissen nicht klar von sprachlichem Wissen abgrenzen läßt (Überschneidung der Ellipsen Weltwissen/Kohäsion);
- daß grammatisch markierte Kohäsion einen Sonderfall von Kohäsion darstellt, aber keine notwendige Bedingung hierfür ist;
- daß Inferenzen sowohl von Weltwissen als auch von Kohäsion (und sogar von grammatisch markierter [...]) ausgehen können, aber noch mehr voraussetzen, nämlich eine gewisse Kombinationsgabe des Hörers.

Einige weitere Begriffe der Textlinguistik klingen auf den ersten Blick etwas technisch, lassen sich aber leicht aus Überlegungen des gesunden Menschenverstandes erschließen. So die Unterscheidung zwischen Mikrostruktur (Beziehungen zwischen kleinen Einheiten wie Sätzen) und Makrostruktur (Beziehungen zwischen relativ größeren Sinneinheiten wie Abschnitten). So auch die Differenzierung von meist vier bis sechs Texttypen wie narrativ, deskriptiv, explikativ und argumentativ, die an nahezu umgangssprachliche Begriffe anschließen. Die Zahl der Textsorten (im wesentlichen ihrem Zweck nach, aber auch aufgrund textinterner Merkmale konstituierte Textklassen) wie Kochrezepte, Liebesbriefe, Werbesprüche oder auch das Wort zum Sonntag sind dagegen im Prinzip unbegrenzt. Thematische Progression meint die Art und Weise, wie in einer Satzfolge alte („thematische") und neue („rhematische") Information miteinander verknüpft werden [...]. So kann das Thema das gleiche bleiben *(Mein Hund ... Er.... Unser Waldi...)* oder „linear" aus dem Rhema des vorhergehenden Satzes entstehen (*... kam schon wieder mit seinem Köter an. Der fing gleich an zu bellen.).*

54 Mit Witz und Überzeugungskraft bei Galtung 1985, der auch das Deutsche und Französische einbezieht. Vgl. die sorgfältige empirisiche Untersuchung von Sachtleber 1993 zum wissenschaftlichen Stil deutscher und französischer Linguisten. Die Konventionen der Textstrukturierung können je nach „Fachkultur" von Disziplin zu Disziplin auch innerhalb der gleichen Sprache unterschiedlich sein (Clyne 1981, 64).
[...]
56 Hier im weiteren Sinn des Wortes (vgl. Bußmann 1990, unter *Kohärenz);* im engeren Sinne wird dieser Begriff meist auf den semantischen (und sprachlich oft nicht expliziten) Zusammenhang zwischen Elementen des Textes eingegrenzt.
57 Koreferenz: Tatsache, daß mehrere Wörter eines Textes auf den gleichen Gegenstand verweisen (vgl. Vater 1992, S. 133f).
58 Bisweilen auch als „Kohärenz im engeren Sinne" bezeichnet (vgl. Bußmann 1990, unter *Kohärenz).*
59 Dieses Wissen, ein Teil des kategorialen Wissens im Sinne von Schwarz/Chur 1996, 24, ist grundsätzlich nicht im Gedächtnis gespeichert.
60 Im Französischen häufig unter dem Begriff der „méronymie" gefaßt; vgl. Bußmann unter *Teil-von-Relation,* Klix 1991, s. 303ff, Dörner 1995, S. 308.

6.6. Literaturangaben

Syntax allgemein

- Handbuch   JACOBS u.a. (Hgg.) (2 Bände; 1993/1995)

Französisch

- Überblickswissen KLEINEIDAM (LRL V,1/1990, S. 125–144), MOK (LRL V,1/1990, S. 112–125), OESTERREICHER (LRL II,1/1996, S. 273–309; 309–355, gesamtromanisch), SOUTET (*Que sais-je?* 984, ³1998)
- Umfassend BÉCHADE (³1993), KRASSIN (1994), LE GOFFIC (1993), LE QUERLER (1994), MONNERET/RIOUL (1999)
- Diachron MARCHELLO-NIZIA (1995)

Valenzgrammatik

- Überblickswissen WEBER (²1997), WELKE (1988)
- Romanistisch KOCH/KREFELD (Hgg.) (1991)
- Standardwerk TESNIÈRE (³1976)
- Valenzlexikon BUSSE/DUBOST (²1983 und spätere Auflagen)

Generative Grammatik

- Allgemein FREIDIN (1994), GREWENDORF/HAMM/STERNEFELD (⁶1993), NEWMEYER (1996), POLLOCK (1997)
- Romanistisch DUBOIS (1971), MÜLLER/RIEMER (1998)
- Französisch JONES (1996)
- Standardwerke CHOMSKY (1957, 1965, 1981, 1995)

Kasustheorie

- Anthologie ABRAHAM (Hg.) (²1977)
- Überblickswissen WELKE (1988)
- Kasus traditionell HJELMSLEV (1972), WILLEMS (1997)

Unifikationsgrammatiken/Lexikalisch-Funktionale Grammatik

ABEILLÉ (1993), BERMAN/FRANK (1996), SCHWARZE (1996)

Deixis DANON-BOILEAU/MOREL (1992)

Nominaldetermination

- Determinanten BLUMENTHAL (²1997, S. 73–89), WILMET (1986)
- Adjektivstellung LEISCHNER (1990), WEINRICH (1966)

Verbalkategorien

- Allgemein BYBEE u.a. (1994; diachron), COMRIE (1976; Aspekt), COMRIE (1985; Tempus), RAIBLE (1990; Aspekt-Tempus)
- Französisch BLUMENTHAL (1986; Vergangenheitstempora), COHEN (1989; Aspekt), EGGS (1981; Modus), IMBS (1968; Tempus), KLEIN (1974; Aspekt-Tempus), MONNERIE-GOARIN (1996; Aspekt-Tempus), POLLAK (1960; Aspekt), ROTHE (1967; Modus), SCHOGT (1968; alle im Überblick), VETTERS (1996; Aspekt-Tempus), WEINRICH (⁴1985; Vergangenheitstempora), WUNDERLI (1976; Tempus-Modus)

Textlinguistik

- Handbuch   BRINKER u.a. (Hgg.) (1. Bd, 2000; auch: zur Gesprächsanalyse)
- Allgemein   ADAM (1990), BRINKER (^{4}1997), COSERIU (^{3}1994), DE BEAUGRANDE/
                   DRESSLER (1981), LUNDQUIST (1980), STATI (1990), VATER (1992).
- Textsorten   METZELIN (LRL V,1/1990, S. 167–181)
- Textgrammatik   WEINRICH (Nachdruck 1997; Französisch)

7. Semantik

> *Entre deux mots,*
> *il faut toujours choisir le moindre*   P. Valéry

7.1. Semantik als Wissenschaft von den Sprachinhalten

7.1.1. Traditionelle und neuere Auffassungen von Semantik

Unter Semantik versteht man traditionell die Beschäftigung mit der sprachlichen Bedeutung bzw. der lexikalischen Bedeutung im besonderen. Sie ist Teilgebiet der Semiotik, der Lehre von den Zeichen im allgemeinen. Die Inhalte grammatischer Zeichen gehörten nach traditionellem Verständnis nicht zur Semantik, sondern zur Morphosyntax. In diesem Sinne umfaßt sie:

a) die Etymologie:
Wissenschaft von der Herkunft und Entwicklung lexikalischer Einheiten (Wörter); Nachzeichnung des Laut- und Bedeutungswandels vom genetischen Ausgangswort (Etymon) her.
b) die Lexikologie:
Wissenschaftliche Beschäftigung mit dem Wortschatz einer Sprache, mit seiner internen Struktur und dem Stellenwert der Bedeutung der einzelnen Wörter innerhalb dieser Struktur.
c) die Lexikographie:
Setzt die Erkenntnisse der Lexikologie um: Entwicklung von Theorien und Methoden zur Erstellung von Wörterbüchern. Die Lexikographie ist also angewandte Lexikologie.

Eine andere Linie der Semantik beschäftigt sich nicht mit der Bedeutung von Wörtern im Zusammenhang des Wortschatzes, sondern mit der Frage, wie der Inhalt von Sätzen inhaltlich aufgebaut ist. Sie fußt in der Tradition der formalen Logik, d.h. benutzt logiksprachliche Formeln zur Beschreibung von Sprachinhalten. Im Rahmen der Aussagenlogik betrachtet man den Inhalt von Sätzen als zusammengesetzt aus genau definierten Teilaussagen, denen jeweils Wahrheitswerte zukommen oder nicht. Die Prädikatenlogik analysiert die Zuschreibung von Eigenschaften an Referenzbereiche (z.B. Individuen) durch sprachliche Prädikate. Auch im Umfeld der Generativen Grammatik oder der Unifikationsgrammatik wird die Bedeutung lexikalischer Einheiten primär im Hinblick auf syntaktische Kombinierbarkeit analysiert.

Über den Rahmen der lexikalischen Semantik und der Satzsemantik hinaus reicht die Textsemantik. Sie versucht die Frage zu beantworten, mit Hilfe welcher Muster Sprecher jeweils Sinnzusammenhänge und Sinngeflechte in längeren sprachlichen Äußerungen herstellen bzw. durch welche sprachlichen Signale Hörer / Leser diese nachvollziehen können (→ 6.5. Text D).

Der Bedeutung in Abhängigkeit vom Verwendungskontext (der kommunikativen Situation) wird im Rahmen pragmalinguistischer Untersuchung nachgegangen. Bedeutungsuntersuchung, die in dieser Weise auch die kommunikativen Zwecke einbezieht, die die Sprecher verfolgen, nennt man operational. Bedeutungsuntersuchung, die sprachliche Zeichen losgelöst von kommunikativen Faktoren betrachtet, sie als gegebene wissenschaftliche Untersuchungsgrößen (faktische ‚Sachen') betrachtet, wird demgegenüber als analytisch bezeichnet.

Die jüngere kognitive Lingusitik interessiert sich u.a. dafür, wie lexikalische Inhalte erworben werden und danach im menschlichen Bewußtsein hierarchisch organisiert, passiv abrufbar und aktiv verwendbar sind. Die kognitive Semantik stellt sich u.a. auch die Frage, in welche nicht-sprachlichen Wissenszusammenhänge (semantische Netze) sprachliche Inhalte eingebettet sind.

7.1.2. Modelle der Zeichenbedeutung: Ein Rückblick

In der Semantik geht es um das Verhältnis zwischen sprachlichen Zeichen und ihrem Inhalt (ihrer Bedeutung): Jeder semantischen Untersuchung liegt ein bestimmtes Zeichenverständnis zugrunde; die gebräuchlichen seien hier eingangs noch einmal (→ 3.1.) aufgelistet:

	Form / Ausdruck	Sprachlicher Gehalt	Konzeptueller Gehalt	Außersprachliches
			Gesamtinhalt	
	frz. [garsõ] <garçon>	[+Lebewesen] [+menschlich] [+männlich] [- erwachsen] [- halbwüchsig]	+ Weltwissen	Alles, was man so darstellen möchte.
DE SAUSSURE dyadisches Modell	signifiant	isoliert: signifié im System: valeur		
OGDEN / RICHARDS semiotisches Dreieck	symbol	thought		referent
Synonyme Begriffe	Lautbild Lautform Wortkörper Bezeichnendes		Gedanke Begriff Sinn Inhalt	Ding Sache / Objekt Gegenstand Sachverhalt Wirklichkeit Bezeichnetes
RAIBLE semiotisches Fünfeck	Nomen / Aktualisiertes Zeichen	Signat	Designat / Vorstellung	Denotat
		Bedeutung Intension		**Bezeichnung Extension**

7.2. Grundbegriffe der semantischen Analyse

7.2.1. Semasiologie – Onomasiologie: Die Betrachtrichtung der Analyse

Semantische Analyse kann grundsätzlich aus zwei unterschiedlichen Blickwinkeln erfolgen. Semasiologische Untersuchungen gehen von der Formseite aus und fragen nach deren Inhalt bzw. Bedeutungsumfang. Semasiologie im Miniaturformat betreibt man z.B., wenn man das Bedeutungsspektrum des französischen Wortes *division* erkundet und auf diesem Weg dessen Mehrdeutigkeit feststellt. Auch dem etymologischen Nachzeichnen der ‚Biographie' von einzelnen Wörtern und ihrer sich ändernden Bedeutung liegt semasiologische Perspektive zugrunde.

Wo demgegenüber untersucht wird, welche Ausdrucksmöglichkeiten es für bestimmte Inhalte gibt, ist man onomasiologisch ausgerichtet. Eine onomasiologische Frage wäre z.B., welche und wieviele Lexeme es im Französischen für den Inhalt ‚definites räumliches Areal' gibt (Antwort: *lieu* und *endroit*). Mit ‚Inhalt' ist in diesem Fall notwendigerweise der begriffliche, eher konzeptuelle Bereich gemeint, denn den genauen einzelsprachlichen Inhalt eines Zeichen kennt man nur, wenn man auch den Zeichenausdruck kennt – und nach dem wird unter onomasiologischer Perspektive ja gerade gefahndet. In der allgemeinen Sprachwissenschaft, im Sprachvergleich und bei der Ermittlung von einzelsprachlichen Wortfeldern (→ 7.3.) ist onomasiologische Herangehensweise der Regelfall: ausgehend von begrifflichen (notionellen) Domänen vergleicht man, mit welchen Strukturen und Ausdrucksmitteln diese jeweils vermittelt werden. Onomasiologisch ist z.B. auch die Frage danach, wie semantische Rollen auf syntaktische abgebildet werden.

7.2.2. Motiviertheit – Arbitrarität: Die Lesbarkeit der Form-Inhalt-Beziehung

Sprachliche Motiviertheit

Spätestens seit DE SAUSSURE galt die Beziehung zwischen sprachlichen Zeichen und ihrem Inhalt als arbiträr (willkürlich). Arbitrarität ist jedoch, wie bereits im Kapitel zur Morphologie (→ 5.) zu sehen war, relativ. Das Gegenstück von Arbitrarität nennt man Motiviertheit (auch: ‚Motivierung', ‚Motivation'). Relativ motivierte Ausdrücke sind dadurch gekennzeichnet, daß eine gewisse Durchsichtigkeit zwischen der Zeichenform und dem, wofür sie steht, gegeben ist.

Es muß allerdings unterschieden werden, auf welcher linguistischen Beschreibungsebene Motiviertheit vorliegt. Auf produktive Wortbildungsmuster einer Sprache zurückführbare Wörter sind beispielsweise motivierter als diejenigen, über die schon viele Entwicklungen hinweggegangen sind und deren Bildungsmuster oder Etymon die Sprecher nicht erkennen können. Die Motiviertheit ist dabei jedoch von der Kenntnis des jeweiligen sprachlichen Systems abhängig: es werden Formen, deren Inhalte und Paradigmen man kennen muß, aufeinander bezogen.

Für lateinische Sprecher war das Wort BERBICARIUS, dt. ‚Schafhirte', relativ motiviert, da es sich um eine Ableitung von BERBIX, dt. ‚Schaf', handelte. Aus BERBICARIUS wurde französisch *berger*, das sowohl von seiner lautlichen Gestalt als auch von seiner mangelnden Zuordenbarkeit zu anderen Begriffen und Wörtern im synchronen Französisch arbiträr (demotiviert) ist.

Volksetymologie: Einzelsprachliche Remotivierung

Es kann vorkommen, daß Sprecher Motiviertheit in Zeichen hineininterpretieren, die formal nicht oder nicht mehr motiviert sind (sekundäre Motivation oder Remotivierung). Zur sekundären Motivierung gehört die sog. Volksetymologie: Im kollektiven Bewußtsein der Sprecher wird ein Wort in einen neuen Bezugskontext gesetzt, weil es das Paradigma, in dem das Wort stand, nicht mehr gibt (Beispiel a)) oder nie gab (Umdeutung von Fremd- bzw. Lehnwörtern, Beispiel b)):

> a) frz. *jour ouvrable* wird heute nicht mehr als ‚Tag, an dem gearbeitet wird' verstanden, da es das Verb *ouvrer* (‚arbeiten'), von dem *ouvrable* ursprünglich abgeleitet wurde, nicht mehr gibt. Im Bewußtsein der heutigen Sprecher hat eine sekundäre Motivierung eingesetzt: *ouvrable* wird als Ableitung von *ouvrir* interpretiert, der Gesamtausdruck im Sinne von ‚Tag, an dem die Geschäfte geöffnet haben' verstanden.
>
> b) frz. *choucroute* (dt. *Sauerkraut*) geht zurück auf das germanisch-elsässische Wort *surkrut*, das zusammen mit dem ‚Ding' (dem speziell aufbereiteten Kohl) ins Französische entlehnt wurde. Die Form hat sich verändert, weil sie sekundär an Paradigmen des Französischen angeschlossen (remotiviert) wurde: *sur* (dt. ‚sauer') ⇒ *chou* (‚Kohlkopf'), *krut* (‚Kraut') ⇒ *croute* (‚Kruste'). Der zweite Teil wurde nicht inhaltlich, sondern nur formal an Bestehendes angeglichen. Eine Muttersprachlerin sagte mir, man frage sich unwillkürlich, woher der Bestandteil ‚Kruste' wohl kommen mag. Das zeigt, daß die Muttersprachler es dem Paradigma von *croute* in *casse-croute* (‚kleine Zwischenmahlzeit') zuordnen, d.h. einen indirekten Bedeutungszusammenhang konstruieren.

Volksetymologische Remotivierung nimmt ihren Weg also über Formähnlichkeiten, hinter denen die Sprecher Inhaltsähnlichkeiten vermuten.

Ikonizität: Wenn der Inhalt die Form bedingt

Ein besonderer Fall von Motiviertheit ist gegeben, wenn die Form sprachlicher Zeichen mit deren Inhalt bzw. Designat in Beziehung steht, also eine gewisse ikonische Qualität hat. Im Strukturalismus galt als unterscheidendes Kennzeichen des *signe linguistique*, daß es nicht ikonisch sein kann. Hierzu hat in den letzten Jahrzehnten ein Umdenken eingesetzt. Man hat entdeckt, daß bestimmte Aspekte sprachlicher Formen abhängig sind von den Konzepten, die mit ihnen ausgedrückt werden. Damit sind weder Lautmalereien wie *Kikeriki* oder *Wauwau* gemeint, noch die Motiviertheit morphologisch komplexer Wörter, für die die Kenntnis der Paradigmen der Einzelsprache Bedingung ist. Es geht vielmehr um universelle ikonische Konstanten der Form-Inhalt-Beziehung.

Betrachtet man den Wortschatz, so ist festzustellen, daß überproportional häufig lexikalische Einheiten mit hoher Intension (viel sprachlichem Inhalt) länger sind als solche, die einen allgemeineren Inhalt haben: einfacher Inhalt hat wenig Form, komplexer Inhalt viel Form. Dieses Prinzip wirkt auch in der grammatischen Morphologie: komplexere (längere) und formal zusammengesetzte Ausdrücke stehen für komplexere, aus Teilkomponenten bestehende Konzepte. Zu formaler Verschmelzung zweier Morpeme kommt es häufig, wenn die Inhalte besonders relevant füreinander sind. Inhaltliche Verschmelzung geht diachron mit Demotivierung und / oder formaler Verschmelzung einher. Der formale Prozess bildet also ab, was auf der Inhaltsseite vor sich geht.

Mit Ikonizität rechnen scheinbar auch Sprecher und Hörer. Beim Fehlen deiktischer Signale (grammatischer Markierungen) werden z.B. syntaktische Reihungen als Abbild des zeitlichen Nacheinanders der versprachlichten Sachverhalte (Beispiel a)) genommen – und zwar auch dann, wenn sie inhaltlich keine Affinität haben (Beispiel b)), d.h. keine übliche Abfolge bezeichnen:

> a) *Revenir chez soi, enlever les chaussure, mettre les pantoufles, se sentir à l'aise.*
> b) *Travailler, arroser les fleurs, regarder la télé, dîner, se promener.*

Der nicht-arbiträre Anteil der Form-Inhalt-Beziehungen steht im Mittelpunkt einiger neuerer Richtungen der allgemeinen oder der anwendungsorientierten Sprachwissenschaft (sog. ‚Natürliche Morphologie'; Forschung zur neurophysiologischen Sprachverarbeitung / zu Sprachstörungen). Dem Axiom vom *arbitraire du signe linguistique* steht demnach eine unsichere Zukunft ins Haus.

7.2.3. Denotat – Konnotat: Zwischen Inhalt und Beigeschmack

Komplex ist der Bereich der Bedeutung sprachlicher Zeichen auch deshalb, weil sie neben ihren sprachinhaltlichen Komponenten noch affektive Begleitvorstellungen transportieren. Diese sog. Konnotate werden bei traditioneller Analyse getrennt vom einzelsprachlich konventionalisierten Bedeutungsumfang (Denotat) untersucht:

> Frz. *lune* hat als Entsprechung auf der Denotatseite EINZIGER ERDTRABANT; jenseits dieses denotativen Gehalts und der konventionellen sprach-inhaltlichen Markierungen (grammatisch: [+ Nomen], [+ feminin]; lexikalisch: [+ Himmelskörper], [– Sonne] usw.) ist *la lune* konnotiert mit ‚romantisch', ‚im Zustand der Fülle werwolffördernd', ‚hat eine gesichtsähnliche Topographie' o.ä.

Der Begriff des Konnotats ist als überindividuell definiert. Es muß sich also um eine Nebenbedeutung handeln, die sich bei der Mehrzahl der Mitglieder einer Sprachgemeinschaft einstellt, wenn sie das entsprechende Wort hören – sonst liegt eine individuelle Assoziation vor: Wer beim Wort *Mond* ‚oh Inge', ‚oh Herbert' oder ‚die lauen Sommernächte von 1999' denkt, hat zwar besonders angenehme Begleitvorstellungen, sie haben aber keinen Konnotat-Charakter. Konnotate erweisen sich u.a. dadurch als überindividuell, daß sie in metaphorischen Verwendungen zum sprachlichen Hauptinhalt gemacht werden können, der sich spontan erschließt:

> Die Bedeutung von engl. *mouse*, dt. *Maus*, frz. *souris* setzt sich aus einem Designat (bildhafte Vorstellung: KLEINES GRAUBRAUNES TIER) und einem sprachlichen Inhalt zusam-

men, der Merkmale wie [+ Nagetier], [– groß] usw. enthält. Konnotate wären ‚der Schrecken zartbesaiteter Damen', ‚frißt Käse', ‚gibt es auch in Form von *Mickey Mouse*', ‚niedlicher als Ratten' usw.. Zur Bezeichnung des Werkzeugs, mit dessen Hilfe man sich über die Benutzeroberfläche auf dem Computerbildschirm bewegen kann, wurde das Wort aufgrund seiner Form (Designat) und des Konnotats der ‚wieselflinken Beweglichkeit' herangezogen. Wenn nicht viele Leute genau dies mit *mouse*, *Maus* oder *souris* assoziieren würden, wäre die Metapher kaum so eingängig.

Der Begriff des Konnotats umfaßt vieles, was zum sog. ‚Weltwissen' (im Unterschied zum ‚Sprachwissen') gehört. Der mit den Lexembedeutungen verbundene außersprachliche Rahmen hat sich in den letzten 30 Jahren als so relevant für die Sprachverwendung und -verarbeitung erwiesen, daß man sich verstärkt mit den konnotativen Aspekten der Wortbedeutung befaßte.

7.2.4. Polysemie: Eine Form – verschiedene Bedeutungen

Generelle Version: Verschiedene Bedeutungen einer Form

Wörter, die zwei oder mehrere Inhalte haben, bezeichnet man als polysem (mehrdeutig):

```
                    ‚Figur'
                   ‚Gestalt'                                    ‚Höhe'
  frz. (la) figure ——— ‚Aussehen'       frz. (la) hauteur ——— ‚Anhöhe'
                   ‚Gesicht'                                   ‚Hochmut'
                   ‚Bild' (bei Spielkarten)
```

Polysemie ist so definiert, das die verschiedenen Bedeutungen aufeinander beziehbar und im allgemeinen Sprachgebrauch verankert sein müssen. Eine Bedeutung, die entsteht, weil ein Sprecher (oder eine Werbefirma) ein Wort in einen unüblichen Ko- oder Kontext verwendet, fällt nicht darunter.

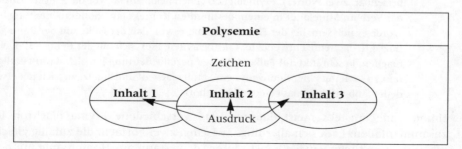

Problembewußte Version: verschiedene Lesarten einer abstrakten Bedeutung?

So einfach, wie die Feststellung von Polysemie auf den ersten Blick scheint, ist sie nicht. Das Bild, das uns die Einträge in Wörterbüchern vorgaukeln, trügt. Sie listen verschiedene Bedeutungen eines Wortes als gegeben auf, die das Wort nur bei Einbettung in bestimmte Äußerungskontexte hat. Für die semantische Analyse stellt sich damit die Frage, ob ein Wort zwei oder mehr unterschiedliche Spezialbedeutungen, d.h. mehrere Inhalte hat, oder ob es nicht vielmehr über nur einen abstrakteren Inhalt verfügt, der durch den sprachlichen Kotext unterschiedlich aktualisiert wird. Dieses Problem stellt sich bei Verben in besonderem Maße:

> Bei dem frz. Verb *monter* stellt sich die Frage, ob es polysem ist (zwei Bedeutungen hat: ‚nach oben tragen' und ‚steigen'), oder ob es nur einen Inhalt hat (‚Aufwärtsbewegung'), der sich im Umfeld einer bestimmten Aktantenstruktur jeweils anders liest:
>
> *Il monte la valise (au grenier).*   2 Aktanten: ‚nach oben tragen'
> *Les températures montent.*   1 Aktant: ‚steigen'

Besonders zu Lexemen mit geringer Intension, die u.a. als Grammem verwendet werden, finden sich in Lexika die umfangreichsten Einträge. Was bei Verben wie *avoir* oder *faire* unterschiedliche Inhalte (Polysemie) und was kontextbedingte Bedeutungsvarianten (frz. *effets de sens*) sind, dazu finden sich die unterschiedlichsten Lösungen angeboten. Ganz ausgespart wird die Problematik insofern nicht, als für die aufgezählten Bedeutungen immer Verwendungskontexte geliefert werden.

Und noch ein Problem: die *liaison dangereuse* Polysemie – Homonymie

An sich sollte man Polysemie (ein Wort hat mehrere Bedeutungsvarianten) und Homonymie (mehrere Wörter mit unterschiedlichen Bedeutungen haben die gleiche Form) unterscheiden können. Dies ist jedoch in manchen Fällen nicht so einfach.

Diachron kommt es nämlich relativ häufig vor, daß aus Polysemie Homonymie wird: Zwei Bedeutungsvarianten eines Wortes, die sich anfangs berührten (Polysemie), entwickeln sich auseinander, und sind inhaltlich immer weniger aufeinander beziehbar. Es entstehen, mit diachronen Übergangszonen, aus einem polysemen Wort zwei Wörter (Lexikoneinheiten) mit gleicher Form:

> Frz. *voler* ‚fliegen' und ‚stehlen' sind synchron homonym (inhaltlich nicht aufeinander beziehbar: zwei Wörter). Etymologisch gehen beide auf lat. VOLARE ‚fliegen' zurück. Als das Verb im Mittelalter in einem bestimmten Kontext eine Sonderbedeutung bekam, wurde es polysem: bei der Falkenjagd kam es vor, daß der Falke mit der Beute davonflog, d.h. die Beute entwendete. *Voler* bedeutete hier ‚sich mit der Beute aus dem Staub machen, beschränkt auf Falken'. Diese Spezialbedeutung hat sich dann verallgemeinert zu ‚sich mit einer Beute aus dem Staub machen' und zuletzt zu ‚sich mit etwas aus dem Staub machen, das einem nicht gehört'.

Homonymie entsteht meist dadurch, daß verschiedene Etyma diachron formal zusammenfallen. Läßt sich allerdings zwischen zwei Formen, die zufällig gleich lauten, eine inhaltliche Brücke konstruieren, dann kann aus Homonymie mit der Zeit ausnahmsweise auch Polysemie werden:

> Lat. LAUDARE ‚loben' und LOCARE ‚mieten' > frz. *louer* sind diachron lautlich zusammengefallen, berühren sich jedoch inhaltlich nicht. Es liegt also eindeutig Homonymie vor. Vom Prinzip her Vergleichbares ist passiert, als aus lat. VIA CARRIARIA (‚befahrbare

Straße') der zweite Teil zu neufrz. *carrière* (,Karriere, Werdegang') wurde, das zufällig lautlich mit *carrière* ,Steinbruch' (von lat. QUADRUS ,Stein') zusammenfiel. Da man zwischen den beiden Inhalten Berührungspunkte konstruieren kann (,Wer schuftet wie ein Sklave im Steinbruch, der hat Erfolg im Beruf und macht Karriere') könnte in diese Homonymie über volksetymologische Reinterpretation Polysemie (Mehrdeutigkeit eines Wortes) hineingedeutet werden.

Für homonyme wie für polyseme Wörter gilt gleichermaßen, daß die Mehrdeutigkeit in der Äußerung aufgelöst wird, da der sprachliche Kotext und der außersprachliche Kontext eine eindeutige Zuordnung zu jeweils einem Inhalt ermöglichen. Gerade weil die Nicht-Verwechslung im Alltag in der Regel funktioniert, setzen Witze-Erfinder oder Literaten polyseme oder homonyme Wörter in Kontexte, in denen die Ambiguität (Zweideutigkeit) ausnahmsweise erhalten bleibt (Beispiele a)), oder in denen der Inhaltskontrast bei gleicher Form als Stilmittel wirken kann (Beispiele b)):

a) *Les miroirs feraient bien de réfléchir avant de nous renvoyer notre image.* (J. COCTEAU)

Elle: Il me faudra, disons le mot, vingt milles balles par mois.
Lui: Par mois??
Elle: Ooh...par vous ou par un autre.

b) *Le professeur est en train d'expliquer que, selon Darwin, l'homme descend du singe. Il remarque qu'un élève au fond de la classe s'amuse à faire d'abominables grimaces. Alors il s'écrie: « Toi, tu descends tout de suite....! »*

En France, plus on est cru, plus on est cru. (P. DANINOS)

7.2.5. Synonymie: Zwei Formen – gleicher Inhalt

Welche Bedeutung ist bei Synonymen eigentlich gleich?

Wenn in einer Sprache für einen lexikalischen Inhalt zwei (oder mehr) ausdrucksseitig unterschiedliche Zeichen zur Verfügung stehen, spricht man von Synonymie.

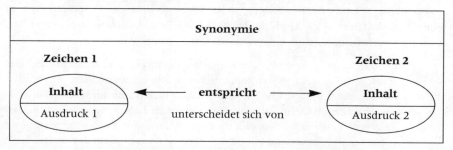

Eine völlige Bedeutungsidentität zweier Zeichen gibt es allerding kaum: In allen sprachwissenschaftlichen Kapiteln werden bezeichnenderweise immer die gleichen Beispiele genannt (z. B. dt. *Sonnabend / Samstag*). Es kommt auch in diesem Fall darauf an, was man unter Inhalt eigentlich versteht. Vom Konnotat, der regionalen Verbreitung oder der Stilebene her unterscheiden sich nahezu alle als Synonyme gehandelten

Ausdrücke (vgl. frz. *livre* und *bouquin*, *parler* und *causer*, *dérisoire* und *ridicule*), diese Markierungen zählen jedoch im Rahmen der Semantik nicht zum eigentlichen Sprachinhalt.

Teilsynonymie als Regelfall

Perfekte Synonymie ist noch aus einem anderen Grund relativ selten. Lexeme bzw. Lexien sind fast immer in irgendeiner Hinsicht mehrdeutig (polysem, s.o.). Wenn nun zwei Wörter als Kandidaten für Synonyme in Betracht kommen, so stimmen sie meist nur in einer bestimmten Schnittmenge ihrer Bedeutungsspektren überein, in anderen Bereichen jedoch nicht. Sie sind also teilsynonym:

> Die beiden Verben *achever* und *terminer* sind in der Bedeutung ‚etw. beenden' synonym (*achever / terminer un roman*). Sie sind jedoch insgesamt polysem, verfügen also über weitere Bedeutungsbereiche, und in denen stimmen sie nicht überein (*achever qn* ‚jmd. umbringen', fam. *tu m'achèves* ‚Du machst mich total fertig / Du nervst total' / *se terminer* ‚zu Ende gehen' usw.).

Über die Polysemie und Synonymie der Einzelzeichen eröffnen sich komplexe einzelsprachliche Beziehungsgeflechte. Besonders anfällig für die Entwicklung von Synonymenballungen sind aus onomasiologischer Perspektive Bereiche, die mit Tabus belegt, besonders affektiv besetzt oder beides sind. Hierzu gehörten in unserem Kulturkreis lange die Religion, der Tod und die Sexualität.

Dubletten: Ein besonderer Fall von Teilsynonymie im Französischen

Für das Französische charakteristisch ist ein besonderer Typ von Teilsynonymie: Im Wortschatz gibt es eine Art friedlicher Koexistenz zwischen Jung und Alt, von sog. Erbwörtern, frz. *mots populaires* (Wörter, die vom gesprochenen Spätlatein bis ins Neufranzösische immer im Wortschatz waren), und sog. Buchwörtern, frz. *mots savants*, (auf späteren Stufen der Sprachentwicklung aus dem Lateinischen als Wissenschaftssprache entlehnte Wörter, die lautlich noch näher am lateinischen Wort sind). Es entstand im Laufe der Sprachgeschichte das, was ULLMANN in seinem *Précis de sémantique française* (Bern, ⁵1975) als *double clavier* des Französischen bezeichnet hat: ein relativ umfangreicher Satz an teilsynonymen Dubletten.

> Lat. SECURITATE(M) durchlief alle Stufen der Entwicklung vom Latein zum Neufranzösischen, war Teil des ererbten romanischen Wortschatzes und lautet neufrz. *sûreté*. Auf einer späteren Sprachstufe hat man aus dem inzwischen zur toten Wissenschaftssprache gewordenen Latein das Wort noch einmal als Fachterminus entlehnt. Daraus wurde *sécurité*. Vergleichbares gilt für die Paare *raide – rigide*, *droit – direct*, *étendue – extension*.
> Ein Teil der Stammallomorphie im Französischen geht auf den Unterschied Erbwort – Buchwort zurück, so bei *doigt – digital*, *nez – nasal* oder *eau – aqueux*.

Wie an den Beispielen zu sehen ist, handelt es sich nicht um ‚gute' Synonyme. Die Wörter haben sich in ihrer Bedeutung voneinander entfernt bzw. waren vom Zeitpunkt der Entlehnung des Buchwortes an bereits differenziert.

7.2.6. Hyperonymie – Hyponymie: Die Beziehung Oberbegriff – Unterbegriff

Bei Wörtern, die von ihrer Bedeutung her zusammenhängen, kann man zwischen Lexemen mit allgemeiner Bedeutung und Lexemen mit spezifischer Bedeutung unterscheiden. Vorwissenschaftlich bezeichnet man Wörter, die in einem solchen Verhältnis stehen, als Oberbegriff und Unterbegriff: *légume* ist z.B. Oberbegriff zu *carotte* oder *chou*, letztere sind Unterbegriffe zu *légume*. Oberbegriffe nennt man linguistisch Hyperonyme, Unterbegriffe Hyponyme. Unterbegriffe, die auf der selben hierarchischen Ebene liegen, sind kohyponym (z.B. *carotte* zu *chou*).

Hyperonyme haben in der Regel wenige, sehr allgemeine, oft auch klassenkonstituierende Inhalte. Durch ihre inhaltliche Unbestimmtheit, d.h. ihr geringes Merkmalprofil (ihre geringe Intension), haben sie die Eigenschaft, auf sehr viele außersprachliche Referenten beziehbar zu sein (eine hohe extensive Kraft, Extension). Hyponyme, mit ihrem spezifischeren Merkmalprofil (höhere Intension), haben demgegenüber eine sehr genaue, spezifische Bezeichnungskapazität (geringere Extension). Extension (potentieller Referenzbezug) und Intension (Sprachinhalt) verhalten sich umgekehrt proportional. Je geringer die Intension eines Ausdrucks ist, desto höher ist seine Extension, je höher die Intension, desto geringer die Extension: Dt. *Straßenbahnschaffnerin* (hohe Intension) hat eine kleinere potentielle Referentenklasse (Extension) als dt. *Frau* (geringe Intension).

Auf ARISTOTELES geht die Tradition zurück, die sog. ‚natürlichen Arten' über Ober- und Unterbegriffsverhältnisse und Merkmalhierarchien zu klassifizieren. Dabei beinhaltet jede Kategorie (Klasse) alle Kennzeichen der jeweils übergeordneten, zusätzlich jedoch noch eine +/– Markierung im Hinblick auf eine zusätzliche Eigenschaft. Diese Art der Eigenschaftsbeschreibung wurde in der strukturalistischen Sprachwissenschaft auf Oberbegriffs- und Unterbegriffsbeziehungen im sprachlichen Bereich übertragen.

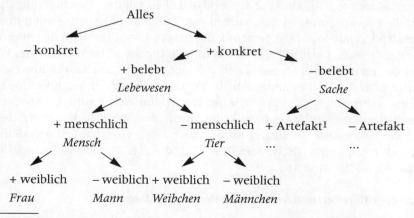

---

1 Das Schema ist in leicht abgewandelter Form übernommen aus SCHWARZ / CHUR, ²1996 (S. 38). In das Schema hatte ein früherer Benutzer des von mir verwendeten Buches mit Bleistift eine interessante Notiz eingefügt: die Merkmale [+Artefakt], [+belebt] oder [+menschlich] dürften inzwischen nicht mehr so aufgefaßt werden, daß sie einander ausschließende Kategorien betreffen: im Zeitalter der Gentechnik gehörten Lebewesen, auch menschliche, zur Kategorie der Artefakte, da sie sich wie Stühle o.ä. herstellen und reproduzieren ließen.

7.3. Wortfeldtheorie und Anwendungsbereiche der strukturellen Merkmalsemantik

7.3.1. Semantische Merkmale im Wortfeld und im Wortschatz

7.3.1.1. Die Entwicklung der Wortfeld-Methode

Um 1930 ließ sich der Germanist J. TRIER vom SAUSSUREschen Begriff der *valeur* inspirieren und fragte nach dem System-Stellenwert der Wortinhalte. Er ging dabei onomasiologisch vor, d.h. er wählte einen inhaltlichen Bereich (Sinnbezirk ‚Verstand') und suchte nach den lexikalischen Einheiten des deutschen Wortschatzes, die diesen Bereich auf früheren Sprachstufen abgedeckt hatten und zu seiner Zeit synchron abdeckten. Jede Einzelbezeichnung betrachtete er als inhaltlich durch eine jeweils benachbarte begrenzt, zusammengenommen deckten sie als einzelsprachliches ‚Wortfeld' ein inhaltliches / begriffliches Feld ab.

In der Nachfolge TRIERS stellte man sich den Wortschatz der Einzelsprachen als aus vielen solchen Feldern zusammengesetzt vor. Die Wörter, die als Kandidaten für ein Wortfeld in Frage kamen, mußten über einen gemeinsamen inhaltlichen Kern verfügen, hierarchisch auf der gleichen Ebene liegen (kohyponym sein) und in paradigmatischer Austauschbeziehung im Satz stehen können (der gleichen Wortart angehören). Diese lexikalischen Feldstrukturen bezeichnete der deutsche Linguist L. WEISGERBER als ‚einzelsprachliche Zwischenwelt' und behauptete, sie fungierten wie ein Prisma, durch das der menschliche Blick gelenkt werde, wenn er auf die außersprachliche Wirklichkeit zugreift (deshalb wird die SAPIR-WHORF-Hypothese bisweilen auch SAPIR-WHORF-WEISGERBER-Hypothese genannt).

In den 50er Jahren griff die romanistische Sprachwissenschaft die Vorstellung von den Wortfeldern auf. Sie verband den Feldgedanken mit dem Beschreibungsapparat, der für die Phonologie entwickelt worden war. Daß man die Analyse mit distinktiven Merkmalen irgendwie auf die Semantik übertragen könne, hatte in den 30er Jahren bereits der dänische Linguist HJELMSLEV vermutet. Die *valeur* der Wörter eines Wortfeldes wurde von da an über Oppositionen, d.h. über die An- und Abwesenheit kleinster Bedeutungsmerkmale bestimmt. Auf B. POTTIER geht die seither im europäischen Strukturalismus gängige Terminologie der Wortfeldforschung zurück; er selbst führte die Methode exemplarisch am Beispiel des Wortfeldes ‚Sitzgelegenheit', frz. *„siège"* (→ 7.3.2.) vor. Sie wurde bis zu Beginn der 80er Jahre ausgebaut und verfeinert, in Frankreich z.B. durch A. GREIMAS, in Deutschland von E. COSERIU und seinem Schüler H. GECKELER (→ 7.5. Text A).

7.3.1.2. Begrifflichkeit und Anwendung der Wortfeldanalyse

POTTIERS Beispiel einer Wortfeldanalyse bezog sich auf die inhaltliche Kategorie ‚Sitzgelegenheit', die im Französischen durch die Lexeme *chaise* (‚Stuhl'), *fauteuil*, (‚Sessel'), *tabouret* (‚Hocker'), *canapé* (‚Sofa') und *pouf* (‚gepolsterter Hocker') ausgedrückt wird. Nicht alles, was einem zu diesen Wörtern an inhaltlichen Zügen durch den Kopf schießt, ist ein funktionales Inhaltsmerkmal (ein sog. Sem). Als Sem wird nur ein Merkmal anerkannt, das die Inhalte der Wörter im Feld gegeneinander abgrenzt, sich also als distinktiv erweist. Ein Feld bilden die o.g. Wörter, weil sie mindestens ein gemeinsames Merkmal (Sem 4) haben, sich ansonsten aber alle in mindestens einem Merkmal voneinander unterscheiden. Natürlich ist das Feld nicht vollständig (es fehlen z.B. *divan, berceuse, banc*); POTTIER begnügte sich zur Vorführung seiner Analysemethode mit einem hypothetischen Minifeld:

Sem / Lexem	Sem_1 mit Lehne	Sem_2 mit Füßen	Sem_3 für 1 Person	**Sem_4 zum Sitzen**	Sem_5 mit Armlehne	Sem_6 festes Material
chaise	+	+	+	+	–	+
fauteuil	+	+	+	+	+	+
tabouret	–	+	+	+	–	+
canapé	+	+	–	+	+	+
pouf	–	+	+	+	–	–

Durch die Darstellung der Verhältnisse in Form einer Kreuzklassifikation erhält man für jedes Lexem den Gesamtinhalt aufgeschlüsselt nach Semen von links nach rechts. Diese Sem-Matrix eines Wortes heißt Semem (analog zu Phonem: Summe aller distinktiven Züge). Jedes ausdruckseitige Lexem steht im Wortfeld also für einen Inhalt, den man sich als Bündel distinktiver Züge vorzustellen hat (Semem von *chaise*: im Schema hellgrau hinterlegt).

Dunkelgrau hinterlegt ist im Schema der Bereich, der kennzeichnend ist für das gesamte Feld. Dies ist in diesem Fall nur ein Merkmal. Daß alle Wörter mindestens ein Merkmal gemeinsam haben, ist die Minimalbedingung dafür, daß sie der selben lexikalischen Kategorie angehören und überhaupt als Feld analysiert werden können – mehr gemeinsame Merkmale darf es gerne geben. Die kennzeichnenden, alle Lexeme verbindenden Seme bezeichnet man als Archisemem.

Manchmal gibt es für den harten Merkmalkern eines Wortfeldes (für das Archisemem) auch eine Ausdrucksseite, einen lexikalischen Oberbegriff. Dies ist im Beispielwortfeld der Fall, den als formale Entsprechung des inhaltlichen Archisemems [+zum Sitzen] gibt es das frz. Lexem *siège*. Ein solches Lexem, das ein Archisemem zum Inhalt hat, bezeichnet man als Archilexem. Ein Archisemem hat jedes Wortfeld (sonst ist es keines), ein Archilexem, d.h. einen ausdruckseitigen Oberbegriff muß es jedoch nicht geben. Das Wortfeld der Altersadjektive (*vieux, jeune, agé* usw.) hat z.B. kein Archilexem.

Der strukturalistischen Wortfeldanalyse liegt als Basisannahme zugrunde, daß die Merkmale, die man mit ihr erhält, rein sprachliche Merkmale, distinktive Markierungen innerhalb der *langue* seien. Häufig wird dagegen eingewendet, daß die angeblichen Seme doch eigentlich Merkmale des Gegenstandes, des Referenten seien, die man nicht aufgrund des Sprachwissens parat habe. Es handle sich um Eigenschaften, die wir mit den bezeichneten Dingen verbinden. Damit tut man den Strukturalisten unrecht: Sie glaubten mit ihrer Methode ja gerade feststellen zu können, was von den vielen Merkmalen, die uns zu einem Wort einfallen, den Status einer sprachlichen Markierung hat und was nicht. Merkmale sind dann sprachlich, wenn sie distinktiv sind, d.h. durch ihre An- oder Abwesenheit Oppositionen in einem sprachlichen Paradigma begründen.

Außer den sehr speziellen Semen, die in den verschiedenen Wortfeldern einzelner Sprachen als bedeutungsunterscheidend fungieren, gibt es Merkmale, die sich in vielen Sprachen als distinktiv erweisen, und fast jeden einzelsprachlichen Wortschatz auf einer übergeordneten Ebene in große Klassen einteilbar machen. Es handelt sich um die Merkmale, die bereits ARISTOTELES als wesentlich für die Aufteilung der Welt in konzeptuelle Kategorien erachtete, wie z.B. [+/– belebt], [+/– menschlich] usw. Diese Merkmale heißen in der Terminologie der strukturellen Semantik Klasseme. In neueren semantischen Theorien geht man davon aus, daß Klasseme universell sind, weil sie direkter auf das spezifisch menschliche Umgehen mit der Wirklichkeit zurückgehen. Man bezeichnet sie unter dieser Perspektive auch als semantische Primitiva (frz. *primitifs sémantiques*, engl. *semantic primitives*). Alle Sitzgelegenheits-Bezeichnungen des obigen Wortfeldes wären klassematisch z.B. mit [+zählbar], [–belebt] und [+Artefakt] markiert, diese Merkmale haben jedoch innerhalb des Wortfeldes in diesem Fall keine Funktion, sind nicht distinktiv. Wortfelder, in denen Klasseme distinktiv sind, bezeichnet man als determiniert:

> Determiniert ist im Französischen das Wortfeld der Körperteilbezeichnungen: die Oppositionen *jambe / bras* : *patte, bouche / visage* : *gueule* beruhen auf dem Klassem [+/– menschlich], das hier als Sem fungiert und auch in anderen Wortfeldern distinktiv ist (vgl. *tuer – abattre, accoucher – mettre bas, mourir – crever, cadavre – charogne, enceinte – pleine*).

Das begriffliche Handwerkszeug der Wortfeldsemantik besteht also aus folgenden Komponenten:

> Sem: Kleinstes bedeutungsunterscheidendes Inhalts-Merkmal (auch: semantisches Merkmal, semantische Konstituente, frz. *trait distinctif minimal de signification*). Wörter, die sich durch mindestens ein Sem unterscheiden und mindestens ein Merkmal mit allen Mitgliedern ihres Wortfeldes gemeinsam haben, stehen in Opposition zueinander.
>
> Semem: Summe der Seme, die die *valeur*, den Systemstellenwert eines Lexems ausmachen.
>
> Archisemem: Gesamtheit der Seme, die den Elementen eines Wortfeldes gemeinsam sind. Muß mindestens ein Sem enthalten.
>
> Archilexem: Ausdrucksseitiger Oberbegriff für ein Wortfeld, dem auf der Inhaltsseite das Archisemem entspricht. Muß nicht gegeben sein.
>
> Klassem: Sem, das große Klassen des einzelsprachlichen Wortschatzes gegeneinander abgrenzt, in mehreren Wortfeldern distinktiv ist und das sich in vielen Sprachen der Welt als sprachlich distinktiv zeigt.

Nachdem Wortfeldanalysen in Gebrauch kamen, stellte man fest, daß es in fast allen Feldern Mitglieder gab, denen man beim besten Willen kein [+] oder [–] für ein bestimmtes Merkmal unterstellen kann, obwohl es zwischen anderen Mitgliedern distinktiv ist. So mußte man in diesen Fällen [0] notieren, d.h. der Begriff der Null-Markiertheit fand Eingang in die Semantik.

In den 70er und 80er Jahren wurden relativ viele Wortfeldanalysen unternommen. Wortfelder bestehen normalerweise nicht nur aus einer Handvoll Lexemen, sondern aus sehr vielen, was die Analyse sehr komplex macht. Das größte Problem war und ist jedoch, daß es nicht nur utopisch, sondern schlicht unmöglich ist, alle Wortfelder einer Sprache in dieser Weise zu erfassen. Da es zudem immer einen relativ hohen Prozentsatz an Wörtern gibt, die außerhalb der einzelsprachlichen Feldstrukturen stehen, wurde der Wert der doch sehr aufwendigen Methode irgendwann in Frage gestellt: Man erhielt immer nur Einblicke in einen kleinen Bereich, und sah nicht, was sich links und rechts bzw. darüber und darunter noch tummelte. Das Hauptproblem besteht jedoch darin, daß auch bei einer kleinen Anzahl von Lexemen bereits zwei Wortfeld-Analytiker mit hoher Wahrscheinlichkeit nicht zum selben Ergebnis kommen. Damit stellt sich die Frage nach dem Status der dabei zutage geförderten Merkmale, d.h. danach, was denn nun im Sprachsystem tatsächlich funktionales Sem ist und was nicht.

7.3.2. Semantische Merkmale in der Syntax

Über die Feldtheorie hinaus spielen semantische Merkmale (engl. *semantic markers*) vor allem in syntaktischen Modellen eine Rolle. Dies betrifft nur die lexikalischen Merkmale, die für die syntaktische Kollokation, d.h. für die Einsetzbarkeit in grammatische Kotexte relevant sind. Das sind in der Regel nicht die speziellen, in Wortfeldern distinktiven Seme, sondern die Klasseme: Für die semantische Verträglichkeit im Satz sind vor allem Züge wie [+/−belebt], [+/−menschlich] [+/−zählbar] oder [+/−fest] usw. wesentlich. COSERIU hatte die syntaktische Kollokation insoweit berücksichtigt, als er den Begriff der lexikalischen Solidaritäten prägte. Damit ist der Umstand bezeichnet, daß ein Verb wie *bellen* eine virtuelle syntaktische Beziehung zu einem Subjekt des Typs *Hund* herstellt, *miauen* zu *Katze*, *krähen* zu *Hahn* usw.

Systematisch befaßten sich vor allem die GG und verwandte Theorien mit syntaktisch relevanten semantischen Merkmalen. Jedem Lexikoneintrag gesellte man sie in Form eines Selektionsrahmens bei, damit Sätze wie *Grüne Steine träumen farblos* nicht generiert werden, oder ein Lexem wie *Gold* ([−zählbar]) nicht im ‚ungrammatischen' Plural (*Gölde oder *Golde) auftaucht. Nach der Valenz- und der Kasusgrammatik gilt das Verb als dasjenige Element, das über seine semantischen Mitspielerrollen steuert, welche Subjekte und Objekte mit welchen semantischen Merkmalen eingesetzt werden können: Ein Verb wie *acheter* scheint einen Agens zu erfordern, der die Merkmale [+belebt], [+menschlich] hat, denn es wird normalerweise mit Lexemen wie *homme*, *femme*, *marchandeur*, aber nicht mit *voiture*, *marteau* oder *chat* konstruiert.

Ein Teil der Prädikatenlogik befaßt sich seit langem damit, vor allem den Verbwortschatz nach distinktiven Zügen in semantische Klassen (engl. *situation types*) aufzuteilen, die in der o.g. Weise den einzelsprachlichen Zugang zu bestimmten grammatischen Umgebungen regeln. Auf das Schema von X. VENDLER (1967) gehen die meisten Klassifizierungen zurück. Nach dessen Modell sind die relevanten Merkmale eines Prädikats [+/−durativ], [+/−dynamisch] und [+/−transitionell]. Durativ bedeutet, daß das Verbalsyntagma eine Dauer in der Zeit impliziert, dynamisch bedeutet, daß Bewegung im Spiel ist, und transitionell, daß es eine Zustandsveränderung signalisiert:

	durativ	dynamisch	transitionell	Beispiel:
état	+	–	–	*être mort*
activité	+	+	–	*jouer*
accomplissement	+	+	+	*jouer une sonate*
achèvement	–	+	+	*partir*

Für das Französische ist es z.B. so, daß *avoir le nez aquilin* („eine Adlernase haben") nicht mit dem *passé simple* markiert werden kann, weil es zur Klasse der *states* (nichtveränderlicher, dauernder Zustand) gehört. *Avoir le nez aquilin* im *passé simple* ergibt (meistens) einen sog. ungrammatischen Satz. Das Hauptproblem mit den *semantic markers*, die den lexikalischen Einheiten wie eine Art Vorfahrt-Achten-Schilder für den syntaktischen Verkehr eingebaut sein sollen, besteht darin, daß sie ihren Dienst nicht immer ordentlich zu verrichten scheinen. So können z.B. manche *state*-Prädikate des Französischen (wie *être malade*) im *passé simple* erscheinen. Es stellt sich für einen Generativisten damit die Frage, ob die Regel nicht stimmt oder ob die Klassifizierung zu ungenau ist; und er kann dann entweder auf der einen oder auf der anderen Seite nachbessern. Bis heute sind jedenfalls viele Affinitäten bestimmter Lexeme zu bestimmten Umgebungen ungeklärt.

Man weiß inzwischen auch, daß zur Erforschung der komplexen Zusammenhänge, die diesbezüglich beim Sprechen zusammenwirken, ein intuitives, introspektives Suchen nach Regeln nicht ausreicht, wie die GG dies ursprünglich vorgesehen hatte. Im Umfeld der jüngeren kognitiven Linguistik hat man deshalb neue Theorien aufgestellt und vor allem auch statistische Testverfahren entwickelt, die klären sollen, in welcher Form die Wörter im ‚mentalen Lexikon' der Sprecher präsent sind. Dazu gehört auch, welches Weltwissen systematisch mit unserem Wortwissen verbunden ist, d.h. wie sprachliche und außersprachliche Faktoren unbewußt miteinander abgeglichen und verrechnet werden, wenn wir sprechen oder verstehen. Dabei zeigte sich in aller Deutlichkeit, daß auch für die syntaktische Komponente sehr viel mehr relevant ist als die *semantic markers* und die bisher bekannten Selektionsrahmen.

7.4. Theorien der kognitiven Semantik

7.4.1. Prototypensemantik

7.4.1.1. Die psychologischen Anfänge

Seit den 60er Jahren dringen Erkenntnisse der Kognitionsforschung in die Bereiche der linguistischen Untersuchung vor. Eine als ‚kopernikanische Wende' in der Semantik bezeichnete Entwicklung geht u.a. auf die Forschungen der amerikanischen Psychologin E. ROSCH zurück. ROSCH hatte Mitte der 70er Jahre ursprünglich gar nichts Linguistisches im Sinn, sondern eher das Gegenteil: Ihr Interesse galt der Art, wie

Menschen die auf sie einstürmende wahrnehmbare Welt verarbeiten, wie sie Umwelteindrücke kognitiv bewältigen.

Farbwörter wurden sowohl von Anhängern der sprachlichen Relativitäts-Hypothese (L. WEISGERBER) als auch von deren Gegnern immer wieder als Beleg genutzt bzw. angeführt. Ende der 60er Jahre erschien beispielsweise die sehr umfangreiche übereinzelsprachliche Studie von B. BERLIN und P. KAY, mit der man die SAPIR-WHORF-Hypothese im sprachlichen Bereich endgültig widerlegt zu haben glaubte. Auch ROSCH griff für ihr psychologisches Experiment auf die Farbkategorisierung zurück. Sie rekrutierte ihre Probanden aus zwei Sprachgemeinschaften, die a) kulturell maximal verschieden waren und b) einen maximal verschiedenen Farbwortschatz hatten. Nachweisen wollte sie, daß beide Gruppen das Farbspektrum dennoch gleich oder ähnlich wahrnehmen bzw. psychologisch kategorisieren. Ihre erste Gruppe bestand aus amerikanischen Vorschulkindern, denen zum Ausdruck des Konzepts ‚Farbigkeit' ein relativ umfangreicher Farbwortschatz zur Verfügung stand. Die zweite Gruppe bildeten Mitglieder des Stammes der Dani aus Neu-Guinea (‚steinzeitliche' Kultur), in deren Sprache das Konzept ‚Farbigkeit' über zwei Wörter vermittelt wird, denen in etwa die Inhalte ‚farbig' – ‚nicht-farbig' entsprechen. Beiden Gruppen wurden verschiedene Farbkärtchen je 5 Sekunden lang gezeigt. Nach 30 Sekunden wurden wieder Farbkärtchen gezeigt, und die Testpersonen mußten sagen, ob diese Kärtchen beim ersten Mal dabei waren oder nicht. Insgesamt war die Trefferquote der Dani zwar geringer als die der Amerikaner, nicht jedoch im Bereich der Fokalfarben, d.h. der intensiven Zentren des Farbspektrums: Sowohl beim Erinnern der Fokalfarben als auch der sog. Grenzfarben (Schnittstelle zwischen zwei fokalen Zentren) hatten beide Gruppen annähernd gleich gute Ergebnisse (in diesem Fall mit leichtem Vorteil für die Dani).

Daraus zog ROSCH folgenden Schluß: Die Kategorisierung in sog. ‚natürliche Arten' läuft nicht digital (über eine ‚entweder' – ‚oder'), sondern analog (über globalen Vergleich). Über sprachliche und kulturelle Grenzen hinweg werden Kategorien um beste Exemplare (sog. Protoypen) herum gebildet; die Zugehörigkeit zu einer Kategorie wird über einen Abgleich mit dem jeweiligen Prototyp bestimmt. Prototypen (im Fall des Experiments: die Fokalfarben) sind kognitive Orientierungsmarken (*cognitive reference points*); sie werden schneller wahrgenommen und man kann sie sich besser merken (Prinzip der *saliency*). Alles, was ihnen stärker oder auch weniger stark ähnelt, gehört zur selben Kategorie, alles was stark davon abweicht, nicht. Die Übergänge sind fließend, es gibt ein ‚Mehr' oder ‚Weniger' an Zugehörigkeit.

7.4.1.2. Übertragung des Modells in den sprachlichen Bereich

ROSCHS Ergebnisse wurden sehr bald linguistisch umgedeutet, d.h. auf sprachliche Kategorisierung übertragen. Dies hatte zwei Gründe: zum einen hatte sie ihre Terminologie in Anlehnung an Sprachphilosophen wie H. PUTNAM und L. WITTGENSTEIN entwickelt. Zum anderen meinte sie in ihren Beispielen zwar immer natürliche, nichtsprachliche Kategorien, mußte sich aber bei Formulierung ihrer Theorie der sprachlichen Bezeichnungen für diese ‚natürliche Arten' bedienen. Eines ihrer Beispiele war die Kategorie ‚Obst', als deren Prototyp sie in unserem Kulturkreis den Apfel ermittelte (absteigend repräsentativ: Pflaume, Feige, Erdbeere, Ananas; Grenzfall: Olive). ‚Obst' ist auch ein sprachlicher Oberbegriff und die Bezeichnungen für die Obstsorten sind dessen Unterbegriffe; eine Übertragung auf die Strukturiertheit des Wortschatzes lag also nahe.

In der sog. Protoypensemantik wird die Zugehörigkeit von Kandidaten zu einer Kategorie (zu einem Wortfeld z.B.) nicht über einen Satz notwendiger Seme (z.B. ein Archisemem) beschrieben, sondern über sog. Familienähnlichkeiten. Der Grad der Ähnlichkeit, den sprachliche Ausdrücke mit dem ‚besten' Repräsentanten, dem Prototyp eines Begriffsfeldes oder einer Kategorie aufweisen, determiniert den Grad der Zugehörigkeit. Wenn es (wie z.B. auf der Ebene der Oberbegriffe) keinen Prototyp gibt, wird eine Kategorie über globale Vergleichbarkeit der Inhalte zusammengehalten. Jedes Mitglied muß nach dieser Methode eine Ähnlichkeit mit einem anderen Mitglied haben, aber eben nicht mit allen. In den meisten Kategorien gibt es allerdings Eigenschaften (Merkmale), die typischer für die Kategorie sind als andere.

> Bezogen auf das Beispiel der Sitzgelegenheitsbezeichnungen wäre z.B. *chaise* ein ‚besseres' (prototypischeres) Exemplar der Kategorie ‚*siège*' als etwa *canapé*, bei dem man sich bereits im Graubereich zwischen ‚Sitz-' und ‚Liegegelegenheit' befindet, weil [+für eine Person] ein typisches Merkmal der Kategorie ist als z.B. [+Armlehne].

Zur Illustration der Protoypensemantik wird meist auf ein (leider inzwischen nicht mehr für die neuere Ausrichtung repräsentatives) Beispiel zurückgegriffen, auf das hier wegen seiner Plakativität nicht verzichtet werden soll. Es zeigt, daß in der Linguistik das Prototypenmodell mit der Merkmalsemantik verbunden wurde: Weil mit dem Begriff (der Kategorie) ‚Vogel' bestimmte protoypische Eigenschaften (z.b. [+kann fliegen]) verbunden werden, antwortet ein Prozentsatz von nahezu 80 % aller Befragten auf die Bitte, einen Vogel zu nennen, nicht mit *Pinguin*, sondern mit *Spatz* o.ä. Ein Merkmal ist dann typisch für eine Kategorie, wenn möglichst viele Vertreter es haben und es möglichst selten in anderen Kategorien auftaucht. Aus den beiden Werten kann man seine sog. *cue validity*, seine einordnende Kraft im Bezug auf eine Kategorie errechnen. Die Merkmale [+kann fliegen] und [+hat Federn] haben eine hohe *cue validity*, und deshalb werden bestimmte Vertreter der Kategorie ‚Vogel', wie z.B. *Strauß* oder *Pinguin*, als weniger ‚vogelhaft', d.h. als randständiger eingestuft als z.B. *Spatz*:

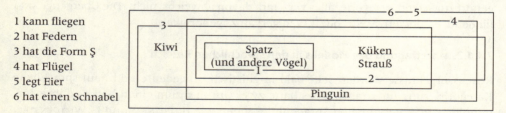

nach: KLEIBER, G.: *Prototypensemantik. Eine Einführung*. Tübingen, ²1998. S. 21

Für die Beschreibung des Lexikons besteht der wesentliche Unterschied zwischen Protoypensemantik und struktureller Semantik darin, daß erstere nicht immer genau zwischen sprachlichen und enzyklopädischen Merkmalen unterscheidet. Man hält den Übergang für fließend. Ein weiterer zentraler Unterschied ist, daß die strukturelle Semantik die Zugehörigkeit zu einer Kategorie über einen allen Mitgliedern gemeinsamen ‚Kernsatz' von (notwendigen) Semen definiert. In der Protoypensemantik hingegen muß ein Mitglied lediglich mindestens ein Merkmal mit einem anderen teilen. Im Gegensatz zum Modell der notwendigen und hinreichenden Bedingungen für die Zugehörigkeit zu einer Kategorie entfallen also die notwendigen.

Semantische Analyse nach Prototypen eignet sich besonders gut für bestimmte Nomina. Die Theorie wurde jedoch später theoretisch neu unterfüttert und auf andere sprachliche Phänomene (z.B.: Polysemie, Zusammensetzung grammatischer Kategorien u.v.m.) ausgedehnt: Überall entdeckte man prototypikalische Effekte, d.h. harte Kategorienkerne und weiche (vage) Ränder.

7.4.2. Die Verbindung zwischen außersprachlichem und sprachlichem Wissen

7.4.2.1. Semantische Netze: *Frames*, Skripte und Co.

Über vielfältige Testreihen hat man versucht, eine genauere Vorstellung davon zu bekommen, wie und als was lexikalische Einheiten in den Köpfen der Sprecher im Normalfall fungieren. Außer in das sprachliche Wissen (z.B. zu den grammatischen Eigenschaften) glaubt man sie heute in vielfältige assoziative Bereiche eingebunden. Hierzu gehören außer formalen Assoziationsbeziehungen auch die sog. semantischen Netze. Wenn Wörter aus dem Langzeitgedächtnis an die Oberfläche abgerufen werden, haben sie diese Netze nachweislich im Schlepptau, für die verschiedene Begriffe im Umlauf sind. Der Begriff des *Frame* wurde schon im Rahmen der Kasus-Grammatik angesprochen (→ 6.2.3.3.): ein *Frame* kann auch ein typisches außersprachliches Szenario oder ein außersprachliches Schema sein, das wir mit einem Wort verbinden. Ein anderer Begriff dafür ist der des Skripts.

> Das Wort *restaurant* impliziert als Schema oder Skript z.B. eine bestimmte Reihenfolge von Handlungsabläufen (‚Hineingehen, Garderobe ablegen, Platz einnehmen, Karte konsultieren, bestellen, Essen bekommen und zu sich nehmen, Rechnung anfordern, zahlen mit Trinkgeld geben ...und Tschüss'). Nur deshalb kann der Sprecher davon ausgehen, daß ein Satz wie *Je viens d'être chasser de mon restaurant préféré, j'avais oublié mon portemonnaie* richtig im Sinne von ‚Wirkung – Ursache' interpretiert wird.

Reaktionstests haben gezeigt, daß Sprecher ein Wort schneller parat haben, wenn im Kotext irgend ein anderer Begriff aus dessen *Frame* bereits anklang. Das funktioniert bereits mit Wörtern, die ‚nur' ähnlich klingen: Wer vorher *vue* gehört hat, kommt leichter auf *rue* als auf *route*. Der perzeptuelle und konzeptuelle *Frame* hat also viele Gesichter, nicht nur inhaltliche. Mit der Weltwissenaura der Wörter lassen sich häufig auch besondere Verwendungen grammatischer Einheiten im Satz adäquat erklären:

> Im Französischen ist der bestimmte Artikel vor dem Nomen nach traditionellen Verständnis ein Indiz dafür, daß das Nomen bereits Thema war, der Referent aus dem Kontext bekannt ist oder daß ihm noch ein erklärendes Attribut folgt (deshalb eben:

‚bestimmter' Artikel). Alle drei Bedingungen treffen für die Artikelverwendung im folgenden Fall nicht zu. Dennoch ist er angebracht, man empfindet ihn als angemessen:

> *Je m'approchais d'un village. De loin, je pouvais déjà discerner la tour de L'église.*

> Mit der Theorie der semantischen Netze kann man die Wahl des bestimmten Artikels erklären: das Hören des Wortes *village* aktiviert das Weltwissen, und zum kognitiven *Frame* des typischen französischen Dorfes gehört, daß es nur eine Kirche und eben nur einen Kirchturm gibt.

An den Beispielen wird deutlich, daß auch kulturspezifisches Wissen eine nicht zu vernachlässigende Komponente für das Verwenden und Verstehen sprachlicher Ausdrücke ist. Der begriffliche Anteil bindet einzelne Aspekte des Zeicheninhalts an jeweils unterschiedliche konzeptuelle Modellkomplexe an (*Idealialized Cognitive Models*: ICM), die kulturell determiniert und damit auch wandelbar sind. Sie gehen als Implikaturen Hand in Hand mit jeder Sprachverwendung.

> Mit dem engl. Wort *mother* kann man sich sprachlich beispielsweise in ein ‚Gebärmodell' (*She is not his real mother*), ein ‚Sorge- und Kümmermodell' (*You're like a real mother to me*) oder ein ‚Kinder-Küche-Ehemann-Modell' (*Even though she worked her whole life through, she always was a great mother*) einklinken, die zum kulturspezifischen kognitiven Netz des Wortes gehören.

7.4.2.2. Beziehungstypen im semantischen Netz: Metonymie und Metapher

Besonders eng verbunden mit dem Inhalt eines sprachlichen Begriffs sind die Konzepte, mit denen er in einer Teil-Ganzes-Beziehung oder einer Beziehung der konzeptuellen oder referentiellen Nachbarschaft (Kontiguität) steht. Da diese benachbarten Bereiche in der Kommunikation mitaktiviert sind, kann man sie auch sprachlich nutzen. Aus diesem Grund ist es beispielsweise möglich, *Goethe zu lesen* (Autor > Werk), ohne ihn zu exhumieren, oder *ein Gläschen zu trinken* (Behälter > Inhalt), ohne zum Fakir zu werden. Begriffe, die in dieser Weise für andere eingesetzt werden können, weil sie mit ihnen in einer Kontiguitätsbeziehung stehen, bezeichnet man als Metonymien. Außer den bereits genannten Relationen AUTOR/SCHÖPFER-WERK und BEHÄLTER-INHALT stehen auch Konzepte wie HANDLUNG-RESULTAT, URSACHE-FOLGE oder OBERBEGRIFF-UNTERBEGRIFF in einer Beziehung der kognitiven Nachbarschaft, in einer Kontiguitätsrelation also. Die Bedeutung sprachlicher Zeichen wandelt sich diachron sehr oft in Richtung auf Inhalte, die mit der ursprünglichen Bedeutung metonymisch verbunden waren:

> lat. BESTIA ‚wildes Tier' ⟶ > frz. *bête* ‚Tier' = UNTERBEGRIFF-OBERBEGRIFF
> ⟶ > sard. *bestia* ‚Fuchs' = OBERBEGRIFF-UNTERBEGRIFF

Kontiguitätsbeziehungen unterhält ein sprachliches Zeichen mit allen Komponenten, die zu seinem *Frame*, zu seiner assoziativen Aura gehören. In Metonymien wird diese Aura deutlich sichtbar.

Sowohl der Begriff der Metonymie als auch der der Metapher gehen auf die antike Rhetorik zurück und bezeichnen rhetorische bzw. literarische Tropen, d.h. Stilfiguren.

Daß Metonymien nicht auf literarische Texte beschränkt sind, sondern für den alltäglichen Sprachgebrauch und den Sprachwandel eine große Rolle spielen, wurde bereits gesagt.

Besonders intensiv hat sich jedoch die neuere Linguistik mit der Rolle von Metaphern in der ‚normalen' Alltagssprache beschäftigt. Der amerikanische Kognitivist G. LAKOFF hat mit zwei Veröffentlichungen zur Relevanz der Metapher für Begriffsbildung, Sprache und Sprechen in den 80er Jahren linguistische Bestseller auf den Weg gebracht. Die Metapher unterscheidet sich von der Metonymie dadurch, daß mit ihr zwei konzeptuell diskrete *Frames* (auch als *cognitive domains* bezeichnet) miteinander in Beziehung gesetzt werden. Wer eine Person als *Stern*, *Rose* oder *Dreckschleuder* bezeichnet, leidet also keineswegs unter Wahrnehmungsstörungen, sondern bricht einen Begriff aus seinem konzeptuellen Zusammenhang, um ihn in einem anderen zu nutzen. Dabei wird entweder eine Ähnlichkeitsbeziehung zwischen zwei Designaten genutzt oder über die Metapher erst behauptet, d.h. hergestellt.

> Metaphern können, wie die Bezeichnung *Rose* für weibliche Wesen oder *Birne* für den menschlichen Kopf, konventionell oder konventionalisiert sein. Der Prozeß kann so weit gehen, daß eine ursprüngliche Metapher zum Normalwort wird, wie im Fall von vglt. TESTA ‚Scherbe, hohles Gefäß' > frz. *tête* ‚Kopf'.

Sobald man sich mit Methaphorik befaßt, kann man feststellen, daß es fest etablierte Brücken zwischen kognitiven Domänen zu geben scheint, die besonders häufig für Metaphern genutzt werden (→ 7.5. Text D): der konzeptuelle Bereich QUALITÄT wird z.B. überproportional häufig mit Begriffen aus dem konzeptuellen Bereich RAUM vermittelt (*niedrige Qualität, Hochqualitätsprodukt* usw.), so daß man eine Art kognitiven Korridor des Typs ‚GUT = HOCH, SCHLECHT = NIEDRIG' annehmen kann. LAKOFF und sein Kollege JOHNSON betonten vor allem, daß es neben diesen möglicherweise universellen Brücken vor allem kulturabhängige, im Lauf der Geschichte etablierte Verbindungen gebe. Eine solche kulturabhängige Metaphernbahn bestehe etwa zwischen den Domänen GESPRÄCH / DISKUSSION (engl. ARGUMENT) und KRIEG (engl. WAR) in Form der Gleichung ‚ARGUMENT = WAR'. Im Deutschen zeugen davon Lexeme wie *Wortgefecht* oder *Schlagabtausch* (für argumentative Wortwechsel).

Einige der Beispiele für derartige Verbindungen aus der neueren Metaphernforschung sind allerdings schlecht gewählt, weil ihnen bei genauer Betrachtung gar kein metaphorischer Domänen-Sprung zugrunde liegt, sondern eine metonymische Beziehung konzeptueller oder außersprachlicher Kontiguität. Daß beispielsweise der Bereich des Emotionalen häufig mit Temperaturbezeichnungen versprachlicht wird, hat sicher damit zu tun, daß die jeweilige Emotion tatsächlich mit einer physischen Hitze-Reaktion einhergeht (*kochen vor Wut, etw. macht jmd. heiß* bzw. *läßt jmd. kalt, heiße Liebe* usw.).

7.5. Reader zur Semantik

Text A: Aufgabenfelder der Lexikologie

aus: SCHWARZE, C. / WUNDERLICH, D.: *Einleitung*. In: DIESS. (Hgg.): *Handbuch der Lexikologie*. Königstein / Taunus, 1985. S. 7–23.

4.3. Lexikographie

Die Lexikographie, die sich mit der **Erstellung von Wörterbüchern** befaßt, ist aus praktischen Bedürfnissen erwachsen und dient ihnen noch heute. Das Bestreben, möglichst gute, d. h. zuverlässige und effizient benutzbare Lexika zu erstellen, hat jedoch zwangsläufig zur Reflexion über lexikologische Fragen geführt. Solche Fragen sind:

1. **Was ist in der zu beschreibenden Sprache ein Wort?** (Welches ist jeweils die Grundform? Inwieweit gehören Zusammensetzungen, abgeleitete Formen und feste Redewendungen ins Wörterbuch?)
2. **Wie gibt man eine Wortbedeutung an?** (Durch eine Definition? Durch ein anderes gleichbedeutendes Wort? Durch eine Übersetzungsentsprechung, z. B. mit dem Lateinischen?)
3. **Welche Information muß ein Lexikonartikel enthalten, und wie soll er gegliedert sein?** (Wie soll die lexikalische Information gegenüber der grammatischen und der enzyklopädischen Information abgegrenzt werden? Welche Rolle soll das Wissen über frühere Sprachzustände spielen? Gibt es eine Grundbedeutung, die man zuerst angeben muß? Gibt es unter den verschiedenen polysemen Bedeutungen eines Worts eine sinnvolle Reihenfolge?)

Die Art, in der solche Fragen beantwortet und in die Praxis umgesetzt wurden, ist für die Theorie des Lexikons auf jeden Fall interessant, nicht zuletzt deshalb, weil der Lexikograph (im Unterschied zum Lexikologen) keine theoriebezogene Auswahl treffen darf, sondern im Hinblick auf den jeweiligen praktischen Zweck **Vollständigkeit** anstreben und sich daher all den Problemen stellen muß, die das Lexikon einer Sprache in seinen verschiedenen Bereichen bietet.

Schließlich bieten die Lexika, die für die Idiome der Welt vorliegen und die oft von hoher deskriptiver Qualität sind, einen Reichtum an zubereiteten Daten, auf den auch der Lexikologe nicht verzichten kann.

Inwieweit umgekehrt von einer fortgeschrittenen Lexikologie Verbesserungen für die Lexikographie zu erwarten sind, ist z. Z. eine noch weitgehend offene Frage. Es ist vor allem noch ungeklärt, ob nicht doch die große Masse der lexikographischen Information **idiosynkratisch** ist. Die genaue Lektüre von Einträgen zu Wörtern für z. B. *Hand,* oder *geben* oder *schön* kann diesen Eindruck erwecken. Aber lexikologische Fortschritte (z. B. im Bereich der Kompositaforschung) können auch erkennen lassen, daß bisher als vollkommen idiosynkratisch erscheinende Bereiche regelgebundene Erscheinungen aufweisen. Auch die grammatikbezogene Forschung der letzten Jahrzehnte hat hinsichtlich einzelner Bereiche des Lexikons Fortschritte gebracht (z. B. was die Analyse von Verben angeht), die auch gute moderne Lexika noch nicht in die Praxis umgesetzt haben.

Text B: Eine strukturelle Analyse der französischen Dimensionsadjektive

aus: GECKELER, H.: *Strukturelle Semantik des Französischen*. Tübingen, 1973. S. 27 ff.

3.1.1 Greimas' Skizze des Feldes der Dimensionsadjektive

In seiner Monographie Sémantique structurale führt A.J.Greimas [...] als Beispiel für eine Inhaltsanalyse seines Typs "le système sémique de la spatialité" in seiner adjektivischen Ausprägung im modernen Französisch an. Wir zitieren aus dieser Arbeit (SS.32–33):

Dans son aspect adjectival, l'opposition entre *haut* et *bas* paraît pouvoir s'interpréter à l'aide de la catégorie de la "quantité relative", qui s'articule en deux sèmes. "grande quantité" vs "petite quantité", constituant le cadre binaire du jugement porté par le locuteur, par rapport à une norme idéale, sur des contenus sémiques variés. Ainsi, la même catégorie et les mêmes termes sémiques se trouvent manifestés dans les couples lexématiques tels que

long vs *court*,
large vs *étroit*, etc.

Comme il n'est pas dans notre intention d'entreprendre ici l'analyse sémique de la catégorie de la "quantité relative", nous pouvons mettre entre parenthèses cette opposition sémique en utilisant le seul lexème composant le sème "grande quantité" pour désigner les deux lexèmes opposés.

A la suite de cette suspension, il devient plus simple de s'interroger sur la signification de l'axe très général qui comporte les oppositions

haut vs *long* vs *large* vs *vaste* vs *épais*.

En donnant à cet axe le nom de "spatialité", on s'aperçoit qu'une première division dichotomique permet d'en distinguer deux aspects, tels qu'ils se manifestent en français par l'opposition lexicalisée de *espace* vs *étendue*, et que l'on peut désigner comme

dimensionalité	vs	non-dimensionalité
(*haut* vs *long* vs *large*)		(*vaste* vs *épais*)

Pour simplifier une fois de plus notre exemple, arrêtons à cet endroit l'analyse de la "non-dimensionalité". Le sème "dimensionalité" peut à son tour être considéré comme un axe sémique faisant apparaître une nouvelle articulation en

verticalité	vs	horizontalité
(*haut*)		(*long* vs *large*)

Le sème "horizontalité", considéré comme axe, s'articule en de nouveaux sèmes, qu'on peut désigner comme

perspectivité	vs	latéralité
(*long*)		(*large*)

Remarque:
Toutes ces articulations peuvent être reprises dans un tableau d'ensemble:

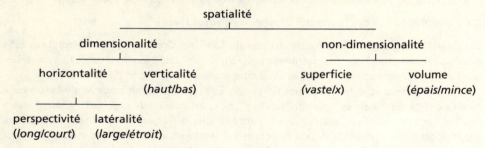

Ce schéma représente (très incomplètement, étant donné que l'analyse de la "non-dimensionalité" n'est même pas esquissée) ce qu'on pourrait appeler le système sémique de la spatialité.

Als Matrix dargestellt sieht das Resultat folgendermaßen aus (Sémantique structurale S.35):

SEMES / LEXEMES	spatialité	dimensionalité	verticalité	horizontalité	perspectivité	lateralité
{ *haut*	+	+	+	–	–	–
{ *bas*	+	+	+	–	–	–
{ *long*	+	+	–	+	+	–
{ *court*	+	+	–	+	+	–
{ *large*	+	+	–	+	–	+
{ *étroit*	+	+	–	+	–	+
{ *vaste*	+	–				
{ *épais*	+	–				

+ bedeutet: Das betreffende Sem (ggf. axe sémique) ist anwesend bzw. positiv in der Semenstruktur.

– bedeutet: Das betreffende Sem (ggf. axe sémique) ist abwesend bzw. negativ in der Semenstruktur.

Aus der Matrix läßt sich also z.B. für *haut/bas* folgender gemeinsamer Inhalt ablesen: 'spatialité' + 'dimensionalité' + 'verticalité'. Dazu kommt noch: Die inhaltliche Opposition zwischen den beiden Adjektiven beruht dagegen auf ihrem polaren Verhältnis in bezug auf die Kategorie "quantité relative", die sich in die beiden Seme 'grande quantité' (im Falle von *haut*) und 'petite quantité' (im Falle von *bas*) aufgliedert. Entsprechendes gilt für *long/court, large/étroit, épais/mince*.

In der hierarchischen Gliederung der Seme (z.B. 'horizontalité,' ist 'perspectivité' und 'latéralité' übergeordnet) stellt das nächsthöhere Sem dem entsprechend nächstniedrigeren Sem gegenüber ein "axe sémique", eine Art Archieinheit zu bestimmten Semen, dar [...].

Was nun die faktische Richtigkeit dieser Analyse betrifft, so wollte sich Greimas von vornherein gegen Einwände dieser Art absichern: "les exemples choisis le sont pour illustrer la réflexion et non pour prouver quoi que ce soit: non seulement ils ne se prêtent pas à l'extra-

polation, mais ils ne sont même pas nécessairement 'vrais' dans le domaine restreint qu'ils recouvrent" (a.a.O. S.32).
Auch betont er verschiedentlich die Vereinfachung und die Unvollständigkeit seiner materiellen Untersuchung.
– Die Kritik, die M.Wandruszka (Der Ertrag des Strukturalismus S.620ff.) an Greimas' Untersuchungsergebnissen zum "système sémique de la spatialité" übt, ist von den Fakten her sicher berechtigt. Einige seiner Einwände sollen hier kurz angeführt werden, im Sinne einer Korrektur und Erweiterung der Greimas'schen Skizze.
Wandruszka ersetzt die Unbekannte in Greimas' 'algebraisch' anmutender Opposition *vaste/x* durch *étroit* und stellt dann folgende ternäre Opposition auf:

$$\text{étroit} \begin{cases} \text{large} \\ \text{vaste} \end{cases}$$

Weiterhin weist er auf das Fehlen von *profond* und *plat* in Greimas' System hin. Somit kommt zur binären Opposition *haut/bas* eine andere ternäre hinzu:

$$\text{profond} \begin{cases} \text{peu (pas) profond} \quad \text{(paradigmatisch gesehen handelt es sich hier um} \\ \phantom{\text{peu (pas) profond}} \quad \text{eine Lücke, die syntagmatisch 'repariert' wird)} \\ \text{plat} \end{cases}$$

Auch die binäre Opposition *épais/mince* weitet sich zu einer ternären aus:

$$\text{épais} \begin{cases} \text{mince} \\ \text{plat} \end{cases}$$

Schließlich müßte auch noch das Adjektiv *gros* berücksichtigt werden.
Diese knappen Bemerkungen erschöpfen natürlich die Komplexität des Feldes der Dimensionsadjektive im heutigen Französisch bei weitem nicht.

Text C: Kategorienhierarchie und Arbitrarität in der Protoypensemantik

aus: KLEIBER, G.: *Prototypensemantik. Eine Einführung.* Tübingen, ²1998. S. 58 ff.

B. Die Basiskategorien

1. Eine Hierarchie mit drei Ebenen

E. Rosch *et al.* (1976) schlagen eine Klassifikation mit drei Ebenen vor:
– übergeordnete Ebene;
– Basisebene;
– untergeordnete Ebene.

[...] Durch die vorgeschlagene Dreiteilung ergibt sich eine Umstrukturierung der „universellen" biologischen Klassen B. Berlins. Der bemerkenswerteste Unterschied ergibt sich bei Paradigmen wie denen der Bäume, der Fische usw. So bilden die Kategorien der Eichen, Ahorne, Birken usw., die bei Berlin die Ebene der Gattung darstellten, nun bei Rosch *et al.* (1976) die untergeordnete Ebene, während die Basisebene durch *Baum* und die übergeordnete Ebene durch *Pflanze* eingenommen wird; letzteres gab allerdings Anlaß zu Widerspruch (vgl. die diesbezüglichen Vorschläge bei Wierzbicka 1985). Für die vertikale Dimension der Kategorien *Tier, Obst, Möbel* usw. ergibt sich z.B. eine Struktur wie die folgende:

ÜBERGEORDNETE EBENE	*Tier*	*Obst*	*Möbel*
BASISEBENE	*Hund*	*Apfel*	*Stuhl*
UNTERGEORDNETE EBENE	*Boxer*	*G. Delicious*	*Klappstuhl*

2. Charakterisierung und Eigenschaften der Basisebene

Diese neue taxonomische Struktur ermöglicht eine unmittelbare Erklärung für die Fälle, die der universellen Taxinomie B. Berlins zuwiderliefen. Wenn *Baum, Vogel* usw. Basiskategorien sind, dann ist es normal, daß in Standardsituationen die sie bezeichnenden Ausdrücke verwendet werden. Somit wird verständlich, warum ein Sprecher eher *auf dem Dach sitzt ein Vogel* sagen wird als *auf dem Dach sitzt ein Tier* oder *auf dem Dach sitzt ein Rotkehlchen*.

Dies wurde durch psychologische Experimente bestätigt (Rosch *et al.* 1976; zum Französischen vgl. z.B. Cordier 1983); gleichzeitig stellte man fest, daß die kognitive Priorität der Basisebene auf folgenden vier Eigenschaften beruht:

> Basisobjekte sind die inklusivsten Kategorien, deren Vertreter: (a) eine signifikante Anzahl von Attributen miteinander gemein haben, (b) über ähnliche motorische Programme verfügen, (c) eine ähnliche Form besitzen und (d) anhand der durchschnittlichen Form der Vertreter der Klasse identifiziert werden können (Rosch *et al.* 1976: 382).

Die Konjunktion dieser vier Faktoren läßt sich durch die Formulierung *information-rich bundles of co-occuring perceptual and functional attributes* zusammenfassen und hat eine Reihe von Auswirkungen, die im folgenden aufgeführt werden:

1. Basisebene und untergeordnete Ebene unterscheiden sich von der übergeordneten Ebene dadurch, daß die Exemplare ihrer Kategorien als ähnliche Gestalten wahrgenommen werden. So gibt es keine allgemeine Form, die *Tier* entspricht, während man für *Hund* und für *Boxer* eine solche wahrnimmt. [...]

2. [...] Die Kategorien von Basisebene und untergeordneter Ebene können durch eine bildliche Vorstellung wiedergegeben werden, die abstrakt oder konkret (wenn man sie in eine Zeichnung oder ein Schema umsetzt) sein kann und die die ganze Kategorie repräsentiert; für die übergeordneten Kategorien ist eine solche Darstellung hingegen nicht möglich. [...] Die Basisebene erweist sich also als die höchste Ebene, auf der eine einfache bildliche Vorstellung (bzw. ein Schema) eine ganze Kategorie wiedergeben kann.

3. Die Art, wie wir mit den Objekten umgehen, liefert eine dritte Unterscheidungsmöglichkeit, die zwar in den Bereich der Interaktion fällt, sich jedoch dennoch direkt aus dem Kriterium der Form ergibt [...]. Man geht davon aus, daß z.B. die Kategorien der *Stühle* oder der *Klappstühle* für jedes Exemplar einen ähnlichen Typ der Interaktion steuern. Die Handlungen, die wir ausführen müssen, wenn wir einen Stuhl benutzen (in der Regel, um uns hinzusetzen), bilden ein motorisches Programm, das für die ganze Kategorie gilt. Bei übergeordneten Kategorien entfällt diese Übereinstimmung. *Möbel(stück)* steuert keinen derartigen generellen Typ der Interaktion [...]: Man weiß, was man mit einem Bett, einem Tisch, einem Hocker, einem Klappstuhl usw. „macht" – aber nicht, was man mit einem Möbelstück „macht". [...]

4. Ein weiterer kognitiver Effekt ist die Schnelligkeit der Identifizierung, die jedoch ausschließlich für die Basisebene gilt. E. Rosch *et al.* (1976) illustrierten dieses Phänomen anhand eines Versuchs, bei dem man den Probanden Zeichnungen vorlegte, zusammen mit Benennungen der drei Abstraktionsebenen, und sie aufforderte, so schnell wie möglich anzugeben, ob sich Bild und Wort entsprechen. Es stellte sich heraus, daß bei Ausdrücken der

Basisebene die Identifizierung am schnellsten erfolgt. Man erkennt in der Zeichnung eines Golden Delicious schneller einen Apfel als einen Golden Delicious oder eine Frucht. [...]

5. [...] Ein Objekt wird in den meisten Fällen mit einem Ausdruck der Basisebene bezeichnet. Dieses wesentliche sprachliche Merkmal der Basisebene zeigt sich deutlich bei verschiedenen Versuchen. Sprecher, die man fragt, was eine bestimmte Zeichnung eines Objektes darstellt, greifen vorzugsweise auf Ausdrücke der Basisebene zurück. Das trifft sogar dann zu, wenn sich unter den Zeichnungen Objekte derselben Basiskategorie befinden. Wenn z.B. in einer Reihe von zwanzig Zeichnungen Darstellungen eines Spaniels, eines deutschen Schäferhundes oder eines Pudels vertreten sind, so erfolgt die Identifizierung vorzugsweise durch den Ausdruck *Hund.*

6. Aus 5. ergibt sich als natürliche Folgerung, daß die Ausdrücke der Basisebene kontextneutral sind (Cruse 1977). Die Verwendung eines übergeordneten oder eines untergeordneten Ausdrucks kann hingegen vom Kontext her begründet werden; [...]

7. [...] Die Basislexeme gehören oft zu den kürzesten primären Lexemen (Lakoff 1987: 46), und sie scheinen als erste in den Wortschatz einer Sprache einzugehen.

8. Die Basisebene nimmt auch beim Erlernen der Kategorisierung eine hervorstechende Position ein. Die von E. Rosch *et al.* (1976) auf diesem Gebiet durchgeführten Versuche haben [...] gezeigt, daß dreijährige Kinder durchaus die Fähigkeit zur Kategorisierung besitzen. Wenn frühere Untersuchungen zu gegenteiligen Ergebnissen kamen, so lag dies daran, daß dabei mit übergeordneten Kategorien gearbeitet wurde. Dreijährige beherrschen nämlich die Kategorisierung auf der Basisebene, haben aber Schwierigkeiten, die Objekte einer übergeordneten Kategorie zuzuordnen. Sie gruppieren die Objekte eher auf der Grundlage perzeptorischer Merkmale wie Form und Farbe oder häufiger Assoziationsbeziehungen als unter Berücksichtigung allgemeiner funktioneller Merkmale. Als wesentlichstes Ergebnis bleibt festzuhalten: Die Basiskategorien „sind die ersten und die natürlichsten Formen der Kategorisierung" (Lakoff 1987: 49). [...]

4. Basisebene. „Cue validity" und Distinktivität

[...] Wie wir weiter oben gesehen haben, beruht die Definition der *cue validity* eines Attributs auf zwei Größen: auf der Anzahl der Vertreter derselben Kategorie, die dieses Attribut aufweisen, und auf der Anzahl der Vertreter benachbarter Kategorien, die es nicht aufweisen. Es geht also in erster Linie um den Begriff der Distinktivität. Eine Eigenschaft mit einer hohen *cue validity* besitzt ein hohes Unterscheidungspotential im Hinblick auf die Kategorie. Eine Kategorie mit einer hohen *cue validity* verfügt demnach über eine maximale Distinktivität. [...]

[...] Prototypen und Basiskategorien, d.h. innere und äußere Struktur der Kategorien, gehorchen in der Prototypensemantik dem gleichen Prinzip, nämlich dem der maximalen Unterscheidbarkeit. [...] so sind die Basiskategorien diejenigen Kategorien, deren Vertreter die meisten gemeinsamen Attribute untereinander und gleichzeitig die wenigsten gemeinsamen Attribute mit den Vertretern anderer Kategorien aufweisen. In beiden Fällen, bei den Prototypen wie bei den Basiskategorien, wirkt also ein Prinzip der kognitiven Ökonomie: das Prinzip der Informationsmaximierung. [...]

[Dieses] zu mächtige erste Prinzip wird nun durch ein zweites Prinzip eingeschränkt: das der Struktur der Welt. Man geht davon aus, daß Attribute nicht völlig willkürlich zusammengefaßt werden, da in der uns umgebenden Welt bereits solche Korrelationen von Attributen existieren. Wenn die Merkmale „Feder" und „Flügel" zusammen auftreten, dann liegt das daran (so argumentieren E. Rosch und ihre Mitarbeiter 1976), daß es sich in der

Wirklichkeit (meistens) ebenso verhält. Dadurch werden die Schwierigkeiten beseitigt, die die alleinige Anwendung des Prinzips der kognitiven Ökonomie mit sich bringt. Die Kategorienbildung gehorcht zwar nach wie vor diesem Prinzip, aber die Informationsmaximierung verläuft nicht mehr willkürlich: Maximiert werden Eigenschaftsbündel, die in der Wirklichkeit vorkommen. Die Umwelt beeinflußt also die Kategorienbildung durch die Vorgabe derjenigen Eigenschaftsbündel, die zur Bildung einer Kategorie (d.h. zur Maximierung der Informationen sowie der *cue validity* der entsprechenden Eigenschaften) führen können bzw. sollen. [...]

5. Kategorien und Arbitrarität

Die spektakulärste Konsequenz eines solchen Standpunktes liegt in der Zurückweisung der klassischen Arbitraritätsthese: Die Sprachen gliedern die Wirklichkeit nicht willkürlich aufgrund soziokultureller Bedingungen, wie dies im wesentlichen die Sapir-Whorf-Hypothese besagt, sondern es gibt „objektive" Phänomene, die auf die Bildung der Kategorien einwirken.

In der dritten Phase ihrer theoretischen Forschungsarbeiten verzichtet E. Rosch auf eine solche objektivistische Hypothese und geht zu einer abgeschwächten Version über, bei der die zur Kategorienbildung herangezogenen Eigenschaftsbündel nicht mehr in der Wirklichkeit selbst angesiedelt werden. Das Prinzip der objektiven Strukturierung der Welt wird durch das Prinzip der *perceived world structure* abgelöst (Rosch 1978: 29). Gruppen von Eigenschaften werden von den Subjekten als Eigenschaftsbündel wahrgenommen, existieren aber nicht als solche in der Wirklichkeit: „Es muß betont werden, daß wir über die wahrgenommene Welt sprechen, und nicht über eine metaphysische Welt ohne ein erkennendes Subjekt (*knower*)" (Rosch *1978: 29).* [...]

Diese Meinungsänderung [...] erklärt sich aus drei Schwierigkeiten, die E. Rosch (1978: 41f) bei der Einordnung der von den Probanden genannten Eigenschaften begegneten:

– Einige Attribute wie „Sitzgelegenheit" für *Stuhl* verfügen über Benennungen, die zeigen, daß die Kenntnis des Objekts (als Stuhl) nicht von ihnen abgeleitet ist.
– Einige Attribute wie „groß" für *Klavier* haben nur einen Sinn bei der Kategorisierung des Objekts in bezug auf eine übergeordnete Klasse (wie etwa *Möbel.* Die Aussage *Ein Klavier ist groß* benötigt eine Vergleichsgrundlage: Ein Objekt kann nur in bezug auf eine bestimmte Kategorie groß sein. Man denke an den Satz: *Der kleine Elefant ist ein großes Tier!*
– Einige Attribute wie „man speist daran" für *Tisch* stellen funktionelle Attribute dar, deren Verständnis Kenntnisse über die Menschen und ihr Agieren in der Wirklichkeit voraussetzt.

[...] Wie E. Rosch (1978: 42) schreibt, stellte sich heraus, „daß die Analyse der Objekte in Attribute eine relativ komplizierte Tätigkeit ist, zu deren Ausführung unsere Probanden (die ein System kultureller Kenntnisse repräsentieren) wahrscheinlich erst *nach* der Entwicklung eines Kategoriensystems imstande waren".

Eine solche Sichtweise impliziert nicht, daß die Kategorien beliebig gebildet werden. Auch bei der Einführung eines erkennenden Subjekts bleibt gewährleistet, daß die Welt nicht beliebig wahrgenommen wird. Die Eigenschaftsbündel sind also weder objektiv in der Wirklichkeit existierende Ganzheiten noch zufällig zusammengestellte Gruppen. Ihre Entstehung hängt von der Interaktion der Subjekte mit ihrer Umgebung ab: „Der relevante Begriff einer „Eigenschaft" ist nicht etwas Objektives in einer von jedem Lebewesen unabhängigen Welt; er ist eher etwas, das wir als *interaktionale Eigenschaft* bezeichnen möchten" (Lakoff 1987: 51), d.h. eine Eigenschaft, die kein inhärentes Attribut eines Objekts darstellt, sondern daraus hervorgeht, wie die Menschen durch ihren Körper und ihr Kognitionssystem mit den Objekten konfrontiert werden: wie sie sie wahrnehmen, sie sich vorstellen, wie sie die mit den Objekten zusammenhängenden Informationen organisieren und vor allem wie ihr Körper mit den Objekten in Kontakt tritt (Lakoff 1987: 51).

Text D: Kognitive Bereiche und Metaphern

aus: BLANK, A.: *Prinzipien des lexikalischen Bedeutungswandels am Beispiel der romanischen Sprachen*. Tübingen, 1997. S. 174 ff.

Daß Metaphern häufig keine isolierten Phänomene sind, sondern daß sie gerade dort, wo sie die Versprachlichung von mehr oder weniger abstrakten, sinnlich nicht direkt wahrnehmbaren Vorgängen und Sachverhalten leisten, gehäuft auftreten, ist keine neue Erkenntnis. Mit Harald Weinrich [...] will ich den Fall, daß ein bestimmtes geistiges Sachfeld mehr oder weniger vollständig durch die Wörter eines anderen Feldes versprachlicht wird, unter den Begriff des Bildfeldes fassen. In einem Bildfeld werden zwei «Sinnbezirke» [...], ein bildspendender und ein bildempfangender, zusammengebracht. Solche Bildfelder sind im Deutschen z.B. *«STAATSSCHIFF»* (Steuermann, Lotse, in schwere See geraten, untergehen), *«LIEBESKRIEG»* (Kampf, Eroberung, verwunden, den Sieg davontragen) oder *«WORTMÜNZE»* (sich austauschen, Wortgeklingel, für bare Münze nehmen, seine Worte teuer bezahlen).

In dieselbe Richtung gehen George Lakoff und Mark Johnson in ihrem berühmten Buch *Metaphors We Live By* (1980). Sie stellen fest, daß es eine ganze Reihe von «conceptual mnetaphors» gibt, nach denen unser Denken strukturiert ist, wie z.B. *«ARGUMENT IS WAR»*, *«TIME IS MONEY»*, *«LINGUISTIC EXPRESSIONS ARE CONTAINERS»*, *«COMMUNICATION IS SENDING»* [...]. Diese «structural», «orientational» und «ontological metaphors» entsprechen also grosso modo Weinrichs Bildfeldern. Lakoff/Johnson verstehen unter <Metapher> eine auf fundamentale Similaritäten (und Kontiguitäten) aufgebaute Strukturierung des menschlichen Geistes. Sie meinen also die schon vorhandene, kulturell bedingte und erlernte Organisation der Bildfelder und nicht die Metapher als sprachlich-assoziatives Verfahren von Alltagskommunikation, Fachsprache und Dichtung. Dieser überhöhte Metaphern-Begriff ist insofern problematisch, als er der allgemein üblichen Definition der Metapher als sprachlichem Verfahren widerspricht. [...]

Die Erkenntnis, daß Metaphern sich in ganzen Verbänden und Bereichen organisieren, ist für die Innovation von Metaphern und den metaphorischen Bedeutungswandel von fundamentaler Wichtigkeit: Ein Sprecher kann nämlich ohne allzu großes Risiko von Mißverständnissen eine neue Metapher schöpfen, solange er den Rahmen eines usualisierten Bildfeldes nicht verläßt. [...] Die Beachtung der gängigen Bildbereiche und -felder verspricht [...] kommunikativen Erfolg. Darüber hinaus steigen die Chancen für die Lexikalisierung einer Metapher: So hat [...] das auch im Deutschen geläufige Bild staatlicher Wirtschaftshilfen als «Spritze» inzwischen zur Polysemie von fr. *injecter* geführt. Mit der Betonung von Bildfeldern und Bildbereichen verlagert sich auch die Frage nach den Gründen für die Entstehung einer individuellen Metapher: Nicht warum eine Metapher entsteht, müßte demnach vordringlich untersucht werden, sondern warum bestimmte Bildfelder und Bildbereiche zu bestimmten Zeiten dominieren. Die Schöpfung von Metaphern durch die Sprecher folgt also nicht nur fundamentalen Regeln der Assoziation, sie kann vielmehr ganz konkreten sozialen, kulturellen und sprachlichen Konventionen gehorchen.

Auf der anderen Seite können bestimmte Phänomene in ganz verschiedenen Gesellschaften ganz ähnlich oder gar identisch versprachlicht werden, wie z.B. das Konzept der PUPILLE, das [...] in über 30 verschiedenen Sprachen als Metapher auf der Basis der jeweiligen Bezeichnung für KLEINES MÄDCHEN oder KLEINES KIND versprachlicht wurde; andererseits wird das Wort für AUGE in einer ganzen Reihe von Sprachen (z.B. Ungarisch, Finnisch, Türkisch, Malayisch) für die Konzepte MASCHE (EINES NETZES), KORN, und / oder QUELLE verwendet, ferner in vielen europäischen Sprachen, aber auch im Eskimoischen zur Bezeichnung von NADELÖHR [...]. Hier schlagen möglicherweise bestimmte Dispositionen durch, die in der Natur des Menschen selbst begründet sind und aufgrund derer bestimmte Dinge oder Konzepte nur auf wenige Arten überhaupt erfaßt und versprachlicht werden können. Nach dieser Erkenntnis ist es nicht verwunderlich, daß in nicht-verwandten und einander nicht beeinflussenden Sprachen polyzentrisch die gleichen metaphorischen Prozesse [...] ablaufen. [...]

Ein [...] typischer Bildbereich, der sich für metaphorische Übertragung geradezu universell anzubieten scheint, sind Tiermetaphern [...]. Nicht ohne Grund stammten die Beispiele, an denen wir das Funktionieren der Metapher studiert haben, aus diesem Bildbereich. Tiermetaphern dienen zur Charakterisierung von Menschen mit bestimmten herausragenden perzeptuellen, funktionalen oder geistig-moralischen Eigenschaften, welche die entsprechenden Tiere besitzen oder die ihnen unterstellt werden: fr. *renard*, it. *volpe*, sp. *zorro* ‚schlauer Mensch, Fuchs'; it. *porco* ‚vulgärer oder schmutziger Mensch'; dt. *Esel* ‚dummer Mensch' etc. Innerhalb der Tiermetaphern besteht offenbar ein recht großes Bildfeld, in dessen Rahmen Prostituierte mit Tiernamen belegt werden – mit fr. *grue* haben wir bereits einen typischen Vertreter kennengelernt. Radtke hat in seiner weitgefächerten onomasiologischen Studie der romanischen Bezeichnungen für PROSTITUIERTE (1980) nicht nur große Übereinstimmungen innerhalb der Romania feststellen können, sondern auch herausgefunden, welche Tierarten besonders gerne zur Übertragung herangezogen werden, nämlich die Hündin, die Wölfin (schon in lt. *lupa*), die Sau, die Stute, die Ziege, verschiedene Fische (fr. *baleine*, *morue*, *crevette*, *requin*; piem. *troetta*; sp. *pulpo*; pt. *cação*, bras. *piranha*), Vögel (fr. *caille*, *pigeon voyageur*; it. *eivetta*; sp. *cisne*; pt. *pega*) sowie Insekten (fr. *papillon*; it. *farfalla*, lomb. *lucciola*; sp. *araña*; pt. *borboleta*) und verschiedene weitere Tiere (z.B. fr. *lièvre*, fr. *grenouille*; it. *topa*; sp. *leona*; rum. *vipera*). [...]

Eine bestimmte Gruppe von Metaphern hebt Ullmann (1964, 214) besonders hervor: die anthropomorphen und (seltener) zoomorphen Metaphern. Dieser von Lakoff/Johnson (1980) und Lakoff (1987) sowie Johnson (1987) seltsamerweise nicht gesondert aufgeführte Typ von Metapher ist so grundlegend, daß man nicht von einem einzigen Bildbereich sprechen sollte, da zu verschiedene Konzeptbereiche über Körperteile versprachlicht werden können. Einige der wichtigsten Bildfelder aus diesem Bereich:

– «ARTEFAKTE», wie z.B. Gebäudeteile (fr. *aile*, it. *ala*, *braccio*, sp. *ala*, pt. *ala* ‚Flügel eines Gebäudes'), Möbelstücke und Teile von ihnen (fr. *pied de table*, *pied et tête de lit* ‚Fuß- und Kopfende'; dt. *Nierentisch, Tischbein*) oder Haushalts- und technische Geräte (fr. *pied d'un verre* ‚Stiel eines Glases', *cul d'une bouteille* ‚Flaschenboden', *genoux* ‚Gelenk', fr. *bouche*, sp. *boca* ‚Tunneleingang'; it. *bocca* ‚Mündung (einer Waffe)', sp. *ojo de aguja* ‚Nadelöhr', *cabeza* ‚oberes Ende eines Fasses'; dt. *Flaschenhals, Nierenschale*).

– «LANDSCHAFTSARTEN» und «NATURPHÄNOMENE» (fr. *dos d'une montagne*, *crête d'une montagne*, it. *piede della montagna*, *braccio di fiume*, *cuore della notta* ‚tiefe Nacht'; dt. *Auge des Sturms, Meerbusen, Flußknie, Nabel der Welt*); ferner «PFLANZENTEILE» (fr. *pied et chapeau d'un champignon, cœur d'artichaut*; fr. *bras,* it. *braccio* ‚Ast', sp. *barba* ‚wilder Trieb des Rebstocks').

– «*MENSCHEN MIT BESTIMMTEN FUNKTIONEN*» (fr. *chef*, it. *capo;* dt. *Kopf einer Bande, Herz einer Firma*).

– «*KOLLEKTIVE ORGANISMEN*» (fr. *le ventre de Paris;* it. *il cuore della città*) sowie Abstrakta aller Art (fr. *pied d'un vers* ‚Versfuß', *cœur du sujet* ‚wichtigster Punkt'; dt. *Schenkel eines Winkels, Zahn der Zeit, Puls der Zeit*).

Die Aufzählung von Bildbereichen und -feldern, in denen anthropomorphe Metaphern vertreten sind, muß wegen der Allgegenwärtigkeit dieses Typs zwangsläufig unvollständig bleiben. Einige Dinge lassen sich aber gleichwohl erkennen: So dienen als Bildspender vor allem Körperteile, die perzeptuell oder funktionell besonders prägnant sind, wie Kopf, Mund, Arm, Bein, Fuß, Herz und Niere; weniger prägnante Körperteile, wie Mittelfußknochen, Schlüsselbein oder Galle expandieren hingegen nicht. Interessant ist auch, daß die expandierenden Körperteilbezeichnungen in den romanischen Sprachen weitgehend übereinstimmen und daß auch die Abweichungen zum Deutschen nicht allzu groß sind. Da die Metaphorik hier von perzeptuellen und funktionalen Aspekten abhängig ist, kann die Variationsbreite auch einen gewissen Rahmen gar nicht übersteigen [...]. Man kann vermuten, daß es sich auch bei der anthropomorphen Metaphorik um ein zentrales, vermutlich universales Programm der menschlichen Sprechtätigkeit handelt, mit dem der Mensch natürliche und von ihm geschaffene Phänomene der Welt kognitiv erfassen kann. Warum die Menschen ihren Körper und ihre Sinne zum Ausgangspunkt der Welterfassung machen, liegt auf der Hand: Der Mensch ist sich selbst der nächste, er steht selbst im Mittelpunkt seiner Gedanken [...] und interpretiert die Welt grundsätzlich von seiner Warte aus. Wahrnehmung und Verarbeitung von Sinneseindrücken erfolgt so über die Assimilation an das Selbst [...].

Mit den anthropo- und zoomorphen Metaphern stoßen wir auf das Grundprinzip vieler Metaphern: der Übertragung vom Naheliegenden auf das Ferne, vom Bekannten, bereits Verstandenen auf das Fremde und Neue, vom Anschaulichen, Greifbaren auf das Abstrakte, Nicht-Dingliche, vom Natürlichen auf das künstlich Geschaffene [...]. Das Ferne, Neue, Abstrakte, Künstliche kann auf diese Weise in unser Denken integriert werden. Indem die Metapher als assoziativ-sprachliches Verfahren eine Verbindung zwischen verschiedenen Erfahrungsbereichen herstellt, leistet sie nicht nur einer Vernetzung unserer Wissensbestände Vorschub, sie trägt auch (wie die anderen Verfahren des Bedeutungswandels) zur Ökonomie unseres Wortschatzes bei, da metaphorisch erfaßte Erfahrungsbereiche keiner eigenen Wörter mehr bedürfen [...].

Es ergeben sich hier zwei spezifische Besonderheiten, die auf ihre Art – und mit gewissen Einschränkungen – wirkliche Gesetzmäßigkeitem, oder besser: universelle Prinzipien des metaphorischen Bedeutungswandels sind: Zum einen bleibt, solange die Ausgangsbedeutung noch nicht abgestorben ist, die Richtung des Bedeutungswandels meist recht klar nachvollziehbar. Welche Bedeutung zuerst da war, ist bei der Metapher in der Regel erkennbar, wenngleich es Ausnahmen gibt [...].

Die zweite Besonderheit betrifft die Voraussagbarkeit des metaphorischen Wandels: Es kann natürlich keinesfalls vorausgesagt werden, ob es zum Bedeutungswandel kommt, immerhin jedoch, in welche Richtung er aller Wahrscheinlichkeit nach verlaufen wird [...]. Um ein Beispiel zu nehmen: Wir können nicht voraussagen, daß und wann genau in einer Sprache (oder auch nur in einer bestimmten Varietät) eine neue Metapher für VERSTEHEN gebildet werden wird; ebensowenig können wir sagen, welches Wort genau dem metaphorischen Bedeutungswandel unterliegen wird. Was wir jedoch angeben können, ist, daß im Falle einer Neuversprachlichung des Konzeptes VERSTEHEN mit hoher Wahrscheinlichkeit eine Metapher aus dem konzeptuellen Bereich des PHYSISCHEN ERFASSENS geschöpft wird. Auch kann man sagen, daß wahrscheinich der Bereich des PHYSISCHEN ERFASSENS als Expansionszentrum und der Bereich der GEISTIGEN WAHRNEHMUNG als Attraktionszentrum dienen wird.

7.6. Literaturangaben

Handbücher HAUSMANN u.a. (Hgg.) (1990; Lexikographie), SCHWARZE/WUNDERLICH (Hgg.), (1985; Lexikologie), STECHOW u.a. (Hgg.) (1991; Semantik),

Lexikographie

- Überblickswissen QUEMADA (LRL V,1/1990, S. 869–894)
- Wissenschafts- HAUSMANN u.a. (Hgg.) (1990; darin zum Französischen: BRAY), MATORÉ
  geschichte (1968)

Lexikologie/Semantik

- Überblickswissen TAMBA-MECZ (*Que sais-je?* 655, [4]1998), WUNDERLI (LRL V,1/1990, S. 94–112)
- Einführung BREKLE ([2]1974), SCHWARZ/CHUR ([2]1996; ohne strukturelle Semantik)
- Romanistisch HOINKES (Hg.) (1995)
- Französisch RICKEN (1983), SCHEIDEGGER (1981), STIMM/RAIBLE (Hg.) (1983), ULLMAN ([5]1975), WUNDERLI (1989)
- Etymologie/Geschichte des Wortschatzes/Lexikalischer Wandel
  BLANK (1997; gesamtromanisch mit Wissenschaftsgeschichte), HOLTUS (LRL V,1/1990, S. 519–529), JÄNICKE (1991), LÜDTKE (1968; gesamtromanisch), PFISTER (1980; gesamtromanisch), ROQUES (LRL V,1/1990, S. 507–518), STEFENELLI (1981), WUNDERLI (1989)

Strukturelle Semantik COSERIU ([2]1973), COSERIU (1975), GECKELER (1973; Einführung mit französischen Beispielanalysen), GECKELER (Hg.) (1978), GECKELER ([3]1982), GREIMAS (1966), TRIER (1931; Vorläufer)

Selektionsmerkmale in der Syntax

- Einführend HUNDSCHNURER ([2]1971), WEINREICH (1970)
- Französisch MEL'ČUK/CLAS/POLGUÈRE (1995), SCHWARZE (1995), SCHWARZE (1996).

Prototypensemantik DÖRSCHNER (1996, incl. Vergleich mit struktureller Semantik und Interview mit H. GECKELER), DUBOIS (Hg.) (1993), KLEIBER ([2]1998)

Semantische Netze/Mentales Lexikon

AITCHISON (1997), BABIN (1998), DIETZE (1994), HILLERT (1987), LUDEWIG/GEURTS (Hgg.) (1990)

Auswahl an Wörterbüchern/Nachschlagewerken zum französischen Wortschatz

- Etymologie BLOCH/WARTBURG ([6]1975), DAUZAT/DUBOIS/MITTERAND (1993), *Dictionnaire historique...* (ROBERT, 1992), GAMILLSCHEG ([2]1969), MEYER-LÜBKE ([3]1935 und Nachdrucke), WARTBURG (1928 ff.)
- Altfranzösisch GREIMAS (1992)
- Mittelfranzösisch GREIMAS/KEANE (1992)
- Modernes Französisch *Grand Larousse...* (7 Bde., 1971), *Le Grand Robert...* ([2]1985), *Le Nouveau Petit Robert...* ([2]1995), *Thésaurus Larousse...* ([2]1992), *Trésor de la Langue Française* (1971 ff.)
- Jüngere Neologismen ("Jugendsprache', angesagte Wörter u.ä.)
  BRUNET (1996), CELLARD/REY ([2]1991), GOUDAILLIER ([2]1998), MERLE (1999)
- Umgangssprache (*français familier*)
  MEIßNER (1992), MERLE (1998)
- Substandard MERLE (1996), MERLE (1997), ROUAYRENC (*Que sais-je?* 1597, [3]1998)
- Partikeln/Modalpartikeln
  MÉTRICH ([3]1994 ff., dt.-frz.)
- Frequenz JUILLAND/BRODIN/DAVIDOVITCH (1970)
- Idiomatik/Redewendungen
  BÀRDOSI (1992; mit Übungsteil), KÖSTERS-ROTH (Hg.) (1990), SCHEMANN/RAYMOND (1994), TARD (1994; kompakt)

8. Varietätenlinguistik

> *Une dame étrangère, mais parlant parfaitement le français de Paris, était descendue dans un hôtel de Liège. Le matin, elle commande son petit déjeuner qu'elle veut prendre au lit. Le garçon de l'hôtel, pensant pouvoir disposer le repas sur la table, l'apporte sur un tout petit plateau. Appercevant la dame au lit, il dit: « Attendez, Madame, je vais chercher un grand plateau pour vous manger » « Pour me manger! » s'écrit, tout éffrayé, la dame qui ne connait pas la syntaxe wallonne.*
>
> nach: DOPPAGNE, A.: *Trois aspects du français contemporain.*

8.1. Untersuchungsgegenstand und Zielsetzung der Varietätenlinguisitik

8.1.1. Von der konkreten Vielgestaltigkeit der Sprache: Heterogenität vs. Homogenität

Die strukturalistische Sprachwissenschaft ging, wie später die generative Grammatikforschung, von der abstrakten Vorstellung aus, Sprachen seien im Kern homogen. Will man jedoch der sprachlichen Realität in ihrem sozio-historischen Kontext gerecht werden, verschwimmt schnell das homogene Bild: Sprache variiert nicht nur individuell von Sprecher zu Sprecher, sondern besteht überhaupt in Form überindividueller Mikrosysteme und Sprachstile (→ 8.2.). Sie stehen z.B. in Zusammenhang mit der regionalen Herkunft oder Gruppenzugehörigkeit der Sprecher, mit den Bedingungen der konkreten Sprechsituation oder mit dem Medium (gesprochen / geschrieben), in dem eine Äußerung erscheint. Der Begriff ‚Sprache' erweist sich so als schwer definierbar.

Der konkreten Vielgestaltigkeit (Heterogenität), dem komplexen Gefüge aus vielen Teilsystemen, gilt das Interesse der Varietätenlinguistik, die es unter dieser Bezeichnung seit ca. 30 Jahren gibt. Mit deren Forschungsbereich überschneiden sich u.a. der der Soziolinguistik oder auch der Sprachkontaktforschung. Zwischen geographisch benachbarten Sprachen oder in mehrsprachigen Gemeinschaften kommt es zu Konvergenzen (Angleichungen) und Interferenzen (Einflüssen), die diachron auch die interne Vielgestaltigkeit der beteiligten Einzelsprachen befördern.

8.1.2. Definitionskriterien für den Begriff ‚Sprache'

Für den Begriff ‚Einzelsprache' gibt es bis heute keine eindeutigen, unumstrittenen Definitionskriterien. Dies gilt sowohl für die Abgrenzung von ‚Einzelsprache' zu ‚Einzelsprache' als auch für den Unterschied zwischen ‚Sprache' und ‚Dialekt'. Wenn man sich nicht festlegen kann oder will, kann man zur Bezeichnung einer Sprachform, die in einem bestimmten Gebiet gebräuchlich ist, den Begriff Idiom verwenden. Ob ein Idiom den Status einer Sprache hat oder nicht, ist nur teilweise innersprachlich und in hohem Maße außersprachlich begründet. Um die historische und kulturelle Bedingtheit des Sprachstatus hervorzuheben und einem naiven Verständnis vorzubeugen, bezeichnet die Varietätenlinguistik Sprachen präzisierend als historische Einzelsprachen.

Das innersprachliche Kriterium des Systemabstands

Einzelsprachen als Gefüge aus verschiedenen Teilnormen werden zusammengehalten dadurch, daß die Unterschiede zwischen den einzelnen Varietäten die gegenseitige Verständigung nicht verhindern bzw. nicht wesentlich stören. Nach diesem Kriterium des gegenseitigen Verstehens (Interkomprehension) hören Einzelsprachen dort auf, wo Sprecher einander nicht verstehen, weil der Systemabstand zu groß ist. Dieses Abgrenzungskriterium ist besonders tauglich, wenn es sich um zwei geographisch benachbarte Idiome handelt, die genetisch nicht verwandt sind (sog. Abstandsprachen, wie z.B. Baskisch und Spanisch).

Schwieriger wird es, wenn genetisch verwandte Sprachen über ihren Systemabstand gegeneinander abgegrenzt werden sollen. Ob Sprecher verwandter Idiome sich verstehen oder nicht, von einer oder von zwei verschiedenen Sprachen ausgehen, hat nicht immer mit der Ähnlichkeit oder Unterschiedlichkeit der Systeme zu tun, d.h. hängt vom sozio-historischen Kontext (z.B. dem Status eines Idioms) und Spracheinstellungen (Haltungen der Sprecher) ab:

> Das Schweizerdeutsch ist vom System her vom hochdeutschen Standard in etwa so weit entfernt wie das Holländische. Es gilt jedoch als regionale Varietät des Deutschen, während das Holländische Sprachstatus hat; die Sprecher des Schweizerdeutschen verstehen deshalb den deutschen Standard und beherrschen ihn näherungsweise auch aktiv. Holländische Muttersprachler hingegen kategorisieren Deutsch als Fremdsprache – sie verstehen es nicht und müssen es erlernen, wenn sie es verstehen wollen. Dies hat sich seit dem zweiten Weltkrieg verstärkt, was wiederum die Wichtigkeit der Spracheinstellung beim Sprachverstehen belegt.

Bei genetisch verwandten Idiomen ist der Sprachstatus, und damit die Unterscheidung zwischen Sprache un Dialekt, meistens über außersprachliche Faktoren (→ s.u.: Historizität) definierbar.

Das außersprachliche Kriterium der Historizität

Alle Idiome, die Sprachstatus erlangt, manchmal auch wieder verloren haben, gehen auf regional oder anderweitig begrenzte Sprachformen zurück. Sie wurden nach und nach über ihren ursprünglichen regionalen und situativen Gebrauchsradius hinaus verbreitet und machten Karriere als sog. Dachsprache: Man favorisierte sie in öffentlichen, offiziellen Kontexten und bevorzugte sie bei der Verschriftung gegenüber anderen Sprachformen. Bald dominierten sie regional benachbarte, genetisch verwandte Idiome in Prestige-Domänen. Die ehemals gleichberechtigten benachbarten Sprachformen wurden auf diesem Weg zu Dialekten einer so favorisierten ‚Hochsprache'.

Unter einer Sprache versteht man unter diesem Gesichtspunkt ein sprachliches System, das in einem bestimmten Gebiet andere, oft genetisch verwandte Systeme (z.B. Dialekte) überdacht. Es ist autonom, hat den stärksten Verbreitungsgrad, das höchste soziale Prestige und wird im schriftlichen Bereich bevorzugt bzw. ausschließlich verwendet. Die überdachten, nicht autonomen Dialekte werden damit Teil des synchronen Gefüges einer historischen Einzelsprache.

8.2. Einzelsprachen, architektonisch betrachtet: Das Modell des Diasystems

Die historische Einzelsprache als ‚System aus Systemen' wird gegenwärtig in der Romanistik mit einem Modell beschrieben, das auf die Anfänge der amerikanischen Soziolinguistik zurückgeht, von E. Coseriu ausgebaut und zuletzt von P. Koch und W. OESTERREICHER ergänzt wurde.

Die überindividuelle Variation wird dabei mit räumlichen (Diatopik), gesellschaftlichen (Diastratik) und situativen (Diaphasik) Faktoren in Beziehung gesehen. Grundlegend für die unterschiedlichen formalen Ausprägungen ist der allgemeinere Unterschied zwischen mündlich konzipierten (Nähesprache) und schriftsprachlich konzipierten Äußerungen (Distanzsprache). Zusammengenommen bildet die Auslastung der Varietäten-Ebenen das Diasystem einer Sprache. Diasystematisch markiert sind Formen, die von dem abweichen, was der durchschnittliche Sprecher als ‚hochsprachlichen' Standard betrachtet.

8.2.1. Charakterisierung der Ebenen des Diasystems

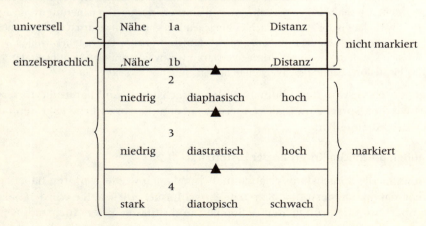

Ebene der Diatopik

Die geographisch bedingten Teilsysteme (z.B. Dialekte) einer historischen Sprache mit ihren besonderen sprachlichen Merkmalen, die vom überregionalen Standard abweichen, werden als diatopische Varietäten bezeichnet (von griech. *topos*, dt. ‚Ort'). Markiertheit ist hier graduell zu verstehen: die Äußerungen älterer Dialektsprecher können z.B. stärker diatopisch markiert sein als die Äußerungen jüngerer Sprecher derselben Dialekte.

Wenn es auf einem Sprachgebiet keinen überregional verbindlichen Standard gibt, entstehen über den überregionalen Handel und Wandel immer wieder sprachliche Ausgleichsformen, in denen diatopische Markierungen nivelliert werden. Eine derart überregional gebräuchliche, angeglichene Verkehrsvarietät nennt man Koiné (von griech. *koinos*, ‚gemeinschaftlich'). Bevor es zur Neuzeit hin üblich wurde, begrenzte Idiome bewußt auszubauen, über Regelwerke zu fixieren und mit politischen Maßnahmen als überdachende Hochsprachen zu installieren, erfüllten im Einzugsbereich kultureller Zentren entstandene Koinai (oder Koinéen) die Funktion von Verkehrssprachen. Als man im Mittelalter begann, bis dahin nur gesprochene Idiome erstmals auch im schriftlichen Bereich zu verwenden, orientierte man sich an Koiné-Formen.

Ebene der Diastratik

Sprachliche Abweichungen vom Standard, die mit der Zugehörigkeit zu gesellschaftlichen Gruppierungen und Schichten in Zusammenhang gebracht werden können, bezeichnet man als diastratische Merkmale (von lat. *stratum*, dt. ‚Bedeckung, Decke, Schicht'). Diastratisch ‚niedrig' markiert sind Sprachformen, die deutlich ‚nach unten' vom Standard abweichen; diastratisch ‚hoch markiert' sind Sprachformen, die nicht bzw. ‚nach oben' von der Standardsprache abweichen, wie z.B. das *vous* zwischen Ehepartnern im gehobenen französischen Bildungsbürgertum.

Die ersten sprachwissenschaftlichen Theorien zum Zusammenhang zwischen gesellschaftlicher Stellung bzw. sozialer Gruppenzugehörigkeit und sprachlichen Kodes entstanden in den 50er und 60er Jahren im anglo-amerikanischen Raum (→ 8.5. Text A).

Mit sprachlichen Unterschieden zwischen Männern und Frauen befaßte sich die europäische Sprachwissenschaft bereits um die Jahrhundertwende, allerdings eher nebenbei. Als man die alten Dialekte Europas zu dokumentieren begann, fiel auf, daß weibliche Dialektsprecher ihre diatopische Prägung bereitwilliger aufgaben als männliche. Systematischer erforscht wurden Zusammenhänge zwischen sozialer Geschlechterrolle und sprachlichen Eigenheiten ab den 60er Jahren im Umfeld der feministischen Linguistik. In jüngster Zeit hat aufgrund der Ergebnisse neurophysiologischer Messungen eine kontroverse Diskussion darüber eingesetzt, ob eine geschlechtsspezifische Disposition für einen bestimmten Umgang mit Sprache angeboren ist oder, wie bisher angenommen, durch Sozialisation und geschlechtsspezifische Arbeitsteilung erworben wird.

Sog. Fachsprachen sind diastratisch markiert, weil sie bestimmte soziale Gruppen kennzeichnen (Werbefachleute, Ärzte, Börsianer, Sprachwissenschaftler); da sie jedoch nicht die gesamte sprachliche Kompetenz der jeweiligen Sprecher abdecken, sondern nur in bestimmten Situationen verwendet werden, kann man sie auch als diaphasische Register betrachten (s.u.).

Ein diastratisch definierter Forschungsgegenstand waren in den letzten 30 Jahren auch altersbedingte Sprachvarietäten, wie z.B. die sog. Jugendsprache. Allerdings sind die Personen, die sich ‚jugendsprachlich' markierter Kodes bedient, über ihr Alter kaum einzugrenzen. Sinnvoller ist, den Terminus ‚Jugendsprache' als Sammelbegriff für die vielen Splittervarietäten moderner Subkulturen zu benutzen, die sich selbst u.a. über Jugendlichkeit definieren. Ihr primäres Kennzeichen ist, daß sie hochgradig instabil sind (schnelle Abnutzung, Wandel): Wenn Sprachwissenschaftler sie registriert haben, sind sie meist schon Geschichte.

Ebenfalls von relativer Instabilität gekennzeichnet sind die Varietäten, die in neuzeitlichen Migrationssituationen entstehen (sog. Ausländerregister). Erkennbar markiert ist die Sprache des Gastlandes im Munde der ersten zwei, maximal drei Generationen einer Immigrantengruppe. Die erste Generation von Zuwanderern erwirbt die Sprache des Gastlandes meist ungesteuert, die Muttersprache bleibt dominant. Die zweite Generation wächst bilingual auf: sie erwirbt die Muttersprache der Eltern und die des unmittelbaren sozialen Umfeldes. Vor allem in dieser Situation entstehen über Interferenzen (Wechselwirkungen) auch neue Varietäten der Sprache des Einwanderungslandes. Mit der vierten Generation ist die sprachliche Integration in der Regel vollzogen, die für eine Migrantengruppe typische Färbung verschwindet. In bestimmten sozio-historischen Konstellationen (z.B. extreme Aus- bzw. Abgrenzung der Migrantengruppe) erhalten sich solche Varietäten allerdings; sie können sich intern weiter wandeln und später systematisch ausgliedern. Ein Beispiel hierfür bietet die jahrhundertelange Geschichte des Yiddischen in Mittel- und Osteuropa.

Ebene der Diaphasik

Über die diaphasische Ebene (von griech. *phásis*, dt. ‚[vorübergehende] Erscheinungsform') ist der systematische Wechsel von einer Sprachform zur anderen beschreibbar, den Sprecher individuell je nach Kommunikationskontext und Situation vollziehen. Die meisten Sprecher verfügen, passiv und aktiv, über mehrere Varietäten ihrer Muttersprache (multilektale Kompetenz). Für bestimmte Kontexte (öffentlicher Vortrag, Fernsehinterview, familiäre Unterhaltung usw.) sind z.B. bestimmte Sprachstile üblich, derer man sich jeweils bedient. Die aktiv wechselbaren Sprachstile werden, in metaphorischer Übertragung aus dem Bereich des Orgelspiels, auch als Register bezeichnet, die die Sprecher je nach Bedarf ziehen.

Implizite Anweisungen für diaphasisches Zapping stellen z.B. die Angaben zu qualitativen Stilregistern (*français littéraire, cultivé / soigné, courant, familier, populaire, vulgaire*) neben französischen Wörterbucheinträgen dar. Sie zeigen an, für welchen Kontext und welche Situation den Lexikographen ein Wort angebracht erscheint und für welche nicht (→ 8.4.2.2.). Zur Diaphasik gehören situationsdefinierte Sprachstile ebenso wie das Wechseln der diasystematischen Ebene: Dialektsprecher sprechen in Anpassung an ein Gegenüber, das aus einer anderen Gegend kommt, oft weniger diatopisch markiert; Honoratioren jenseits der Jugendlichkeit versuchen sich bei der Eröffnung von Jugendzentren im markierten Kode der Jugendsprache; und ‚Inländer' glauben, ins Ausländerregister wechseln zu müssen, sobald sie mit einem ‚fremdländisch' aussehenden Gegenüber konfrontiert sind. In diesem Fall kann die passive diaphasische Kompetenz auch überstrapaziert werden, wie der folgende Witz zeigt (aus: KOCH / KREFELD / OESTERREICHER, 1997: 60):

> In Köln hält ein Mantafahrer neben einem Türken und fragt: *„Wo jeht et denn hier nach Aldi?"*
> Der Türke verbessert: *„Zu Aldi."*
> *„Wat, is et schon halbsieben?"*

Ebene des Kontinuums ‚Nähesprache (Mündlichkeit)' – ‚Distanzsprache (Schriftlichkeit)'

Äußerungen, die unter der Bedingung der physischen Nähe und Vertrautheit der Kommunkationspartner entstehen, haben generell eine andere sprachliche Form als solche, die unter der Bedingung psycho-physischer Distanz zwischen Sender und Empfänger produziert werden. Bei Sprachen, die im Laufe ihrer Geschichte verschriftet wurden, besteht eine Affinität ‚Nähesprache / Medium Mündlichkeit' einerseits und ‚Distanzsprache / Medium Schriftlichkeit'; für die Wahl der sprachlichen Mittel ist jedoch entscheidender, wie der Sprecher eine Äußerung konzipiert. Mündliche Äußerungen können distanzsprachlich angelegt sein (Reden von Politikern, vorgelesene Literatur usw.), und geschriebene Äußerungen können schwach oder stark nähesprachlich markiert sein (Tagebuchtexte, private Briefe etc.). Die Ausprägung der beiden Pole ist grundsätzlich nicht von der Existenz einer elaborierten Schriftsprache abhängig, da auch unverschriftete Sprachen in der Regel über Distanz-Varietäten verfügen. Diese sind rituell-religiösen Kontexten, öffentlich-amtlichen Verlautbarungen und dem erbaulichen Vortrag (gesungene / gesprochene Erzählungen, sog. *oral poetry*) vorbehalten und unterscheiden sich deutlich von der Alltagssprache.

Das Kontinuum ‚Nähesprache' – ‚Distanzsprache' ist einerseits universell, andererseits einzelsprachlich relevant und steht in direktem hierarchischen Zusammenhang mit den anderen Varietätenebenen. Äußerungen, die diasystematisch stark oder niedrig markiert sind, sind insgesamt dem nähesprachlichen Pol zuzuordnen und werden unter den Bedingungen der Distanz gemieden. Typisch für Distanzvarietäten ist demgegenüber, daß sie eben diatopisch, diastratisch und diaphasisch nicht oder hoch markiert sind. Vor diesem Hintergrund bilden alle diasystematisch stark bzw. niedrig markierten Äußerungsformen einer Sprache deren nähesprachlichen Pol im weiteren Sinne. Darüberhinaus kann es jedoch auch einzelsprachliche Merkmale geben, die keine diatopischen, diastratischen oder diaphasischen Markierungen darstellen, sondern nur generell typisch sind für den einzelsprachlichen Nähepol. Sie sind als einzelsprachliche Kennzeichen der Nähesprache im engeren Sinne zu klassifizieren. Im Französischen z.B. liegen Nähe- und Distanzsprache, unabhängig von sonstiger diasystematischer Markierung, deutlich auseinander. Da die Merkmale der französischen Nähesprache im engeren Sinne in Abschnitt 8.4.1. noch ausführlich behandelt werden, sei als Beispiel hier nur das generelle Fehlen des *passé simple* im nähesprachlichen Standard erwähnt.

Von den jeweiligen einzelsprachlichen Kennzeichen für den Nähe- und den Distanzpol im engeren und im weiteren Sinne zu unterscheiden sind die universellen Kennzeichen der beiden Varietätenpole. Sie gehen direkt auf die unterschiedlichen Enstehungsbedingungen und Versprachlichungsstrategien zurück. Nähesprache ist universell geprägt von Spontaneität, Dialogizität und hoher Kontexteinbindung. Unter diesen Bedingungen minimieren Sprecher den Planungsaufwand, können auf maximale Explizitheit verzichten und verlassen sich auf den vorläufigen Charakter ihrer Äußerungen, was direkt formale Spuren hinterläßt:

- **Formale Spuren der Dialogizität:**
  Signale, die zeigen, daß man eine Reaktion erwartet, weitersprechen oder das Rederecht übernehmen möchte (sog. *turn-taking*-Signale: z.B. frz. *Écoute!* in *Ecoute! Je vais te dire une chose*).

  Interjektionen zum Ausdruck von Aufforderung/Frage, Zustimmung, Ablehnung/ Widerspruch, Bewertung, Staunen (frz.: *aïe, oh là là, merde, p'tain* usw.).

- **Formale Spuren des Formulierungs- und Reformulierungsprozesses:**
  Überbrückungsphänomene, engl. *hesitation phenomena*: eingestreute Laute (wie dt. *äh*, frz. *euh*); Dehnung von Wörtern, eingestreute ganze Wörter (wie frz. *bon ben*) oder Mischungen (frz. *puis euh bon ben euh*).

- **Formale Spuren der Kontexteinbindung und des geringen Planungsaufwands:**
  Bei Redewiedergabe wird das Redeverb nicht variiert, Äußerungen Dritter sind in direkter Rede wiedergegeben (z.B. dt. *Sagt der doch zu mir ‚Dich kenn ich schon, dich Pappnase' da sag ich ‚Daran kann ich mich aber nicht erinnern' sagt der ‚Was?' sagt der ‚Paßt irgendwas nicht? Bist wohl nicht gut drauf oder was?'*).

  Bevorzugung aggregativer (reihender) gegenüber integrativer Verfahren (z.B. Parataxe gegenüber der distanzsprachlich üblicheren Hypotaxe).

Eine sog. Diglossie bahnt sich an, wenn unter dem Dach einer historischen Einzelsprache Nähe- und Distanzsprache im engeren Sinne sich formal so stark zu unterscheiden beginnen, daß von zwei Systemen ausgegangen werden muß:

Als Beispiel für eine diglottische Situation wäre das Verhältnis zwischen Distanz- und Nähesprache in bestimmten Gebieten Nordafrikas anzuführen: das archaische Arabisch des Korans fungiert in manchen Ländern als überdachende Distanzsprache, die im Alltag niemand spricht und die man wie eine Fremdsprache erlernen muß; die genetisch zwar verwandten, synchron jedoch deutlich systematisch abweichenden und sehr unterschiedlichen Mutteridiome besetzen den nähesprachlichen Pol.

Der Begriff der Diglossie wurde später (→ 8.5. Text A) auf die Fälle ausgeweitet, in denen auf einem Gebiet zwei genetisch nicht verwandte Sprachen jeweils auf einen der beiden Funktionsbereiche beschränkt sind. Die Kopräsenz von zwei Sprachen auf einem Gebiet bzw. die Zweisprachigkeit dort lebender Sprecher bezeichnet man generell mit dem Terminus Bilinguismus. Nach der zuletzt genannten Definition gibt es also einerseits Diglossie ohne Bilinguismus (genetisch noch zu einer Sprache gehörige, aber vom System her auseinanderdriftende Nähe- und Distanzvarietäten), andereseits auch Diglossie mit Bilinguismus (zwei oder mehrere eindeutig verschiedene Sprachen, von denen eine den Distanzbereich, die andere/n den Nähebereich besetzen).

8.2.2. Die einseitig gerichtete Durchlässigkeit der Ebenen: die sog. ‚Varietätenkette'

Die Pfeile zwischen den Ebenen des Modells stehen für den Umstand, daß sprachliche Merkmale, die eine Markierung auf einer der Varietätenebenen darstellen, diachron zu Markierungen in übergeordneten Ebenen werden können, umgekehrt jedoch nicht (Modell der Varietätenkette):

> diatopisch ▶ diastratisch ▶ diaphasisch ▶ nähesprachlich ▶ nicht markiert

Dialektale Wörter finden häufig in Gruppen- oder Fachsprachen, diastratisch markierte Formen (z.B. jugendsprachlich markierte Wörter) in die passive oder aktive diaphasische Kompetenz aller Sprecher Eingang. Sind sie erst einmal in die generelle Registerkompetenz gelangt, können sie auch zum einzelsprachlichen Merkmal des Nähewortschatzes im engeren Sinne werden und generell steht ihnen dann noch der distanzsprachlich unmarkierte Bereich offen:

> Die deutschen Wörter *toll*, *klasse* und *super* waren in den 50er- und 60er-Jahren diastratisch, und zwar jugendsprachlich markiert. Heute sind sie zu nähesprachlichen Normalwörtern für distanzsprachlich *ausgezeichnet* oder *hervorragend* geworden, und schicken sich an, auch ihre nähesprachliche Markierung zu verlieren. *Stark, cool* und *geil* sind im Aufstieg begriffen, wobei *stark* schon weiter in die diaphasische Kompetenz aller Sprecher vorgedrungen ist als *cool*, und *cool* schon weiter als *geil*. Die markiert jugendsprachlich sprechenden Gruppen verwenden zunehmend nicht mehr *cool* bzw. *geil*, sondern innovativ umgedeutete Wörter (*krass* oder *korrekt*) oder morphosemantische Verstärkungen des Typs *supercool, supergeil* oder *oberaffengeil*.

8.3. Die Entstehung der romanischen Sprachen und die Herausbildung des Französischen

8.3.1. Die Vielfalt der romanischen Sprachen heute

Das heterogene Gefüge einer Einzelsprache kann diachron auseinanderbrechen, aus einzelnen Varietäten können im Laufe der Zeit neue Sprachen werden. Außer dem internen Sprachwandel (Veränderung des Systems durch kreative Nutzung) spielen in diesen Prozessen sprachexterne Faktoren eine zentrale Rolle. Hierzu zählen, um nur die wichtigsten zu nennen, Sprachkontakte, Spracheinstellungen der Sprecher und gesellschaftlich dominanter Gruppen, sprachpolitische Maßnahmen, Verschiebungen im sozialen Gefüge oder auch der technische Wandel (Verbreitung des Buchdrucks, Massenmedien, Fernsehen).

In den ersten 500 bis 600 Jahren unserer Zeitrechnung sind aus regionalen Varietäten des gesprochenen Lateins zur Zeit des römischen Reiches die sog. romanischen Sprachen entstanden. Zu ihnen zählen Rumänisch, Dalmatisch (letzter Sprecher 1898 verstorben), Italienisch, Sardisch, Rätoromanisch, Französisch, Okzitanisch, Katalanisch, Spanisch und Portugiesisch. Einige haben bzw. hatten Sprachstatus aus externen Gründen (Verschriftung, historische Funktion als überdachende Standardsprache, Nationalsprache usw.), teilweise gelten sie aufgrund ihres Systemabstands nicht als Dialekt einer anderen romanischen Sprache (Sardisch, Gruppe der rätoromanischen Idiome). Umstritten ist, ob das sog. Frankoprovenzalische (oberhalb und im östlichen Bereich der französisch-provenzalischen Sprachgrenze gesprochen) aufgrund seines Systemabstandes zum Französischen und zum Okzitanischen als eigene romanische Sprache gelten kann. Karte 1 zeigt die geographische Verteilung der romanischen Sprachen heute, Karte 2 (Europa zur Zeit des römischen Reiches) die historische Ausgangssituation für deren Entstehung:

Karte 1

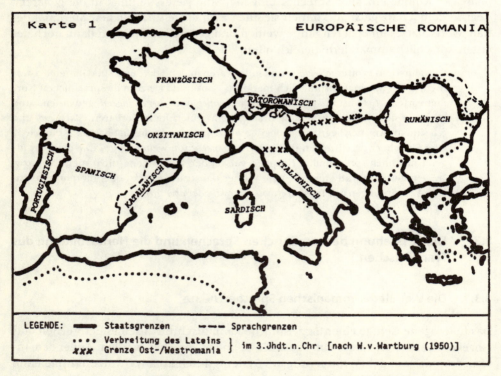

aus: PÖCKL, W. / RAINER, F.: *Einführung in die romanische Sprachwissenschaft*. Tübingen, 1990. S. 10

Karte 2

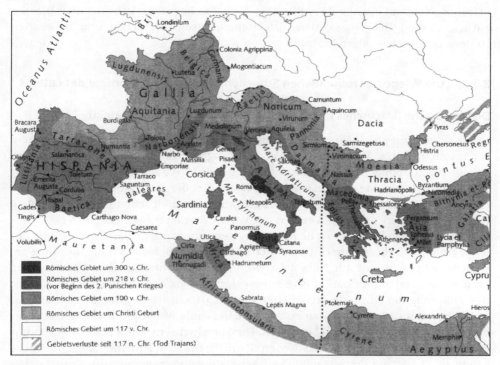

aus: RAUPACH, M.: *Expansion und Rückzug des Lateins*. In: LRL II,1 / 1996. S. 9

Die Festlegung des Kanons der 10 (oder 11) romanischen Sprachen erfolgte im 19. Jahrhundert und wurzelte in den damaligen sozio-historischen Verhältnissen und Anschauungen. In den letzten 100 Jahren hat sich in beiden Bereichen vieles verändert: Die Aufwertung regionaler Identität hat dazu geführt, daß Sprechergruppen in Ländern mit hochsprachlichen Dachsprachen ihr im Alltag verwendetes romanisches Idiom als eigene Sprache betrachteten und im Distanzbereich durchzusetzen wünschten (Verschriftung, Entwicklung einer Norm, Verwendung in Medien, Verwaltung und Unterricht). Dies gilt einerseits für Idiome, die historisch schon einmal Sprachstatus hatten und später wieder verloren (z.B. Katalanisch, Okzitanisch), andererseits auch für Idiome, die bisher keinen externen Sprachstatus hatten und für die die Sprecher ihn anstreben bzw. teilweise durchgesetzt haben. Als Beispiele wären das in Nordwestspanien gesprochene Galicische zu nennen, das vom System her zum Portugiesischen gehört und vom Spanischen als Distanzsprache überdacht wird, oder auch das Korsische, das systematische Ähnlichkeiten mit dem Italienischen hat und vom Französischen überdacht wird. Als Kandidaten für genetisch zur Romania gehörende, neu entstandene Sprachen wären die Kreolsprachen (→ 8.4.2.3.) zu nennen, die das Kriterium des Systemabstands, z.T. auch das des Vordringens in Distanzbereiche erfüllen (z.B. das spanisch-portugiesisch grundierte Papiamentu der ABC-Inseln und das Frankokreol von Haiti).

Die Unterschiede bei den Aufzählungen der romanischen Sprachen in der Fachliteratur gehen auf divergente Auffassungen zu den Begriffen ‚Sprache' und ‚Dialekt' zurück. Zudem spiegeln sie den historischen, gesellschaftlichen und politischen Hintergrund der jeweiligen Verfasser.

8.3.2. Die Wiege der romanischen Sprachen: Das Varietätengefüge des Lateins

Distanzsprache (klassisches Latein) und Nähesprache (sog. Vulgärlatein)

Latein wurde um 600 v. Chr. kleinräumig um ein dörfliches Rom herum gesprochen. Im 3. und 2. Jhd. v. Chr. setzte die Verschriftung ein, es entstanden in Übernahme griechischer Gepflogenheiten präskriptive Regelwerke (Grammatiken, Wörterbücher usw.) – und damit eine distanzsprachliche Norm. Bei der Festlegung dieser Norm orientierte man sich am modernen Sprachgebrauch der städtischen Oberschicht (dem sog. *sermo urbanus*) sowie an Autoren mit Vorbildcharakter (z.B. CICERO, VERGIL, HORAZ). Auf dem Land erhielt sich demgegenüber ein Latein mit archaischeren Zügen (als *sermo rusticus* u.ä. bezeichnet). Doch auch in Rom unterschied sich die im Alltag gesprochene Sprache, wie alle Nähesprachen, von der distanzsprachlichen Norm – und zwar mit der Zeit immer stärker (sog. *sermo vulgaris, quotidianus, familiaris*). Die endgültige Fixierung der Norm des klassischen Lateins (Hochsprache) datiert man auf das 1. Jahrhundert v. Chr., von da an erstarrte die in Schule, Verwaltung und Literatur gebräuchliche Distanzsprache in Schönheit. Die Sprachwissenschaftler des 19. Jahrhunderts bezeichneten das vom klassischen Schriftlatein abweichende nähesprachliche Latein als Vulgärlatein (etwas mißliche Übersetzung von *sermo vulgaris*). Es war sicher ebenso inhomogen wie alle lebendigen Nähesprachen und somit zu jedem Zeitpunkt seiner Verbreitung im Mittelmeerraum und nach Norden ein vielgestaltiges Exportgut.

Das nähesprachliche Latein wurde mit der römischen Expansion geographisch weit verbreitet und fächerte sich, u.a. im Kontakt mit anderen Sprachen, im Laufe der Zeit immer weiter auf.

Quellen des Vulgärlateins

Die romanischen Sprachen gehen also nicht auf die klassisch-lateinische Distanzvarietät zurück, sondern auf die lateinische Nähesprache im weiteren und im engeren Sinne. Die formalen Kennzeichen der lateinischen Nähesprache im engeren Sinne haben Sprachwissenschaftler des 19. Jahrhunderts rekonstruiert und dabei u.a. folgende Quellen genutzt:

a) Literarische Texte, die nähesprachliche Elemente enthalten (sog. ‚fingierte Mündlichkeit'):

> PLAUTUS (244–184 v.Chr., d.h. vor Etablierung der klassischen Norm): Komödien.
> PETRON († 66 n.Chr.): *Satyricon* (Roman), darin vor allem die *Cena Trimalchionis* (Gastmahl des Trimalchio), zu der sich allerhand Gelichter der Halbwelt trifft.

b) Weniger stark oder nicht an der klassischen Norm orientierte Texte:

Volkstümliche Handbücher und Ratgeber (Kochbuch des APICIUS; Tiermedizin, Ackerbau).

c) Texte aus dem Umfeld des frühen Christentums:

TERTULLIAN, AUGUSTINUS (353–430)
Bibelübersetzungen: Itala (2. Jhd. n. Chr.), Vulgata (4. Jhd. n. Chr.)

d) Listen mit Abweichungen vom klassischen Kode:

Appendix PROBI (6. Jhd. n.Chr.):
Später Anhang zur Grammatik des PROBUS, in dem normgerechte Wörter und ihre offensichtlich gebräuchlichen (nähesprachlichen) Pendants als ‚falsch' und vermeidenswert gegenübergestellt sind. Aus einem Eintrag wie ‚auris non oricla' kann man folgern, daß eine ehemals expressive Verkleinerungsform (Diminutiv: auricula = dt. ‚Öhrchen') nach 500 als Nähewort für ‚Ohr' lexikalisiert war. Die romanischen Wörter gehen auf oricla und nicht auf auris zurück (frz. oreille, span. oreja, it. orecchio).

e) Graffiti (z.B. in Pompeji, bis 79 n.Chr.); Grabinschriften im gesamten römischen Reich

f) Glossen (z.B. Reichenauer Glossen, Ende 8. Jhd.):

In lateinische Abschriften (am Rand oder interlinear) eingefügte Notizen der Schreiber. Darunter finden sich viele volkssprachliche Begriffe oder Wendungen neben oder über nicht mehr unkommentiert verständlichen mittellateinischen Passagen.

g) Rekonstruktionen aus dem Wortbestand der heutigen romanischen Sprachen:

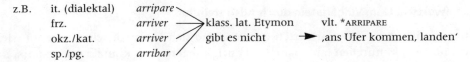

z.B.　it. (dialektal)　*arripare*
　　　frz.　　　　　　*arriver*　　→　klass. lat. Etymon　　vlt. *ARRIPARE
　　　okz./kat.　　　　*arriver*　　　　gibt es nicht　　　→　‚ans Ufer kommen, landen'
　　　sp./pg.　　　　　*arribar*

Merkmale des Vulgärlateins

Über Vergleiche dieser und anderer Quellen konnte man einen Katalog von durchgängigen Merkmalen erstellen, die die Nähevarietäten grundsätzlich vom klassischen Latein unterscheiden:

a) Phonetische und phonologische Unterschiede:

Der im lateinischischen System bedeutungsunterscheidende Quantitätsunterschied (lang/kurz) bei betonten Vokalen wurde als Qualitätsunterschied (geschlossen/offen) realisiert (sog. Quantitätenkollaps), so daß zu den romanischen Sprachen hin neue Systeme der Vokale in betonten Silben entstanden. Die Bezeichnung ‚Kollaps' suggeriert das plötzliche Verschwinden. Tatsächlich vollzog sich der Umbruch über einen längeren Zeitraum hinweg und je nach lautlicher Umgebung unterschiedlich.

Anlautendes *h*, auslautendes *m* und inlautendes *n* vor s sind verstummt (HORA > ora, AMICAM > amica, MENSAM > mesa).

b) Grammatische Unterschiede:

Den 3 Genera der Distanzsprache (Femininum, Maskulinum, Neutrum) steht in der Nähesprache ein System mit Tendenz zu 2 Genera (Femininum, Maskulinum) gegenüber.

Einigen Kasusendungen der Distanzsprache entsprechen in der gesprochenen Sprache Präpositionalausdrücke:

distanzsprachlich:	MANSIO PATRIS	‚das Haus des Vaters'
nähesprachlich:	MANSIO AD PATRE, DE PATRE	etwa: ‚das Haus vom Vater'

Neben den flexivischen Tempora wurden periphrastische Fügungen verwendet:

Das lateinische Perfekt (CANTAVI, ‚ich habe gesungen') wurde grundsätzlich weitergeführt; es gab jedoch eine Fügung des Typs CANTICUM CANTATUM HABEO (dt. etwa ‚Das Lied hab' ich schon gesungen'), die in den romanischen Sprachen zum zusammengesetzten (periphrastischen) Perfekt wurde.

c) Lexikalische Unterschiede:

expressivere Wörter:	CABALLUS ‚Klepper' für EQUUS ‚Pferd'
	TESTA ‚[hohle] Tonschale, Scherbe' für CAPUT ‚Kopf';
affektiv konnotierte Wörter:	APICULA für APIS
	AURICULA > óricla für AURIS
generelle Tendenz zu längeren Wörtern:	PORTARE für FERRE
	MANSIONE(M) für DOMUS

Gegenüber der Distanzsprache war die Näheprache ‚ärmer' in bestimmten Bereichen der Synonymie. Im Laufe der Zeit entwickelten sich viele Wörter, die es in beiden Varietäten gab, semantisch auseinander.

Lehnwortschatz im Vulgärlatein durch Adstrateinfluß

In den nähesprachlich markierten Quellen fand sich Lehnwortschatz, der im wirtschaftlichen, kulturellen und manchmal auch kriegerischen Kontakt mit anderssprachigen Völkern bzw. Stämmen ins gesprochene Latein gelangte. Eine Entlehnung vor dem Auseinanderbrechen der sprachlichen Einheit ist für diese Wörter auch deshalb anzunehmen, weil deren Fortsetzer in fast allen romanischen Sprachen zu finden sind. Durch Handel und Wandel bedingte sprachliche Einflüsse einer Sprache auf eine andere bezeichnet man als Adstrateinfluß.

Auf Kontakt mit keltischen Sprechern und keltischer Kultur gehen z.B. zurück:

it./span./port. *carro*, frz. *char*	< CARRUS	‚vierrädriger Wagen'
it. *cambiare* span. *cambiar* frz. *changer*	< CAMBIARE	‚tauschen, austauschen'
it. *brache*, sp. *bragas*, frz. *braies* ‚Windeln'	< BRACAE	‚Hosen'

Aus germanischen Idiomen ins gesprochene Latein entlehnt wurden:

it. *sapone*, sp. *jabòn*, frz. *savon*   < *SAIPONEM
Farb- und Qualitätsadjektive wie frz. *blanc, bleu, brun, frais*

8.3.3. Gründe für das Auseinanderbrechen der sprachlichen Einheit im Nähebereich

Mit der Ausbreitung des IMPERIUM ROMANUM gelangte über die unterschiedlichsten gesellschaftlichen Gruppen (Besatzungssoldaten, Siedler, Verwaltungsangestellte aus anderen Gegenden des Römischen Reiches mit Latein als Zweitsprache usw.) lateinische Nähesprache im weiteren Sinne in die besetzten Gebiete. Die Römer betrieben keine Sprachkolonisierung oder Sprachpolitik, wie sie in der Neuzeit üblich wurde; niemand wurde gezwungen, Latein zu sprechen. Wer allerdings mit den Römern handeln oder ihre Schulen besuchen wollte, lernte bereitwillig die Sprache der neuen Herren. Durch die freiwillige Übernahme und den Gebrauch des Lateins im Alltag wurde die Bevölkerung in den besetzten Gebieten vielerorts zweisprachig.

Im Laufe der Jahrhunderte kam es dann in einigen Gebieten des römischen Reiches zum Sprachwechsel; das Vulgärlatein bzw. das, was in einer bestimmten Gegend daraus geworden war, wurde zur Muttersprache einer ansässigen Bevölkerung, die vor Ankunft der Römer Idiome anderer genetischer Zugehörigkeit gesprochen hatte. Um etwa 500 n. Chr. zerfiel die politische Einheit des römischen Reiches. Die Forschung geht davon aus, daß sich um etwa 600 die regional ausdifferenzierten Idiome auf lateinischer Grundlage vom System her so stark voneinander unterschieden, daß man sie nicht mehr als Varietäten des Lateins betrachten kann. Andererseits hatten sie noch keinen externen Sprachstatus und werden deshalb als Vorstufen der romanischen Sprachen kategorisiert bzw. als protoromanische Idiome bezeichnet. Folgende Gegebenheiten haben das Auseinanderbrechen der relativen Einheit der lateinischen Nähesprache begünstigt.

Zeitpunkt der Eroberung

Die später romanischsprachigen Gebiet wurden zu unterschiedlichen Zeitpunkten politisch dem römischen Reich einverleibt. Die Eroberung verlief in mehreren Etappen und zog sich über ca. 400 Jahre hin (→ 8.3.1., Karte 2):

241–238 v.Chr.	Eroberung Siziliens, Sardiniens, Korsikas.
225–191 v.Chr.	Eroberung der Gallia Cisalpina, heutiges Norditalien.
seit 197 v.Chr.	Eroberung der Hispania (dauerte 200 Jahre).
125–118 v.Chr.	Eroberung der Gallia Transalpina (Südgallien), heutiges Südfrankreich. (Entstehung der PROVINCIA NARBONENSIS > *Provence*)
58–51 v.Chr.	Eroberung weiterer gallischer Gebiete, heutiges Nordfrankreich.
101–106 n.Chr.	Eroberung Dakiens, Teil des heutigen Rumänien.

Das gesprochene Latein der ersten Eroberer und Siedler unterschied sich von der Sprache derjenigen, die 400 Jahre später anderswo auftauchten, ebenso stark wie das gesprochene Deutsch der Lutherzeit sich von unserer heutigen Umgangssprache unterscheidet. Jede Gegend bekam also eine andere Sprachstufe, einen anderen sprechsprachlichen Standard des Lateins verpflanzt. Da die distanzsprachliche Norm erst im 1. Jahrhundert endgültig fixiert wurde, ist angesichts der Eroberungsdaten davon auszugehen, daß Sizilien, Sardinien, Korsika und Teile der Hispania zumindest am Anfang damit gar nicht behelligt wurden.

Gruppen- und Schichtzugehörigkeit der Kolonisatoren und Siedler

Die eintreffenden römischen Truppen und Siedler unterschieden sich im Hinblick auf regionale und soziale Herkunft bzw. Zusammensetzung, es gelangten also unterschiedliche diastratisch und diatopisch markierte Varietäten des gesprochenen Lateins in die eroberten Gebiete.

Eine Theorie besagt, der Osten des Reiches (vor allem Dakien) sei vornehmlich von Kriegsveteranen besiedelt worden, die ein ländliches und archaisches Latein dort heimisch gemacht hätten. Im Westen habe man demgegenüber das Latein als Verkehrssprache der tonangebenden Schichten stärker an der vermutlich als schicker empfundenen, da moderneren Distanzsprache orientiert. Auf diesen Unterschied zur Zeit des römischen Reiches werden die späteren Unterschiede zwischen den ost- und westromanischen Sprachen zurückgeführt (→ 8.5. Text B). Die Sprachgrenze verläuft zwischen zwei Dialektzonen, auf dem Appeninkamm zwischen *La Spezia* und *Rimini* (→ 8.3.1., Karte 1). Das Italienische als Dachsprache gehört von seinen Merkmalen her zur Ostromania, da es historisch auf das toskanische Idiom zurückgeht, das südlich dieser Grenze gesprochen wurde. Als kennzeichnende Merkmale der beiden Räume gelten der Erhalt (Westromania) bzw. der Schwund (Ostromania) des lateinischen Auslaut–*s* und die Sonorisierung der stimmlosen Verschlußlaute *p*, *t* und *k* in intervokalischer Stellung (Westromania) gegenüber dem Erhalt der Stimmlosigkeit (Ostromania). Das Französische zählt zu den westromanischen Sprachen, da das auslautende –*s* bis zum Mittelalter gesprochen wurde und bis heute in der *liaison* hörbar ist.

Kennzeichen	**Ostromania**	**Westromania**
	Schwund... it. *capre, membri* rum. *capre, membri*	Erhalt des auslautenden –*s* frz. *chèvres, membres* sp. *cabras, miembros*
	Erhalt... it. *fuoco*	Sonorisierung der intervokalischen stimmlosen Verschlußlaute *-p-, -t-, -k-* frz. *feu* rum. *focul* sp. *fuego*

Entfernung vom sozio-kulturellen Zentrum Rom

Ein weiterer Differenzierungsfaktor war die Nähe oder Ferne zum Macht-, Verwaltungs- und Kulturzentrum Rom. Bestimmte Neuerungen im gesprochenen Latein, vor allem im Wortschatz, drangen nicht bis in die äußersten Ränder des Reiches vor, sondern setzten sich nur in näher am Zentrum gelegenen Gebieten durch. In Teilen der jeweiligen Systeme manifestieren sich noch synchron Relikte einer archaisch-konservativen Randromania und einer progressiven Zentralromania.

> In der Randromania (Portugal, Spanien usw. im Westen; Süditalien, Rumänien im Osten) überlebten in der Steigerung der Adjektive Fortsetzer des älteren MAGIS (pg. *mais*, sp. *más* rum. *mai*), in der Zentralromania (Nord- und Südfrankreich, Rätoromania, Norditalien) Fortsetzer des später aufkommenden PLUS (it. *piú* , frz. *plus*).

Charakter und Dauer des Sprachwechsels

Wesentlich für den späteren Sprachwechsel der ansässigen Bevölkerung war, wie die Eroberung vonstatten ging und die Bewohner der eroberten Gebiete den neuen Herren gegenüberstanden. Das heutige Südfrankreich und das heutige Nordfrankreich wurden z.B. nicht nur zu unterschiedlichen Zeitpunkten, sondern auch unter sehr unterschiedlichen Bedingungen romanisiert. Beide Faktoren haben, zusammen mit späteren Einflüssen, dazu geführt, daß auf dem Boden des heutigen französischen Nationalstaates primär zwei unterschiedliche romanische Kultursprachen (sog. *langue d'oc* > Okzitanisch und sog. *langue d'oïl* > Französisch) entstanden:

Bereits seit geraumer Zeit ansässige griechische Kolonien im Süden Galliens (Massilia > *Marseille*, Nikaia > *Nice*, Antipolis > *Antibes*) riefen um 154 v. Chr. erstmals römische Truppen gegen einfallende ligurische Stämme zu Hilfe. Ab 125 v. Chr. begannen die Römer ganz Südgallien zu erobern; auf dem Fuße folgte ein schneller und tiefgreifender Sprachwechsel. Über die griechischen Kolonien war die Gegend stark in den Kulturraum des Mittelmeeres integriert, es gab florierende städtische Zentren. Durch die zivilisatorische Ähnlichkeit zur römischen Stadtkultur ging die Romanisierung, d.h. sowohl die kulturelle als auch die sprachliche Assimilierung, ohne Widerstände vonstatten. Verstärkt wurde die kulturelle Durchdringung des Gebiets dadurch, daß es in viel stärkerem Maß von Römern besiedelt wurde als später der gallische Norden.

Der Kriegszug zur Unterwerfung der nordgallischen Stämme wurde vom obersten Feldherrn (CAESAR: *De bello gallico*) selbst ausführlich beschrieben. Wie die Lektüre zeigt, waren die gallischen Stammesfürsten und die Bevölkerung den Römern alles andere als positiv gesinnt; die Art der Unterwerfung hat sicher auch für die Zeit danach keine Neigung zu einer schnellen Akkulturation und sprachlichen Assimilierung geweckt. Die nachweislich spärliche Einwanderung von Römern in diese Gebiete kann auf Asterix-ähnliche Haltungen auf Seiten der unterworfenen Bevölkerung hindeuten. Eine Theorie besagt, daß es zur Romanisierung kam, als die gallische Oberschicht in römischen Bildungseinrichtungen Lesen und Schreiben lernte. Das Latein habe als Distanzsprache für die bilingualen Verwender das höhere Prestige gehabt, die gallischen Idiome wurden abgewertet und nach und nach aufgegeben. Über die Verhältnisse im nicht schriftkundigen Teil der Bevölkerung kann naturgemäß nur spekuliert werden; sicher ist jedoch, daß die Zweisprachigkeit bis zum endgültigen Sprachwechsel einige Jahrhunderte fortdauerte.

Eroberten- und Eroberersprachen: Substrate und spätere Superstrate

Einfluß auf die Ausprägung von Unterschieden hatten in den eroberten Gebieten auch die Mutteridiome der ansässigen Sprecher. Nachdem im römischen Reich ehemals anderssprachige Bevölkerungsgruppen den Wechsel zum Latein vollzogen hatten, sah es nicht mehr so aus wie die Sprache der Eroberer. Die aufgegebenen Sprachen hatten Spuren hinterlassen, vor allem bei Eigennamen, Bezeichnungen alltäglicher Gebrauchsgegenstände und im lautlichen Bereich.

Den Einfluß einer ehemals auf einem Gebiet gesprochenen Sprache auf eine andere, die sich historisch durchgesetzt hat, bezeichnet man als Substrateinfluß, die nicht fortgeführte Sprache als Substratsprache. Auf das gesprochene Latein des römischen Reiches haben u.a. gallische, nicht-indoeuropäische, germanische oder griechische Substrate abgefärbt. Wie stark deren Einfluß auf das nach dem Sprachwechsel gesprochene Latein war, ist umstritten. Viele Eigenheiten romanischer Sprachen, für die man die Substrate verantwortlich gemacht hat, könnten auch durch ‚normalen' internen Sprachwandel entstanden sein. Auf heute französischem Boden übten gallische, zur keltischen Sprachfamilie gehörende Idiome Substrateinfluß auf das importierte Latein aus.

> Die früher systematische, heute nur noch in Resten erhaltene sog. Vigesimalzählung (Zählung in Zwanzigerschritten, erhalten in *quatre-vingts*) soll auf gallisches Substrat zurückgehen. Sehr umstritten ist die These, daß der Lautwandel von lat. [u] zu galloromanisch bzw. frz. [y] durch das Substrat erklärt werden könne.

Nach dem Zusammenbruch der politischen Einheit des römischen Reiches kam für alle romanischen Sprachen noch ein weiterer differenzierender Faktor hinzu: Die Gebiete gerieten nach dem Sprachwechsel in späteren Jahrhunderten in den Herrschaftsbereich anderssprachiger Völkerschaften. Als ein Beispiel sei die maurische Eroberung der iberischen Halbinsel im 8. Jhd. n. Chr. genannt. Die Sprachen dieser späteren Eroberer setzten sich auf dem jeweiligen Territorium nicht durch, die Bevölkerung vollzog also keinen neuerlichen Sprachwechsel. Über einen teilweise sehr lang dauernden Sprachkontakt haben die Eroberersprachen ihrerseits Spuren in den protoromanischen Idiomen hinterlassen. Den Einfluß einer Oberschichtssprache, die sich historisch nicht durchsetzt, auf die Sprache eines eroberten Gebietes bezeichnet man als Superstrateinfluß:

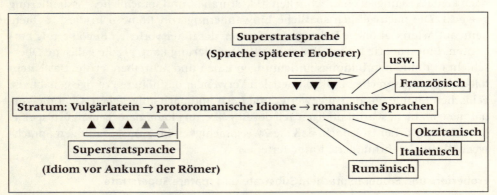

Als Superstratsprache wirkte in Nordgallien das Fränkische, ein Idiom, das zur germanischen Sprachfamilie gehört: Im 3. Jahrhundert bemächtigten sich fränkische Eroberer nach und nach des Gebiets um Maas und Schelde (heute niederländisch). Unter CHLODWIG geriet 486 Nordgallien bis zur Loire, 507 auch Südgallien unter fränkische Herrschaft; anders als im Süden blieb im Norden der gesamte Adel über 300 Jahre lang zweisprachig. Als Spuren des fränkischen Superstrats wurden folgende Kennzeichen der später in Nordfrankreich gesprochenen *langue d'oïl* diskutiert:

Die germanische Betonung der ersten Wortsilbe führte dazu, daß die langen Vokale *e* und *o* in offenen, betonten Silben diphtongierten. Sekundär hat sich dadurch das unbetonte auslautende *-a* zu [ə] abgeschwächt (lat. TELA > frz. *toile*), die anderen Auslautvokale schwanden ganz. Das vorher in der gesamten Romania verstummte anlautende *h-* trat als aspiriertes *h-* wieder in Erscheinung. Germanische Entlehnungen aus dem Bereich Kriegs- / Staatsführung und bestimmte Abstrakta (*heaume, hache, rang, maréchal; honte, haine, orgueil*) gehen auf diese Zeit zurück.

Das Französische hat sich vom lateinischen System intern besonders weit entfernt. W. VON WARTBURG stellte in den 30er Jahren die Hypothese auf, daß der Systemsprung, der es von anderen romanischen Sprachen unterscheidet, vor allem auf das germanische Superstrat zurückzuführen sei. Heute ist Konsens, daß weder Sub- noch Superstrateinfluß überbewertet werden darf und die typologische Entfernung des Französischen vom Latein multifaktoriell gesehen werden muß.

8.3.4. Von den protoromanischen Näheidiomen zum Beginn der romanischen Sprachen

Vorromanische Näheidiome und Latein als Distanzsprache von ca. 600 bis 900 n. Chr.

Nachdem um 500 n. Chr. das römische Reich als politische Einheit auseinandergebrochen war, hatte sich das gesprochene Latein in den Gegenden, in denen es zu einem Sprachwechsel gekommen war, bis um 600 n. Chr. zu unterschiedlichen, protoromanischen Idiomen aufgefächert.

Der Distanzpol (Kirche, Verwaltung, Schulwesen, Literatur und Wissenschaft) war noch vom Latein besetzt bzw. von dem, was inzwischen aus dem klassischen Schriftlatein geworden war (sog. Mittellatein, frz. *latin médieval*). Es fungierte außer als Schriftsprache auch als Verkehrssprache (als sog. *lingua franca*) innerhalb der alphabetisierten Schichten im gesamten Abendland. Als die Zentralgewalt Roms ihre bindende Kraft verlor, hatte sich auch das distanzsprachlich markierte Latein über die Rückbindung an die inzwischen völlig veränderten gesprochenen Idiome verändert. Es war regional gefärbt und enthielt insgesamt nähesprachliche Elemente.

Um 800 änderten sich zuerst die Verhältnisse im Distanzbereich (Schriftlatein): Unter KARL DEM GROßEN (768–814), der über romanisch und germanisch sprechende Untertanen herrschte, kam es zu einer Rückbesinnung auf die Antike (sog. Karolingische Renaissance); das geschriebene Latein wurde wieder an die antike klassische Norm angepaßt. Getragen wurde die Reform u.a. von englischen Gelehrten (z.B. ALKUIN VON YORK). In England war das Schriftlatein ‚reiner' tradiert worden, weil es als Distanzvarietät über nicht-romanischen Idiomen lag. Als es nunmehr wieder im reanimierten antiken Glanz erstrahlte, wurde ein Systemabstand zu den im Alltag gesprochenen romanischen Varietäten überhaupt erst deutlich erkennbar.

Mit der Bewußtwerdung darüber, daß die gesprochenen Idiome kein Latein, sondern eigenwertige Sprachen waren, beginnt die Geschichte der romanischen Sprachen. Aus dem 9. Jahrhundert, d.h. aus der Zeit unmittelbar nach der Karolingischen Reform, stammen sowohl das erste Dokument über die Existenz romanischer

Volkssprachen (a)) als auch die ersten fragmentarischen Texte in diesen Sprachen (b)):

a) Auf dem Konzil von Tours (813) wurde beschlossen, daß die Predigten künftig nicht mehr in Latein zu halten, sondern in die romanischen und germanischen Mutteridiome der Zuhörer („[...] *in rusticam Romanam linguam aut Thiutiscam* [...]") zu übersetzen seien. Das ‚alte' Distanzlatein war zumindest für die Romanen leidlich zu verstehen gewesen, das nunmehr wieder klassische Latein nicht. Darauf reagierte die katholische Obrigkeit, denn die Predigt galt als wichtigstes Instrument der Belehrung des einfachen Volkes. Die katholische Liturgie blieb, da sie der direkten Belehrung weniger dienlich war und ist, demgegenüber bis 1974 lateinisch.

b) Das früheste Sprachdenkmal eines galloromanischen Idioms stellen die in einer anglo-normannischen Handschrift des 11. Jahrhunderts überlieferten Straßburger Eide von 842 dar. Der Chronist NEITHART schildert das Szenarium der Entstehung: Zwei Enkel KARLS DES GROẞEN, CHARLES LE CHAUVE (KARL DER KAHLE, romanischer Muttersprachler) und LOUIS LE GERMANIQUE (LUDWIG DER DEUTSCHE, germanischer Muttersprachler) verbündeten sich gegen einen dritten Karls-Enkel (LOTHAIRE bzw. LOTHAR, über dessen Haarvolumen oder Muttersprache der Name nichts verrät). Vor dem Heer des Partners sprachen die Bündnispartner ihre jeweilige Eidesformel, KARL auf Germanisch und LUDWIG auf Galloromanisch:

	neufrz.:	dt.:
Pro Deo amur et pro christian poblo et nostro comun saluament, d'ist di en auant in quant Deus sauir et podir me dunat, si saluarei eo cist meon fradre Karlo, et in a(d)iudha et in cadhuna cosa, si cum om per dreit son fradra saluar dift, in o quid il mi altresi fazet, et ab Ludher nul plaid numquam prindrai qui, meon uol, cist meon fradre Karle in damno sit.	*Pour l'amour de Dieu et pour le salut commun du peuple chrétien et le nôtre, à partir de ce jour, autant que Dieu m'en donne le savoir et le pouvoir, je soutiendrai mon frère Charles, ici présent, de mon aide et en toute chose, comme on doit justement soutenir son frère, à condition qu'il m'en fasse autant, et je ne prendrai jamais aucun arrangement avec Lothaire, qui, à ma volonté, soit au détriment de mondit frère Charles.*	Um der Liebe Gottes willen und zum Heile des christlichen Volkes und unser aller Heil, werde ich vom heutigen Tage an, soweit Gott mir das Wissen und die Macht verleiht, diesen meinen Bruder Karl, sowohl über Hilfeleistung als auch in jeder anderen Hinsicht unterstützen, so wie man rechtens verpflichtet ist, seinen Bruder zu unterstützen, auf daß er mir ebenso tue, und ich werde niemals mit Lothar eine Übereinkunft treffen, hinter der mein Wille steht, diesem meinem Bruder Karl zu schaden.

Der Text gilt als das früheste Zeugnis einer älteren Sprachstufe des Französischen – und so beginnt die Geschichte der Einzelsprache Französisch um 850. Aber nicht nur die Existenz der neuen Sprache, sondern auch ein erster Einbruch in den Distanzbereich ist durch das Schriftzeugnis belegt. In den folgenden Jahrhunderten sollte sie intern ausgebaut, als überregionale Standardsprache normiert und verbreitet werden, um am Ende das Latein als Distanzsprache ganz zu ersetzen.

8.3.5. Abriß der externen französische Sprachgeschichte

8.3.5.1. Mittelalter (Altfranzösisch: 850 – ca. 1250/1300)

Im heutigen Nordfrankreich wurden zwischen 800 bis 1300 verschiedene regional begrenzte Idiome gesprochen, die gemeinsame Züge aufwiesen. Dazu gehörte die Bejahungspartikel *oïl* (lat. HOC ILLE > *oïl* > neufrz. *oui*), und so wurden sie zusammenfassend (bereits von DANTE) als *langue d'oïl* bezeichnet. Im Süden sprach man deutlich anders: Durch die unterschiedlichen Eroberungszeitpunkte, die zwei Geschwindigkeiten beim Sprachwechsel und den unterschiedlich starken Einfluß des fränkischen Superstrats hatten sich nach der Romanisierung zwei Sprachräume herausgebildet. Aufgrund der dort gebräuchlich Bejahungspartikel *oc* (von lat. HOC) bezeichnete man die Sprache des Südens als *langue d'oc* (Okzitanisch). Die *langue d'oc* blieb vom System her dem Latein wesentlich ähnlicher als die *langue d'oïl*:

vglat.	*langue d'oc*	*langue d'oïl*
FLORE	*flor*	*fleur*
CANTARE	*cantar*	*chanter*
MATURU	*madur*	*meür > mûr*

Relativ früh entstand eine Schrift-Koiné des Okzitanischen. Deren Radius als Literatursprache erstreckte sich ab dem 12. Jahrhundert bis Nordostspanien und Norditalien; bereits zu Beginn des 12. Jahrhundert ist die *langue d'oc* auch als Urkundensprache belegt.

Karte 3

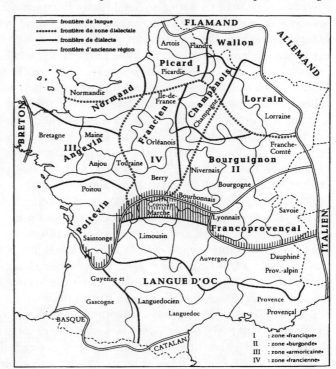

aus: HOLTUS, G.:
Französisch: Gliederung der Sprachräume.
In: LRL V,1/1990. S. 580

In Nordfrankreich schwächte ab dem 9. Jahrhundert das aufkommende Feudalwesen die Macht der königlichen Zentralgewalt, regionale Adelshäuser regierten selbständig in relativ abgegrenzten Gebieten. 987 wurde der Kapetinger Hugues Capet, Herzog der heutigen *Ile-de-France*, zum König gewählt und initiierte mit Unterstützung der Kirche eine Rückkehr zur zentralen Königsherrschaft. Der Hof residierte bis 1150 in verschiedenen Pfalzen, ab 1150 (unter Louis VII) konzentrierte er sich auf das geographische Zentrum, um sich um 1300 (unter Philippe Auguste) fest in Paris niederzulassen. Ausschlaggebend für diese Entscheidung war einerseits dessen geographische Mittellage, zum anderen beherbergte die Abtei *Saint-Denis* bei Paris (Verehrungsort des späteren Nationalheiligen) die Gräber der verstorbenen Könige. Unter Philippe Auguste, Louis VIII und Saint Louis (bis 1271) dehnte sich die Krondomäne nach Norden und weit nach Süden aus: Die Hochkultur des Südens wurde in den Albigenser-Kreuzzügen (1209–1229) zerschlagen; die okzitanische Literatur- und Schriftkoiné überlebte danach nur noch einige Zeit im katalanischen und italienischen Exil. Die Verwaltung des Gesamtterritoriums ging von den Feudalherren auf einen Verwaltungsapparat königlicher Institutionen (Kanzleien, regionale Parlamente) über.

Die sprachlichen Verhältnisse veränderten sich mit den politischen Gegebenheiten. So beförderte im frühen Mittelalter (ca. 8.–10. Jahrhundert) die politische Heterogenität die Herausbildung sprachlicher Unterschiede; die *langue d'oïl* bestand in Form verschiedener regionaler Idiome im Umfeld dominanter Adelshäuser. Aus dieser Zeit sind nur vereinzelte schriftliche Zeugnisse in der Volkssprache überliefert, meist haben sie religiösen Inhalt und sind regional schwer zuzuordnen, wie z.B. die sog. Eulalia-Sequenz, die um 880 entstand. Die erste nennenswerte Verschriftung bzw. Verschriftlichung der *langue d'oïl* als Literatursprache ist ab etwa 1100 polyzentrisch belegbar. Epen und Lieder, die der Unterhaltung eines adeligen Publikums dienten, wurden an regional bedeutenden Höfen schriftlich festgehalten (Heldenlieder: *chansons de geste*; höfische Epik und Kleindichtung; später: höfischer Roman). Im Umfeld einiger kultureller Zentren sind diatopisch gefärbte Schrift-Koinai, sog. Skriptae nachweisbar. Belegt ist z.B. eine pikardische Skripta, eine Skripta des normannisch besetzten England' (ab 1066; Heldenlied / *chanson de geste*: *La chanson de Roland*, um 1100; *Lais* der Marie de France, 12. Jahrhundert) und eine champagnische Skripta (Höfischer Roman: Chrétien de Troyes, 12./13. Jahrhundert). Ab 1200 sind private, später auch königliche Urkunden in nordfranzösischer Sprache überliefert.

Trotz der diatopischen Unterschiede, die die hochmittelalterlichen Skriptae erkennen lassen, weisen sie einen überraschend hohen Prozentsatz an formalen Übereinstimmungen auf. Lange Zeit erklärte die romanistische Forschung diese relative Einheitlichkeit mit einer Hypothese, die im 19. Jahrhundert erstmals formuliert wurde: Das regional im Umfeld der *Ile de France* gesprochene Idiom (das sog. Franzische) habe als Mutteridiom des Herrschers und Sprache des kulturellen Zentrums das höchste Prestige gehabt. Es sei deshalb ab dem 11. Jahrhundert in anderen Gegenden als Modell für die Schriftsprachlichekeit adaptiert worden; die Schreiber hätten es, je nach Entfernung von Paris, besser oder eben schlechter imitiert. Obwohl bis ins 13. Jahrhundert weder Literatur noch Urkunden aus der Gegend um Paris überliefert sind, ging man also davon aus, daß eine prestigeträchtige diatopische Varietät direkt Karriere als Distanzsprache gemacht habe. Im Lichte neuerer Forschungen erweist sich diese Hypothese als so nicht haltbar. Es ist wahrscheinlicher, daß die regionalen Unterschiede des frühen Mittelalters im Hochmittelalter über eine fortschreitende Koinéisierung reduziert worden waren, die den Nähe- und den Distanzbereich erfaßt hatte. Wie überlieferte Aussagen von Zeitgenossen belegen, war die gegenseitige Verständigung problemlos möglich, und die Sprecher hatten ein Bewußtsein darüber, daß in Nordfrankreich eine gemeinsame Sprache gesprochen wurde. Der hohe Grad an formalen Übereinstimmungen im schriftlichen Bereich wäre dann darauf zurückzuführen, daß man sich bei der Verschriftung an mehr oder weniger ähnlichen, auch im mündlichen Verkehr üblich gewordenen Ausgleichsstandards orientierte. Chartres, Rouen, Troyes, Arras, und später erst Paris kommen als wirtschaftliche Zentren und Verkehrknotenpunkte auch als Zentren dieser Koinéisierung in Betracht. Erst ab Mitte des 13. Jahrhunderts kann Paris als primäres Ausstrahlungszentrum in sprachlicher Hinsicht belegt werden; aus dieser Zeit ist auch der erste literarische Text überliefert, der in Paris verfaßt wurde. Die um 1300 bereits gebräuchliche Bezeichnung *françois* bezieht sich also mit hoher Wahrscheinlichkeit auf eine variierende Koiné, die mit dem Idiom des wirtschaftlichen, politischen und nunmehr auch kulturellen Zentrums zwar die meisten Übereinstimmungen aufweist, aber nicht mit ihm gleichgesetzt werden darf.

Jenseits der spärlichen Verwendung der Volkssprache in eng umgrenzten Bereichen blieb das Latein als privilegierte Distanzvarietät das ganze Mittelalter hindurch die alleinige Sprache in Unterricht und Wissenschaft sowie die dominierende Sprache der Kirche, der Verwaltung und auch der weltlichen Literatur. Fragen der Schriftsprachlichkeit tangierten zudem nur alpahbetisierte Sprecher (Kleriker, Träger von Verwaltungsaufgaben, Literaten, Teile des Adels), d.h. heißt weniger als 1 % der Gesamtbevölkerung.

8.3.5.2. Spätmittelalter und Wende zur Neuzeit (Mittelfranzösisch: ca. 1250/1300–1500)

Über die Thronfolge nach Erlöschen der Kapetinger-Dynastie (1328) entbrannte eine kriegerische Auseinandersetzung mit England, die als Hundertjähriger Krieg (1339–1453) in die Geschichtsbücher einging. Die Rückgewinnung verlorener Gebiete und die Abgrenzung nach außen beförderte das Entstehen nationalstaatlicher Identität in Frankreich; gegen Ende des 15. Jahrhunderts wird das Wort *état* für die Herrschaftsgebiete der französischen Krone erstmals verwendet und zwischen 1460 (Annexion des *Anjou* und der *Provence*) und 1490 (Teilannexion der Bretagne) dehnte sich dieser Staat fast auf die Grenzen von heute aus. Früher als in anderen Gegenden Europas kam in Frankreich die Vorstellung auf, ein politisch zusammengehöriges Gebiet müsse auch intern durch einheitliche Standards zusammengehalten werden.

Ab 1300 dringt das Französische in weitere literarische Diskurstraditionen vor, das Latein dominiert jedoch nach wie vor. Die literarische Produktion nimmt insgesamt zu, wobei die Prosa sich allmählich durchsetzt (es entstehen z.B. viele Prosafassungen der altfranzösischen Versromane). Aus der Zeit um 1400 seien darüberhinaus die Lyrik CHRISTINE DE PIZANS und A. CHARTIERS erwähnt. Literarische Werke entstanden nun auch im Umfeld des Bürgertums (so etwa die Gattungen der derb-realsatirischen *Fabliaux* und der *Farces*). Schmerzlich realistisch, und deshalb umso herausragender, lesen sich die um 1450 entstandenen Moritaten (Gattung Bänkelsang) des Outlaws F. VILLON. Mit der Chronik J. FROISSARTS wird das Französische um 1400 auch zur Sprache der Geschichtsschreibung. Es erscheinen immer mehr fachliche und didaktische Abhandlungen in der Volkssprache (z.B. populär-medizinische Ratgeber; *Bestiaires*, *Lapidaires*, erste Dichtungslehren).

Das neue Medium des Buchdrucks steigerte die Produktion distanzsprachlicher Texte ab 1450 insgesamt. Zwischen 1460 und 1490 wird über königliche Spracherlasse (unter LOUIS XI und CHARLES VIII) das Französische neben dem Latein als Sprache der Verwaltung und der Urkunden zugelassen und, neben anderen sog. *vulgaires du pays* (französischen und okzitanischen Mundarten oder anderen Sprachen, wie z.B. Bretonisch) als Justizsprache empfohlen. Damit beginnt das externe Eingreifen in sprachliche Belange, das später sehr spezifischer Formen annehmen und zu einem Kennzeichen französischer Politik werden sollte.

Mittelfranzösische Texte lassen, im Gegensatz zu den altfranzösischen, keinen Rückschluß auf die Lautung zu; die Schreibung schillert zwischen Archaismen und individuellen Neuerungen. Die gegenüber dem Altfranzösischen stark erhöhte Zahl der überlieferten Werke vermittelt notwendigerweise ein heterogenes Bild des Sprachstandes. Erkennbar ist allerdings durchgängig ein deutlicher Systembruch gegenüber dem Altfranzösischen. Die Sprache scheint einen Sprung vollzogen zu haben, den es in anderen romanischen Sprachen in dieser deutlichen Form nicht gibt.

8.3.5.3. Neuzeit und Moderne (Neufranzösisch: ca. 1500 – heute)

Standardisierung des Französischen (16. Jahrhundert, Renaissance: Frühneufranzösisch)

Im 16. Jahrhundert führten verschiedene geschichtliche und geistesgeschichtliche Gegebenheiten zu einer ersten Bestandsaufnahme und gelehrten Auseinandersetzung mit dem Französischen. Es wurde vor allem diskutiert, in welcher Weise man für den Schriftbereich eine einheitliche Norm erstellen müsse, damit sie im Distanzbereich mit dem dominierenden Latein konkurrieren könne (Ausbau, Standardisierung, Diskussion um verbindliche Normen).

Entscheidend für die Geschichte des Französischen im 16. Jahrhunderts war der ausgeprägte Einfluß der Kultur Italiens, der mit den (erfolglosen) italienischen Feldzüge unter CHARLES VIII (1483–1559) einsetzte und sich mit der Einheirat CATHÉRINE DE MEDICIS' (1533) in das französische Königshaus verstärkte. Der Kontakt mit humanistischem Gedankengut, der Kultur der Renaissance und die Rückbesinnung auf die Antike (erstmals auch auf die griechische) führten zu einer Aufwertung des adeligen und bürgerlichen Individuums, seiner Bedürfnisse und seines sozio-kulturellen Umfelds. In diesem Kontext kam es auch in Frankreich zur ersten gelehrten Auseinandersetzung mit der eigenen Muttersprache und deren Aufwertung, die in Italien bereits im 14. Jahrhundert eingesetzt hatte.

Nachdem in England die erste Grammatik für den Erwerb des Französischen als Fremdsprache erschienen war (J. PALSGRAVE, 1529), wurden die Diskussion um die Legitimierung des Französischen als Distanzsprache und die ersten Inventarisierungs- und Standardisierungsvorschläge vor allem vom Berufsstand der Drucker und literarischen Zirkeln (Dichterkreis der *Pléiade*) getragen. In schneller Folge erschienen eine erste lateinische Grammatik des Französischen (J. DUBOIS, 1531), das erste lat.-frz. / frz.-lat. Wörterbuch (R. ESTIENNE, 1538/39) und die erste französischsprachige Grammatik (L. MEIGRET, 1550), denen weitere folgten (z.B. die Grammatiken mit Orthographievorschlägen von R. ESTIENNE, 1557, und P. DE LA RAMÉE, 1562).

Der Dichter J. DU BELLAY argumentierte in seiner *Deffense et Illustration de la Langue Francoyse* von 1549 für den bevorzugten Gebrauch des Französischen als Literatursprache und forderte dazu auf, es mit Fremdwörtern, Dialektalismen, Archaismen und Fachwörtern anzureichern, damit es dem Lateinischen und Griechischen ganz ebenbürtig werde. Neben der Lyrik der *Pléiade* um 1550 seien für die französischsprachige Literatur des 16. Jahrhunderts vor allem die Werke F. RABELAIS genannt, der auch die sprachlichen Sitten seiner Zeit ironisch skizzierte. In anwendungsbezogenen Fachtexten (z.B. Chirurgie, Landwirtschaft) wird das Französische, gegen Widerstände der stärker akademisch ausgerichteten Wissenschaft, immer häufiger verwendet. 1565 verstieg sich der Humanist H. ESTIENNE zu der Hypothese, das Französische sei besser als das Italienische, weil es dem Griechischen ähnlicher sei; vor allem den erkennbar anti-italienischen Reflex, der zum 17. Jahrhundert hin für das Gros der französischen Gelehrten und Schriftsteller zur Grundhaltung werden sollte, führte er 1579 in einem Traktat zur *Précellence du langage François* näher aus.

Ein weiterer Faktor für die Aufwertung der Volkssprachen in ganz Europa war die Reformation (ca. 1520–1550). Geistesgeschichtlich wurzelte sie im Humanismus und hatte die Ausgliederung reformierter Einzelkirchen aus der katholischen Kirche zur Folge. Die Liturgie in den jungen Kirchen wurde volkssprachlich, und im Umfeld der Kirchenspaltung kam es zu den ersten neuzeitlichen Bibelübersetzungen (in Frankreich: LEFÈVRE D'ÉTAPLES, 1522–1528; im calvinistischen Genf: OLIVETAN, 1535). CALVIN übersetzte 1541 eine seiner Kampfschriften vom Lateinischen ins Französische und zwang so die katholische Seite, auf Französisch zu reagieren. Theologische Diskussionen in Französisch fanden allerdings nur außerhalb Frankreichs statt, denn sie waren in Frankreich ebenso verboten wie die Bibelübersetzungen. Die französische Krone verfolgte und bekriegte zwischen 1562 und 1598 vor allem die reformierten Hugenotten; in der Bartholomäusnacht (1572) wurde deren Führungselite in einem blutigen Massaker ermordet. Viele ihrer Glaubensgenossen flohen ins protestantische Ausland.

Die zentrale Königsherrschaft hatte sich unter FRANÇOIS I (1515–1547) stabilisiert. Das von ihm erlassene Edikt von Villers-Cotterêts (1539) schrieb das Französische als alleinige Sprache der Justiz und der Verwaltung vor. Damit war nicht nur die Geschichte des Lateins in diesem Bereich beendet, sondern auch die Benutzung der bis dahin zulässigen *vulgaires du pays* (Dialekte des Französischen; Sprachen wie Okzitanisch, Bretonisch usw.).

Im Anschluß an die Entdeckung Amerikas (1492) setzte der Export der europäischen Sprachen nach Übersee ein, der seinen Höhepunkt im 18. Und 19. Jahrhundert erreichen sollte und über die Zeit auch neue regionale Varietäten des Französischen hervorbrachte. Es entstanden über Kolonisierung und Auswanderung z.B. in Amerika, Asien und Afrika Gebiete mit Französisch als Mutter-, Zweit- oder Verwaltungssprache (→ 8.4.3.).

Zentralistische Sprachkodifizierung (17. Jahrhundert, Klassik: klassisches Französisch)

Das 17. Jahrhundert ist in ganz Europa die Epoche des absolutistischen und zentralistischen Königtums, die französische Regierung war diesbezüglich *role model*. Mit der Ermordung von Henri II war 1589 das Haus Valois erloschen, zwischen 1589 und 1610 regierte der Bourbone Henri IV. Er war 1693 vom Protestantismus zum Katholizismus konvertiert, 1698 brachte er mit dem Edikt von Nantes eine kurze Zeit religiöser Toleranz auf den Weg. Nach seinem Tod war es mit Toleranz für lange Zeit vorbei. Unter Louis XIII (1610–1643) und Louis XIV (1661–1715), für die stellvertretend auch die Kardinäle Richelieu und Mazarin regierten, wurde alles ausgeschaltet, was den Absolutheitsanspruch des Herrschers in Frage stellen konnte: die Aufstände des 1630 entmachteten Hochadels und der Parlamente (1648–1653, *la Fronde*) wurden niedergeschlagen, der Hochadel trat daraufhin vor allem als dekoratives Ausstattungsinventar des Königshofes in Erscheinung. Die Kulturpolitik wurde zentral gesteuert, Zeitungswesen und Buchdruck einer zentralen Zensur unterworfen. Damit war auch die Epoche massiver politischer Sprachlenkung und -normierung eingeläutet.

Ein neuer Geist der Reduktion manifestierte sich im Sprachdiskurs (Gegenbewegung zum von der *Pléiade* geforderten *enrichissement*) bereits um 1600, als der neue Hofdichter Malherbe die Gegner der *latiniseurs* und *italianiseurs* um sich scharte. In seinen teilweise sehr bösartigen Randbemerkungen zu Werken des bisherigen Dichterprinzen Desportes manifestiert sich 1605 die später so bezeichnete *doctrine de Malherbe*: ein extremer, pedantischer Purismus, der die französische Sprache (der Dichtung) von allen bisher hineingetragenen Archaismen, Fremdwörtern, Dialektwörtern und *mots bas* gereinigt sehen möchte und der Varianz den Kampf ansagt.

In den ersten Jahrzehnten des 17. Jahrhunderts entstanden diesem Geist der Zeit entsprechend überall Zirkel, in denen Möglichkeiten und Formen der Sprachreinigung und der Sprachpflege diskutiert wurden. Einer dieser Zirkel wurde ab 1629 von Richelieu protegiert und 1635 offiziell zum königlichen Instrument der Sprachnormierung gekürt: die *Académie française* war geboren. Die im Gründungsdokument formulierten Ziele (Erarbeitung eines Wörterbuchs, einer Grammatik, einer Rhetorik und einer Poetik), mit denen man die französische Sprache in sichere und geregelte Bahnen bringen wollte („[...] *donner des règles certaines à nostre langue* [...]"), sind bis heute nicht erreicht: das Wörterbuch erschien erst 1694, als es bereits bessere gab (z.B. Furetière, 1690). Die Grammatik erblickte gar erst 1932 das Licht der Welt. Die Rhetorik und die Poetik wird es vermutlich nie geben.

Als effizienter erwiesen sich die halboffiziellen Veröffentlichungen einzelner Mitglieder. Hierzu zählen C. Favre de Vaugelas' *Remarques sur la langue française* von 1647, in denen Instanzen für eine verbindliche Norm benannt werden: Als Vorbild gilt Vaugelas der *usage* (der zeitgenössische Sprachgebrauch), allerdings nur der *bon usage*. Dieser sei zu hören aus dem Munde nicht gaskognisch verseuchter Höflinge („[...] *la façon de parler* de *la plus saine partie de la cour* [...]") und zu lesen bei ‚guten' Autoren („[...] *la façon d'escrire de la plus saine partie des auteurs du temps* [...]"). Am Sprachgebrauch einer politischen und kulturellen Elite in bestimmten Kommunikationssituationen (diastratisches und diaphasisches Kriterium) sollte sich also die Normsetzung orientieren. In den Salons und literarischen Zirkeln setzte sich in der zweiten Jahrhunderthälfte ein speziell von adeligen Damen gepflegter, jeden Anklang an ‚niedere' Bereiche des Lebens vermeidender Sprachstil durch (sog. *préciosité*), den MOLIÈRE in der Prosakomödie *Les précieuses ridicules* geißelte, weil dabei das Ringen um einen immer schöneren *usage* zu weit getrieben wurde.

Der geistesgeschichtliche Fetisch der überall erwünschten *clarté* und die Möglichkeit, sich über einen elitären Kode gesellschaftlich abzugrenzen, machten den Sprachpurismus zu einem langlebigen Erfolgsmodell und das nunmehr kodierte Französisch bis zur französischen Revolution auch zur kulturellen Prestigesprache an europäischen Höfe und innerhalb des Bildungsbürgertums.

Erstarrung der Distanznorm (18. Jahrhundert, Aufklärung)

Im Zuge des Niedergangs des königlichen Renommees, der außenpolitischen Mißerfolge und des wirtschaftlichen Desasters (Staatsbankrott 1720) unter LOUIS XV und LOUIS XVI (1715–1793) ging die Funktion der kulturellen und sprachlichen Autorität vom Adel auf das gehobene Bürgertum und die aufgeklärten Gelehrten bzw. Literaten (die sog. *philosophes*) über. Die bisher in den Salons üblichen Diskussionen wurden nun, zu anderen Themen, in städtischen Cafés geführt.

DIDEROT und D'ALEMBERT sammelten den Wissensschatz der Zeit in der *Encyclopédie ou Dictionnaire des sciences, des arts et des métiers* (1751–1772), über die Sprache ist darin allerdings wenig zu lesen. Weiterhin erschienen Regelwerke, vor allem Wörterbücher (z.B. das sehr erfolgreiche *Dictionnaire universel de Trévoux*, 5 Auflagen von 1701 bis 1771). Die 1740 erschienene Auflage des Akademie-Wörterbuchs war von den *philosophes* (MONTESQUIEU, VOLTAIRE, MARIVAUX) geprägt und enthielt Orthographie-Konventionen, die z.T. bis heute erhalten sind. Der restriktive Kahlschlag im Bereich des Wortschatzes war beendet; im Umfeld der Entstehung der modernen Wissenschaften reicherte man auch das Französische mit Entlehnungen und gelehrten Bildungen an. Ganz im Geiste der *clarté* schrieb R. DESCARTES seinen *Discours de la méthode*, in dem die Regeln für wissenschaftliches Raisonnieren und Darlegen ausgeführt sind.

Der zeitgenössische Adel galt als dekadent und niederen Lüsten zugetan und war als Norminstanz in jeder Beziehung diskreditiert. Zwischenzeitlich hatte das gehobene städtische Bürgertum in Paris (*la ville*) allerdings den höfischen Sprachgebrauch des 17. Jahrhunderts als statische Norm verinnerlicht. Die ‚guten' Autoren des 17. Jahrhunderts (französische Klassik: u.a. CORNEILLE, RACINE, MOLIÈRE; BOSSUET; Madame DE LAFAYETTE) wurden so zu alleinigen und kanonischen Instanzen für Normfragen; vor allem die Grammatikographie orientierte sich nunmehr an der distanzsprachlich markierten Varietät eines vergangenen Jahrhunderts. Damit war die Entkoppelung der präskriptiven Norm vom *usage*, und damit von der Sprachentwicklung, sowie die Abwendung von der gesprochenen Sprache vollzogen. Im Gegensatz zu den meist im Ausland formulierten progressiven Programmen der Aufklärer und der sich anbahnenden Umwälzung der gesellschaftlichen und politischen Verhältnisse erscheint das *siècle des Lumières* in dieser Hinsicht als eher dunkles, da regressives Jahrhundert.

Verbreitung und Durchsetzung der Distanznorm (19. Jahrhundert)

Die vom König nach 155 Jahren 1789 erstmals wieder einberufenen Generalstände erklärten sich zur verfassungsgebenden Nationalversammlung; damit begann die französische Revolution (1789–1799), die die Königsherrschaft in Frankreich vorerst beendete, nicht aber den Zentralismus.

Bis 1790 war die französische Norm nur über die Schriftsprache verbreitet, die Sprachnormierung betraf somit einen äußerst geringen Prozentsatz der Bevölkerung. In Nordfrankreich ist außerhalb der schriftkundigen Sprecher von vereinzelter passiver Kenntnis der Hochsprache auszugehen. Im Süden sprach die gebildete Oberschicht nach wie vor Okzitanisch, in der Bretagne Bretonisch usw. Die alten Idiome und Sprachen hatten überlebt, weil die Sprachgepflogenheiten der großen Masse für die Herrschenden bisher kaum von Belang gewesen waren. Dies änderte sich nun radikal, denn für die junge Republik war die Sprachfrage von existenzieller Bedeutung: Wenn man über die Ideen der Revolution die gesamte Bevölkerung mobilisieren wollte (z.B. zum unbezahlten Einsatz des Lebens im Kriegsdienst), mußte jeder die Verlautbarungen der Revolutionsregierung und anderer Institutionen verstehen können. Die Verbreitung eines französischen Dachstandards war dafür unabdingbare Voraussetzung. Französisch zu sprechen wurde zum Zeichen patriotischer und fortschrittlicher Gesinnung erklärt, regionale Idiome und Regionalsprachen kamen als vermeintliche Relikte des *ancien régime* in Verruf. Im Auftrag der Nationalversammlung führte der Abbé GRÉGOIRE eine Erhebung durch, deren Ergebnisse 1794 vorlagen. Sie zeigten, daß unterhalb der französischen Dachsprache ein breites Spektrum unerwünschter sprachlicher Uneinheitlichkeit überlebt hatte: Nur in 15 von 83 *départements* des Nationalstaates war das Französische verbreitet und nur 3 von 25 Millionen *citoyens* beherrschten es aktiv, 6 Millionen überhaupt nicht. Die daraufhin projektierte Verschickung französischer Lehrer in die Provinz kam jedoch aufgrund leerer Kassen nicht zur Durchführung.

Wirklich verbreitet wurde die französische Distanznorm erst ab 1830. Erste staatliche, allerdings kostenpflichtige Volksschulen wurden eingerichtet, ab 1832 war die Kenntnis der französischen Norm-Orthographie Einstellungsvoraussetzung für den öffentlichen Dienst. Um 1850 sollen zwar noch über 50% der Sprecher in Gebieten mit Minderheitensprachen kein Französisch gesprochen haben, dies galt jedoch sicher nur für ältere Menschen. Die höhere Mobilität der jüngeren Generation (z.B. durch Ortswechsel in die industrialisierten Zentren) und die seit der Revolution bestehende allgemeine Wehrpflicht beförderten die Erlernung des Französischen. Mit Einführung der allgemeinen Schulpflicht 1881–1886 wurde die Norm per Schulunterricht verbreitet, alle nach 1870 geborenen Sprecher erlernten sie. Ihr gegenüber war alles andere (ob Dialekt oder Sprache) als *patois* abgewertet, zeitweise verboten und dem sozialen Aufstieg in jedem Fall hinderlich.

Die junge Sprachwissenschaft begann gerade erst, den Sprachstand und die große Breite des französischen Varietätengefüges deskriptiv zu erfassen – und mußte sich beeilen, denn sowohl die primären Dialekte in Nordfrankreich als auch die Minderheitensprachen verschwanden zugunsten des überregional verbreiteten Standardfranzösischen zunehmend. Diesem Trend widersetzten sich Teile der Bevölkerung vor allem in den Gebieten, in denen seit Jahrhunderten andere Sprache gesprochen worden waren (z.B. Bretonisch oder Okzitanisch). Es entstanden politische und literarische Bewegungen, die eine Aufwertung und Schrift-Kodifizierung dieser Minderheitensprachen anstrebten und so deren Überleben zu sichern wünschten.

Bereits vor der Jahrhundertmitte plädierten von der Romantik beflügelte Literaten dafür, die Literatursprache für Archaismen, Dialektismen und den Wortschatz des Alltags zu öffnen, und V. HUGO sang in der *Préface de Cromwell* (1835) auch ein Loblied auf den Sprachwandel. Die tatsächliche Ausbeute an Innovationen in den Werken der Romantiker fällt allerdings mager aus. Erst die realistische Strömung in der Prosa des ausgehenden 19. Jahrhunderts nimmt Wortschatz aus der im Alltag gesprochenen Sprache auf und verwendet in der direkten Rede eine Sprache, die sich nähesprachlichen Kodes angleicht.

Aufgrund seines hohen geographischen Verbreitungsgrades, seines Status als internationale Verkehrssprache der Führungseliten, in Diplomatie und Handel sowie seiner gegenüber anderen Sprachen extrem genormten Form hatten sich Sprecher des Französischen (und nicht nur sie) angewöhnt, Französisch als Universalsprache zu sehen und zu bezeichnen (RIVAROL, 1784: *le français, langue universelle*). Verschiedene Entwicklungen und Veränderungen im Laufe des 19. Jahrhunderts, vor allem in der zweiten Jahrhunderthälfte, führten dazu, daß dieser Status um 1900 bedroht schien.

Französische Sprachpolitik und Sprachregelung im 20. Jahrhundert

Seit der Jahrhundertwende kursiert das Diktum von einer *crise du français*: Überall zeichnete sich extern eine Bedrohung der Stellung des Französischen in der Welt ab, und auch intern vermeinte man einen gefährlichen Sprachverfall zu konstatieren.

Die sprachregelnden Institutionen in Frankreich sahen sich mit einer Lawine vor allem englischsprachigen Lehnwortschatzes konfrontiert, da die gesteuerte Erweiterung des Wortschatzes angesichts des schnellen technischen und wissenschaftlichen Wandel versäumt worden war. Dies schien umso unerträglicher, als das Englische insgesamt der bisherigen *langue universelle* weltweit den Rang abzulaufen begann. Auch die Emanzipationsbestrebungen in den frankophonen Gebieten der Welt, die nach dem zweiten Weltkrieg zum Wegbrechen der direkten kolonialen Einflußsphären führten, beunruhigten die Gemüter.

Die deskriptive Sprachwissenschaft hatte den Blick dafür geschärft, daß Veränderung und Variation kein dekadenter Zug, sondern eine wesensmäßige Eigenschaft jeder Sprache ist, was die distanzsprachliche Abgehobenheit und zeitlose Schönheit der Distanznorm in Frage zu stellen schien. Dies umso mehr, als der klassische literarische Kode insgesamt ins Hintertreffen geriet: Die Avantgarde-Literatur entdeckte die Nähesprache in all ihren Facetten als Stilmittel. Quantitativ überflügelten Sachtexte, Zeitungen und anderweitig für den täglichen Gebrauch produzierte Schriftstücke die Literaturproduktion. Die modernen Massenmedien (Film, Radio, Fernsehen) durchbrachen ebenfalls die Orientierung an einem antiquierten Standard.

Auf die ‚Krise' reagierte man von offizieller Seite mit einem verstärkten Ausbau der politischen Instrumente zur Sprachregelung. Über sie versuchte man z.B. den direkten französischen Einfluß in den französischsprachigen Gebieten der Welt zu sichern, den sprachpflegenden und normierenden Einfluß der politischen Führung auch im Zeitalter schnellen Wandels sowie erhöhter Mobilität zu erhalten und die französische Sprache von Fremdwörtern (Xenismen), vor allem englischen, rein zu halten. Viele Maßnahmen dienen bis heute primär der Bekämpfung der zunehmenden Dominanz des Angloamerikanischen als Weltsprache. Das Akademiewörterbuch in seiner achten Auflage (1932) sagte den *mots étrangers*, den *termes techniques* und den *locutions barbares* bereits den Kampf an. Vor allem ab den 30er Jahren entstanden neue Organisationen zur Verteidigung und Reinerhaltung des Französischen, die nach dem Vorbild der 1883 gegründeten *Alliance française* die Verbreitung des Französischen in der Welt sichern sollten (z.B. 1937 das *Office de la langue française*, 1958 die *Association « Défense de la langue française »*). Zwei in den 60er Jahren gegründete Sprachpflege-Institutionen überführte MITTERAND 1989 in zwei neue, nämlich in den *Conseil supérieur de la langue française* (CSLF) zur Erhaltung und Durchsetzung des Französischen in sowie vor allem außerhalb Frankreichs und in die *Délégation générale à la langue française* (DGLF), die der sprachpflegenden Gesetzgebung in Frankreich selbst zuarbeitet. Dem CSLF steht der *Haut Conseil de la francophonie* unter Vorsitz des Präsidenten zur Seite.

Der Begriff der Frankophonie bezeichnete seit seiner Prägung im späten 19. Jahrhundert die internationale Gemeinschaft der Französischsprechenden. Seit den 60er Jahren etablierte sich demgegenüber eine eher kulturell-politische Vorstellung von Frankophonie. So ist zu erklären, daß den offiziellen Organen der Frankophonie heute auch Länder anghören, die sich Frankreich geschichtlich besonders verbunden wissen (z.B. Ägypten, Polen) oder besonders verbunden wissen möchten (z.B. Albanien, Bulgarien, Litauen, Moldavien, Rumänien).

Zu den Besonderheiten der französischen Sprachpolitik gehört nach wie vor ein doktrinäres Festhalten an distanzsprachlichen Normen, besonders was die Orthographie anbelangt. Um marginale Details, wie etwa den *accord du participe*, wurden in Presse und Öffentlichkeit regelrechte Kriege geführt. Außer einigen Toleranzerlässen, die manchmal auch wieder zurückgenommen wurden, ist nichts entscheidendes verändert worden. Seit Mitte der 70er Jahre steht die Verwendung fremdsprachlicher, vor allem englischer Xenismen in gedruckten Texten (Arbeitsverträgen, Gebrauchsanweisungen, Rechnungen uvm.) und den Medien gesetzlich unter Ahndung, ja sogar unter Strafe (sog. *Loi Bas/Loriol* von 1975, erneuert und bekräftigt in der sog. *Loi Toubon* von 1994): Die Veröffentlichung der Listen mit den *Néologismes et termes officielles* im *Journal officiel* erregt jedes Mal kollektives Aufsehen, wobei man sie in der Regel ebenso kollektiv ignoriert. Obwohl die Distanznorm heute kaum noch jemand beherrscht, steht allerdings die Mehrheit der Franzosen der Sprachpolitik der Regierung und anderer Organisationen positiv gegenüber; hierzu Befragte sind jederzeit bereit, ihre eigene Art zu sprechen als ‚unrichtig' und ‚minderwertig' zu qualifizieren. Die These vom Sprachverfall ist für die Mehrzahl der Sprecher zum Gemeinplatz mit dem Status eines Faktums geworden.

Von einer gemäßigt toleranten Haltung gegenüber den Minderheitensprachen und Dialekten zeugte die *Loi Deixonne* von 1951, vor allem in ihrer im Zuge der Dezentralisierung verbesserten Version von 1970/71. Obwohl die darin genannten Sprachen seither offziell für den Schulunterricht zugelassen sind und es Organisationen zur Pflege der sprachlichen Vielfalt gibt (z.B. den *Conseil national des langue et cultures minoritaires*), geht deren aktive Verwendung weiter zurück. In einem eher gegenläufigen Trend wurde außerdem 1992 die sprachliche Einheit in Frankreich unter dem Dach der alleinigen Amtssprache Französisch zum Verfassungsgrundsatz erhoben („[...] *la langue de la République est le français.*"). Die Gesetzgebung zu den Minderheitensprachen ist gegenüber anderen Staaten insgesamt rückständig. So wurde z.B. die von der EU erarbeitete Charta zum Schutz dieser Sprachen in Europa von der französischen Regierung lange nicht gezeichnet, bei der relativ späten Zeichnung ein großer Teil ihrer Artikel ausgeschlossen und die Unterzeichnung dennoch vom Verfassungsgericht als nicht verfassungskonform gewertet.

8.4. Die Situation des Französischen heute

8.4.1. Geographische Verbreitung

a) Euopa	‚Mutterland'	Frankreich
	Angrenzende Staaten	Belgien, Luxemburg, Monaco, Schweiz, Italien (Aostatal)
b) Außerhalb Europas	Politisch zu Frankreich gehörende Gebiete: *Départements d'outre-mer* (DOM)	Nordamerika: Saint-Pierre et Miquelon Karibik (Antillen): Guadeloupe, Martinique Südamerika: Französisch-Guayana
	Territoires d'outre-mer (TOM)	Indischer Ozean: Réunion Ozeanien: Wallis und Futuna, Französisch-Polynesien, Neukaledonien; Indischer Ozean: Mayotte
	Nordamerika/Karibik	Kanada (v.a. Québec, New-Brunswick), USA (Louisiana, Neuengland-Staaten), Haiti
	Nordafrikanische (Maghreb-)Staaten	Algerien, Marokko, Tunesien, Lybien
	Schwarzafrikanische Staaten	Benin, Burkina-Faso, Burundi, Côte d'Ivoire, Djibouti, Gabun, Guinea, Kamerun, Kongo, Mali, Mauretanien, Niger, Ruanda, Senegal, Togo, Tschad, Zaire, Zentralafrika
	Inselstaaten des Indischen Ozeans	Komoren, Madagaskar, Mauritius, Seychellen
	Asiatische Staaten	Kambodscha, Laos, Vietnam
	Ozeanien	Vanuatu

Karte 4

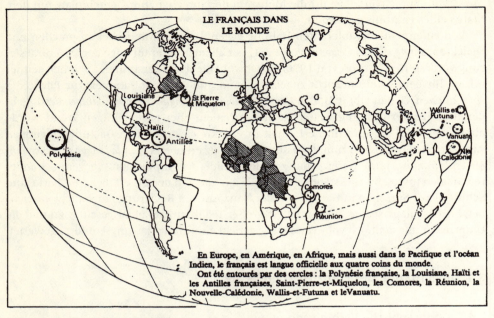

aus: WALTER, H.: *Le français dans tous les sens*. Paris, 1988. S. 190

8.4.2. Varietäten des Französischen in Frankreich

8.4.2.1. Diatopischer Bereich

Das Französische überdacht heute im Distanzbereich das gesamte Gebiet des französischen Nationalstaates als offizielle Amtssprache. Diatopisch markierte Varietäten finden sich in drei Ausprägungen: in Form lokal sehr begrenzter Sonderfärbungen, meist im Umfeld historischer Zentren (sog. *parlers locaux*), des weiteren in Form schwindender Reste alter Dialekte, vor allem aber in Form von Regiolekten (*français régionaux*), die charakteristisch sind für größere Gebiete.

Um Paris gibt es heute so gut wie keine vom Standard abweichende diatopische Färbung mehr; mit zunehmendem Abstand von der Hauptstand nimmt sie zu, ist jedoch in einem Radius von ca. 300 km insgesamt schwach ausgeprägt. Die demgegenüber diatopisch hörbar markierten *français régionaux* auf französischem Staatgebiet entstanden, als die Sprecher primärer (alter) Dialekte oder regionaler Minderheitensprachen nach und nach zum französischen Standard übergingen. Es entwickelten sich dabei neue diatopische Varietäten auf der Basis des Standardfranzösischen, die altes dialektales und regionalsprachliches Substrat enthalten.

> Deutlich diatopisch markiert ist das *français régional* im Süden der französischen Republik, das das Substrat okzitanischer Idiome erkennen läßt. Phonologisch ist es gegenüber dem Standard dadurch gekennzeichnet, daß statt dem Zäpfchen-*r* gerolltes *r* ge-

sprochen wird, daß die im Standard verstummten silbenschließenden Nasalkonsonanten nach Vokalen hörbar sind (<*pain, bien*> realisiert als <pɛŋ, bjɛŋ>) und das auslautende *-e* deutlich artikuliert wird. Hin zur spanischen Grenze gibt es auch Gegenden, in denen das *passé simple* in der Nähesprache noch verwendet wird.

Im Zuge der Kolonisierung sind primäre französische Dialekte in vergangenen Jahrhunderten nach Übersee gelangt; dort entwickelten sie sich direkt weiter zu sog. sekundären Dialekten, die häufig, aber nicht immer, synchron zu den *français régionaux* gezählt werden (z.B. das *Québecois* in Kanada → 8.5. Text E).

In Gebieten, in denen jahrhundertelang andere Sprachen als das Französische in Gebrauch waren, haben über den Bilinguismus der Sprecher sog. *langues régionales* (Regionalsprachen, autochthone Minderheitensprachen: Bretonisch, Baskisch, Okzitanisch, Katalanisch, Korsisch, Elsäßisch und Flämisch) im Nähebereich überlebt (→ 8.5. Text C). Die Bestrebungen, für sie eine Distanznorm zu schaffen und damit ihren Verbreitungsgrad wieder auszudehnen, sind bis jetzt kaum von Erfolg gekrönt; eine Abwendung vom Französischen als Distanzsprache kann wohl ausgeschlossen werden. Das metasprachliche Interesse hat allerdings zugenommen: als Studienfach an Universitäten und als Forschungsobjekt sind diese Sprachen sehr nachgefragt. Der Tendenz des völligen Aussterbens als eine von zwei Muttersprachen könnte auch die kürzlich erfolgte Einführung regionalsprachlicher Kindergärten und Primärschulen (Bretonisch, Okzitanisch, Katalanisch) in begrenztem Rahmen entgegenwirken.

Karte 5

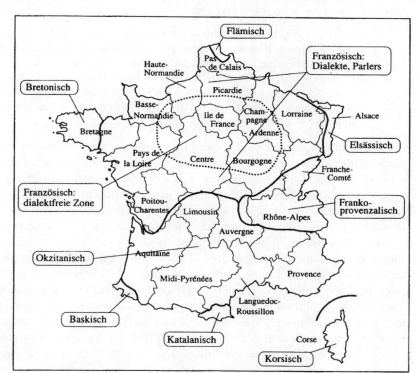

aus: STEIN, A.: *Einführung in die französische Sprachwissenschaft*. Stuttgart/Weimar, 1998. S. 140

8.4.2.2. Diastratischer Bereich

Der Verlust der früher sehr viel ausgeprägteren Variation im diatopischen Bereich wird heute durch eine stärkere Ausdifferenzierung im diastratischen Bereich, zunehmend auch über die individuelle Registerkompetenz im diaphasischen Bereich ausgeglichen. Dies gilt nicht nur für Sprecher des Französischen, sondern ist seit etwa 100 Jahren ein gemein-europäischer Trend.

Insgesamt ist die Variation im diastratischen Bereich nicht (mehr) über klar abgegrenzte Gruppensprachensysteme faßbar, sondern besteht in Form vielfältiger Mischungen aus diastratischen Einzelmerkmalen. Für Sondersprachen bestimmter Gruppen und auch domänenspezifische Fachsprachen ist in Frankreich der Begriff *argot* (wie dt. ‚Jargon') gebräuchlich. Hiervon ist der Begriff *Argot* für die ehemalige Sprachform gesellschaftlicher Randgruppen zu unterscheiden (s.u.). Mit dem Adjektiv *argotique* werden Formen auch als qualitativ niedrig und damit zum diaphasischen Register *vulgaire* gehörig eingestuft, wobei das ursprüngliche diastratische Konnotat mitschwingt.

Als Zentren der Neuentstehung soziolektaler Färbungen gelten besonders die *banlieues* der französischen Großstädte, die von einfachen Leuten (Arbeitern, kleinen Angestellten und Arbeitslosen) mit hohem Migrantenanteil bewohnt werden. Die *argots des banlieues*, in denen sich z.B. auch Lehnwortschatz aus Migrantensprachen und viele Archaismen finden, wirken sekundär auf die sich schnell wandelnden Sprachgewohnheiten jugendlicher Subkulturen ein, die dann über die Medien auch in andere Bevölkerungsgruppen getragen werden.

> Über diesen Weg haben Verfahren wie der *verlan* und die weiterentwickelten *verlans du verlan* (Silben- und an der Graphie orientierte Lautvertauschungen: *mère > reum > meur*), unorthodoxe Kürzungen und spezielle Suffigierungen ihren Weg durch verschiedene Register genommen. Ein in den letzten Jahren sehr produktives Verfahren war die Suffigierung von Adjektiven mit *–os*, die jedoch gem. *Nouvel Observateur* 10/1998 (Sondernummer zur Sprache der Jugendlichen) inzwischen wieder *ringardos définitivos*, d.h. mega-out ist.

Vor allem mit der Sprache der Werbung stehen diese Varietäten in einer regen Austauschbeziehung. Früher trafen die Kennzeichen dieser neuen diastratischen Varietäten (Kryptik, ludisches Element, schnelle Abnutzung) vor allem auf den klassichen *Argot* oder andere Sondersprachen gesellschaftlicher Randgruppen zu. Deren Wortschatz ist synchron in den jüngeren Soziolekten immer noch vital oder aber in das stärker verbreitete, diaphasisch markierte *français populaire* vorgedrungen.

Durch Arbeitsmigration und Immigration sind in Frankreich viele *langues ethniques* (allochthone Minderheitensprachen, z.B. nordafrikanische) hinzugekommen, deren Verbreitungsradius nicht geographisch, sondern über die jeweilige Herkunft der Migrantengruppe definiert ist. In den vergangenen Jahrhunderten haben Regionalsprachen oder Sprachen regionaler Minderheiten Spuren in den diatopischen Varietäten des Französischen hinterlassen; der Sprachwechsel der Migranten, der Sprachkontakt zwischen den Mitgliedern der verschiedenen Migrantengruppen sowie der allochthonen Sprecher mit französischen Muttersprachlern bereichert heute die diastratische und diaphasische Varianz des Französischen.

8.4.2.3. Diaphasischer Bereich

Die heute üblichen Bezeichnungen der diaphasischen Gebrauchsregister (Stilebenen) des Französischen gehen auf qualitative Bewertungen zurück, die sich in Form von Konnotaten erhalten haben. Dem diaphasisch wenig markierten, im öffentlichen Raum verwendbaren sog. *français commun* oder *courant* unterstehen verschiedene niedriger markierte Subnormen mit eingeschränkterem Verwendungsradius: das *français familier* (Alltagskommunikation), das *français populaire*, in dem auch Merkmale ehemals diastratisch niedrig markierter Varietäten und jüngerer Soziolekte aufgegangen sind, und das *français vulgaire*, das in allen Bereichen dem *français populaire* ähnelt; es hat jedoch einen expliziteren Wortschatz, auf den man zurückgreifen kann, wenn man sich deutlicher vom Standard distanzieren möchte. Über dem *français commun* liegt das literarisch geprägte *français cultivé*. Die diaphasisch unmarkierte Gebrauchsnorm wird gewöhnlich zwischen *français cultivé* und *français courant* angesiedelt:

lieux d'aisance	*français cultivé*
toilettes	diaphasisch unmarkierte Norm
toilettes	*français commun/courant*
cabinet	*français familier*
–	*français populaire*
chiottes	*français vulgaire*

Die Einteilung ist insoweit problematisch, als Unterschiede zwischen distanzsprachlicher und nähesprachlicher Gebrauchnorm unberücksichtigt bleiben: Wörter wie *bouquin*, *bagnole* oder *rigolo* sind gegenüber der distanzsprachlichen Norm zwar als *populaire* markiert, im Hinblick auf die Nähesprache jedoch mindestens *familier*, vielleicht sogar *courant* oder ‚unmarkiert gesprochen', d.h. Kennzeichen der Nähesprache im engeren Sinne. Die (zudem uneinheitlichen) Stilniveau-Angaben in Wörterbüchern lassen nicht erkennen, auf welchen Pol sie bezogen sind. Die Markierung nach Stilebenen betrifft heute fast ausschließlich den Bereich des Wortschatzes; ehemals diastratische oder diaphasische Markierungen auf phonolgischer oder morphosyntaktischer Ebene sind hingegen synchron zu Kennzeichen der französischen Nähesprache im engeren Sinne geworden.

8.4.2.4. Kontinuum Distanzsprache – Nähesprache

In Abschnitt 8.3. wurde bereits angesprochen, daß die Unterschiede zwischen der französischen Nähesprache im engeren Sinne und der Distanznorm (‚gesprochenes' – ‚geschriebenes' Französisch) inzwischen so ausgeprägt sind, daß sich eine Tendenz zur Diglossie, d.h. zu einem Auseinanderbrechen in zwei Systeme abzuzeichnen scheint. Der Unterschied betrifft alle Ebenen, von der Phonologie über die Morphosyntax bis in den Wortschatz hinein. Einige Unterschiede wurden in den vorangehenden Kapiteln und Abschnitten bereits thematisiert (Negation; Subjekt-/Objektkonjugation; Fragesatz; Passiv; Tempus / Modus). Folgende Beispiele, die in der entsprechenden Literatur häufig angeführt werden, seien dem noch hinzugefügt:

Bereich \ Varietät		Distanznorm	Nähenorm im engeren Sinne
Phonologie		*e caduc* häufiger realisiert: *je mets la table* als [ʒəmɛlatabl(ə)] damit verbunden: Erhalt zweier Konsonanten vor *e caduc*: *table* als [tablə], *quatre* als [katrə]	*e caduc* seltener realisiert: *je mets la table* als [ʒmɛlatab] damit verbunden: Verstummen des letzten Konsonanten in nachkonsonantischer Stellung vor ausgefallenem *e caduc*: *table* als [tab], *quatre* als [kat]
Morphosyntax	Pronomina	*cela*	*ça*
		on primär in der Bedeutung ‚man'	*on* häufiger in der Bedeutung ‚wir'
		tu als [ty], *il* als [il], *ils* vor Vokal als [ilz]	Allomorphie: *tu* als [ty / t], *il* als [il / i] *ils* vor Vokal als [iz]
		Subjektrelativpronomen *qui* als [ki]	Allomorphie Subjektrelativpronomen [ki / k]
	unbest. Artikel	Pural vor Adjektiv: *de* *de bons vins*	Plural vor Adjektiv: *des* *des bon vins*
	Präsentativ	*C'est* + PrädikativumSingular / *Ce sont* + PrädiaktivumPlural: *C'est un bon vin* *Ce sont de bons vins*	*C'est* + PrädikativumSingular / Plural: *C'est un bon vin* *C'est des bons vins*
	participe passé	*accord* immer	*accord* nicht immer

8.4.3. Varietäten und funktionaler Status des Französischen außerhalb Frankreichs

Französisch fungiert heute außerhalb Frankreichs als Muttersprache (einer Mehrheit oder einer Minderheit), als alleinige oder zusätzliche Amtssprache (*langue officielle*), als Bildungssprache, als Verwaltungssprache und als innerstaatliche oder staatenübergreifende Verkehrssprache.

Europa

Außer in Monaco, wo die Situation die gleiche ist wie in Frankreich (Französisch als Mutter- und alleinige Amtssprache), haben diatopisch leicht markierte Varietäten des Französischen in Europa entweder den Status regional zugelassener Amtssprachen (Aosta-Tal, anglo-normannische Inseln) oder stehen als juristisch gleichberechtigte nationale Amtssprache bzw. anerkannte Minderheitensprache neben anderen (Schweiz, Belgien → 8.5. Text D, Luxemburg). Als Muttersprache ist das Französische auf den anglo-normannischen Inseln ausgestorben.

Nordamerika

In Nordamerika ist Französisch in Kanada zusammen mit dem Englischen, in der Provinz Québec alleinige offizielle Amtssprache (→ 8.5. Text E). In Louisiana (USA) wurde es 1968 offizielle Amtssprache neben dem Englischen, obwohl es als Muttersprache stark im Rückgang ist. Dies gilt sowohl für das wenig markierte Französisch der weißen Oberschicht als auch für das stark vom Standardfranzösischen abweichenden *Cadien* (engl. *Cajun*). Letzteres gelangte als Folge der Vertreibung der *Acadiens* aus Kanada (sog. *Grand Dérangement*, 18. Jahrhundert) in den Süden der Vereinigten Staaten. In den Neuenglandstaaten (Maine, Vermont, New Hampshire, Masachusetts, Rhode Island und Connecticut) vollzieht die ohnehin kleine Gruppe der ehemals aus Kanada eingewanderten *Francos* ebenfalls gerade den Schritt vom Bilinguismus (Angloamerikanisch/Französisch) zum Monolinguismus (Angloamerikanisch). Das in jüngster Zeit wieder erwachte Interesse an den kulturellen Minoritäten in den USA manifestiert sich weniger in einer echten Wiederbelebung als in (qualitativ hochwertiger) Folklore.

Karibik/Südamerika

In den zu Frankreich gehörenden Gebieten (DOM) der Karibik und Südamerikas (Antilleninseln Martinique und Guadeloupe; Französisch-Guyana) ist das Standard-Französische Amts-, Schul- und Verwaltungssprache, im Nähebereich sind Frankokreolsprachen (→ 8.4.4.) gebräuchlich (Diglossie-Situation). Deren Vordringen in Distanzbereiche wird seit den 80er Jahren immer wieder gefordert, so sollen sie z.B. schrittweise in alle Stufen des Erziehungswesens Eingang finden. Ganz anders ist die Diglossie-Situation auf Haiti, wo nur eine Minderheit das früher im Distanz-Bereich favorisierte Standardfranzösische beherrscht. Den Nähebereich besetzt ein Frankokreol, dessen Verwendungsradius sich ausgeweitet hat, und das Chancen hat, weiter in den Distanzbereich vorzudringen: es ist verschriftet und weitgehend standardisiert (hat z.B. eine verbindliche Orthographie), als Literatursprache vital, als Unterrichtssprache zugelassen und seit 1987 neben dem Französischen offizielle Landessprache.

Nordafrika/Vorderasien

Die Maghrebstaaten (Marokko, Algerien, Tunesien) im Norden Afrikas waren bis in die erste Hälfte des 20. Jahrhunderts französische Kolonien oder Protektorate und sind geprägt von einer sehr langen Geschichte der Koexistenz des Französischen, des Arabischen und anderer Sprachen (z.B. Berber-Sprachen). Nach einer kurzen Phase anti-französischer Reflexe stabilisiert sich heute die Situation des Französischen: es fungiert als Schul- und Bildungssprache und wird im zwischenstaatlichen Verkehr bevorzugt. Offizielle Sprache ist in allen drei Staaten das Arabische. Im Libanon und Syrien (z.T. auch in der Türkei) ist die ehemals dominante Bildungssprache Französisch auf dem Rückzug.

Schwarzafrika/Indischer Ozean

Hochkomplex zeigt sich die Situation in Schwarzafrika. Die Grenzen der schwarzafrikanischen Staaten entsprechen meist den willkürlichen Grenzen ehemaliger kolonialer Einflußsphären, die kulturelle und sprachliche Zusammengehörigkeiten ignorieren. In den einzelnen Staaten sind mehrere (insgesamt 470 verschiedene) Idiome im Nähebereich gebräuchlich, denen eine bis drei Dachsprachen im Distanzbereich gegenüberstehen. Das Französische ist in vielen Fällen eine dieser Dachsprachen. In seiner Distanzversion ist es dem Standardfranzösischen relativ nahe, der gesamte Nähebereich weist demgegenüber ein hohes Maß an diatopischer, diastratischer und auch diaphasischer Varianz auf. Viele Fragen zu den Varietäten des Französischen in Afrika sind noch nicht beantwortet, da sich die Forschung erst in jüngster Zeit mit ihnen befaßt. Die folgende Tabelle gibt einen Überblick über den sozio-politischen Status des Französischen in den frankophonen schwarzafrikanischen Staaten (SCHMITT, C.: *Frankophonie I. Der Begriff der Frankophonie*. In: LRL V,1/1990, S. 691, sowie: ROSSILLON, P. u.a.: *Atlas de la langue française*. 1995, S. 81 ff.):

	Amtssprache(n)/offizielle Verkehrssprache(n)	Weitere offizielle Sprache(n)
Bénin	F	11
Burkina-Faso	F	14
Burundi	F + aS	1
Djibouti	F + A	2
Elfenbeinküste	F	4 – 14
Gabun	F	11
Guinea	F	3 – ?
Kamerun	F + E	11
Kongo	F + 2 aS	4
Mali	F	10 – 13
Mauretanien	F + A	5
Niger	F	5
Ruanda	F + aS	1
Senegal	F	6
Togo	F	2
Tschad	F + A	13
Zaire	F	4
Zentralafrika	F + aS	1

A = Arabisch, aS = andere Sprache, E = Englisch, F = Französisch

Auf der Insel Réunion (DOM) spricht nur eine kleine Minderheit (bürgerliche Oberschicht) den französischen Standard, der den Distanzbereich dominiert. Die übrige Bevölkerung bedient sich stark davon abweichender Varietäten mit kreolischer Färbung. Auf den Seychellen hat heute ein Frankokreol, das für über 90% der Einwohner Muttersprache ist, neben Französisch und Englisch den Status der offiziellen Sprache. Auf den Komoren fungiert das Französische als eine von mehreren Dachsprachen in einem multilingualen Gebiet und ist neben dem Arabischen offizielle Sprache. Die Insel Mayotte gehört geographisch zu den Komoren, die Dominanz des Französischen im Distanzbereich ist dort jedoch erwartungsgemäß deutlicher ausgeprägt, da sie als TOM mit Frankreich assoziiert ist. Allerdings bedient sich nur ca. ein Drittel der Bevölkerung im Alltag tatsächlich des Französischen, in den TOM Ozeaniens (Wallis und Futuna; Neukaledonien) sind es immerhin über 90%. Auf Mauritius fungiert das Englische als offizielle Sprache in einer ausgeprägt multilingualen Gesellschaft; das Französische ist u.a. als Bildungssprache gebräuchlich, im Nähebereich wird mehrheitlich ein Frankokreol gesprochen. Auf Madagaskar ist das Französische neben dem Madagassischen offizielle Sprache und als Bildungs- und Verkehrssprache gebräuchlich. Auf Vanuatu ist es neben Englisch und dem Bischlamar offizielle Sprache und zusammen mit dem Englischen Bildungssprache.

Ferner Osten (Asien)

In den ehemaligen asiatischen Kolonien Kambodascha, Laos und Vietnam ist das Französische als Verkehrs- und Bildungssprache nach 1945 durch sehr unterschiedliche politische Entwicklungen und Ereignisse größtenteils verdrängt worden (Kommunistisches Regime in Nord-Vietnam, amerikanische Präsenz in Südvietnam, Machtübernahme durch die Roten Khmer in Kambodscha). Es trat gegenüber dem Englischen (Süd-Vietnam), Russischen und Chinesischen (Nord-Vietnam, Kambodscha) in den Hintergrund. Heute nutzen es nur noch Sprecher mit kultureller Bindung an Frankreich; in jüngster Zeit kommt es in einigen Gebieten zu einer begrenzten nostalgischen Rückbesinnung auf die alten kolonialen Bindungen – und über diesen Umweg zu einer (relativ unbedeutenden) Renaissance des Französischen. In Indien gibt es heute noch eine kleine französischsprachige Minderheit.

Die sprachpolitisch aktiven amerikanischen (auch australischen) und französischen Institutionen befehden sich in Asien regelrecht. Dabei ist die Sprachenfrage nur an der Oberfläche von hehrem kulturellem Belang: Hinter den Auseinandersetzungen und Verdrängungsbestrebungen stehen handfeste ökonomische Interessen, denn Asien gilt (trotz der für die dort ansässige Bevölkerung verheerenden Einbrüche der vergangen Jahre) als der Markt der Zukunft.

International

Als Sprache politischer und sozio-kultureller Eliten ist das Französische im Europa des 20. Jahrhunderts nicht mehr gebräuchlich und im Bereich der Wissenschaft und Technik als Verkehrssprache vom Englischen weitgehend abgelöst worden. Es wahrt jedoch seinen Status als Sprache der Diplomatie und auf internationalem politischen Parkett. Hilfreich für den Statuserhalt in diesem Bereich war, daß es in weiten Teilen der sog. Dritten Welt als bevorzugte Verkehrssprache diente und viele Staaten mit Französisch als Amts- oder Verkehrssprache seit den 50er Jahren ihren Platz in internationalen Organen und Organisationen eingenommen haben.

8.4.4. Neue Sprachen auf französischer Basis: die Frankokreolsprachen

Verbreitungsgebiete und Definition

Im karibischen Raum (Louisiana, Haiti, Antillen und Französisch-Guayana) und auf einigen Inseln im westlichen Indischen Ozean (Mauritius, Réunion, Seychellen) sind im Anschluß an die französische Kolonisierung dieser Gebiete neue Sprachen auf französischer Basis entstanden. Dabei handelt es sich um Idiome, die aufgrund ihres

Systemabstandes nicht als Varietäten des Französischen klassifiziert werden können. Man faßt sie aufgrund vergleichbarer Entstehungsbedingungen, gewisser struktureller Ähnlichkeiten und der Diskontinuität der Entwicklung im Hinblick auf die zugrundeliegende Kolonialsprache unter dem Sammelbegriff Kreolsprachen zusammen. Neben den französischen gibt es englisch, holländisch, portugiesisch und spanisch grundierte Kreolsprachen.

Sprachexterne Konstanten der Kreolsprachen-Entstehung

Obwohl jede Kreolsprache ihre eigene Geschichte hat und die Entstehungsbedingungen nicht immer vergleichbar sind, gibt es einige überproportional häufig auftretende Konstanten: Kreolsprachen entstanden im Gefolge der europäischen Expansion und Kolonisierung am häufigsten in kulturell und vor allem geographisch isolierten Gebieten (z.B. auf Inseln) und in multilingualen Gesellschaften mit starkem sozialem Gefälle. Sie bildeten sich in einem vergleichsweise kurzen Zeitraum (innerhalb weniger Jahrzehnte) heraus, in dem sprachregelnder Einfluß oder ein gruppenübergreifend verbindlicher Standard nicht gegeben war.

In der Regel sah das soziale Gefälle so aus, daß die Gebiete vor Ankunft der europäischen Kolonisatoren bzw. Siedler nicht oder kaum bewohnt waren, und danach eine Gruppe weißer Herren eine zahlenmäßig überlegene Sklavenbevölkerung dominierte; letztere setzte sich zusammen aus Menschen, die aus den unterschiedlichsten Gegenden der Welt (meistens aus Afrika) dorthin verschleppt worden waren und keine gemeinsame Sprache hatten. Die Sklavenhalter sprachen ein diatopisch und diastratisch stark markiertes Französisch, denn in den Kolonien versuchten normalerweise diejenigen ihr Glück, die in Europa nicht zu den privilegierten Schichten gehörten bzw. in einer noch stark hierarchisch organisierten Gesellschaft keine sozialen und wirtschaftlichen Aufstiegsmöglichkeiten hatten. Es ist anzunehmen, daß sie im Umgang mit den Sklaven reduzierte Formen dieser Varietäten verwendeten, die Sklaven ihrerseits dieses Register aufgriffen und in veränderter, vermutlich noch weiter reduzierter Form für den Austausch miteinander benutzten. Diese rudimentären Sprachformen bildeten die Ausgangsbasis (den sog. Basilekt), aus der dann relativ schnell eine neue Sprache entstand.

Theorieansätze zum strukturellen und entwicklungsgeschichtlichen Status von Kreolsprachen

Die älteste und inzwischen nicht mehr vertretene Theorie zur Entstehung der Kreolsprachen ist die Mischsprachenhypothese: Die jeweilige Sklavenpopulation habe den Wortschatz der Kolonialsprache mit afrikanischer Morphosyntax gemischt; dabei seien neue, hybride Sprache entstanden.

Demgegenüber gingen Vertreter der ebenfalls heute kaum noch relevanten monogenetischen Relexifizierungstheorie davon aus, daß alle Kreolsprachen strukturell im wesentlichen auf ein westafrikanisches Handels-Pidgin zurückgeführt werden können. Bestimmte Küstenregionen Westafrikas waren lange der Hauptumschlagplatz des überseeischen Sklavenhandels. Dort hatte sich zwischen den Händlern schon vorher tatsächlich eine portugiesisch grundierte, reduzierte Verkehrssprache herausgebildet, die sich über einen längeren Zeitraum hinweg als Pidgin stabilisierte. Dieses Pidgin hätten die in Westafrika auf ihre Deportation wartenden Sklaven erlernt, mit in die Kolonien gebracht und später lediglich mit Wortschatz-Elementen aus der jeweiligen Kolonialsprache neu bestückt (relexifiziert).

Neuere, evolutionäre Theorien definieren Kreolsprachen in erster Linie als diachrone Fortsetzer der jeweiligen Kolonialsprachen. Aus einer vereinfachten und umstrukturierten Verkehrsvarietät mit Pidginqualität, aber nicht unbedingt Pidginstatus, entwickelte sich eine strukturell und lexikalisch komplexe Muttersprache für die in den Kolonien geborenen Kinder, wobei möglicherweise das Substrat ehemaliger (z.B. afrikanischer) Mutter- und weiterer Kontaktsprachen eine Rolle spielte. Auffallend gegenüber den Verhältnissen beim ‚normalen' Sprachwandel sei allerdings der schnell, manchmal innerhalb von zwei Generationen erfolgte und deutliche strukturelle Bruch gegenüber der Kolonialsprache. Umstritten ist, als wie stark der Einfluß der Substrat- und Kontaktsprachen jeweils zu bewerten ist. Vor allem im grammatischen Bereich sind in vielen Kreolsprachen tatsächlich Strukturen zu finden, die es auch in afrikanischen Sprachen gibt (wie z.B. die Nachstellung des Artikels bei Nomina). Ein weiterer strittiger Punkt ist die Annahme einer Pidgin-Stufe vor Entstehung einer Kreolsprache, denn es gibt Kreolsprachen, für deren Entstehung die Zwischenstufe eines Pidgin nicht anzunehmen ist. Dies gilt z.B. für alle französischen Kreolsprachen (s.o.).

Die wohl spektakulärste und im Kontext der generativen Grammatik stehende Hypothese formulierte Anfang der 80er Jahre D. BICKERTON. Bei der Entstehung von Kreolsprachen habe sich das angeborene ‚Bioprogramm Sprache' (engl. *bioprogramm for language*) in Reinform manifestiert: Die Kinder der Sklaven seien im Spracherwerb einem defizitären und rudimentären Input ausgesetzt worden und deshalb gezwungen gewesen, mit Hilfe des angeborenen Teils ihrer Sprachkompetenz eine ‚richtige', d.h. komplett neue Sprache aus dem Nichts zu ‚erfinden'. Diese entwickelte sich ungebremst, weil weder die Eltern noch sprachnormierende Instanzen Einfluß darauf nehmen konnten. Die grammatischen Strukturen, die den Kreolsprachen gemeinsam seien, könne man als formale Spur des abgelaufenen Bioprogramms betrachten.

8.5. Reader zur Varietätenlinguistik

Text A: Schulen der Soziolinguistik

aus: SCHLIEBEN-LANGE, B.: *Soziolinguistik. Eine Einführung.* Stuttgart, ³1991. S. 38 ff.

1. Bilinguismus- und Diglossie-Studien (1966)

Joshua Fishman: >Language Loyalty in the United States< (1966)
In diesem monumentalen Werk untersucht Fishman mit einigen Mitarbeitern die verschiedenen Aspekte dessen, was er für den hervorstechendsten Zug der USA hält: des Zusam-

menwachsens aus verschiedenen Sprach- und Volksgruppen. Die USA sind gekennzeichnet durch zwei gegensätzliche, nebeneinander bestehende Strömungen, einerseits die integrative Kraft des »American Dream«, des Traums von einem Leben in Freiheit und Toleranz, andererseits die Bewußtwerdung der eingewanderten Minderheiten, die erst in der fremden Umgebung ihre »groupness« erfahren. In diesem Spannungsfeld spielt sich das Schicksal der Sprachen dieser die USA bildenden Einwanderergruppen ab. Aufgrund verschiedener Faktoren (vor allem wichtig: Rolle der Religionsgemeinschaften; »attitudes«) kommt es entweder zum »language shift« (= Aufgabe der Sprache) von der dritten Generation nach der Einwanderung ab oder zu einem verstärkten Gruppenbewußtsein und zur »language maintenance« (= Beibehaltung der Sprache). [...]

Charles Ferguson: >Diglossia< (1959)
Ferguson führt den Begriff der Diglossie ein, um damit eine ganz bestimmte sprachliche Situation zu bezeichnen: Zwei Formen *derselben* Sprache (seine Beispiele sind: das Griechische; das Arabische; das Schweizerdeutsche; Französisch und Créole auf Haiti) sind in ihrer Verwendung stark spezialisiert: die »high variation« wird in der Kirche, in der Politik, an der Schule und Hochschule, in den Radionachrichten und in der Presse, weiterhin in der Dichtung verwendet, das heißt also bei allen offiziellen Anlässen und im schriftlichen Gebrauch; sie ist sanktioniert durch eine religiöse oder »klassische« Tradition. Die »low variation« ist dagegen die Volkssprache (Familie, Freunde); sie wird in nicht-offiziellen Situationen mündlich verwendet und hat keine schriftliche Form entwickelt.
Der Begriff der Diglossie wird von Fishman erweitert auf jede sprachliche Situation, in der eine funktionelle Differenzierung zwischen dem Gebrauch zweier verschiedener Sprachformen (die nicht [...] Formen ein- und derselben Sprache zu sein brauchen) vorliegt. Er unterscheidet deutlich zwischen der sozialen Funktionszuweisung (Diglossie) einerseits und der individuellen zweisprachigen Kompetenz (Bilinguismus). Daraus ergibt sich eine Kreuzklassifikation von Diglossie und Bilinguismus und das gleichzeitige Vorhandensein von Diglossie und Bilinguismus wäre ein Sonderfall. Diese Erweiterung des Diglossie-Begriffs ist nicht nur auf Gegenliebe gestoßen: der Begriff sei dadurch verwässert und nicht mehr aussagekräftig. Eine noch radikalere Kritik ist in der katalanischen Soziolinguistik geäußert worden, wo sehr grundsätzlich in Zweifel gezogen worden ist, daß es solche stabilen komplementären Funktionszuweisungen überhaupt gebe. Die katalanischen Soziolinguisten prägten demgegenüber den Begriff »Sprachkonflikt« *(Llengues en conflicte),* der mit der Normalisierung oder dem Untergang einer Sprache endet. [...] Trotz dieser Schwierigkeiten war der Diglossiebegriff eines der fruchtbarsten Konzepte bei der Erschließung von Situationen, in denen mehrere Varietäten oder Sprachen nebeneinander bestehen.

Wallace Lambert: >A Social Psychology of Bilingualism< (1967)
Lambert hat in zahlreichen Versuchen mit einigen Mitarbeitern die »matched guise technique« entwickelt, die eines der brauchbarsten Instrumente der soziolinguistischen Forschung geworden ist. Bei dieser Technik geht es darum, die Korrelation von Gebrauch einer Sprache und politischen, sozialen, kulturellen Wertvorstellungen festzustellen. In der hier besprochenen Untersuchung (einer von zahlreichen) geht es um die Einschätzung von frankophonen und anglophonen Kanadiern.

> Kanadiern aus beiden Gruppen wurden englische und französische Sprachproben vorgespielt, die in Wirklichkeit von zweisprachigen Sprechern gesprochen worden waren, den Hörern jedoch als Sprachproben von verschiedenen Personen vorgestellt wurden. Nun

sollten die Hörer aufgrund dieser Sprachproben die Sprecher in Hinsicht auf ihren Sozialstatus und ihre Charakterzüge einordnen. Es zeigte sich, daß sowohl anglophone als auch frankophone Kanadier die englischen Sprecher deutlich höher einschätzten als die französischen Sprecher (obwohl es sich ja in Wirklichkeit um dieselben Personen handelte!). Die Englischsprecher seien größer, intelligenter, verläßlicher, freundlicher, ehrgeiziger, hätten mehr Charakter und sähen besser aus. Die frankophonen Hörer äußerten die gleichen Urteile nur mit dem Unterschied, daß sie ihre eigenen Gruppenmitglieder in Hinsicht auf Freundlichkeit und Religiosität höher einstuften.

Es handelt sich also um eine ausgezeichnete Methode, Einschätzungen von Sprachen oder sprachlichen Subsystemen in einer Gesellschaft festzustellen. Mit dieser Technik wird heute sehr häufig in soziolinguistischen Untersuchungen gearbeitet. [...]

2. Untersuchungen von eng umgrenzten Sprachgemeinschaften (Urban Language Studies)

Die erste größere Untersuchung, die sich mit dem Black English befaßte und da wieder besonders mit seinem Statuswert, war Putnam – O'Hern 1955. Seitdem sind zahlreiche Monographien dieser Art erschienen, wobei die von William Labov an Umfang und theoretischer Bedeutung herausragen.

William Labov: >The Social Motivation of a Sound Change< (1963)
Bei dieser Untersuchung handelt es sich nicht um die Beschreibung einer Stadtsprache, sondern um die Sprachgewohnheiten einer Insel: Martha's Vineyard/Massachusetts. Wenn wir sie trotzdem im Zusammenhang der Stadtsprachenuntersuchungen erwähnen, so deshalb, weil dort für Labov charakteristische Gedankengänge [...] zum ersten Mal entwickelt werden.

Die Bewohner der untersuchten Insel setzen sich aus vier Gruppen zusammen: den alteingesessenen Bewohnern englischer Herkunft, portugiesischen Einwanderern, Indianern und neuen Siedlern verschiedener Herkunft. Die erste Gruppe hatte das höchste Prestige auf der Insel und lebte vom Fischfang. Da die Insel aber keine Industrie hatte, war sie zunehmend darauf angewiesen, sich auf Tourismus umzustellen. Soweit die äußeren Umstände. Nun gibt es eine merkwürdige Erscheinung: die englischen Diphthonge /ai/ und /au/ (früher *ei / ou*) wurden in besonders konservativen Gegenden Neuenglands noch *ei* und *ou* ausgesprochen, so auch in Martha's Vineyard. Um 1930 setzte eine Angleichung an die modernere Form ein. Nun stellt sich aber heraus, daß die Generation der 30- bis 40jährigen ausschließlich (und sogar hyperkorrekt) die alte Form benutzt – die jüngste Generation kehrt wieder zur modernen Aussprache zurück. Ein weiteres merkwürdiges Phänomen ist, daß die ältere Generation portugiesischer Einwanderer die konservative Aussprache nicht angenommen hatte, wohl aber die jüngste. Die konservative Aussprache wird also gebraucht von den Neuengländern der mittleren Generation und von den Portugiesen der jüngsten Generation.

Die Erklärung, die Labov für diese Verteilung der Aussprachevarianten gibt, ist folgende:

Die mittlere Generation des wichtigsten Bevölkerungsteils ist diejenige, die sich gegen die Umstellung auf Tourismus wehrte und den alten Insellebensstil mit Fischerei als Haupterwerbsquelle beibehalten wollte. Ein (unbewußtes) Symbol dieser konservativen Einstellung wird die Aussprache der Diphthonge /ai/ und /au/. Die jüngste Generation hat sich dagegen mit dieser Entwicklung abgefunden. Die portugiesische Bevölkerung, die daran gewöhnt war, daß die Neuengländer auf der Insel das höchste Prestige hatten, sind enttäuscht über die Anpassung an den Tourismus und fühlen sich nun ihrerseits als Bewahrer der Tradition der Insel – so verwenden sie (wieder unbewußt) die konservativen Symbolformen.

Die Erklärung solcher Erscheinungen durch Einstellungen und die Ausweitung in die historische Dimension ist typisch für Labovs frühe Arbeiten.

William Labov: >The Social Stratification of English in New York City< (1966)
In dieser großangelegten Untersuchung überprüft Labov die Verwendung einiger sprachlicher Variablen in vier Schichten (»lower class«, »working class«, »lower middle class«, »upper middle class«) in fünf verschiedenen Sprechsituationen: zwangloser Sprechweise, gewählter Sprechweise, Vorlesestil, Wortlisten, Aussprache von Minimalpaaren. Das merkwürdigste Ergebnis dieser Arbeit ist, daß die Diagramme für die einzelnen sprachlichen Variablen alle einen charakteristischen Knick aufweisen; je bewußter die Sprechweise nämlich wird (vom Vorlesen ab), desto korrekter sprechen die Vertreter der »lower middle class«. Sie sind [...] ängstlicher um die Prestigenorm bemüht als die Mitglieder der »upper middle class«. [...]:

Diese Erscheinung [...] des Hyperkorrektismus bei der »lower middle class« weisen auf die zentrale Bedeutung der Orientierung an Prestigenormen hin.

3. Ethnography of Communication

Diese dritte Richtung der amerikanischen Soziolinguistik ist stark abhängig vom symbolischen Interaktionismus. Ihr zentrales Interesse ist die Einbettung sprachlicher Handlungen in Interaktionssituationen: Gegenstand der Soziolinguistik müßte die kommunikative Kompetenz sein, die sprachliche Interaktion steuert. Diese Sprachhandlungen finden statt im Rahmen einer »speech community« (Sprachgemeinschaft), deren Grenzen durch den Radius der gemeinsamen Interaktion bestimmt sind und die sich aufgrund dieses Interaktionsradius selbst definiert. Eigentlicher Gegenstand der Untersuchung wäre die Einheit des »speech event«, also einer Kommunikationseinheit [...].
Innerhalb der »speech events« lassen sich wieder »speech acts«, also einzelne sprachliche Handlungen, unterscheiden. Um diese Unterscheidung zu verdeutlichen: Eine Diskussion wäre z. B. ein »speech event«, eine einzelne Behauptung, Frage, Beschuldigung usw. im Rahmen dieser Diskussion wäre ein »speech act«. Es wäre denkbar, die Ethnography of Communication direkt an die Sprechakttheorie von Austin und Searle anzuschließen.

Jan-Petter Blom – John Gumperz: >Social Meaning in Linguistic Structure: Code Switching in Norway<, (1972)
Gumperz beschäftigt sich in seinen meisten Arbeiten mit der sprachlichen Situation in Indien. Hier soll aber eine seiner Arbeiten zur Situation in Norwegen exemplarisch besprochen werden. In Norwegen bestehen zwei Sprachformen beharrlich nebeneinander: die lokalen Dialekte und Bokmäl, die Standardsprache. Sie bilden gemeinsam das sprachliche Repertoire der Norweger [...]. In welchen Situationen wird nun welche Sprachform verwendet? Die Verfasser unterscheiden zwischen dem »situational switching«, dem Wechsel zwischen den beiden Varietäten, der von der Situation abhängig ist, und dem »metaphorical switching«, das situationsunabhängig ist und stilistischen Wert hat. Was das »situational switching« betrifft, so unterscheiden die Verfasser drei Faktoren: »setting« (= Ort, z. B. Docks, Geschäfte, Schule ...), »situation« (= bestimmt durch interagierende Personen), »event« (= bestimmt durch Themen). [...]

Beim »metaphorical switching« dagegen trägt man etwas aus den Verwendungsbedingungen der einen Sprachform in die eigentlich anders definierte Situation, z. B. beim Verwenden von Dialektformen eine Spur von Vertraulichkeit.

In dem untersuchten norwegischen Ort erfolgt der Wechsel zwischen den beiden Formen vor allem nach Maßgabe des Themas. Weiterhin hat die lokale Dialektform ein hohes Prestige als Symbol für die unhierarchische Lebensform der kleinen Stadt. Ein erstaunliches Ergebnis ist, daß Studenten aus Hemnesberget, die in den Ferien heimkommen, wohl die positive Beurteilung des Heimatdialekts beibehalten, auch der festen Meinung sind, sie sprächen ihn, in Wirklichkeit aber eine der Standardsprache stark angenäherte Sprachform verwenden, in die nur einige typische Formen des Heimatdialekts eingestreut sind. [...]

Eine Frage, die sich durch die besprochenen drei Richtungen der amerikanischen Soziolinguistik quer durchzieht, ist die nach Sprachfunktionen und Sprachbereichen, also nach den Variablen der Sprechsituation. In der Bilinguismus-Forschung wurde die Frage so gestellt: Gibt es bestimmte »language domains«, Bereiche, die mit den verwendeten Sprachen korrelieren? Solche Lebensbereiche, denen verschiedene Sprachen zugeordnet sein können, wären zum Beispiel: Familie, Straße, Schule, Kirche, Literatur, Presse, Militär, Gericht, Verwaltung? In der Fragestellung der Untersuchung von Sprachgemeinschaften im Sinne von Labov ergibt sich in dieser Hinsicht das Problem der »contextual styles«. Labov unterscheidet fünf Stilniveaus: zwanglose Sprechweise, gewählte Sprechweise, Vorlesestil, Wortlisten, Minimalpaare. Damit erfaßt er aber im Gegensatz zu den anderen Richtungen nur eine Variable der Sprechsituation, nämlich das Maß an Bewußtheit beim Sprechen. Im Frageinteresse der >Ethnography of Communication< steht das einzelne Sprechereignis (»speech event«) im Mittelpunkt. Dieses Sprechereignis wird durch bestimmte Faktoren gebildet: Sprecher und Hörer, Thema, Ort, Kanal (face-to-face, Telefon, Brief ...) usw. [...] Im Grunde geht es in allen drei Richtungen um den Versuch, die Variablen der Sprechsituation in den Griff zu bekommen, die die Auswahl der einen oder anderen Sprachform bestimmen.

Text B: Die sprachliche Gliederung der Romania

aus: RENZI, L.: *Einführung in die romanische Sprachwissenschaft*. Tübingen, 1980. S. 88 ff.

1. Die romanischen Sprachen belegen ein zusammenhängendes Gebiet vom Westen nach Osten, d.h. von Portugal nach Italien. Dazu kommen einige große Inseln des Mittelmeers: die Balearen, Korsika, Sardinien, Sizilien. An der jugoslawischen Adriaküste gab es ehemals das Dalmatische [...]. [...]

Innerhalb dieser kontinuierlichen Zone gibt es einige anderssprachige Enklaven. Die bedeutendsten davon sind: das Baskische in den Pyrenäen zwischen Frankreich und Spanien (ein Fall von Konservation oder richtiger: des Widerstandes gegen die Romanisierung); das Bretonische in der im Nordwesten Frankreichs gelegenen Bretagne (eine Folge mittelalterlicher Kolonisation, die von den britischen Inseln ausgegangen war); deutsche Sprachinseln und Sprachhalbinseln in Frankreich und in Italien (zurückzuführen auf mittelalterliche Besiedlung oder auf Veränderungen aus neuerer Zeit); das Albanische in Süditalien [...]; das Griechische in Apulien und Kalabrien (zurückzuführen auf Kolonisationen und vielleicht auch auf Reste, die sich seit der Antike dort erhalten haben).

Eine große isolierte Zone bildet schließlich im Osten das heutige Rumänien (mit [...] Moldau und Ukraine, den rumänischsprachigen Gruppen Jugoslawiens und den zerstreuten Dialekten in Istrien und in Albanien, Jugoslawien und Griechenland).

Dieses ganze Gebiet nennt man die Romania.

Vergleicht man die heutige Romania mit dem lateinsprachigen Gebiet des Imperium Romanum [vgl. 8.3.1., Karte 1] dann stellt man fest, daß das Lateinische nicht überall fortgesetzt worden ist. Dies gilt für das berberische und in der Folge arabisierte Nordafrika sowie für die später germanisierten Gebiete nördlich der Alpen bis zur Donau und jenseits des Rheins. Man spricht hier von der verlorenen Romania. Die neue Romania umfaßt die romanischsprachigen Territorien, wo die romanischen Sprachen nicht durch Romanisierung, sondern erst später eingeführt wurden. Eine Rolle spielte dabei vor allem die Kolonisation, durch die das Spanische nach Mittel- und Südamerika, das Portugiesische nach Brasilien, das Französisch auf die Antillen und nach Kanada gebracht wurden. Es gibt jedoch auch Ereignisse anderer Art, z.B. die Ansiedlung spanischsprachiger jüdischer Gemeinden auf dem Balkan im 15. Jahrhundert, nach ihrer Vertreibung von der iberischen Halbinsel. [...]

Zu nennen sind sodann auch die Kreolensprachen und die *pidgins* (oder *sabir*). [...] Ein im französischen Afrika verbreitetes Pidgin auf französischer Basis ist das *petit nègre*. [...]

Eine Einteilung der romanischen Sprachen [...] wirft die schwierigsten Probleme der vergleichenden Sprachwissenschaft und der Typologie auf. [Es] wird eine rein geographische Klassifikation letzten Endes zumeist vorgezogen [...]:

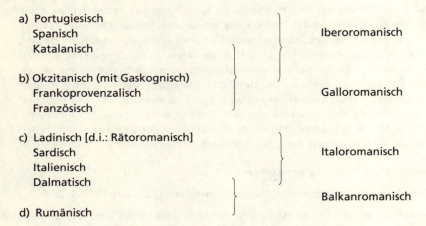

a) Portugiesisch
   Spanisch
   Katalanisch
   } Iberoromanisch

b) Okzitanisch (mit Gaskognisch)
   Frankoprovenzalisch
   Französisch
   } Galloromanisch

c) Ladinisch [d.i.: Rätoromanisch]
   Sardisch
   Italienisch
   Dalmatisch
   } Italoromanisch

d) Rumänisch
   } Balkanromanisch

Zu beachten ist die „Brückenstellung", die das Dalmatische zwischen dem Balkanromanischen und dem Italoromanischen, das Katalanische zwischen dem Galloromanischen und dem Iberoromanischen einnimmt. Dieselbe Stellung halten zwischen dem Italoromanischen und dem Galloromanischen die galloromanischen Dialekte (d.h. die Dialekte Norditaliens mit Ausnahme des Venzianischen).

Text C: Regionalsprachen in Frankreich

aus: Müller, B.: *Das Französische der Gegenwart*. Heidelberg, 1975. S. 9 ff.

2. Die sprachliche Gliederung Frankreichs

Folgende nichtfranzösische Regional- oder ethnische Sprachen sind in der sprachlichen Gliederung Frankreichs zu berücksichtigen:

A) Romanische Sprachen

1. **Das Okzitanische** *(l'occitan, langue occitane)* im Midi. Im Gegensatz zum Französischen des Nordens, der *Langue d'oïl,* auch *Langue d'oc* genannt (Bezeichnungskriterium: die unterschiedliche Bejahungspartikel). Die Bezeichnung *Provenzalisch* (*le provençal, langue provençale*) ist mehrdeutig (a. «Okzitanisch insgesamt», b. «Dialekt der Provence», c. «Sprache der Trobadorpoesie», d. «Schriftsprache des Félibrige, auf der Basis des Unterrhonischen»), sprachwissenschaftlich unbrauchbar und veraltet (außer in Anwendung auf b. und d.).

Die heutige Sprachgrenze zwischen Okzitanisch und Französisch [...], in der Regel [...] ein breiter Gürtel von Übergangsmundarten [...], verläuft längs der Gironde, biegt nach NO, folgt dem Bogen des Massif Central, überschreitet die Rhone südlich von Vienne und erreicht südöstlich von Grenoble den Alpenkamm. [...] [Es] macht das okzitanische Sprachgebiet ca. 1/3 des französischen Territoriums aus. [...]

In einer fortdauernden Tendenz hat sich die Sprachgrenze zwischen Langue d'oïl und Langue d'oc im Lauf der Jahrhunderte stetig nach Süden verschoben. [...]

Die Nord-Süd-Expansion des Französischen hält an, heute mit der Besonderheit, daß sich statt französischer Dialekte der gemeinsprachliche Typus ausbreitet und daß – seit dem 19. Jh. – auch alle größeren Städte des Midi frankophone Zentren bilden, deren Radien weit ins Umland ausgreifen. Rhoneabwärts hat die Französisierung okzitanischer Dialekte in einigen wesentlichen Zügen bereits in breiter Front das Mittelmeer erreicht. Mit der Schrumpfung des Sprachgebiets korrespondiert ein allgemeiner Niedergang des Okzitanischen seit dem Spätmittelalter, der verwundert, wenn man sich seine Ausgangsposition vergegenwärtigt. [...] Den Niedergang haben sowohl äußere wie innere Gründe verursacht:

– **Äußere:** Der Verlust der politischen Eigenständigkeit des Midi [...]; der Verfall der meridionalen Feudalstruktur, der gesellschaftlichen Basis der Trobadorpoesie; die wachsende politische, wirtschaftliche und kulturelle Machtfülle des *Roi de France*; die Anziehungskraft und Ausstrahlung des königlichen Hofes auf Provinzadel und Großbürgertum der Städte; die Organisation der französischen Verwaltung; die Begünstigung des Französischen durch die Reformation Calvins; der ökonomische und soziale Rückfall des Midi gegenüber dem Norden.

– **Innere:** Das Unvermögen des Okzitanischen, neben einer gewissen literarischen Koiné eine allgemein anerkannte *langue commune* («Schriftsprache») zu entwickeln; das Fehlen eines überragenden Zentrums und Sprachmodells (vgl. die Rolle von Paris für das Französische, die von Florenz für das Italienische), statt dessen Rivalität und zunehmende Differenzierung der Dialekte; wachsende Diskrepanz zwischen gesprochenem und geschriebenem Okzitanisch; Rückzug auf gruppensprachliche Bereiche (Familie, Haus, Handwerk, Dorf) und auf die Funktion einer – gesellschaftlich entsprechend zurückgestuften – *langue parlée* («Patois»).

Romantisierenden Versuchen in der zweiten Hälfte des 19. Jhs., das okzitanische Schrifttum wieder auf die Höhe der Weltliteratur anzuheben und auf der Grundlage des Unterrhonischen eine moderne Gemeinsprache zu schaffen (Mistral, *Félibrige*), war kein Dauererfolg beschieden. Wissenschaftlich fundierter und praktisch tragfähiger erscheinen die – auf das Languedokische gestützten – Bemühungen der Gegenwart, das Diasystem der Dialekte durch ein *occitan de référence* (auch *occitan standard*) zu überbrücken, dessen Schreibnormen sich inzwischen weithin durchgesetzt haben. Organisatorische Mitte dieser okzitanischen Renaissance ist das Institut d'Estudis Occitans.

2. **Das Katalanische** im Roussillon und in der Cerdagne, dem heutigen Dép. Pyrénées-Orientales, mit dem Zentrum Perpignan. Die Zahl der Katalanophonen beläuft sich auf ca. 200000.

Innerhalb des Gesamtkatalanischen [...] repräsentieren sie den roussillonesischen Dialekt *(le roussillonnais)*. Das Sprachgebiet ist erst im Pyrenäenfrieden 1659 an die französische Krone gefallen; die Sprachgrenze zum Okzitanischen (Languedokisch) folgt ziemlich genau der ehemaligen spanisch-französischen Grenze. Die Position des Katalanischen gegenüber der französischen *langue commune* ist in bestimmten gruppensprachlichen und funktionellen Bereichen bemerkenswert stabil (historische Solidarität der katalanophonen Minderheit gegen den politischen und sprachlichen Druck der Großmächte Frankreich und Spanien, *Renaixença* der katalanischen Literatur im 19. Jh., damit zusammenhängend um 1900 Fixierung einer modernen «Schriftsprache» auf der Grundlage des Barcelonesischen).

3. **Das Italienische** berührt das französische Territorium in [...] Talschaften nördlich von Menton. Im Mittelalter war Monaco als ligurische Kolonie italophon; erst mit der Revolution von 1789 wurde Französisch an Stelle des Italienischen Amtssprache. Das Provenzalische von Nizza bis Menton ist noch immer deutlich italienisch gefärbt, dazu kommt eine gewisse Präsenz von Italienern längs der Côte d'Azur bis Marseille.

Als *langue régionale* kommt das Italienische heute nur noch auf Korsika in Betracht [Korsisch selbst ein Ableger des Toskanischen; Bonifacio: Genuesisch]. Obwohl Amtssprache, macht das Französische auf der Insel, die seit 1768 in französischem Besitz ist, nur langsam Fortschritte. [..]

B) Nichtromanische Sprachen

1. **Das Baskische** *(le basque;* nach der baskischen Benennung auch *l'euskara, euskera;* langue *euskarienne, euscarienne)* im Dép. Basses-Pyrénées, südlich der Linie Oloron-Bayonne bis zur französisch-spanischen Grenze auf dem Pyrenäenkamm. [...]

Bloß 1/7 der baskischen Sprachgemeinschaft lebt auf französischem Territorium; die Mehrheit verteilt sich auf die spanischen Provinzen Navarra, Guipûzcoa und Vizcaya. Auf spanischer Seite, wo der Schrumpfungsprozeß schneller voranschreitet, ist deutlicher zu erkennen, daß die heutigen Verbreitungszonen beidseits der Pyrenäen typische Rückzugsgebiete darstellen. Immerhin ist das Baskische aber neben dem Griechischen in Unteritalien die einzige ältere Sprache, die es fertiggebracht hat, sowohl die Romanisierung wie auch die Umklammerung durch romanische Idiome bis heute zu überstehen. Außer durch seine Resistenz beeindruckt das Baskische durch seine vom indogermanischen Typus abweichende Sprachstruktur. Die genealogische Zuordnung, eine klassische Streitfrage der historischen Sprachwissenschaft, ist noch immer ungeklärt, trotz der Entdeckung lexikalischer Affinitäten zum aquitanischen Substrat in Frankreich, zu kaukasischen Sprachen und zu einer vorhistorischen afro-mediterranen Sprachschicht.

2. **Das Bretonische** *(le breton,* nach der bretonischen Benennung auch *le breiz)* in der Bretagne (Dép. Finistère, Westhälften der Dép. Côtes-du-Nord und Morbihan).

Die Grenze zum Französischen (*Dialectes du Nord Ouest*) verläuft jetzt etwa auf der Linie Vannes-Plouha, mit der seit dem Mittelalter beobachtbaren Tendenz langsamen Rückweichens nach Westen. Besonders an der Südküste dringt das Französische vor. Häfen wie Brest, Concarneau, Lorient, und größere Städte bilden auch hinter der Sprachgrenze bereits frankophone Zentren. [...]. Dem Rückgang – in den letzten hundert Jahren fast 50 %

– wird wie im okzitanischen Midi durch aktive Förderung der *langue régionale* entgegengewirkt. Das Bewußtsein der Eigensprachigkeit ist stark entwickelt; Bretonen haben zusammen mit Basken und Okzitaniern die Rehabilitierung der Regionalsprachen nach 1945 durchgesetzt.

Genealogisch gehört das Bretonische zum *Inselkeltischen,* und zwar zum *Britannischen.* Es wurde im 5./6. Jh. von Einwanderern, die unter dem Druck der germanischen Invasion die Britannia verließen, nach der *neuen Britannia* gebracht. Im Gegensatz zur These von der Diakontinuität (vollständige Romanisierung der Halbinsel vor der Völkerwanderungszeit) schließen neueste Forschungen [Falc'hun] ein Fortleben des Festlandkeltischen (*Gallischen*) in der Bretagne bis zur Fusion mit dem Inselkeltischen der Einwanderer nicht mehr aus.

3. **Das Flämische** *(le flamand)* im N des Dép. Nord, mit dem Zentrum Hazebrouck.

Zum geschlossenen Siedlungsgebiet flämischer Sprache, das die belgisch-französische Grenze östlich Dünkirchen überspringt, kommen flämische Kolonien in den Industrierevieren von Lille, Roubaix und Tourcoing (Zuwanderung von Arbeitskräften). [...]

Anders als im benachbarten Belgien nimmt das Flämische gegenüber dem Französischen ab, das sich nicht bloß als einzige offizielle Sprache durchsetzt, sondern auch als *langue véhiculaire* einer linguistisch heterogenen Industriepopulation anbietet [neben Flamen und Franzosen verschiedener Dialekte starke Kontingente polnischer, nordafrikanischer und anderer Zuwanderer].

4. **Das Deutsche** in Ostlothringen und im Elsaß (Dép. Moselle, Bas-Rhin, Haut-Rhin). [...]

Die Sprachgrenze folgt heute etwa der Linie Thionville, Sarrebourg, Schirmeck, Vogesenkamm, Altkirch, Schweizer Grenze, mit stärkerer Rückzugstendenz im lothringischen Teil (Industrierevier!). Die Französisierung der Städte hat auch innerhalb des deutschsprachigen Bereichs große Fortschritte gemacht.

Linguistisch ungenau – das Lothringer Deutsch gehört überwiegend zum rheinfränkischen Dialekt – spricht man im Französischen zusammenfassend vom *Elsässischen* (*L'alsacien*).

Insgesamt ergibt das Verteilungsbild unter Einschluß des Französischen für das europäische Staatsgebiet nicht weniger als 4 romanische und 4 nichtromanische Sprachen. Mit 8 Sprachen auf seinem Territorium übertrifft Frankreich die viersprachige Schweiz um das Doppelte. Die zentralistische Struktur des Landes und das enorme Prestige des Französischen trüben im allgemeinen den Blick dafür, daß man es zu tun hat mit einem der sprachlich mannigfaltigsten Staaten Europas, dessen Polyglossie nur der Vielvölkerstaat Rußland noch übertrifft.

Text D: Diatopische Varietäten des Französischen in Europa (Belgien, Schweiz)

aus: Walter, H.: *L'aventure des langues en occident.* Paris, 1994. S. 272 ff.

Le français en Belgique

Très proche du français parlé en France, le français de Belgique est néanmoins reconnaissable à quelques traits de prononciation, à de rares traits grammaticaux et à certaines particularités lexicales.

Parmi les traits de prononciation qui permettent d'identifier « l'accent » belge, signalons:
– la permanence de quatre voyelles nasales avec, en particulier, une nette distinction entre les voyelles de *brin* et de *brun;*

– la présence générale de voyelles longues dans *baie, fée, fête, mie, rue, boue*;
– la prononciation syllabique du *i* de *lion* (prononcé *li-on*), *avion* ou *marié*, du *u* de *tuer*, *nuée*, du *ou* de *nouer* et de *Louis*;
– la prononciation de *u* comme *ou* dans *huit* ou dans *buis*, qui rime avec *cambouis*.

Ces différences de prononciation ne sont pourtant jamais sources de difficultés dans la communication entre Belges et Français.

En revanche, il faudra se méfier de certains mots qui existent dans les deux pays, mais avec des sens différents:

En Belgique	En France	En Belgique	En France
bonbons	biscuits secs	vidanges	verres consignés
chiques	bonbons	farde (n.f.)	dossier, chemise
chicons	endives	aubette	kiosque à journaux
endive	scarole	sonner	téléphoner
pralines	petits chocolats fourrés	amigo	prison, cachot
		amitieux	affectueux
déjeuner	petit déjeuner	pigeonnier	poulailler
dîner	déjeuner (au théâtre)	cru (adj.)	froid et humide
souper	dîner	septante	soixante-dix
veau de mars	giboulée d'avril	nonante	quatre-vingt-dix
liche, lichette	languette de tissu servant à suspendre un vêtement	salade de blé	mâche

Le français de Belgique n'est pas le wallon

Il ne faudrait évidemment pas confondre le français de Belgique avec le wallon, qui est un dialecte d'oïl que l'on trouve également en France, de l'autre côté de la frontière, mais qui est beaucoup plus vivant en Belgique, où il est parlé dans les provinces de Liège et de Namur, dans le sud du Brabent et dans une partie des provinces de Haunaut et de Luxembourg. Une littérature en wallon s'est développée à partir du XVIe siècle, elle est considéré comme la plus riche du domaine d'oïl et elle est encore bien vivante.

Le français en Suisse

C'est vers la fin du XIIIe siècle que la langue française a remplacé le latin dans l'administration et le commerce. La propagation du français a ensuite progressé avec la Réforme, tout d'abord à Genève, Lausanne et Neuchâtel, reléguant les parlers francoprovençaux dans les cantons du Valais, de Fribourg et du Jura. Il n'existe pas en Suisse d'organisme officiel régissant la langue française à la manière de l'Académie française ou de la Délégation à la langue française, mais deux associations privées se chargent de veiller à sa défence : l'Association des écrivains rhodaniens et l'Alliance culturelle romande.

Parmi les particularités de prononciation, les Suisses partagent certains traits avec les Belges : par exemple, la voyelle est ouverte dans *pot* ou *sabot* (comme dans *porte* ou *botte*) et la différence entre *patte* et *pâte* est une différence de longueur et non de timbre. Cependant il n'existe pas une variété de français commune à l'ensemble de la Suisse romande. A Genève, par exemple, rares sont ceux qui font une différence entre le *o* de *pot* et le *o* de *peau*.

En ce qui concerne la grammaire, la Suisse se signale par un usage très vivant du surcomposé, aussi bien dans une proposition subordonnée (*Quand il a eu mangé...*) que dans une indépendante (*Ce couteau, il a eu coupé...*).

Pour le lexique on peut citer :
guichue   « chevelure ébouriffée »
pive   « cône de sapin, pomme de pin »
panosser   « passe la serpillière »
bisse   « canal d'irrigation »
gouille   « flaque d'eau »
réduire   « remiser, ranger » (par exemple une voiture)

Text E : Diatopische Varietäten des Französischen außerhalb Europas (Kanada)

aus: Walter, H.: *L'aventure des langues en occident*. Paris, 1994. S. 252 ff.

Le français traverse l'Atlantique

Si, au cours du XVIIe siècle, le français a bénéficié d'apports venus d'au-delà des mers, il a également commencé à cette époque à faire souche en Amérique.

Dès 1534, Jacques Cartier, parti de Saint-Malo avait pris possession du Canada au nom du roi de France François Ier, mais la colonisation – et donc l'implantation de la langue française – n'a vraiment commencé qu'au tout début du XVIIe siècle. La lutte avec l'Angleterre s'étant soldée par la perte de l'empire colonial français n'a pu se maintenir que dans une partie du Canada. Aujourd'hui les francophones sont massivement majoritaires au Québec (86 %), mais ne constituent qu'une minorité dans les territoire acadiens : 36 % au Nouveau-Brunswick et moins de 3 % en Nouvelle-Écosse. Dans l'Ontario, le groupe francophone est assez important, surtout dans le nord et le long de la frontière avec le Québec, tandis que dans les provinces de l'Ouest, les francophones sont partout très minoritaires.

Le français au Canada

Qu'il soit québécois, acadien ou d'une autre province, le français du Canada se reconnaît à la fois à sa prononciation et à son vocabulaire qui varie aussi d'une région à l'autre. Il y a par exemple trois mots pour désigner la bouilloire : *coquemar*, vieux mot français qui était en usage partout jusqu'au XVIIIe siècle, mais qui ne s'emploie plus que dans la région acadienne, *bombe*, qui est surtout répandu dans le nord du Québec, et *canard*, dans l'ouest.

Certaines locutions se retrouvent dans des régions de France, de Belgique ou de Suisse, comme par exemple *il fait cru* « il fait froid et humide », *couverte* pour « couverture », *dîner* pour le repas de midi et *souper* pour celui du soir. D'autres expressions semblent plus spécifiques : *placoter* « bavarder », *maganer* « maltraiter », *garocher* « lancer », *achaler* « importuner », *trâlée* « grand nombre », ou encore *parler à travers son chapeau* « dire des bêtises », cette dernière expression étant un calque de l'anglais, tout comme *tomber en amour* « tomber amoureux » ou *être dans l'eau bouillante* « être dans le pétrin ».

Pourtant, bien souvent, la résistance à l'anglais se manifeste beaucoup plus nettement qu'en France : par exemple les Québécois francisent systématiquement la terminaison anglaise -*er* en -*eur* (*mixeur, supporteur*, etc.) et ils traduisent sans hésiter les mots de leurs voisins anglophones, comme :

ferry	qui devient	*traversier*
living		*vivoir*
square		*carré*
week-end		*fin de semaine*
parking		*parc de stationnement*
pop-corn		*maïs soufflé*
vol charter		*vol nolisé*

Certaines formes lexicales, courantes au Canada, sont absolument inconnues en France. Elles peuvent désigner des réalités spécifiquement canadiennes, telles que le *dépanneur*, « petite épicerie restant ouverte après les heures normales, pour les courses de dernière minute », le *sous-marin*, « sandwich allongé garni de chacuterie, de fromage et de laitue », *beigne*, « espèce de pâte frite en forme de couronne, équivalent du *donut* américain », ou encore *tuque*, « bonnet de laine conique à pompon ou à gland ».

D'autres formes peuvent parfois prêter à confusion, les dénominations de certaines réalités étant différentes de part et d'autre de l'Atlantique :

Au Canada	En France
lumières	feux de signalisation
pamphlet	brochure
efface (n.f.)	gomme
cadran	réveille-matin
blé d'Inde	maïs
clip	trombone (agrafe)
brassière	soutien-gorge
aiguisoir	taille-crayon

On appréciera enfin les euphémismes pleins de poésie que sont *l'âge d'or*, pour ce qui n'est en France que le triste *troisième âge*, et le remplacement du terme *handicapé* par celui de *personne exceptionelle*.

Text F: Zur Abgrenzung der Begriffe Kreolisch/Pidgin/Lingua franca

aus: Stein, P.: *Kreolisch und Französisch*. Tübingen, 1984. S. 5ff.

Im Zusammenhang mit den Kreolsprachen begegnen uns eine Reihe von Sprachbezeichnungen, deren Kenntnis nicht allgemein vorausgesetzt werden kann. Ihre Klärung und Definition soll dieses Arbeitsheft einleiten, da mit ihnen z.T. Vorstellungen verbunden sind, die leicht zu Mißverständnissen und Unklarheiten führen können.

2.1. Kreolisch (frz. créole)

Das Wort *kreolisch*, *Kreole* ist im Portugiesischen und Spanischen Südamerikas im 16. Jahrhundert entstanden. Abgeleitet vom Verb *criar* („erzeugen, ernähren, aufziehen, erziehen"; von lat. *creare*), diente es ursprünglich zur Bezeichnung der in Südamerika geborenen Weißen (Portugiesen und Spanier), im Gegensatz zu den in Europa geborenen und in die Kolonien erst später eingewanderten. [...]
Seine Bedeutung wurde jedoch [...] bald ausgeweitet. Und zwar zuerst auf die in den Kolonien geborenen Negersklaven, im Gegensatz zu den aus Afrika neu importierten [...].
[...]

Schließlich bezeichnete man mit dem Wort alles in den (amerikanischen) Kolonien Geborene und Einheimische: Tiere, Pflanzen, Werkzeuge, Kleidung, Gewohnheiten, und zuletzt auch die unter den speziellen Bedingungen der Sklavenhaltergesellschaften und der Plantagenwirtschaft in einer Reihe von Kolonien neu entstandenen Sprachen.
[...]

Kreolisch (*créole, criollo*) ist heute der Name, den die Sprecher selbst ihrer Sprache gegeben haben, aber das Wort ist auch zu einem linguistischen Terminus geworden, für den wir hier zwei sich ergänzende Definitionen anführen wollen:

> A creole is defined as an ordinary language that is derived from a pidgin and that through one or another set of circumstances has become the first language of a community, has been adapted to the full range of functions of community life, and has become notably richer in lexicon and structure than the pidgin from which it arose. In most circumstances in which creoles are found they are considered socially inferior, even though sometimes thought superior in expressiveness. (Hymes 1968, S. 14).

Akzeptabel erscheint mir jedoch lediglich eine soziolinguistische Definition: als Kreolisch bezeichnte man eine Sprache, die in einem geographisch und/oder kulturell isolierten Gebiet, in einer multilingualen Gesellschaft mit sozialem Gefälle – wie der Plantagengesellschaft in den Kolonien – durch unvollkommenes Erlernen, Fehlinterpretation und Vereinfachung der Sprache der sozial höheren Schicht durch die sozial niedrigere Schicht entstanden ist. (Bollée 1977b, S. 15).

2.2. Pidgin

In der ersten der beiden Definitionen finden wir mit *Pidgin* einen weiteren für uns wichtigen Begriff. Die Etymologie des Wortes ist trotz verschiedener Versuche und Theorien noch nicht eindeutig geklärt. [...] Als linguistischer Terminus dient es zur Bezeichnung von Sprachen, die im Kontakt zwischen zwei (oder mehr) Sprechergruppen in einer begrenzten Anzahl von Situationen verwendet werden, die jedoch Muttersprache für keine von diesen Gruppen sind:

> A pidgin is defined as a stable form of speech that is not learned as a first language (mother tongue) by any of ist users, but as an auxiliary language by all, whose functions are sharply restricted (e.g., to trade, supervision of work, administration, communication with visitors), and whose vocabulary and overt structure are sharply reduced, in comparison with those of the languages from which they are derived. (Hymes 1968, S. 14).

Durch ihre Nicht-Muttersprachigkeit und ihre Situationsgebundenheit unterscheiden sich die Pidginsprachen von den Kreolsprachen, wobei dieser „äußere" Unterschied auch Konsequenzen für ihre „innere" Struktur hat, die wesentlich weniger entwickelt und ausgebaut ist.

2.3. Lingua franca und Sabir

Die *Lingua Franca* (frz. *langue franque*) war eine seit dem Mittelalter (und vielleicht schon im Altertum) in den Häfen des gesamten Mittelmeerraumes zwischen den europäischen (franz., ital., span.) und den arabischen und türkischen Händlern gebräuchliche Sprache [...]. Seit dem 19. Jahrhundert findet man zu ihrer Bezeichnung auch den Begriff *Sabir* (aus lat. Sapere, bzw. seinen romanischen Entsprechungen). Sie scheint zu Beginn unseres Jahrhunderts außer Gebrauch gekommen zu sein.

Lingua franca und gelegentlich auch *Sabir* haben in der Folge als linguistische Termini eine weitere allgemeinere Bedeutung angenommen und bezeichnen

> any language that is used as a medium of communication among people who have no other language in common. (Hall 1966, S. XII)

Jede Pidginsprache ist also eine Lingua franca (oder Sabir), aber [es] muß als Lingua franca nicht notgedrungen eine Pidginsprache entstanden sein, denn jede „normale" Sprache kann auch als Lingua franca verwendet werden. So war das Lateinische im Mittelalter die Lingua franca der Geistlichkeit und der gebildeten Laien Europas, und Englisch ist die wohl wichtigste moderne Lingua franca.

8.6. Literaturangaben

Soziolinguistik AMMON u.a. (Hgg.) (2 Bände; 1987/1988; Handbuch), CALVET (*Que sais-je?* 2731, ³1998), GARDIN/HOLTUS (LRL V,1/1990, S. 224–238), SCHLIEBEN-LANGE (³1991), SANDERS (Hg.) (1993)

Sprachkontakt und Kontaktsprachen

- Handbuch GOEBL u.a. (Hgg.) (2 Bände; 1996/1997)
- Allgemein HOCK/JOSEPH (1996), KREMNITZ (1990)
- Romanistisch LRL VII/1998 insgesamt

Vulgärlatein

- Anthologie ILLIESCU/SLUSANSKI (Hgg.) (1991; spätlateinische Texte)
- Varietäten/Kontaktsprachen des Lateins
  RAUPACH (LRL II,1/1996, S. 5–19), KNOBLOCH (LRL II,1/1996, S. 19–31; S. 31–44), HERMAN (LRL II,1/1996, S. 44–62)

Ausgliederung, Kennzeichnung und Bestand der romanischen Sprachräume

- Überblickswissen BRETON (*Que sais-je?* 1648, ³1995), BANNIARD (1997), KLINKENBERG (1994), ROHLFS (³1968), ROHLFS (1971)
- Einführungen TAGLIAVINI (²1998), WINKELMANN (Hg.) (1993)
- Zu einzelnen Themen BOSSONG (LRL VII/1998, S. 1003–1040; Typologie der romanischen Sprachen), DE DARDEL (LRL II,1/1996, S. 90–100; Protoromanisch), LÜDTKE (LRL II,1/1996, S. 153–163; Diasystematik gesamtromanisch), MEIER (LRL II,1/1996, S. 62–73; Latein und Romanisch kontrastiv), MÜLLER (LRL II,1/1996, S. 134–151; Sprachbezeichnungen in der Romania), STEFENELLI (LRL II,1/1996, S. 73–90; Thesen zur Ausgliederung der Sprachräume)

Geschichte des Französischen

- Anthologie AYRES-BENNETT (1996; historische Schriftzeugnisse)
- Überblickswissen CHAURAND (*Que sais-je?* 167, ⁹1998), ECKERT (LRL V,1/1990, S. 816–830)
- Einführungen BERSCHIN/FELIXBERGER/GOEBL (³1982), KLARE (1998), PICOCHE/MARCHELLO-NIZIA (⁵1998), SCHROEDER (1996), WOLF (²1991)

- Umfassend BRUNOT (22 Bände; 1966–1968)
- Externe Sprachgeschichte
  HAGÈGE (1987), DROIXHE/DUTILLEUL (LRL V,1/1990, S. 437–471).
- Koinéisierung/Skriptae/Verschriftungsgeschichte
  ARENS (LRL II,1/1996, S. 597–605), BEINKE/ROGGE (LRL V,1/1990, S. 471–493), KRAMER (LRL II,1/1996, S. 584–597)
  BOUTIER, BURGESS, GAUTHIER, GOEBL, GSELL, SIMONI-AUREMBOU, TAVERDET, WÜEST (alle: LRL II,2/1995, S. 271–389; zu den einzelnen regionalen Skriptae)
- Interne Sprachgeschichte
  LAUSBERG (3 Bände, [2]1972), PRICE (1988), WARTBURG ([12]1993), WILMET (LRL V,1/1990, S. 493–506)
- Altfranzösisch synchron
  CERQUIGLINI (*Que sais-je?* 2576, [2]1993: Entstehung), ZINK (*Que sais-je?* 1056, [4]1997), GREIMAS (1992; Wörterbuch), HAUSMANN (1996; historischer Kontext und Literaturgeschichte)
- Mittelfranzösisch synchron
  ZINK (*Que sais-je?* 1086, 1990), MARCHELLO-NIZIA (1979), GREIMAS/KEANE (1992; Wörterbuch)

Sprachbewußtsein, Sprachnormierung, Sprachpolitik

BRASELMANN (1999), BRUMME/BOCHMANN (Hgg.) (1993), CALVET (*Que sais-je?* 3075, 1996), CAPUT (*Que sais-je?* 2322, 1986; *Académie française*), FISCHER (1988), LERAT (LRL V,1/1990, S. 392–401), SCHMITT (LRL V,1/1990, S. 354–379; Gesetzgebung in Frankreich), SETTEKORN (1988), WINKELMANN (LRL V,1/1990, S. 334–353), WOLF (1969, 1972; französischsprachige Anthologien zur Sprachnormierung im 16./17. Jahrhundert)

Varietäten des Französischen in Frankreich

- Allgemein BONNOT (Hg.) (1995), MÜLLER (1975), MÜLLER (1985), PRÜSSMANN-ZEMPER (LRL V,1/1990, S. 830–843)
- Regiolekte/Dialekte/*parlers locaux*
  CARTON und GERMAIN/PIERRET (LRL V,1/1990, S. 595–615; nördliche Dialekte), DUBUISSON/SIMONI-AUREMBOU (LRL V,1/1990, S. 615–654; zentrale Dialekte), HOLTUS (LRL V,1/1990, S. 571–595; Überblick), HORIOT (LRL V,1/1990, S. 605–615; westliche Dialekte), TAVERDET (LRL V,1/1990, S. 654–671; östliche Dialekte), WALTER (1982)
- Fachsprachen HOFFMANN u.a. (Hgg.) (2 Bände; 1997/1998; Handbuch), LERAT (1995), PÖCKL (LRL V,1/1990, S. 267–282), ALLAIRE (LRL V,1/1990, S. 211–224; Massenmedien)
- Gruppen- und Sondersprachen; Stilniveaus
  AEBISCHER/FOREL (Hgg.) ([2]1992; Frauen/Männer), BIERBACH/ELLRICH (LRL V,1/1990, S. 195–211; Frauen/Männer), BRUNET (1996; moderner Wortschatz), CALVET (*Que sais-je?* 700, [2]1999; *argot*), CELLARD/REY ([2]1991; Wörterbuch Substandard), GOUDAILLIER ([2]1998; Wörterbuch zur ‚Sprache der *banlieues*'), LEFKOWITZ (1991; Verlan), , MEIßNER (1992; Wörterbuch ‚Umgangssprache'), MERLE (1996, 1997, 1998, 1999; Wörterbücher moderner Varietäten und Substandards), PALAZZOLO-NÖDING (1987; qualitative Register), SARTER (1991; Sprache und Kultur der Migranten), SCHMITT (LRL V,1/1990, S. 283–307; Überblickswissen),

SEGUIN/TEILLARD (1996; Sprachsituation in den *banlieues*), ZIMMERMANN (LRL V,1 /1990, S. 238–247; Generationen)
- Sprechsprache/Gesprochenes Französisch (Sprache der Nähe)
KOCH/OESTERREICHER (1990; gesamte Romania), SÖLL (^{3}1985), MÜLLER (LRL V,1/1990, S. 195–211), BARBÉRIS (1999), BLANCHE-BENVENISTE (1997), BLANCHE-BENVENISTE/JEANJEAN (1987), *Groupe Aixois de Recherches en Syntaxe* (Hg.) (1990), MERLE (1998; Wörterbuch)
- Regional- und Minderheitensprachen
BOCHMANN (1989; Romania insgesamt), KATTENBUSCH (Hg.) (1995), BEC (*Que sais-je?* 1059, ^{6}1994; Okzitanisch), SARTER (1991; Migrantensprachen)

Frankophonie

- Überblickswissen DENIAU (*Que sais-je?* 2111, ^{2}1992), ROSSILLON (Hg.) (1995), SCHMITT (LRL V,1/1990, S. 379–391; Gesetzgebung), YACONO (*Que sais-je?* 452, ^{5}1998; Kolonialgeschichte)
- Umfassend DE ROBILLARD/BENIAMINO (Hgg.) (2 Bände; 1993/1996), VALDMANN (Hg.) (1979)
- Einzelne Gebiete BOLLÉE (LRL V,1/1990, S. 740–767; Kanada, Vereinigte Staaten, Karibik), BURR (LRL V,1/1990, S. 788–816; Asien, Indischer Ozean, Pazifik), INHOFFEN (LRL V,1/1990, S. 733–737; Aosta-Tal), LAFAGE (LRL V,1/1990, S. 767–788; Afrika), PÖLL (1998), SCHMITT (LRL V,1/1990, S. 686–704; Begriff), SCHMITT (LRL V,1/1990, S. 717–733; Belgien, Luxemburg, Schweiz), TAVERDET (LRL V,1/1990, S. 704–717: 704–717), WÜRSTLE (LRL V,1/1990, S. 737–740; anglonormannische Inseln)

Kreolsprachen

- Allgemein BICKERTON (1981)
- Frankokreolsprachen BOLLÉE (LRL VII/1998, S. 662–680), LUDWIG (1994), HAZAËL-MASSIEUX (1999), STEIN (1984)

9. Bibliographie

Lexikon der Romanistischen Linguistik
Holtus, G./Metzelin, M./Schmitt, C. (Hgg.): *Lexikon der Romanistischen Linguistik*. Alle Bände: Tübingen.
Band II, 1: *Historisch-vergleichende Grammatik der romanischen Sprache*. 1996.
Band II, 2: *Die einzelnen romanischen Sprachen und Sprachgebiete vom Mittelalter bis zur Renaissance*. 1995.
Band V, 1: *Französisch*. 1990.
Band VII: *Kontakt, Migration und Kunstsprachen. Kontrastivität, Klassifikation und Typologie*. 1998.

Reihe *Que sais-je?*
Allières, J.: *La formation de la langue française*. 1907. Paris, [3]1996.
Bec, P.: *La langue occitane*. 1059. Paris, [6]1995.
Boltanski, J.-É.: *La linguistique diachronique*. 2965. Paris, 1995
Bouton, C.: *La linguistique appliquée*. 1755. Paris, [3]1993.
Bouton, C.: *La neurolinguistique*. 153. Paris, [2]1999.
Breton, R.: *La géographie de langues*. 1648. Paris, [3]1995.
Calvet, L.-J.: *L'argot*. 700. Paris, [2]1999.
Calvet, L.-J.: *La sociolinguistique*. 2731. Paris, [3]1998.
Calvet, L.-J.: *Les politiques linguistiques*. 3075. Paris, 1996.
Caput, J.-P.: *L'académie française*. 2322. Paris, 1986.
Catach, N.: *L'orthographe*. 685. Paris, [8]1998.
Cerquiglini, B.: *La naissance du français*. 2576. Paris, [2]1993.
Chaurand, J.: *Histoire de la langue française*. 167. Paris, [9]1998.
Chevalier, J.-C.: *Histoire de la grammaire française*. 2904. Paris, [2]1996.
Deniau, X.: *La francophonie*. 2111. Paris [2]1992.
Duchet, J.-L.: *La phonologie*. 1875. Paris, [5]1998.
Eluerd, R.: *La lexicologie*. (?). Paris, 2000.
Flaux, N.: *La grammaire*. 788. Paris, [2]1997.
Hagège, C.: *La structure des langues*. 2006. Paris, [5]1999.
Yacono, X.: *Histoire de la colonisation française*. 452. Paris, [5]1988.
Malmberg, B.: *La phonétique*. 637. Paris, [18]1998.
Mitterand, H.: *Les mots français*. 270. Paris, [9]1996.
Perrot, J.: *La linguistique*. 570. Paris, [16]1998.
Piaget, J.: *Le structuralisme*. 1311. Paris, [7]1979.
Rouayrenc, C.: *Les gros mots*. 1597. Paris, [3]1998.
Soutet, O.: *La syntaxe du français*. 984. Paris, [3]1998.
Sfez, L.: *La communication*. 2567. Paris, 1991.
Suhamy, H.: *Les figures de style*. 1889. Paris, [8]1997.
Tamba-Mecz, I.: *La sémantique*. 655. Paris, [4]1998.
Zink, G.: *L'ancien français*. 1056. Paris, [4]1997.
Zink, G.: *Le moyen français*. 1086. Paris, 1990.

Sonstige Literatur

Abeillé, A.: *Les nouvelles syntaxes. Grammaires d'unification et analyse du français*. Paris, 1993.
Abraham, W. (Hg.): *Kasustheorie. (Mit Beiträgen von Charles J. Fillmore, Jane J. Robinson, John Anderson)*. Wiesbaden, [2]1977.
Adam, J.-M.: *Éléments de linguistique textuelle. Théorie et pratique de l'analyse textuelle*. Liège, 1990.
Aebischer, V./Forel, C.-A. (Hgg.): *Parlers masculins, parlers féminins?* Neuchâtel/Paris, [2]1992.
Albrecht, J.: *Europäischer Strukturalismus*. Tübingen, [2]1999.
Anscombre, J.-C./Ducrot, O.: *L'argumentation dans la langue*. Brüssel, 1983.
Aitchison, J.: *Wörter im Kopf. Eine Einführung in das mentale Lexikon*. Tübingen, 1997.
Ammon, U. u.a. (Hgg.): *Sociolinguistics/Soziolinguistik*. 2 Teilbände. Berlin/New York, 1987/1988.
Arens, H.: *Sprachwissenschaft. Der Gang ihrer Entwicklung von der Antike bis zur Gegenwart*. Freiburg, [2]1969.
Auer, P.: *Sprachliche Interaktion. Eine Einführung anhand von 22 Klassikern*. 1999.
Auroux, S.: *La philosophie du langage*. Paris, 1996.
Austin, J. L.: *How to do Things with Words*. Oxford, 1962.
Ayres-Bennett, W.: *A History of the French Language through Texts*. London, 1996.
Babin, J.-P.: *Lexique mental et morphologie lexicale*. Bern u.a., 1998.
Baldinger, K.: *Post- und Prädeterminierung im Französischen*. In: Baldinger, K. (Hg.): *Festschrift W. v. Wartburg zum 80. Geburtstag*, Bd. 1. Tübingen, 1968. S. 87–106.
Bally, C.: *Linguistique générale et linguistique française*. Bern, [4]1965.
Banniard, M.: *Du latin aux langues romanes*. Paris, 1997.
Barbéris, J.-M. (Hg.): *Le français parlé. Variétés et discours*. Montpellier, 1999.
Bàrdosi, V. u.a.: *Redewendungen Französisch – Deutsch. Thematisches Wörter- und Übungsbuch*. Tübingen, 1992.
Béchade, H.: *Phonétique et morphologie du français moderne*. Paris, 1992.
Béchade, H.: *Syntaxe du français moderne et contemporain*. Paris, [3]1993.
Bechert, J. u.a. (Hgg.): *Toward a Typology of European Languages*. Berlin/New York, 1990.
Benveniste, É.: *Problèmes de linguistique générale*. Bd. 2. Paris, 1974.
Berlin, B./Kay, P.: *Basic Color Terms. Their Universality and Evolution*. Berkeley/Los Angeles, 1969.
Berman, J./Frank, A.: *Deutsche und französische Syntax im Formalismus der LFG*. Tübingen, 1996.
Berschin, H./Felixberger, J./Goebl, H.: *Französische Sprachgeschichte*. München, [3]1982.
Bickerton, D.: *Roots of Language*. Ann Arbor, 1981.
Bierwisch, M.: *Probleme und Methoden des Strukturalismus*. Frankfurt, 1970.
Blanche-Benveniste, C.: *Approches de la langue parlée en français*. Gap/Paris, 1997.
Blanche-Benveniste, C./Jeanjean, C.: *Le français parlé*. Paris, 1987.
Blank, A.: *Prinzipien des lexikalischen Bedeutungswandels am Beispiel der romanischen Sprachen*. Niemeyer, 1997.
Blanken, G. u.a. (Hgg.): *Linguistic Disorders and Pathologies*. Berlin/New York, 1993.
Blasco Ferrer, E.: *Linguistik für Romanisten*. Berlin, 1996.
Bloch, O./Wartburg, W. v.: *Dictionnaire étymologique de la langue française*. Paris, [6]1975.
Blumenthal, P.: *Vergangenheitstempora, Textstrukturierung und Zeitverständnis in der französischen Sprachgeschichte*. Stuttgart, 1986.
Blumenthal, P.: *Sprachvergleich Deutsch-Französisch*. Tübingen, [2]1997.
Bochmann, K.: *Regional- und Nationalitätensprachen in Frankreich, Italien und Spanien*. Leipzig, 1989.
Booij, G. u.a. (Hgg.): *Morphologie/Morphology*. Berlin/New York, 1999.
Bonnot, J.-F. (Hg.): *Paroles régionales. Normes, variétés linguistiques et contexte social*. Strasbourg, 1995.
Borsche, T. (Hg.): *Klassiker der Sprachphilosophie. Von Platon bis Noam Chomsky*. München, 1996.

Bossong, G.: *Sprachwissenschaft und Sprachphilosophie in der Romania: Von den Anfängen bis August Wilhelm Schlegel*. Tübingen, 1990.
Braselmann, P.: *Sprachpolitik und Sprachbewußtsein in Frankreich*. Tübingen, 1999.
Bray, L.: *La lexicographie française des origines à Littré*. In: Hausmann, F. J. u.a. (Hgg.): *Wörterbücher/ Dictionaries/Dictionnaires*. Zweiter Teilband. Berlin/New York, 1990. S. 1788–1818.
Brekle, H. W.: *Eine Einführung in die sprachwissenschaftliche Bedeutungslehre*. Darmstadt, [2]1974.
Brinker, K.: *Linguistische Textanalyse. Eine Einführung in Grundbegriffe und Methoden*. Berlin, [4]1997
Brinker, K. u.a. (Hgg.): *Text- und Gesprächslinguistik/Linguistics of Text and Conversation*. Berlin/New York, 2000.
Brumme, J./Bochmann, K. (Hgg.): *Sprachpolitik in der Romania. Zur Geschichte sprachpolitischen Denkens und Handelns von der Französischen Revolution bis zur Gegenwart*. Berlin u.a., 1993.
Brunet, S.: *Les mots de la fin du siècle*. Paris, 1996.
Brunot, F.: *Histoire de la langue française des origines à nos jours*, 22 Bände. Paris, 1966–1968.
Bühler, K.: *Sprachtheorie. Die Darstellungsfunktion der Sprache*. Stuttgart, [2]1965.
Busse, W./Dubost, J.-P.: *Französisches Verblexikon. Die Konstruktion der Verben im Französischen*. Stuttgart, [2]1983.
Bußmann, H.: *Lexikon der Sprachwissenschaft*. Stuttgart, [2]1990.
Bybee, J.: *Morphology. A Study of the Relation between Meaning and Form*. Amsterdam Phil., 1985.
Bybee, J./Perkins, R./Pagliuca, W.: *The evolution of grammar. Tense, Aspect and Modality in the languages of the world*. Chicago/London, 1994.
Caron, J.: *Précis de psycholinguistique*. Paris, [4]1997.
Carton, F.: *Introduction à la phonétique du français*. Paris, 1994.
Catach, N.: *L'orthographe française. Traité théorique et pratique avec des travaux d'application et leurs corrigés*. Paris, 1980.
Cellard, J./Rey, A.: *Dictionnaire du français non conventionnel*. Paris, [2]1991.
Chiss, J.-L. u.a.: *Linguistique française: initiation à la problématique structurale*, Vol. 2: *communication, syntaxe, poétique*. Paris, 1992.
Chiss, J.-L. u.a..: *Linguistique française: initiation à la problématique structurale*, Vol. 1: *notions fondamentales, phonétique, lexique*. Paris, 1993.
Chomsky, N.: *Syntactic Structures*. The Hague, 1957.
Chomsky, N.: *Aspects of the Theory of Syntax*. Cambridge Mass., 1965.
Chomsky, N.: *Lectures on Government and Binding*. Dordrecht, 1981.
Chomsky, N.: *The Minimalist Program*. Cambridge Mass. u.a., 1995.
CIPL [Comité International de Linguistes]: *Bibliographie linguistique*. Utrecht u.a., 1949 ff; 1978 ff.
Cohen, D.: *L'aspect verbal*. Paris, 1989.
Cohen, P. R./Morgan, J./Pollack, M. E. (Hgg.): *Intentions in Communication*. Cambridge Mass., 1990.
Comrie, B.: *Aspect. An introduction to the Study of Verbal Aspect and Related Problems*. Cambridge, 1976.
Comrie, B.: *Tense*. Cambridge u.a., 1985.
Comrie, B.: *Language Universals and Linguistic Typology. Syntax and morphology*. Cambridge, [2]1989.
Confais, J.-P.: *Grammaire explicative*. München, [2]1997.
Corbin, D. (Hg.): *La formation des mots: structures et interprétations*. Lille, 1991.
Coseriu, E.: *Einführung in die strukturelle Betrachtung des Wortschatzes*. Tübingen, [2]1973.
Coseriu, E.: *Synchronie, Diachronie und Geschichte. Das Problem des Sprachwandels*. München, 1974.
Coseriu, E.: *Probleme der strukturellen Semantik*. Tübingen, 1975.
Coseriu, E.: *Sprache – Strukturen und Funktionen*. Tübingen, [3]1979.
Coseriu, E.: *Energeia und Ergon. Sprachliche Variation – Sprachgeschichte – Sprachtypologie*. 3 Bände. [Hg. von: Albrecht , J.] Tübingen, 1988.
Coseriu, E.: *Einführung in die allgemeine Sprachwissenschaft*. Tübingen, [2]1992.
Coseriu, E.: *Textlinguistik. Eine Einführung*. Tübingen/Basel, [3]1994.
Croft, W.: *Typology and universals*. Cambridge, reprint 1993.

Crystal, D.: *Die Cambridge Enzyklopädie der Sprache.* Frankfurt, 1993.
Danon-Boileau, L./Morel, M.-A.: *La deixis.* Paris, 1992.
Dascal, M. u.a. (Hgg.): *Sprachphilosophie/Philosophy of Language/La philosophie du langage.* 2 Teilbände. Berlin/New York, 1992/1996.
Dauses, A.: *Einführung in die allgemeine Sprachwissenschaft. Sprachtypen, sprachliche Kategorien und Funktionen.* Stuttgart, 1997.
Dauzat, A./Dubois, J./Mitterand, H.: *Dictionnaire étymologique et historique du français.* Paris, 1993.
De Beaugrande, R./Dressler, W.: *Einführung in die Textlinguistik.* Tübingen, 1981.
De Robillard, D./Beniamino, M. (Hgg.): *Le français dans l'espace francophone. Description linguistique et sociolinguistique de la francophonie.* 2 Bände. Paris, 1993/1996.
De Saussure, F.: *Cours de linguistique générale.* [Hg. von: de Mauro, T.] Paris, 1976.
Dictionnaire historique de la langue française. Paris, 1992.
Dietze, J. *Texterschließung. Lexikalische Semantik und Wissensrepräsentation.* München u.a., 1994.
Dörschner, N.: *Lexikalische Strukturen. Wortfeldkonzeption und Theorie der Prototypen im Vergleich.* Münster, 1996.
Doppagne, A.: *Trois aspects du français contemporain.* Paris, 1968.
Dosse, F.: *Geschichte des Strukturalismus.* 2 Bände. Hamburg, 1996/1997.
Dubois, D. (Hg.): *Sémantique et cognition. Catégories, prototypes, typicalité.* Paris, 1993.
Dubois, J.: *Éléments de linguistique française.* Paris, 1971.
Dubois, J. u.a.: *Dictionnaire de linguistique.* Paris, 1973.
Dubois, J. u.a.: *Grammaire structurale du français.* 3 Bände. Paris, 1974–1976.
Ducrot, O.: *Les mots du discours.* Paris, 1980.
Ducrot, O.: *Dire et ne pas dire. Principes de sémantique linguistique.* Paris, [3]1991.
Ducrot, O./Schaeffer, J.-M.: *Nouveau dictionnaire encyclopédique des sciences du langage.* Paris, 1995.
Eckert, G.: *Sprachtypus und Sprachgeschichte. Untersuchungen zum typologischen Wandel des Französischen.* Tübingen, 1986.
Eco, U.: *Zeichen. Einführung in einen Begriff und seine Geschichte.* Frankfurt, 1981.
Eggs, E.: *Zum Gebrauch des Subjonctif im Französischen.* In: Kotschi, T. (Hg.): *Beiträge zur Linguistik des Französischen.* Tübingen, 1981. S. 21–49.
Eggs, E./Mordellet, I.: *Phonétique et phonologie du français. Théorie et pratique.* Tübingen, 1990.
Eluerd, R.: *La pragmatique linguistique.* Paris, 1985.
Felixberger, J./Berschin, H.: *Einführung in die Sprachwissenschaft für Romanisten.* München, 1974.
Fernandez, J.: *Les particules énonciatives.* Paris, 1994.
Figge, U./Klein, F. J./Martinez Moreno, A.: *Grammatische Strukturen und grammatischer Wandel im Französischen.* Bonn, 1998.
Fischer, M.: *Sprachbewußtsein in Paris. Eine empirische Untersuchung.* Wien, 1988.
Fouché, P.: *Phonétique historique du français.* Paris, [2]1966/1969.
Freidin, R.: *Foundations of generative syntax.* Cambridge Mass., 1994.
Fuchs, C./Le Goffic, P.: *Les linguistiques contemporaines.* Paris, 1992.
Gamillscheg, E.: *Etymologisches Wörterbuch der französischen Sprache.* Heidelberg, [2]1969.
Gaudino Falleger, L.: *Grundkurs Sprachwissenschaft Französisch.* Stuttgart u.a., 1998.
Gauger, H.-M./Pöckl, W. (Hgg.): *Wege in die Sprachwissenschaft. 44 autobiographische Berichte.* Tübingen, 1991.
Gauger, H.-M./Oesterreicher, W./Windisch, R.: *Einführung in die romanische Sprachwissenschaft.* Darmstadt, 1981.
Geckeler, H.: *Strukturelle Semantik des Französischen.* Tübingen, 1973.
Geckeler, H. (Hg.): *Strukturelle Bedeutungslehre.* Darmstadt, 1978.
Geckeler, H.: *Strukturelle Semantik und Wortfeldtheorie.* München, [3]1982.
Geckeler, H.: *Zum Verhältnis der Kategorien «analytisch/synthetisch» und «prädeterminierend/postdeterminierend» in der Sprachtypologie.* In: Heintz, G./Schmitter, P. (Hgg.): *Collectanea Philologica.* Bd. 1, 1985. S. 203–233.
Geckeler, H./Dietrich, W.: *Einführung in die französische Sprachwissenschaft.* Berlin, [2]1997.

Geier, M.: *Orientierung Linguistik. Was sie kann, was sie will.* Reinbek, 1998.
Gilliéron, J./Edmont, E.: *Atlas linguistique de la France.* 20 Fascicules. Paris, 1902–1920.
Glück, H. (Hg.): *Metzler Lexikon Sprache.* Stuttgart/Weimar, 1993.
Goebl, H. u.a (Hgg.): *Kontaktlinguistik/Contact Linguistics/Linguistique de contact.* 2 Teilbände. Berlin/New York, 1996/1997.
Goudaillier, J.-P.: *Comment tu tchatches! Dictionnaire du français contemporain des cités.* Paris, [2]1998.
Grand Larousse de la langue française. 7 Bände. Paris, 1971.
Greenberg, J. H.: *Language typology. A historical and analytic overview.* The Hague, 1974.
Greenberg, J. H.: *Language universals. With special reference to feature hierarchies.* The Hague u.a., [3]1980.
Greimas, A. J.: *Semantique structurale. Recherche de méthode.* Paris, [2]1977.
Greimas, A. J.: *Dictionnaire de l'ancien français.* Paris, 1992.
Greimas, A. J./Keane, T.: *Dictionnaire du moyen français.* Paris, 1992.
[Grevisse, M.] Goose, A.: *Le bon usage. Grammaire française.* Paris, [13]1993.
Grewendorf, G./Hamm, F./Sternefeld, W.: *Sprachliches Wissen. Eine Einführung in moderne Theorien der grammatischen Beschreibung.* Frankfurt a.M., [6]1993.
Gsell, O./Wandruszka, U.: *Der romanische Konjunktiv.* Tübingen, 1986.
Grice, P. H.: *Bedeuten, meinen, intendieren.* Trier, 1977.
Groupe Aixois de Recherches en Syntaxe (Hg.): *Recherches sur le français parlé.* No. 10. Aix-en-Provence, 1990.
Günther, H./Ludwig, O.: *Schrift und Schriftlichkeit/Writing and its Use.* 2 Teilbände. Berlin/New York, 1994/1996.
Haegeman, L.: *Introduction to Government and Binding Theory.* Oxford, 1991.
Hagège, C.: *Le français et les siècles.* Paris, 1987.
Hammarström, G.: *Französische Phonetik. Eine Einführung.* Tübingen, [3]1998.
Harris, R./Taylor, T. (Hgg.): *Landmarks in Linguistic Thought. The Western Tradition from Socrates to Saussure.* New York, 1989.
Haspelmath, M. u.a. (Hgg.): *Language Universals and Language Typology/Sprachtypologie und Universalienforschung.* 2 Teilbände. Berlin/New York, 2000.
Hausmann, F. J. u.a. (Hgg.): *Wörterbücher/Dictionaries/Dictionnaires.* 3 Teilbände. Berlin/New York, 1989/1990/1991.
Hausmann, F.-R.: *Französisches Mittelalter.* Stuttgart, 1996.
Hazaël-Massieux, M.-C.: *Les créoles: l'indispensable survie.* Paris, 1999.
Helbig, G.: *Entwicklung der Sprachwissenschaft seit 1970.* Leipzig, [2]1988.
Helbig, G.: *Geschichte der neueren Sprachwissenschaft.* Opladen, 1990.
Herman, J.: *Du latin aux langues romanes. Études de linguistique historique.* Tübingen, 1990.
Hielscher, M./Rickheit, G./Schade U.: *Aphasie.* Tübingen, 1998.
Hillen, W./Rheinbach, L.: *Einführungen in die bibliographischen Hilfsmittel für das Studium der Romanistik. Praktische Anleitung für die Literaturrecherche.* Bonn, 1995.
Hillert, D.: *Zur mentalen Repräsentation von Wortbedeutungen.* Tübingen, 1987.
Hindelang, G.: *Einführung in die Sprechakttheorie.* Tübingen, 1983.
Hjelmslev, L.: *La catégorie des cas.* München, 1972.
Hock, H. H./Joseph, B. D.: *Language History, Language Change and Language Relationship. An introduction to Historical and Comparative Linguistics.* Berlin/New York, 1996.
Hörmann, H.: *Einführung in die Psycholinguistik.* Darmstadt, [3]1991.
Hoffmann, L. (Hg.): *Sprachwissenschaft. Ein Reader.* Berlin/New York, [2]2000.
Hoffmann, L. u.a. (Hgg.): *Fachsprachen/Languages for Special Purposes.* 2 Teilbände. Berlin/New York, 1998/1999.
Hoinkes, U. (Hg.): *Panorama der lexikalischen Semantik.* Tübingen, 1995.
Holenstein, E.: *Sprachliche Universalien.* Bochum, 1985.
Hopper, P. J./Traugott, E. C.: *Grammaticalization.* Cambridge, 1993.

Humboldt, W. v.: *Ueber die Verschiedenheit des menschlichen Sprachbaues und ihren Einfluss auf die geistige Entwicklung des Menschengeschlechts*. In: Ders.: *Werke in fünf Bänden* [Hgg. von: Flitner, A./Giel, K.]. Band III. Darmstadt, 1963. S. 368–756.

Hundschnurer, F.: *Neuere Methoden der Semantik. Eine Einführung anhand deutscher Beispiele*. Tübingen, ²1971.

Illiescu, M./Slusanski, D. (Hgg.): *Du latin aux langues romanes. Choix de textes traduits et commentés (du IIe siècle avant J.C. jusqu'aux Xe siècle après J.C.)*. Wilmsfelde, 1991.

Imbs, P.: *L'emploi des temps verbaux en français moderne. Essai de grammaire descriptive*. Paris, 1968.

Ineichen, G.: *Sprachvergleich zwischen Französisch und Deutsch*. Paderborn, 1989.

Ineichen, G.: *Allgemeine Sprachtypologie. Ansätze und Methoden*. Darmstadt, ²1991.

Ineichen, G. u.a (Hgg.): *Romanische Bibliographie*. Tlbd.1: *Register*/Tlbd. 2: *Sprachwissenschaft*/Tlbd. 3: *Literaturwissenschaft*. (1965 ff.) [Vorgänger: *Zeitschrift für Romanische Philologie. Bibliographie*. 1878–1964]

Jacob, A./Caussat, P.: *Genèse de la pensée linguistique*. Paris, 1973.

Jacobs, J. u.a. (Hgg.): *Syntax*. 2 Teilbände. Berlin/New York, 1993/1995.

Jänicke, O.: *Französische Etymologie*. Tübingen, 1991.

Jakobson, R.: *Grundlagen der Sprache*. Berlin, 1960.

Jakobson, R.: *Kindersprache, Aphasie und allgemeine Lautgesetze*. Frankfurt, 1969.

Jones, M. A.: *Foundations of French Syntax*. Cambridge, 1996.

Juilland, A./Brodin, D./Davidovitch, C.: *Frequency Dictionary of French Words*. Den Haag/Paris, 1970.

Kattenbusch, D. (Hg.): *Minderheiten in der Romania*. Heidelberg, 1995.

Keller, E.: *Introduction aux systèmes psycholinguistiques*. Chicoutini, 1985.

Keller, J./Leuninger, H.: *Grammatische Strukturen – Kognitive Prozesse*. Tübingen, 1993.

Keller, M.: *Ein Jahrhundert Reformen der französischen Orthographie. Geschichte eines Scheiterns*. Tübingen, 1991.

Keller, R.: *Sprachwandel*. Tübingen/Basel, ²1994.

Keller, R.: *Zeichentheorie*. Tübingen/Basel, 1995.

Kemner, E. (Hg.): *La France qui rit. Humour à la française*. Stuttgart, 1995.

Kerbrat-Orecchioni, C.: *Les interactions verbales*, Tome I. Paris, 1990./Tome II. Paris, 1992.

Kilani-Schoch, M.: *Introduction à la morphologie naturelle*. Bern u.a., 1988.

Kleiber, G.: *Prototypensemantik. Eine Einführung*. Tübingen, ²1998.

Klein, H.-W./Kleineidam, H.: *Grammatik des heutigen Französisch*. Stuttgart u.a., Neubearb. 1994.

Klein, H. G.: *Tempus, Aspekt, Aktionsart*. Tübingen, 1974.

Klinkenberg, J.-M.: *Des langues romanes*. Paris, 1994.

Koch, P./Krefeld, T. (Hgg.): *Connexiones Romanicae. Dependenz und Valenz in romanischen Sprachen*. Tübingen, 1991.

Koch, P./Oesterreicher, W.: *Gesprochene Sprache in der Romania: Französisch, Italienisch, Spanisch*. Tübingen, 1990.

Koch, P./Krefeld, T./Oesterreicher, W.: *Neues aus Sankt Eiermark. Das kleine Buch der Sprachwitze*. München, 1997.

Koerner, E. F. (Hg.): *A Concise History of the Language Sciences*. Oxford u.a., 1995.

Kösters-Roth, U. (Hg.): *Locutions. Lexikon der französischen Redewendungen*. Eltville, 1990.

Krassin, G.: *Neuere Entwicklungen in der französischen Grammatik und Grammatikforschung*. Tübingen, 1994.

Kremnitz, G.: *Gesellschaftliche Mehrsprachigkeit. Institutionelle, gesellschaftliche und individuelle Aspekte*. Wien, 1990.

Kürschner, W.: *Grammatisches Kompendium. Systematisches Verzeichnis grammatischer Grundbegriffe*. Tübingen, ²1993.

Kuhn, T. S.: *Die Struktur wissenschaftlicher Revolutionen*. Frankfurt, 1967.

Lakoff, G.: *Categories and Cognitive Models*. Trier, 1982.

Lakoff, G.: *Women, Fire and Dangerous Things: What Categories reveal about the mind.* Chicago u.a., 1987.
Lakoff, G./Johnson, M.: *Metaphors We Live By.* Chicago u.a., 1980.
Lang, J./Neumann-Holzschuh, Ingrid (Hgg.): *Reanalyse und Grammatikalisierung in den romanischen Sprachen.* Tübingen, 1999.
Lass, R.: *Phonology. An introduction to basic concepts.* Cambridge, reprint 1995
Lausberg, H.: *Romanische Sprachwissenschaft.* Bd. I: *Einleitung und Vokalismus.*/Bd. II *Konsonantismus*/Bd. III: *Formenlehre.* Berlin/New York, [2]1972.
Le Grand Robert de la langue française. Dictionnaire alphabétique et analogique de la langue française. Paris, [2]1985.
Le Nouveau Petit Robert. Dictionnaire alphabétique et analogique de la langue française. Paris, [2]1995.
Le Robert oral-écrit. L'orthographe par la phonétique. Paris, 1989.
Le Goffic, P.: *Grammaire de la phrase française.* Paris, 1993.
Le Querler, N.: *Précis de syntaxe française.* Caen, 1994.
Léon, M./Léon, P.: *La prononciation du français.* Paris, 1997.
Lefkowitz, N.: *Talking backwards, looking forwards: the French language game Verlan.* Tübingen, 1991.
Lehmann, B.: *Rot ist nicht „rot" ist nicht [rot]. Eine Bilanz und Neuinterpretation der linguistischen Relativitätstheorie.* Tübingen, 1998.
Lehmann, C.: *Thoughts on Grammaticalization.* München/Newcastle, 1995.
Leischner, A.: *Aphasie und Sprachentwicklungsstörungen: Klinik und Beobachtung.* Stuttgart/New York, [2]1987.
Leischner, S.: *Die Stellung des attributiven Adjektivs im Französischen.* Tübingen, 1990.
Lenninger, H.: *Neurolinguistik.* Opladen, 1989.
Lerat, P.: *Les langues spécialisées.* Paris, 1995.
Levinson, S. C.: *Pragmatics.* Cambridge u.a., 1983.
Lewandowski, T.: *Linguistisches Wörterbuch.* 3 Bände. Heidelberg/Wiesbaden, [5]1990.
Linke, A./Nussbaumer, M./Portmann, P. R.: *Studienbuch Linguistik.* Tübingen, [3]1996.
Ludwig, R.: *Les créoles français entre l'oral et l'écrit.* Tübingen, 1994.
Ludewig, P./Geurts, B. (Hgg.): *Lexikalische Semantik aus kognitiver Sicht. Perspektiven im Spannungsfeld linguistischer und psychologischer Modellierungen.* Tübingen, 1998.
Lüdtke, H.: *Geschichte des romanischen Wortschatzes.* Freiburg, 1968.
Lüdtke, H. u.a. (Hgg.): *Kommunikationstheoretische Grundlagen des Sprachwandels.* Berlin u.a., 1970.
Lundquist, L.: *La cohérence textuelle: syntaxe, sémantique, pragmatique.* Kopenhagen, 1980.
Lyons, J.: *Einführung in die moderne Linguistik.* München, [2]1972 (und folgende Auflagen).
Malmberg, B.: *Analyse du langage au XXe siècle: théories et méthodes.* Paris, 1983.
Marchello-Nizia, C.: *Histoire de la langue française aux XIVe et XVe siècles.* Paris, 1979.
Marchello-Nizia, C.: *L'évolution du français. Ordre des mots, démonstratifs, accent tonique.* Paris, 1995.
Martinet, A./Walter, Henriette: *Dictionnaire de la prononciation française dans son usage réel.* Paris, 1973.
Martinet, A.: *Éléments de linguistique générale.* Paris, [2]1980.
Matoré, G.: *Histoire des dictionnaires français.* Paris, 1967.
Meggle, G. (Hg.): *Handlung, Kommunikation, Bedeutung.* Frankfurt a. M., 1993.
Meillet, A.: *Linguistique historique et linguistique générale.* Paris, 1965.
Meisenburg, T./Selig, M.: *Phonetik und Phonologie des Französischen.* Stuttgart, 1998.
Meißner, F.-J. u.a.: *Wörterbuch der französischen Umgangssprache.* München, 1992.
Mel'čuk, I. A./Clas, A./Polguère, A.: *Introduction à la lexicologie explicative et combinatoire.* Paris, 1995.
Merle, P.: *Le dico de l'argot fin de siècle.* Paris, 1996.
Merle, P.: *Argot, verlan et tchatches.* Paris, 1997.
Merle, P.: *Le dico du français qui se cause.* Toulouse, 1998.
Merle, P.: *Le dico du français branché.* Paris, 1999.

Mersch, D. (Hg.): *Zeichen über Zeichen. Texte zur Semiotik von Peirce bis Eco und Derrida.* München, 1998.
Métrich, R. u.a.: *Les invariables difficiles. Dictionnaire allemand-français des particules, connecteurs, interjections et autres mots de la communication.* Nancy, [3]1994 ff.
Mettre au féminin. Guide de féminisation des noms de métier fonction, grade ou titre. Brüssel, 1994.
Meyer-Lübke, W.: *Etymologisches Wörterbuch der romanischen Sprachen.* Heidelberg, [3]1935 (spätere Nachrucke).
Meyer-Lübke, W.: *Historische Grammatik der französischen Sprache.* 3 Bände. [Hg. von: Thiel, J. M.] Heidelberg, 1966.
Michaelis, S./Thiele, P. (Hgg.): *Grammatikalisierung in der Romania.* Bochum, 1996.
Moeschler, J./Auchlin, A.: *Introduction à la linguistique contemporaine.* Paris, 1997.
Monneret, P./Rioul, R.: *Questions de syntaxe française.* Paris, 1999.
Monnerie-Goarin, A.: *Les temps du passé et l'aspect du verbe. Theorie et pratique.* Paris, 1996.
Morris, C. W.: *Grundlagen der Zeichentheorie.* Frankfurt a.M., 1988.
Mounin, G.: *Linguistique et philosophie.* Paris, 1975.
Mounin, G.: *Dictionnaire de la linguistique.* Paris, [2]1995.
Mounin, G.: *Histoire de la linguistique des origines au XXe siècle.* Paris, 1996.
Müller, B.: *Das Französische der Gegenwart. Varietäten, Strukturen, Tendenzen.* Heidelberg, 1975.
Müller, B.: *Le français d'aujourd'hui.* Paris, 1985.
Müller, N./Riemer, B.: *Generative Syntax der romanischen Sprachen.* Tübingen, 1998.
Newmeyer, F. J.: *Generative linguistics. A historical perspective.* London u.a., 1996.
Niedzwiecki, P.: *Au Féminin! Code de féminisation à l'usage de la francophonie.* Paris, 1994.
O'Grady, W./Dobrovsky, M./Aronoff, M.: *Contemporary Linguistics. An introduction.* New York, 1989.
Ogden, C. K./Richards, I. A.: *The meaning of meaning.* New York, [8]1972.
Palazzolo-Nöding, B.: *Drei Substandardregister im Französischen: familier, populaire, vulgaire.* Frankfurt a. M., 1987.
Palm, C.: *Phraseologie. Ein Arbeitsbuch.* Tübingen, [2]1997.
Paul, H.: *Principien der Sprachgeschichte.* Halle, 1880.
Pelz, H.: *Linguistik. Eine Einführung.* Hamburg, [2]1998.
Pfister, M.: *Einführung in die romanische Etymologie.* Darmstadt, 1980.
Picoche, J./Marchello-Nizia, C.: *Histoire de la langue française.* Paris, [5]1998.
Plénat, M.: *L'"autre" conjugaison ou De la régularité des verbes irréguliers.* Paris, 1981.
Pöckl, W./Rainer, F.: *Einführung in die romanische Sprachwissenschaft.* Tübingen, [2]1994.
Pöll, B.: *Französisch außerhalb Frankreichs. Geschichte, Status und Profil regionaler und nationaler Varietäten.* Tübingen, 1998.
Pörings, R./Schmitz, U. (Hgg.): *Sprache und Sprachwissenschaft. Eine kognitiv orientierte Einführung.* Tübingen, 1999.
Pötters, W./Alsdorf-Bollée, A.: *Sprachwissenschaflicher Grundkurs Französisch.* Tübingen, [7]1995.
Pollack, W.: *Studien zum ‚Verbalaspekt' im Französischen.* Wien, 1960.
Pollock, J.-Y.: *Langage et cognition: introduction au programme minimialiste de la grammaire générative.* Paris, 1997.
Pottier, B. (Hg.): *Les sciences du langage en France au XXème siècle.* Paris, [2]1992.
Posner, R. u.a. (Hgg.): *Semiotik/Semiotics.* 2 Teilbände. Berlin/New York, 1997/1998.
Price, G.: *Die französische Sprache.* Tübingen, 1988.
Raible, W.: *Types of tense and aspect systems.* In: Bechert, J. (Hg.): *Toward a Typology of European Languages.* Berlin/New York, 1990. S. 195–214.
Raible, W. (Hg.): *Romanistik, Sprachtypologie und Unviersalienforschung.* Tübingen, 1989.
Renzi, L.: *Einführung in die romanische Sprachwissenschaft.* Tübingen, 1980.
Ricken, U.: *Französische Lexikologie.* Leipzig, 1983.
Riegel, M./Pellat, J.-C./Rioul, R.: *Grammaire méthodique du français.* Paris, [3]1997.
Röder, P.: *Französische Phonetik und Phonologie.* Erlangen, 1996.

Rohlfs, G.: *Vom Vulgärlatein zum Altfranzösischen.* Tübingen, ³1968.
Rohlfs, G.: *Romanische Sprachgeographie.* München, 1971.
Rohr, R.: *Aspekte der allgemeinen und französischen Sprachwissenschaft.* Heidelberg, 1980.
Rohrer, C.: *Die Wortzusammensetzung im modernen Französisch.* Tübingen, ²1977.
Rolf, E.: *Sagen und Meinen. Paul Grices Theorie der Konversations-Implikaturen.* Opladen, 1994.
Rolshoven, J./Seelbach, D. (Hgg.): *Romanistische Computerlinguistik.* Tübingen, 1991.
Rosch, E.: *Human categorization.* In: Warren, N. (Hg.): *Studies in Cross-Cultural Psychology.* Vol. 1. New York, 1977. S. 3–49.
Rossillon, P. (Hg.): *Atlas de la langue française.* Paris, 1995.
Rothe, W.: *Strukturen des Konjunktivs im Französischen.* Tübingen, 1967.
Sachs, K./Villatte, C.: *Langenscheidts Großwörterbuch Französisch.* Berlin u.a., 1979.
Sanders, C. (Hg.): *French today. Language in its social context.* Cambridge, 1993.
Sapir, E.: *Selected Writings of Edward Sapir in Language, Culture and Personality.* [Hg. von: Mandelbaum, D.] Berkeley, 1949.
Sarter, H.: *Sprache, Spracherwerb, Kultur. Das Beispiel der Migrantenkinder in Frankreich.* Tübingen, 1991.
Scheidegger, J.: *Arbitraire et motvation en français et en allemand. Examen critique des thèses de Charles Bally.* Bern, 1981.
Schemann, H./Raymond, A.: *Idiomatik Deutsch-Französisch. Dictionnaire Idiomatique Allemand-Français.* Stuttgart/Dresden, 1994.
Schiwy, G.: *Der französische Strukturalismus. Mode Methode Ideologie. Mit einem Textanhang.* Hamburg, 1969.
Schlieben-Lange, B.: *Soziolinguistik. Eine Einführung.* Stuttgart u.a., ³1991.
Schmitter, P.: *Das sprachliche Zeichen. Studien zur Zeichen- und Bedeutungstheorie in der griechischen Antike sowie im 19. und 20. Jahrhundert.* Münster, 1987.
Schmitz, U.: *Computerlinguistik. Eine Einführung.* Opladen, 1992.
Schneider, W.: *Wörter machen Leute. Magie und Macht der Sprache.* München, ⁸1999.
Schober, O. (Hg.): *Funktionen der Sprache.* Stuttgart, 1995.
Schogt, H.: *Le système verbal du français contemporain.* The Hague/Paris, 1968.
Schpak-Dolt, N.: *Einführung in die französische Morphologie.* Tübingen, 1992.
Schroeder, K.-H.: *Geschichte der französischen Sprache im Überblick.* Bonn, 1996.
Schrott, A.: *Futurität im Französischen der Gegenwart. Semantik und Pragmatik der Tempora der Zukunft.* Tübingen, 1997.
Schulte, J. (Hg.): *Philosophie und Sprache.* Stuttgart, 1994.
Schwarz, M.: *Einführung in die kognitive Linguistik.* Tübingen/Basel, 1996.
Schwarz, M./Chur, J.: *Semantik. Ein Arbeitsbuch.* Tübingen, ²1996.
Schwarze, C.: *Einführung in die Sprachwissenschaft. Mit Beispielen aus dem Französischen und dem Deutschen.* Kronberg/T., 1975.
Schwarze, C.: *Einführung in die Syntax anhand französischer Beispiele.* Konstanz, 1995.
Schwarze, C.: *Lexikalisch-funktionale Grammatik. Eine Einführung in 10 Lektionen mit französischen Beispielen.* Konstanz, 1996.
Schwarze, C./Wunderlich, D. (Hgg.): *Handbuch der Lexikologie.* Königstein/T., 1985.
Searle, J. R.: *Speech acts.* Cambridge, 1969. (dt.: *Sprechakte.* Frankfurt a. M., ⁶1994.)
Searle, J. R.: *Intentionality. An Essay in the Philosophy of Mind.* Cambridge, 1983. (dt.: *Intentionalität. Eine Abhandlung zur Philosophie des Geistes.* Frankfurt a. M., 1987.)
Searle, J. R.: *Ausdruck und Bedeutung: Untersuchungen zur Sprechakttheorie.* Frankfurt a. M., ³1990.
Sebeok, T. A. (Hg.): *Style in Language.* New York u.a., 1960.
Seguin, B./Teillard, F.: *Les Céfrans parlent aux Français. Chronique de la langue des cités.* Paris, 1996.
Serbat, G.: *Cas et fonctions.* Paris, 1981.
Settekorn, W.: *Sprachnorm und Sprachnormierung in Frankreich.* Tübingen, 1988.
Shyldkrot, H./Kupferman, L. (Hgg.): *Tendances récentes en Linguistique Française et Générale.* Amsterdam Phil., 1995.

Söll, L.: *Gesprochenes und geschriebenes Französisch*. [Bearb. von: Hausmann, F.J.] Berlin, ³1985.
Soutet, O.: *Linguistique*. Paris, 1995.
Sperber, D./Wilson, D.: *Relevance. Communication and cognition*. Oxford, ²1995.
Stammerjohann, H.: *Französisch für Lehrer. Linguistische Daten für Studium und Unterricht*. München, 1983.
Stammerjohann, H. (Hg.): *Handbuch Linguistik. Allgemeine und angewandte Sprachwissenschaft*. München, 1975.
Stati, S.: *Le transphrastique*. Paris, 1990.
Stechow, A. v. u.a. (Hgg.): *Semantik/Semantics*. Berlin/New York, 1991.
Stefenelli, A.: *Geschichte des französischen Kernwortschatzes*. Berlin, 1981.
Stein, A.: *Einführung in die französische Sprachwissenschaft*. Stuttgart/Weimar, 1998.
Stein, P.: *Kreolisch und Französisch*. Tübingen, 1984.
Stermann, A./Gläser, H.: *Einblick in das Studium der Linguistik*. München, 1995.
Stimm, H./Raible, W. (Hgg.): *Zur Semantik des Französischen*. Wiesbaden, 1983.
Szemerény, O.: *Richtungen der modernen Sprachwissenschaft*. Teil 1: *Von Saussure bis Bloomfield 1916–1950*. Heidelberg, 1971.
Sucharowski, W.: *Sprache und Kognition*. Opladen, 1996.
Tagliavini, C.: *Einführung in die romanische Philologie*. Tübinge/Basel, ²1998.
Tard, F.: *Expressions et Locutions allemandes. Exemples, emplois, traductions*. Paris, 1994.
Tesnière, L.: *Éléments de syntaxe structurale*. Paris, ³1976.
Thésaurus Larousse. Des idées aux mots, des mots aux idées. Paris, ²1992.
Thiele, J.: *Wortbildung der französischen Gegenwartssprache*. Leipzig, 1981.
Trésor de la Langue Française. Dictionnaire de la langue du XIXe et du XXe siècle (1789–1960). Paris, 1971 ff.
Trier, J.: *Der deutsche Wortschatz im Sinnbezirk des Verstandes. Die Geschichte eines sprachlichen Feldes*. Heidelberg, 1931.
Trubetzkoy, N. S.: *Grundzüge der Phonologie*. Göttingen, ⁶1977.
Ullmann, S.: *Précis de sémantique française*. Bern, ⁵1975.
Valdmann, A. (Hg.): *Le français hors de France*. Paris, 1979.
Vater, H.: *Einführung in die Textlinguistik. Struktur, Thema und Referenz in Texten*. München, 1992.
Vater, H.: *Einführung in die Sprachwissenschaft*. München, ²1994.
Vetters, C.: *Temps, aspect et narration*. Amsterdam, 1996.
Vilhelm, T.: *Geschichte der Sprachwissenschaft bis zum Ausgang des 19. Jahrhunderts*. Bern u.a., 1979.
Wahl, F.: *Einführung in den Strukturalismus*. Frankfurt a. M., 1973.
Walter, H.: *Enquête phonologique et variétés régionales du français*. Paris, 1982.
Walter, H.: *Le français dans tous les sens*. Paris, 1988.
Walter, H.: *L'aventure des langues en occident*. Paris, 1994.
Walter, H.: *L'aventure des mots français venus d'ailleurs*. Paris, 1997.
Walter, H./Walter, G.: *Dictionnaire des mots d'origine étrangère*. Paris, 1991.
Wanner, D./Kibbee, D. A. (Hgg.): *New Analyses in Romance Linguistics*. Amsterdam Phil., 1991.
Wartburg, W. v.: *Französisches Etymologisches Wörterbuch. Eine Darstellung des galloromanischen Sprachschatzes*. Basel, 1928 ff.
Wartburg, W. v: *Einführung in die Problematik und Methodik der Sprachwissenschaft*. Tübingen, ³1970.
Wartburg, W. v.: *Évolution et structure de la langue française*. Tübingen, ¹²1993.
Weber, H. J.: *Dependenzgrammatik. Ein interaktives Arbeitsbuch*. Tübingen, ²1997.
Weidenbusch, W.: *Funktionen der Präfigierung. Präpositionale Elemente in der Wortbildung des Französischen*. Tübingen, 1993.
Weinreich, U.: *Erkundungen zur Theorie der Semantik*. Tübingen, 1970.
Weinrich, H.: *Ist das Französische eine analytische oder synthetische Sprache?* In: *Mitteilungsblatt des Allgemeinen Deutschen Neuphilologenverbandes* 15. 1962. S. 177–186.
Weinrich, H.: *La place de l'adjectif en français*. In: Vox Romana 25. 1966. S. 82–89.

Weinrich, H.: *Tempus. Besprochene und erzählte Welt.* Stuttgart, ⁴1985.
Weinrich, H.: *Textgrammatik der französischen Sprache.* Stuttgart, Nachdruck 1997.
Welke, K.: *Einführung in die Valenz- und Kasustheorie.* Leipzig, 1988.
Weydt, H.: *Abtönungspartikel. Die deutschen Modalwörter und ihre französischen Entsprechungen.* Bad Homburg v. d. H. u.a., 1969.
Whorf, B. L: *Language, Thought and Reality.* [Hg. und eingel. von: Carroll, J. B.] Cambridge Mass., 1956.
Willems, K.: *Kasus, grammatische Bedeutung und kognitive Linguistik. Ein Beitrag zur allgemeinen Sprachwissenschaft.* Tübingen, 1997.
Wilmet, M.: *Gustave Guillaume et son école linguistique.* Paris/Bruxelles, ²1978.
Wilmet, M.: *La détermination nominale. Quantification et caractérisation.* Paris, 1986.
Winkelmann, O. (Hg.): *Stand und Perspektiven der romanischen Sprachgeographie.* Wilhelmsfeld, 1993.
Wolf, H.-J.: *Französische Sprachgeschichte.* Heidelberg, ²1991.
Wolf, L.: *Texte und Dokumente zur französischen Sprachgeschichte. 16. Jahrhundert/17. Jahrhundert.* 2 Bände. Tübingen, 1969/1972.
Wunderli, P.: *Modus und Tempus.* Tübingen, 1976.
Wunderli, P.: *Französische Lexikologie. Einführung in die Theorie und Geschichte des französischen Wortschatzes.* Tübingen, 1989.
Yaguello, M.: *Alice au pays du langage. Pour comprendre la linguistique.* Paris, 1981.

10. Register

Sachregister
(*kursiv* gesetzte Seitenzahl: Readertext)

Abstandsprachen 179
abstraktive Relevanz, Prinzip der ~n 37, *40*
Abtönungspartikel *137ff.*
Académie française 202
Ad-hoc-Bildung 92
Adstrat 190
Affix, Affigierung 94f.
Agens 120f.
agglutinierender Sprachbau 102
Akronym 97
Aktant, ~en 112f.
Aktualisierung 125, 152
Allomorphie; grammatische ~ / lexikalische ~ 88, 154
Allophon 69
Altfranzösisch, Zeit des ~en 197ff.
Amalgam 90f.
analytische vs. operationale Semantik 147
analytischer vs. synthetischer Sprachbau 80, 100
anaphorisch 126, 128
Aphärese 97
API-Code 68
Apokope 97
Appellfunktion 37f., *39f.*
apperzeptive Ergänzung, Prinzip der ~n 37, *40*
Approximant 72
Arbitrarität des sprachlichen Zeichens (*arbitraire du signe linguistique*) 31
→ s. auch: Motiviertheit
Archiphonem 70
Archilexem 157f.
Archisemem 157f.
Argot (Argot) 210f.
argots (Jargons) 210f.
Aspekt, imperfektiver ~ / perfektiver ~ 127
asyndetisch
→ Komposition
Attribution *132ff.*
Aufklärung 14, 203f.
Ausdrucksfunktion 37, *40f.*
Auslautverhärtung, deutsche ~ 70
Autosemantikon 81

Basisebene, Verhältnis der ~ zu übergeordneter / untergeordneter Ebene *169f.*
bedeutungstragende Einheit, kleinste ~
→ Monem; Morphem; Lexem, Grammem
bedeutungsunterscheidende Einheit, kleinste ~
→ Phonem
Behaviourismus 21
Benefaktiv 121
Bilinguismus, Bilingualismus 185f., 217f.
Bioproramm, Theorie vom ~ 217
black-box-Modell 21f.,
bon usage 202f.
Buchwort (*mot savant*) 154

code switching 220f.
Computerlinguistik 2f., 23
cue validity
→ Kategorienzugehörigkeit, Merkmal
Dachsprache 180
Darstellungsfunktion 37, *39f.*
Deixis, Innen~ / Außen~ 125f.
Deklination; Deklinationsmorpheme 98
Denotat 125, 147, 150
Dependenzgrammatik, Valenztheorie
 – wissenschaftsgeschichtliche Einordnung 20, 110
 – Syntaxmodell 112 ff.
Derivation 94f.
Derivationsmorpheme 94f.
 – lexikalische ~ 95
 – grammatische ~ 95
Designat 30, *34f.*, 147

deskriptiv vs. präskriptiv 9f.
Determinativkomposita
→ Komposition
Diachronie 48f., *49ff.*
Dialekt, Abgrenzung ~ / Sprache 179f.
Diaphasik
- allgemein 180, 182
- des Französischen 211
Diastratik
- allgemein 180ff.
- des Französischen 210
Diasystem 180ff.
Diathese 121
Diatopik 180
- allgemein 181
- des Französischen 208f.
Diglossie184f., *218*
Dingvorstellung
→ Designat
Dislokation (Links- / Rechtsversetzung) 124f., *135ff.*
Distributionsklasse, ~n 8
Distanzsprache
→ Nähesprache
double articulation du langage 62f., *63ff.*
Dubletten
→ Synonymie

effets de sens 151f.
Einzelsprache, historische ~ 179f.
emotive Funktion 38, *41f.*
Entlehnungen, morphologische Integration von ~ 93
Encyclopédie ou Dictionnaire des sciences, des arts et des métiers 203
enzyklopädisches Wissen
→ Weltwissen
Erbwort (*mot populaire*) 154
Ethnographie der Kommunikation *220f.*
Etymologie 146
experiencer 121
Extension vs. Intension 29, 147, 155

Fachsprache 181

fakultative vs. obligatorische Ergänzung 111, 114ff.
Familienähnlichkeit 162
flektierender Sprachbau *103*
Flexion 97f.
Frame 120, 163f.

français commun / courant, ~ cultivé, ~ familier, ~ populaire, ~ vulgaire 211
français régional, -aux 208f.
(le) français, langue universelle (Französisch als internationale Verkehrssprache) 205f., 215
Frankophonie
- Definition 206, 212
- frankophone Gebiete:
 Überblick 207f.
 Europa 212
 Belgien *225f.*
 Schweiz *226f.*
 Nordamerika 212f.
 Kanada 209, *218f., 227f.*
 Karibik / Südamerika 213
 Nordafrika / Vorderasien 213
 Schwarzafrika / Indischer Ozean 213ff.
 Ferner Osten (Asien) 215
Franzisch, Hypothese zum ~en 198f.
freie Angabe 111
freies Syntagma
→ Syntagma
funktionale Satzperspektive
→ Thema-Rhema-Gliederung
Funktionalismus 19
Fusion 88

Gegenstände und Sachverhalte
→ Referent, Denotat
Generative Grammatik, Generative Transformationsgrammatik, Generativismus
- wissenschaftsgeschichtliche Einordnung 23f.,
- Syntaxmodelle 117ff.
Genfer Schule 19
Gliedsatz 111f.
Gliedteilsatz 112
Glossematik 19
Grammatikalisierung 83f.
Grammatikalisierungsforschung 24
Grammem (grammatisches Morphem) 62, 81
Graphie (Schreibung)
- Typen von Schriftsystemen 66
- Verhältnis Lautung-Schreibung 66f., *74f.*

Homogenitätshypothese 178
Homonymie 87f.
- Definition 87
- Abgrenzung zur Polysemie 152f.

Humanismus 13f., 200f.
Hyperonym (Oberbegriff) 155
Hyponym (Unterbegriff) 155
Hypotaxe 111

IC-Analyse 116
ICM-Modell 165
Idiom 179
Idiomatisierung 85f.
ikonische Zeichen 27f.
Ikonizität sprachlicher Zeichen 149f.
Illokution 38, *45f.*
Implikation; Implikatur *46f.*
Inferenz *141ff.*
Interferenz 178
inkorporierender Sprachbau *103*
Intension
    → Extension
intentionale vs. nicht-intentionale Zeichen 27
Interkomprehension 179f.
Intonationsfrage 73, 129ff.
Inversionsfrage 128ff.
Inzidenzschema 127
isolierender Sprachbau *102*

Jugendsprache:
    – allgemein 182, 185
    – französische ~ 210
Junggrammatiker 15ff.
Junktion 113

Karolingische Renaissance 195
Kasusgrammatik 24, 120 ff.
kataphorisch 126, 128
Kategorien, sprachliche ~:
    – nominale ~ 98, *132ff.*
    – syntaktische ~ 97f., 109, 111f.
    – verbale ~ 98, 127f.
Kategorien, nicht-sprachliche ~:
    – Farbkategorisierung 22f., 161
    – ‚natürliche Arten' 155
Kategorienzugehörigkeit:
    – *cue validity* 162, *171f.*
    – Grad der ~ 162f., *171f.*
    – notwendige und hinreichende Bedingungen für die ~ 162f.
Klassem 158
Kognition 2 FN
kognitive Linguistik (‚kognitive Wende') 25
kognitive Domäne (*cognitive domain*) 165, *173ff.*

Kohärenz *140f.*
Kohäsion *141*
Kohyponym 155
Koiné 181, 197ff.
Komparation 98
Kompetenz vs. Performanz 117
Komplemente des Verbs 111
Komposition; Komposita 93 f.
    – asyndetische ~ 93
    – *composition savante* 94
    – determinative ~ 93f.
Kommunikationsmaximen; Konversations~ 39, *47f.*
konative Funktion 38, *42*
Konjugation; Konjugationsmorpheme 98
Konnexion 113
Konnotat 150
Konsonant 72
Konstituentenstrukturgrammatik 116f.
Kontext 36, 39, *41*
Kontiguität *142*, 164, *173*
Kontrast 55, *57f.*
Konversion 95f.
Konzil von Tours 196
Kooperationsprinzip, sprachliches ~ 47
Kopenhagener Schule 19
Koreferenz *143*
Kotext 36, 89
Kreolsprachen, Frankokreolsprachen 187, *222*
    – Definition 215f., *228f.*
    – Modelle der Entstehung von ~ 216ff.
Krise des Französische (*crise du français*) 205f.

langue (Sprachsystem) 51f., *52f.*
langue d'oc
    → Okzitanisch
langue d'oïl 194, 197
Lexem (lexikalisches Morphem) 62, 81
Lexie 82
Lexikalisch-funktionale Grammatik 120
Lexikalisierung 84f.
Lexikographie 146
Lexikologie 146, *166*
Lingua franca vs. Lingua Franca *229f.*
lineare Progression 131, *143*
Linearität, Prinzip der ~ (*caractère linéaire du signifiant*) 32, 122
Linksversetzung
    → Dislokation
Logik; formale Logik 11, 19, 36

– Aussagen~ 146
– Prädikaten~ 146, 159
Lokution (Äußerungsakt) 38, *45*
Londoner Schule 20

Makrosyntax 109
Makrostruktur, textuelle ~ *143*
Merkmal
   – distinktives ~ 58, 69f.
   – semantisches ~ 157f., 159
   – *cue validity* eines ~ 162, *171f.*
   – Neutralsisierung eines distinktiven ~ 70
metasprachliche Funktion 38, *42f.*
Metapher 165, *173ff.*
Metonymie 164f.
Mikrostruktur, textuelle ~ *143*
Minderheitensprachen (*langues ethniques, ~ minoritaires*)
   – allochthone ~ (Migrantensprachen) 182, 210
   – Regionalsprachen 209, *222ff.*
   – französische Politik zu den ~ 207
Minimalpaar 69
mise en relief (Relief-Gebung) 123f., *134ff.*
Mittelfranzösisch, Zeit des ~en 199f.
Modalwort *137ff.*
Modus 98, 127
Monem 62, *64*
Morphem 62f., 81
   – Amalgam / Portemaneau-~ 90f.
   – diskontinuierliches ~ 91
   – freies vs. gebundenes ~ 88
   – lexikalisches vs. grammatisches ~ 81ff.
Morphologie 80
Morphosyntax 80, 109
mot phonique / phonétique 74, 82
mot populaire
   → Erbwort
mot savant
   → Buchwort
Motion / Movierung 96
Motiviertheit
   – vs. Arbitrarität 92, 148f., *172f.*
   – vs. Demotiviertheit 92
Mündlichkeit / Oralität vs. Schriftlichkeit 183
multilektale Kompetenz 182

Nähesprache / Distanzsprache
   – allgemein 183ff.
   – Vulgärlatein / klass. Latein 188
   – Mittellatein / protoromanische Sprachen (Karolingische Renaissance) 195
   – des Französischen, historisch 196ff.
   – Konkurrenz Latein / Französisch im Distanzbereich 199ff.
   – des Französischen, synchron 99, 128ff., 211ff.
neolinguistische Schule 20
Neologismus 92
neue Romania *222*
Neufranzösisch, Zeit des ~en 200ff.
Nominalismus 12f.
Nominalphrase 116
Norm
   – im Sinne Coserius 51f., *53f.*
   – präskriptive ~ des Französischen 202ff.
Nullallomorph 89f.
Null- bzw. 0-Markiertheit 59, *60*, 158

obligatorische Ergänzung
   → fakultative ~
Ökonomie, Prinzip der sprachlichen ~ *64f.*
Okzitanisch (*langue d'oc*) 197
   – Entstehung (gg. *langue d'oïl*) 193f., *223*
   – Unterschied zur *langue d'oïl* 197
Onomasiologie 148
operationale Semantik
   → analytische ~
Opposition 55, *57f.*, 58
   – phonologische 69, *78*
   – privative ~ 58, *59*
   – inklusive ~ 58ff.
   – Neutralisierung einer ~ 70, *78f.*
Organon-Modell 37, *39f.*
orthographe grammaticale 99
Orthograpie (Rechtschreibung) 66f., 201, 206
oxyton 73f.

Paradigma; paradigmatische Beziehungen 54f., *55ff, 57ff.*
Parataxe 111
Parasynthetikon 94
parlers locaux 208
parole (Rede) 51f., *52f.*
Passiv
   – allgemein 121
   – des Französischen 130ff.
passiv-äquivalente Verfahren 130f.
Patiens 120f.
Patholinguistik 2f., 25
Performanz
   → Kompetenz

Perlokution 38, *46*
Perzeption 2 FN, *77f.*
phatische Funktion 38, *42*
Philologie 2
Phonem 62f., *64*, 69
Phoneme des Französischen 71ff., *78f.*
Phonetik 68, *75ff.*
Phonographisches Prinzip 66
Phonologie 68f., *75ff.*
phrase clivée
    → Spaltsatz
phrase pseudo-clivée
    → Sperrsatz
Phrasenstrukturbaum; P-Marker 116f.
Phrasenstrukturregeln 118
Phraseologie; Phraseologismen 85f.
Pidgin 216f., *222*, 229
poetische Funktion 38, *43f.*
Polysemie
    – Definition 151
    – Probleme 151f.
    – Abgrenzung zur Homonymie 152f.
Postdeterminiertheit vs. Prädeterminiertheit 100f., *132ff.*
Prädeterminiertheit
    → Postdeterminiertheit
Prädikat 111
Prädikation *45*
Präfix, Präfigierung 94, *104f.*
Präsentativkonstruktion *135*
präskriptiv vs. deskriptiv 9f.
Prager Schule 19
Pragmalinguistik (‚pragmatische Wende')
    – wissenschaftsgeschichtliche Einordnung 20f.
    – Theorien und Modelle 38f., *44ff.*, *220f.*
Pragmatisierung 86
préciosité 203
Prinzipien- und Parameter-Theorie (*Principles and Parameters*) 119f.
Produktivität; produktive Wortbildungsverfahren 92
Proposition 38, *45f.*
protoromanische Idiome 195
Prosodie 73f.
Prototyp (‚bestes Exemplar') 161f.
Protoypensemantik 25, 160ff., *169f.*
Psycholinguistik 2f., 25, *141 (Blumenthal)*
psychomécanique du langage 20

Realismus; realistische Sprachauffassung 12f., 28
Rechtsversetzung
    → Dislokation
Referent; Referenz; referentielle Funktion 29, *33ff.*, 38, *39*, *41*
Reformation 201
Regionalsprachen
    → Minderheitensprachen
Register 182
    – Ausländer~ 182f.
    – qualitative ~ 182, 211
Rektions- und Bindungstheorie (*Gouvernment and Binding*) 119
rekursiv; Rekursivität 92
Relief-Gebung
    → *mise en relief*
Relativitätsprinzip, sprachliches ~ 22f., 80
Rhema
    → Thema-Rhema-Gliederung
Romanische Sprachen; Romania 16f.,
    – Bestand (incl. unterschiedliche Auffassungen dazu) 186ff.
    – Entstehung 187, 189ff.
    – geograpische Verbreitung heute 186, *221f.*
    – Unterschied ost- / westromanische Sprachen 192
    – Unterschied zentral- / randromanische Sprachen 192f.

Sabir *229f.*
saliency
Sapir-Whorf-Hypothese 22f., 156, 161
Satz
    – Definitionsproblematik 109f.
    – semantisch nicht akzeptabler ~ 114 FN
    – ungrammatischer ~ 114 FN
Satzart 73, 112, 128ff.
Satzform 112, 128ff.
Satzfrage, französische ~ 128f.
Satzmodelle 110ff.
Schema (*scheme*)
    → Skript
Schreibung
    → Graphie
segmentierter Satz 124, *134f.*
Selektionsrahmen; *semantic markers* 117, 159f.
Sem 157f.
Semantik 146

semantic markers
    → Seletionsrahmen
semantische Achse (*axe sémique*) 167f.
semantische Universalien (*primitifs sémantiques*) 24, 158
semantische vs. syntaktische Rolle 120ff.
semantisches Netz 147, 163f.
Semasiologie 148
Semem 157f.
Semiotik 27
serielle Verben 122
Siglen 97
signifiant (Signifikant) 28 ff., *30f., 34f.*
signification (Bedeutung) vs. *valeur* (Systemstellenwert) 60f., *61f.*, 156
signifié (Signifikat) 28ff., *30f., 34f.*
Similarität *173*
situation types
    → Verbklassen
Skript (*script*); Schema 163f.
Skripta, -ae 198
Soziolinguistik 21, 178, 181, *217ff.*
spelling pronunciation 67, 87
Spaltsatz (*phrase clivée*) 123, *135f.*
Sperrsatz (*phrase pseudo-clivée*) 123f., *135f.*
Sprachbund 3
Spracheinstellung (*attitude*) 179, 185f., 206f., *218f.*
Sprachendefinition, Sprachstatus 179f.
Sprachfamilie 3
Sprachkontakt; ~forschung 178, 185, 217f.
Sprachphilosophie 2, 10 ff.,
Sprachtypologie
    → Typologie
Sprechakttheorie
    – wissenschaftsgeschichtliche Einordnung 20f.
    – Modelle 38f., *44f., 220f.*
Stadtsprachenforschung *219f.*
Standardisierung des Französischen 200ff.
Standardtheorie (*Standard theory*, ST; *Extended* ~, EST; *Revised Extended* ~, REST) 117ff.
Stemma, dependenzgrammatisches ~ 113f.
Straßburger Eide 196
Strukturalismus 18ff., 48ff.
Subjekt 111
Subjektkonjugation, supplementäre ~ 124f., *135*
Subkategorisierungsregeln 117
Substrat 193f.
Suffix; Suffigierung 94

Superstrat 194
Suppletion 89
Suprasegmentalia 73f., 77
Synchronie 48f., *49ff.*
Synonymie 153ff.
    – Definition 153
    – Problematisierung 154
    – Dubletten Erbwort / Buchwort im Französischen 154f.
Synsemantika 81
Syntagma; syntagmatische Beziehungen
    – Definition 54f., *55ff.*
    – freies ~ 82
Syntax 109
synthetischer Sprachbau
    → analytischer ~
Systemtheorie 20

Tempus 98, 127f.
Textlinguistik 109, *140ff. (Blumenthal)*, 147
Textsorte *143*
Texttyp *143*
Thema-Rhema-Gliederung 122f., 129ff., *136f.*
thematische Progression; ~ Verknüpfung 124, *137, 143*
Translation 114
Typologie
    – allgemein 24, *102f.*
    – des Französischen 100f., *102f.*

Überdachung
    – Sprache / Dialekt 179f.
    – historischer Prozess in Frankreich 204ff.
Unifikationsgrammatiken 120
Universalienforschung; sprachliche Universalien 24
Urschöpfung 92

Valenztheorie
    → Dependenzgrammatik
valeur
    → *signification*
Varietätenkette 185f.
Varietätenlinguistik; Varietäten
    – allgemein 178ff.
    – des Französischen 208ff.
Verbalphrase 116
Verbklassen, lexikalisch-semantische ~ (engl. *situation types*) 159f.
Verbvalenz 112f., 152

– Definition 115
– Testverfahren 115f.
verlorene Romania *222*
Villers-Cotterêts, Edikt von ~ 201
Vokal 71
Vokaltrapez 71
Volksetymologie 149
Vulgärlatein (lateinische Nähesprache)
    – Definition 188
    – Merkmale des ~s 189f.
    – Quellen des ~s 188f.

Weltwissen (enzyklopädisches Wissen) 29f., *141ff.*, 151, 163ff., 170

Wort-Definition, Problematik der ~ 82
Wortarten 98
Wortbildung (*formation des mots*) 91ff.
Worterkennung *76f.*
Wortfeld 156ff., *167ff.*
Wortfrage, französische ~ 129f.

X-bar-Prinzip; ~-Theorie 119

Zeichen, sprachliches ~ (*signe linguistique*)
    28ff., 147
Zirkumstanten 112f.

Personenregister

(*kursiv* gesetzte Seitenzahl: Zitat, Readertext)

Abbé Grégoire 204
Alkuin von York 195
Aristoteles 111, 155
Austin, J. L. 21
Baldinger, K. 100
Bally, C. 19
Benveniste, E. *17*, 20
Berlin, B. 25, 161, 169
Bickerton, D. 217
Blank, A. *173ff.*
Blom, H.-P. 220
Bloomfield, L. 18, 21, 82, 104
Blumenthal, P. *140ff.*
Boas, F. 18, 33
Bopp, F. 15, 16
Bréal, M. 18
Brøndal, V. 19
Bühler, K. 37, *39f.*
Bybee, J. *106f.*
Chomsky, N. 23, 80ff.
Coseriu, E. 48, *50f.*, 51f., *53f.*, 156, 180
Cruse, D. A. 171
Darmesteter, A. 105
De Saussure, F. 15, 18 f., 28f., *30ff.*, 48, *49f.*, 51f., *52f.*, 54f., *55ff.*, 60, *61f.*, 156
Diez, F. 16, 17
Du Bellay, J. 201
Ducrot, O. 21
Dubois, J. 20
Dubois-Charlier, F. 20
Edmont, E. 17
Ferguson, C. 218
Fillmore, C. 24, 120
Fishmann, J. 217f.
Freud, S. 19, 34
Frege, G. 29, 36
Gabelentz, G. von der 18
Geckeler, H. 156, *167ff.*
Gilliéron, J. 17
Greenberg, J. 24
Greimas, A. 156, 167f.
Grice, H. P. 39, *46ff.*
Grimm, J. 15
Guillaume, G. 20
Gumperz, J. 220
Harris, R. / Taylor, T. J. *10ff.*
Harris, Z. S. 21, 23
Hjelmslev, L. 19, 156

Humboldt, W. von 14, 80
Ineichen, G. *102f.*
Imbs, P. 20
Jakobson, R. 19f., 38, *41ff.*, 58
Johnson, M. 165, 173f.
Jones, W. 14f.,
Karl der Große 195f.
Kay, P. 25, 161
Kleiber, G. *169ff.*
Koch, P. 135, 180
Krassin, G. *134ff.*
Labov, W. 219, 220
Lakoff, G. 165, 171, 173f.
Lambert, W. 218f.
Lausberg, H. *16f.*
Lejeune, P. 20
Lyons, J. 59, *60*, *104*
Malherbe, F. de 202
Martinet, A. 20, 55, *57ff.*, 62, *63ff.*, 78
Mathesius, V. 19
Meillet, A. 18, 20
Moeschler, J. 21
Müller, B. *78f.*, *222ff.*
Oesterreicher, W. 135, 180
Ogden, C. K. / Richards, I. A. 29, *32ff.*,
Paul, H. 18
Pottier, B. 156f.
Raible, W. *34f.*
Raynouard, F. 17
Renzi, L. *221ff.*
Rosch, E. 25, 160f., 169f., 172
Sapir, E. 22, 156
Saussure, F. de
→ De Saussure, F.
Schlegel, A. W. 80
Schlieben-Lange, B. *217ff.*
Schpak-Dolt, N. *104ff.*
Schwarze, C. / Wunderlich, D. *166*
Searle, J. R. 21, 38, *44ff.*
Sperber, D. 39
Stefanini, J. 20
Stein, P. *228ff.*
Tesnière, L. 20, 110, 112, 115, 120, 136
Trier, J. 156
Trnka, B. 19
Trubetzkoy, N. S. 19, 58, *59*, *75f.*, 78
Uldall, H. J. 19
Ullmann, S. 154, 174
Vachek, J. 19
Vater, H. 140
Vaugelas, C. Favre de 202f.

Vendler, X. 159
Vossler, K. 20
Walter, H. *74f.*, *225ff.*, *227ff.*
Wandruszka, M. 169
Wartburg, W. von *15f.*, 195
Weinrich, H. 100, *132ff.*, 173
Weisgerber, L. 156

Weydt, H. *137ff.*
Whorf, B. L. 22, 156
Wierzbicka, A. 169
Wilson, D. 39
Wolff, F. A. 15
Wunderli, P. 20
Wundt, W. 18

narr studienbücher

Dominique Maingueneau
Linguistische Grundbegriffe zur Analyse literarischer Texte
Übersetzt und für deutsche Leser bearbeitet von Jörn Albrecht

2000, 208 Seiten, div. Tab.,
DM 36,80/ÖS 269,–/SFr 36,80
ISBN 3-8233-4982-1

Dominique Maingueneau zeigt in seinem *Eléments de linguistique pour le texte littéraire*, wie mit Hilfe moderner sprachwissenschaftlicher Analysemethoden tiefere Einsichten in die je nach Gattung oder Autor sehr unterschiedlichen Strukturen literarischer Texte gewonnen werden können.

Aus dem Inhalt:
Die Äußerungssituation; Äußerungsebenen: Diskurs und récit; Reliefgebung und Beschreibung; Polyphonie; Die Redewiedergabe; Klassifizierung und Nicht-Klassifizierung; Elemente der Textgrammatik

Klaus-Dieter Ertler
Kleine Geschichte des frankokanadischen Romans

2000, 250 Seiten, zahlr. Abb.,
DM 39,80/ÖS 291,–/SFr 39,80
ISBN 3-8233-4979-1

Die französischsprachige Kultur Kanadas hat im Rahmen der international ausgerichteten "Francophonie" seit den sechziger und siebziger Jahren einen bedeutenden Platz eingenommen.
Die *Kleine Geschichte des frankokanadischen Romans* zeichnet diese Evolution historisch nach und liefert dem Leser eine übersichtliche Darstellung der wichtigsten Werke.

Peter Fröhlicher
Theorie und Praxis der Analyse französischer Texte
Eine Einführung

2001, ca. 200 Seiten,
ca. DM 32,80/ÖS 239,–/SFr 32,80
ISBN 3-8233-4977-5

Diese theoretisch fundierte Einführung richtet sich an Studierende der Literaturwissenschaft und kann als begleitender Text für universitäre Lehrveranstaltungen verwendet werden, eignet sich aber auch für das Selbststudium.

Aus dem Inhalt:
Parallelismus und Ähnlichkeit bei Ronsard, Verlaine und Jaccottet – Literatur als Diskurs über den Wert von Werten (Baudelaire, Villiers de l'Isle-Adam) – Zur Konstitution des handelnden Subjekts (Corneille, Cinna) – Figurative vs. thematische Identität (Victor Hugo, Hernani) – Ehebruchgeschichten von Tallemant des Réaux und Marguerite de Navarre – Beschreibender Diskurs und Ideologie bei Zola – Pragmatik des literarischen Texts (La Fontaine) – Wahrnehmungs- und Konstruktionsmodi der 'Realität' als Ausdruck einer Poetik (Stendhal, Claude Simon)

Käthe Henschelmann
Problem-bewußtes Übersetzen
Französisch – Deutsch
Ein Arbeitsbuch

1999, 261 Seiten, DM 34,80/ÖS 254,–/SFr 34,80
ISBN 3-8233-4969-4

Dieses Arbeitsbuch ist ein grundlegender Beitrag zur empirisch orientierten Übersetzungsforschung und -lehre unter besonderer Berücksichtigung des Französischen und Deutschen.

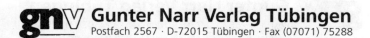
Gunter Narr Verlag Tübingen
Postfach 2567 · D-72015 Tübingen · Fax (07071) 75288

narr studienbücher

Vilmos Ágel
Valenztheorie

2000, 300 Seiten,
DM 39,80/ÖS 290,–/sFr 39,80
ISBN 3-8233-4978-3

Die Valenztheorie ist eine der erfolgreichsten linguistischen Theorien der Nachkriegszeit. Sie gehört zu den wenigen theoretischen Neuerungen, die sich auch in der Praxis bewährt haben. Nach einer Krise in den 80er Jahren meldet sie sich mit neuen und spannenden Ansätzen in der wissenschaftlichen Diskussion zurück. Dabei wird insbesondere deutlich, dass es nie eine einheitliche Valenztheorie gegeben hat. Vielmehr existiert eine Vielzahl von mehr oder weniger kompatiblen Ansätzen. Dieser Theoriepluralismus, dessen Vorzüge, aber auch Nachteile, auf der Hand liegen, könnte noch mehr Früchte tragen, wenn er auf wohl überlegte methodologische Grundlagen gestellt würde. Darin besteht die große Chance der Valenztheorie, andere Theorien zu überholen.

Das Arbeitsbuch ist multifunktional konzipiert. Es stellt eine Einführung für Studienanfänger, ein Werkbuch für Fortgeschrittene und ein Repetitorium für Examenskandidaten dar. Gleichwohl will es auch professionelle Linguisten zur Lektüre einladen.

Aus dem Inhalt:
Syntax – Valenzidee – Subjekt-Prädikat oder Verb – Grundfragen der Valenztheorie – Valenzträger – Valenz und Dynamik – Typologie der Valenztheorien

Nina Janich
Werbesprache
Ein Arbeitsbuch

1999, 250 Seiten, zahlr. Abb.,
DM 34,80/ÖS 254,–/SFr 34,80
ISBN 3-8233-4974-0

Werbeanzeigen und Fernsehspots sind schon seit längerer Zeit beliebtes Forschungsobjekt der germanistischen Sprachwissenschaft. Aber nicht nur die wissenschaftlichen Publikationen zu diesem Thema nehmen zu, auch für Studierende ist die Werbesprache gern und oft gewähltes Thema für Seminar-, Magister- und Examensarbeiten.

Was bei der derzeit herrschenden Methoden- und Themenvielfalt bislang jedoch fehlt, ist eine studiengerechte Einführung in das Thema Werbesprache, die umfassend die möglichen sprachwissenschaftlichen Untersuchungsaspekte beleuchtet und gut verständlich Methoden und Vorgehensweisen aufarbeitet.

In diesem Band werden daher erstens die werbewissenschaftlichen Grundlagen bereitgestellt, die auch für sprachwissenschaftliche Analysen unerlässliche Rahmendaten abgeben. Zweitens wird Schritt für Schritt in die verschiedenen linguistischen Fragestellungen eingeführt, unter denen Werbung untersucht werden kann. Methodische Hinweise, Wissens- und Diskussionsfragen sowie Anregungen zu bislang noch nicht untersuchten Aspekten machen dieses Arbeitsbuch besonders als Seminargrundlage geeignet.

 Gunter Narr Verlag Tübingen
Postfach 2567 · D-72015 Tübingen · Fax (07071) 75288
Internet: http://www.narr.de · E-Mail: narr-francke@t-online.de